中国服务贸易协会专家委员会推荐用书

北京高校优质本科课程

普通高等学校应用型教材·国际贸易

U0852969

国际服务贸易

（数字教材版）

王海文 主编

中国人民大学出版社
·北京·

前　言

PREFACE

在人类社会向服务经济深入发展、阔步前进的当下时代，国际服务贸易无疑伫立于全球化经济浪潮中令人瞩目的潮头，紧密跟随着服务经济大潮奔涌向前。其间或恣意畅然，或道阻且长，描绘出多姿多彩的服务经济广阔的历史画卷，勾勒出世界各国在推动国际服务贸易繁荣发展中的用笔和用心。

即便在百年未有之大变局、世纪疫情以及保护主义抬头的背景下，国际服务贸易虽受影响和冲击，却依然表现出极大的韧性，在风起潮涌中仍有不俗的表现，这为全球服务贸易的发展注入了信心和力量。特别是以数字科技和数字经济为代表的新科技、新经济的发展，更成为未来国际服务贸易创新变革以及不断前进的重要动因。就我国而言，知识密集型服务业的快速发展，数字服务贸易的蓬勃兴起，服务贸易创新试点的全面深化，服务业扩大开放综合试点工作的深入推进，自由贸易试验区、海南自由贸易港的创新建设，“一带一路”的高质量共建等等，都成为我国服务贸易不断取得超越自我的成绩和进步、实现高质量发展的重要路径和表现。这些成绩是在深入推进新时代中国特色社会主义建设以及贯彻新发展理念、构建新发展格局、推动高质量发展的背景下取得的。党的二十大报告强调，“创新服务贸易发展机制，发展数字贸易，加快建设贸易强国。”这无疑为我国服务贸易迈向更高水平、迈上更高台阶提供了更加有力的战略指引，注入了更强劲的发展动力。

一方面，实践的发展要求并推动着相关理论研究和人才培养，从而促进服务贸易理论研究的深入开展，使理论能更加科学自觉地指引实践，并为国际服务贸易提供更强有力的智力支持和人才支撑；另一方面，国际服务贸易理论研究和人才培养也需要实践的介入和助力。与国际货物贸易相比，国际服务贸易的理论研究、人才培养显然更具特殊性和复杂性，也显得滞后，因而更需贸易实践开辟研究空间，激发研究热情，形成服务贸易人才的聚焦效应，促进国际服务贸易理论研究、人才培养与实践发展的同频共振、协同发展。

作为长期从事国际服务贸易教学与研究的一员，既因教学、人才培养之需和多年积累，又出于对我国国际服务贸易繁荣发展的满怀深情和学校学科发展特色锤炼打造的匠心使然，编者策划并主编了《国际服务贸易（数字教材版）》一书。

本教材以习近平新时代中国特色社会主义思想为指导，全面落实党的二十大精神，主要内容涉及原理、政策和行业三篇。原理篇包括国际服务贸易导论、国际服务贸易理论、国际服务贸易发展、数字服务贸易兴起，政策篇包括国际服务贸易协议、区域性服务贸易规则、国际服务贸易政策，行业篇包括国际旅游服务贸易、国际运输服务贸易、国际金融服务贸易、国际电信服务贸易、国际商业性服务贸易、国际文化服务贸易、国际环境服务贸易、国际健康服务贸易。整本教材既突出基础理论的重要地位，又关注具体行业领域的发展，从而形成逐步深入、自成体系的框架结构。

本教材在编写过程中，参考借鉴了大量相关资料，在此一并表示感谢。方朔、程钲、孙柳明参与了部分章节的初稿撰写、资料搜集，最终由王海文统一进行修改、完善。同时还要特别感谢中国人民大学出版社朱含蓄等编辑的大力支持和帮助，从而使本教材能够得以顺利出版。

本教材章末有本章小结、概念和术语、复习思考题以及延伸阅读，便于读者学习使用。同时，“国际服务贸易”慕课上线中国大学 MOOC 网、国家智慧教育公共服务平台以及智慧树网，供学生学习以及助力教学模式创新。本书适合作为国际经济与贸易、国际文化贸易等专业本科教学用书，也可作为相关专业研究生教学及参考用书。当然对于国际服务贸易培训以及钟情国际服务贸易的人士，本书也不失为一本有益的读物。

目 录
CONTENTS

原理篇

政策篇

行业篇

原理篇

第一章
国际服务贸易导论

学习目标

1. 掌握服务的概念与特征，服务业的概念与形成，服务业的分类。
2. 理解服务经济的兴起。
3. 掌握国际服务贸易的定义、特征、分类和统计。
4. 理解我国国际服务贸易统计的完善。

素养目标

1. 通过服务相关概念、服务业的形成等学习，坚定马克思主义信仰，学会运用历史唯物主义和辩证唯物主义的观点分析问题，用发展的观点研究问题，增强问题意识。

2. 通过服务、国际服务贸易特征的学习，加强读者对服务特殊性和特殊规律、无形与有形、生产与消费对立统一的认识，能够转换立场看问题，增强同理心，提高辩证法运用能力，培养乐观主义精神。

3. 通过国际服务分类、统计等学习，增强读者理论学习、实践和创新的紧迫感，加强推动我国国际服务贸易发展的自信，为今后进一步学习奠定基础。

案例导引

让各国人民共享服务贸易增长成果

当今世界正在经历百年未有之大变局。新冠疫情全球大流行使这个大变局加速变化，经济全球化遭遇逆流，保护主义、单边主义上升，世界经济低迷，国际贸易和投资大幅萎缩，给人类生产生活带来前所未有的挑战和考验。与此同时，新一轮科技革命和产业变革孕育兴起，带动了数字技术强势崛起，促进了产业深度融合，引领了服务经济蓬勃发展。世界贸易组织发布的《2019 世界贸易报告——服务贸易的未来》显示，服务业已成为全球经济的支柱性产业，从物流、金融到信息处理，服务业是经济活动中不可或缺的要素。在此背景下，助力服务业开放合作成为推动发展的重要力量。习近平主席提出，要共同营造开放包容的合作环境、共同激活创新引领的合作动能、共同开创互利共赢的合作局面。三点倡议顺应经济全球化潮流，着眼世界经济长远发展大势，旨在同各国深化合作、凝聚共识，携手开创“全球服务、互惠共享”的美好未来。

中国是全球服务贸易增长的重要贡献者。近年来，中国以更加开放的姿态推动服务贸易高质量发展，主动扩大服务进口，为全球服务贸易发展创造了巨大的市场，为推动全球经济开放、包容增长作出了突出贡献。2019 年，中国服务贸易进出口额达 5.4 万亿元人民币，连续 6 年位居世界第二。习近平主席在致辞中指出，中国将建立健全跨境服务贸易负面清单管理制度，推进服务贸易创新发展试点开放平台建设；拓展特色服务出口基地，发展服务贸易新业态新模式；建立和培育政府间、国际组织、商协会及企业间多样化伙伴关系，支持组建全球服务贸易联盟；支持北京打造国家服务业扩大开放综合示范区，构建京津冀协同发展的高水平开放平台，带动形成更高层次改革开放新格局……一系列新举措新倡议再次彰显了中国继续扩大开放的积极行动以及推动全球经济开放、包容增长的大国担当。

经济全球化背景下，各国经济彼此依存，利益交融前所未有，以诚相待、普惠共享是根本之计。疫情的全球蔓延导致世界经济严重衰退，国际需求大幅萎缩，全球贸易面临严峻形势。世界贸易组织最新数据显示，2020 年第三季度全球货物贸易量持续大幅下滑。该组织认为，尽管全球贸易出现了部分复苏迹象，但复苏力度具有高度不确定性。面对如此严峻的形势，加强服务贸易发展对接，创新合作方式，深化合作领域，积极寻求发展利益最大公约数，不断做大“蛋糕”，是促进世界经济增长、使各国人民共享服务贸易增长成果的重要之道。世界贸易组织副总干事易小准表示，共抗疫情再次凸显在今天这个高度连接的世界中，国际合作至关重要，我们比以往任何时候都更需要通过国际合作为服务贸易创造有利的环境。

“突如其来的新冠疫情，在一段时间内阻隔了我们的相聚，但阻挡不了服务贸易发展的脚步，阻断不了我们携手共进、合作共赢的信心和行动！”在全球范围疫情尚未得到全面控制，各国都面临着抗疫情、稳经济、保民生的艰巨任务之时，中国国际服务贸易交易会发挥的平台与桥梁作用更显意义非凡。以坚定的步伐走出人类历史上这段艰难时期，共同迎接世界更加美好的未来，这是中国人民和世界各国人民的共同心愿。世界将共同见证，中国与各国携手，竭诚努力为深化服务贸易和投资合作、增强经济社会发展活力贡献智慧和力量。

资料来源：改编自和音. 让各国人民共享服务贸易增长成果. 人民日报，2020 - 09 - 08 (06).

第一节　从服务、服务业到服务经济

一、服务的相关概念与特征

（一）服务的概念

服务与人们的生产生活密切相连，它不仅是生产与供给的产物，也是生活消费的重要对象。从经济史的角度考察，服务既是社会劳动分工的结果，又随着分工的深化而不断发展。与此同时，人们对服务的认识也随着社会生产的进步以及生产力的提高持续加深。然而相对于实物以及与之相关的物质生产，服务和服务的生产与供给显得更为特殊。因而对服务的理解和定义也并不那么容易，相关的观点和表述也各有差异和不同。

古典经济学创始人亚当·斯密在其著作《国民财富的性质和原因的研究》中，从生产性与非生产性的角度对服务进行了论述。他认为服务的非物质方面使得它既不能贮存，也不能进一步交易，（服务）很少留下痕迹和价值。因而在以斯密为代表的古典经济学家看来，服务无助于交易量的增加。服务在这个意义上是非生产性的。

法国古典经济学家萨伊在《政治经济学概论》中指出，“医生、公教人员、律师、法官的劳动（这些劳动属于同一种类的性质）所满足的需要是这样的重要，以致这些职业如果不存在，社会便不能存在。”因此，“无形产品（服务）是人类劳动的果实，同时又是资本的产物。”

英国古典经济学家约翰·斯图亚特·穆勒在其著作《政治经济学原理及其在社会哲学上的若干应用》中指出，服务是指劳动产生的效用并未固定或体现在任何物体中，即给予一种快乐，消除不便或痛苦，时间可长可短，但不会使人或物的性质得到永久性改善。在这里，劳动是用于直接产生一种效用，而不是提供某种别的东西来给予效用。

法国古典经济学家巴斯夏在其著作《和谐经济论》中则强调，“这（劳务）是一种努力，对于甲来说，劳务是他付出的努力，对于乙来说，劳务则是需要和满足”。①

从上述古典经济学重要代表人物的著述中不难看出，他们对服务的理解和定义各有侧重和强调，并且伴随着古典经济学的发展，服务与商品的概念界限越来越模糊，泛服务论成为有一定影响力的观点。

相较于古典经济学时期，随着20世纪五六十年代服务经济的迅猛发展，对服务的认识和定义更加多样化，总体上是从服务现象本身、服务的特点和功能、服务生产与消费等角度出发理解服务，如富克斯（V. R. Fuchs）在其著作《服务经济学》中对服务的描述，希尔（T. P. Hill）、瑞德尔（D. Riddle）、佩蒂特（Petit）等对服务的定义。② 这些定义对于人们从多层面、多维度认识和理解服务有一定裨益。

然而对服务进行深入阐释和深刻揭示的当属马克思。马克思强调：“由于这种劳动所

---

① 李慧中. 国际服务贸易. 2版. 北京：高等教育出版社，2012.

② 具体定义可参见程大中. 生产者服务论. 上海：文汇出版社，2006：22－24.

固有的物质规定性，由于这种劳动的使用价值，由于这种劳动以自己的物质规定性给自己的买者和消费者提供服务。对于提供这些服务的生产者来说，服务就是商品。服务有一定的使用价值（想象的或现实的）和一定的交换价值。”[①] 针对服务的定义，马克思指出：“服务这个名词，一般地说，不过是指这种劳动所提供的特殊使用价值，就象其他一切商品也提供自己的特殊使用价值一样；但是，这种劳动的特殊使用价值在这里取得了‘服务’这个特殊名称，是因为劳动不是作为物，而是作为活动提供服务的”[②]。马克思对服务的定义是在马克思主义政治经济学的范畴和理论框架下对服务本质做出的科学的揭示，不仅肯定了服务是使用价值，是劳动产品，是社会财富，可以投入市场进行交换，而且指出了服务同其他商品的差别只是形式上的，商品具有实物的形式，而服务则体现为一种活动形式，是一种运动形态的使用价值，这对于理解服务的本质以及服务的特征，乃至服务业、服务贸易具有十分重要的意义。

正是因为服务区别于其他商品的特殊性，是一种活动的形式，因而在理解和认识服务的时候就不能像物质商品那样从某一个方面强调商品本身的特征，而是应从涉及服务的投入，即生产者与消费者的共同参与，涉及服务的产出，即服务主要体现为一种过程或活动，以及涉及服务生产的目的，即服务提供的使用价值，也可称之为时空或（和）形式上的效用来整体加以评判，由此可以对服务理解和认识得更加深入和准确。

（二）服务产品的概念

在经济学家看来，经济物品从形态上可以划分有形产品和无形产品，后者指的就是服务。如果说“运动形态的使用价值”揭示出服务的本质，形成了服务的抽象概念，那么服务产品则是从经济学意义上对服务概念的进一步具化。在经济社会中，无形的服务与有形的商品一样无处不在。然而与有形商品相比，服务产品是服务劳动的成果，其有着自身独特的规律和特点。从实物产品的生产在人类劳动实践中占据主导地位发展到无形服务大规模地兴起，不仅是生产力发展的必然，也生动地体现了这种关系所包含内容的嬗变。

从囿于自然需要的桎梏到社会需要的充分发展与实现，从实物形态财富的追求到包括非实物形态财富——服务产品的创造，服务劳动经历了由非生产劳动向生产劳动的转变。这种种变迁反映出人类需要深度的加深与广度的拓展，体现出生产力水平的不断进步和提升。马克思说：“任何时候，在消费品中，除了以商品形式存在的消费品以外，还包括一定量的以服务形式存在的消费品。”[③] 事实上，劳务这种最初的服务形式在人类社会中久已存在。只是在生产力高度发展的资本主义，特别是资本主义进入后工业化之后，由于服务业的兴起，服务劳动在生产中的地位才真正被重视并得以确立，并且随着分工的发展、新行业的产生而不断处于运动变化中。

那么服务劳动在当今社会的状况究竟如何呢？目前，发达资本主义国家服务业的产

---

① 剩余价值价值理论：第1册. 北京：人民出版社，1975：149.

② 马克思恩格斯全集：第26卷（1）. 北京：人民出版社，1972：435.

③ 马克思恩格斯全集：第20卷（1）. 北京：人民出版社，1972：160.

值与就业人数已经占到本国国内生产总值与就业人数的 2/3 左右，足见服务劳动在财富创造中的举足轻重的地位，以至人们谈论服务业必引用配第-克拉克定理作为一种现象性的解释。这种状况同时给予“服务劳动向创造财富的生产劳动转变”这一判断以无可辩驳的经验事实支持，预示着服务经济时代中人的需要观、劳动观、生产观、消费观以及财富观都将面临重大变革。人与人类社会将更快地从基本的生存需要的束缚中解放出来，获得更大的以发展为目的的满足需要的空间。这些空间是与观念相对应的，包括需要的层次空间、劳动的拓展空间、生产与消费的结构空间及财富的延伸空间，它们将在经济全球化以及一次比一次迅猛的科技革命浪潮中愈加显明膨胀，并又融合生成彼此紧密相连的整体空间。而服务劳动则占据其间的重要地位，发挥着不可替代的作用。

考察当今社会经济部门，分工不断向纵深发展，不仅包括行业部门之间的分工，从而为生产不同使用价值的劳动既相互独立、又相互联系与依赖创造条件，而且同时表现在企业内部生产过程的分工，涉及产品不同组成部分之间的分工、不同工序的分工、同一生产过程中的脑体分工。[①] 而社会化分工是生产需要的直接体现，其结果就是不同的劳动职能纷纷独立出来，新的生产领域、新的行业部门同时产生了，而生产劳动职能也愈加丰富、复杂，且在协作分工的要求下日益形成一个难以分离、不可分割的整体。而在这个整体中，有相当大一部分属于服务劳动。

事实上，创造任何服务产品都要耗费一定的物质资料和活劳动，无论其耗费结果的形态如何，只要具有一定的使用价值，能满足社会一定的需要，就是客观存在。在物质性上，服务产品同实物产品是完全一样的，其区别在于物质形态不同。服务产品的生产需要达到生产与消费的同时性以及高度对接。而在商品经济条件下，服务产品被当作商品同其他商品相交换，也遵循商品交换中的一般规律，接受市场的调节。但是服务产品的流通同实物产品的流通有着显著区别。这些都成为考察服务产品必须注意的方面。

（三）服务产品的特征

与有形产品相比，服务产品拥有自身独有的特征，这成为认识服务经济以及探寻其中规律和特点的基础。

1. 无形性

服务产品与有形产品或者物质商品最大也是最基本的区别在于，服务产品是无形的。服务是运动形态的使用价值，是由一系列活动所组成的过程，而不是具有物理和空间形态的实物。因此在提供、购买和消费服务之前，不仅服务的提供者通常无法向消费者展示服务的样品，而且服务的消费者也无法像了解有形产品那样，通过各种方式和途径全面感知服务。随着科技的发展，有些无形的服务已变得“有形化”了，如以唱片等为载体的物化服务，然而其使用价值的主体依然在于内容，并没有改变服务具有无形性的根本特征。

服务的无形性是服务的生产者与消费者之间存在严重的关于产品品质信息不对称的首要原因。消费者可以通过物质商品生产者提供的样品、说明书、技术参数等以及消费者的多方位的感知和评价对其品质加以深入了解。然而由于服务产品的无形性，服务的

---

① 王晓鲁. 第三产业与生产劳动. 成都：四川人民出版社，1986：187.

消费者在服务被提供之前很难对其加以了解和评判，但是服务的生产者和提供者却完全知道所提供和消费服务的品质。如此就形成了买卖双方关于服务品质信息的完全不对称，由此可能导致消费者面临较大的道德风险以及市场的逆向选择，在面对供给者无意或怠于主动提高或保证质量甚至欺诈的情况下显得势单力孤。

2. 差异性

有形产品的品质通常不仅外显、客观，能够通过各种方式进行品质信号的传送，而且消费者也易于把握、评判。特别是在工业化、标准化的生产方式下，其品质得到了均质稳定的保证。然而相比于有形产品，服务产品的品质不仅取决于服务的生产者和提供者的技术水平、服务态度，以及影响服务生产的各种因素，同时也受消费者的特殊要求以及差异化的消费体验的影响，因此不仅服务品质保证更加复杂困难，而且品质评价也更加多样和不确定。尤其是面对个性化、差异化的服务需求，可能使相同种类的服务产生不同的服务品质。服务质量的差异或者弹性，既为服务行业创造优质服务开辟了广阔的空间，也为劣质服务留下了活动的余地。这种差异性以及由此引致的强异质性也使服务质量管理更加复杂，也更加灵活。

有人将产品特征分为寻找性特征和经验性特征两类；在此基础上，还有人提出了信任性特征。寻找性特征是指顾客在购买之前就能够确认其产品属性的特征；经验性特征是指那些只有在购买之后或在消费过程中才能体会到产品属性的特征；信任性特征则指那些顾客即使在购买和消费之后也很难真正评价其属性的特征。可见，有形产品具有较强的寻找性特征；服务的经验性特征较强；其他一些技术性、专业性较强的服务则表现出较强的信任性特征。从较强的寻找性特征向经验性特征和信任性特征的过渡是从消费角度出发反映服务产品品质存在的差异性，对于深入理解、划分服务产品并采取针对性的质量管理等具有重要意义。

3. 不可储存性

有形产品具有物理状态和空间形态，生产出来以后可以以存货或库存的形式被储存起来，因而流通环节的存在虽然可能形成较高的库存成本和流通费用，但是这为有形产品以商品的形式应对市场机遇和风险提供了条件和可能，这是有形产品成为商品并进入经济循环自然和正常的现象。即便是为了降低成本，更加适应消费者个性化、多样化需求而追求的柔性生产、零库存，也没有改变有形产品可以被储存的客观事实。正是因为服务产品的无形性，其使用价值是活动形态和运动形式，因而一旦被生产了，事实上消费也同时开始了，也就是它不可能处于库存状态。如果服务不被使用，也就没有生产。如表演艺术服务，其服务蕴含在表演者自身之中，是表演者表演技能、表演艺术与表演者身体、生命的合一。只有在表演服务被需求时，表演者提供表演服务的同时，服务消费也发生，生产与消费即完成了对接。

正因为服务产品的不可储存性，也使服务具有易逝性的特点。可以事先准备好必要的场所、设备和人员以创造服务，但这些仅仅代表服务能力，而不是服务本身。当需求稳定时，服务的易消失性还不成问题；一旦需求发生剧烈变动时，服务的能力能否满足实际就无法掌控。比如一个有 150 个座位的航班，如果在某天只有 100 个乘客，它不可能将剩余的50个座位储存起来留待下个航班销售。服务产品没有生产过剩，过剩的只是服务的供给条件或能力。

4. 不可分离性

有形产品的生产虽然更加需要考虑市场需求状况和消费者偏好，从而更好地满足市场需求，实现企业发展目标，然而总体来看，生产有形产品是较为独立的过程。在此过程中，只要生产资料具备、生产条件许可，就可以组织生产，不需要消费者的全程参与或密切跟踪，并且一旦进入市场体系或流通过程便成为感性上独立的交易对象，生产过程在时空上同它分割开来。然而服务产品与有形产品不同，大部分服务产品是先销售，然后进行生产和消费。服务的消费者需要参与到服务的生产过程中，服务生产与消费的不可分离性为服务生产与消费的双向互动性提供了条件，这是服务产品生产与消费的独特之处。

服务生产与消费的同步性使得服务难以进行大规模的生产，服务不太可能通过集中化来获得显著的规模经济效应。另外，服务生产和消费的同步性要求顾客和服务人员都必须了解整个服务传递过程。而有些服务是很多顾客共同消费的，即同一个服务由大量消费者同时分享，比如一场音乐会，这也说明在服务的生产过程中，顾客之间往往会相互作用，因而会影响彼此的体验。

服务产品的无形性使其并不能像有形产品那样被运输或移动。而服务产品生产与消费的不可分离性和同时发生性也使许多服务具有不可移动和不可贸易的特性。然而随着科技的发展，有些服务的生产和消费可以不同时或同地发生，比如银行的异地结算、远程教育等，但这同样不能改变服务生产与消费不可分离性的主要特征。

此外，服务产品的生产与消费的时空同一性降低了其市场的价格竞争效率。市场价格竞争应该是公平和有效的。一个公平的竞争应该让买卖双方具有掌握信息的公平地位，但服务市场显然没有。一个有效的价格竞争必须存在一个前提，这就是消费者在购买前了解了竞争产品的价格比例与效用比例，从而能够衡量产品性价比。然而服务生产者与消费者之间存在的严重的信息不对称以及服务产品生产与消费的时空同一性使公平和有效的实现存在诸多障碍，这也成为服务管理和政府规制必须面对的问题。

5. 所有权不可转让性

正因为服务产品的无形性、不可储存性、不可分离性等性质，使被提供服务的所有权不可转让。首先，服务产品的无形性和不可存储性决定了其不可能像有形产品那样成为可以独立存在的实体或商品而具有所有权转让的条件。其次，服务产品生产和提供之时也是其消费之时，被消费了的服务已实现了其价值和使用价值，其所有权并没有让渡。再次，服务在生产和消费之前作为一种潜在提供的能力，其主要蕴含在服务提供者自身，并没有因为服务的生产而使服务的所有权发生转移。对于大多数服务来说，购买服务并不等于拥有其所有权，如航空公司为乘客提供服务，乘客拥有享受服务的权利，从而实现了服务产品的使用价值，但这并不意味着乘客拥有了飞机上永久的座位服务。缺乏所有权会使消费者在购买服务的时候感受到较大的风险。现在有的服务行业采用了“会员制”，以维系市场和客户的关系。

二、服务业的概念与形成

（一）服务业的概念

服务业是生产或提供各种服务产品的经济部门或企业的集合。如果一种服务产品已不是个别地、偶然地被生产或提供，而是由一定数量的生产单位来供给，那么所有这些生产单位的集合就形成一个服务行业部门了，而所有具有相同或相似特征的服务行业部门的集合则形成了服务产业。它已经成为社会经济发展的重要产业部门，并在经济结构优化过程中具有极为重要的地位。

服务业的概念与第三产业的概念之间有密不可分的关系。1935 年，英国经济学家、时任奥塔哥大学教授的费雪（A. Fisher）在他的《安全与进步的冲突》一书中首次提出了三次产业分类法。1940 年，英国经济学家克拉克（C. Clark）出版了《经济进步的条件》一书，他也提出了三次产业的划分法。

按照克拉克的三次产业划分法，以初级产品生产产业为主的农业是第一产业，当它在国民经济中的比重最大时为农业经济社会；以初级产品加工产业为主的工业为第二产业，当它在国民经济中的比重最大时为工业经济社会；两者之外的其他所有产业部门都归属第三产业，服务业作为第三产业，当它在国民经济中的比重最大时就是服务经济社会。

然而服务业与第三产业还是存在一些区别，主要包括：

第一，二者的界定方式不同。第三产业的界定采用的是剩余法，这种方式界定的第三产业的范围往往难以确定。而服务业的界定以其能否提供或生产各种类型的服务产品为标准，提供不同服务产品的企业属于不同的行业部门，因而根据服务产品来定义的服务业比较明晰。

第二，二者界定的出发点不同。三次产业划分思想的出发点是经济体系的供给分类，而服务业则是以经济系统的需求分类为基础。三次产业本身暗含着不同层次产业部门的依赖关系。而服务业是从服务产品满足消费者的消费需求角度出发的，强调服务产品的生产同消费的关系，所以服务业同其他产业之间是一种相互依赖的关系，而不是单向的依赖关系。

第三，二者提出的指向不同。第三产业的提出是根据一国经济发展的进程和产业结构的变迁，从产业演化的角度界定的。服务业是从产品的特性及生产与消费的相互联系方面提出的。

（二）服务业的形成

服务劳动的历史可溯至人类发展初期的自然分工。恩格斯在《家庭、私有制和国家的起源》中指出：“分工是纯粹自然产生的；它只存在于两性之间。男子作战、打猎、捕鱼，获取食物的原料，并制作为此所必需的工具。妇女管家，制备衣食——做饭、纺织、缝纫。”[①] 可见，早期的服务劳动是生产力水平极为低下情况下在性别基础上的分工，表现为

① 马克思恩格斯选集：第 4 卷. 3 版. 北京：人民出版社，2012：175.

自然需要和必要的生存需要，因而是一种内容极为简单且尚未开化发展的自我服务的劳动形式。而服务业作为独立产业的形成首先需要整个社会的物质产品生产力达到出现剩余产品的水平，从而使一部分人脱离物质产品生产而专门职业化地从事服务生产成为可能。

随着社会生产的发展，人类历史历经了三次大的社会分工。在这三次分工中，服务的多样化形式开始展开，如“从事社会的公共事务——劳动管理、国家事务、法律事务、艺术科学等等”，也“总是必然有一个脱离实际劳动的特殊阶级来从事这些事务；而且这个阶级为了它自己的利益，从来不会错过机会把越来越沉重的劳动负担加到劳动群众的肩上”。[①] 至于第三次社会大分工出现的商业以及与之相伴而行的其他服务行业，如运输业、旅店业、饮食业等则标志着服务业作为一种独立产业运动的开始。这也表明，服务部门独立化会对社会发展产生正的效率效应，因而能够为社会发展所接纳。

资本主义之前的时代，服务劳动并非停滞不前，只不过囿于低下的生产力水平而随着生产的发展处于缓慢的扩张状态。在人类步入资本主义，特别是资本主义生产方式在工业领域取得绝对统治的地位，并朝着工业化中后期迈进时，以雇佣劳动方式出现的容纳服务劳动的行业与部门迅速扩大，从而使经济结构发生了重大变化。不仅如此，整个经济对服务产品的需求经常化、规模化，从而使服务产业具有稳定的需求和消费基础。

按历史发展和产业演进的角度，服务业形成的标志至少应包括以下三项[②]：

第一，服务劳动职业化。它指经济活动中出现了以从事服务活动为谋生手段的专门性服务劳动人员。从事服务的劳动者相比之前的服务活动者的特点是专门性和有偿性。

第二，服务部门独立化。它指服务部门不再内置于物质产品生产部门而从中外置化、独立化。只有当服务生产活动从物质生产过程中分离出来，而且已经独立的、职业化的服务工作人员有了分工区域内的一定的“行业”规模，而不是非常个别的服务人员的偶然的职业独立化，这种服务生产才从物质生产部门中真正独立出来，变附属地位为独立地位，成为一个实际的、具体的服务产业。

第三，服务部门门类多样化。早在第三次社会大分工开始时，商业已从农业和手工业中分离出来，形成了一个独立的服务部门，在欧洲多个早期发达的国家，商业的产业比重甚至还超过工业。但这只是服务业的个别部门的独立化，整个经济中并未形成大的服务业整体，至多只是出现了服务业的萌芽。三次社会大分工并没穷尽人类社会的产业分工，但它裂变出一个重要的服务部门，它之后数量众多的服务部门独立化，大服务业才开始形成。

三、服务业的分类与发展

（一）服务业的分类

产业分类的基础首先在于产业本身的形成和发展的规模及地位，因此会随着经济的发展而变化，同时分类还受人们认识标准的直接影响。而三次产业是被广泛接受并有着统计实践支撑的划分方法，但是统计口径有所差异。目前，服务业分类的标准主要有以

① 恩格斯. 反杜林论. 北京：人民出版社，1999：189.
② 李江帆. 第三产业经济学. 广州：广东人民出版社，1990.

经济功能为基础的分类、以生产为基础的分类、以消费为基础的分类、以不同经济发展阶段特点为基础的分类等。

1. 以经济功能为基础的分类

这种分类方法更强调各服务部门在国民经济中的不同作用。比较有代表性、也是越来越多研究者倾向于采用的分类方法是 1975 年由布朗宁（Browning）和辛格曼（Singelmann）提出的“服务业四部门”分类法。

该分类方法将服务业部门划分为四类，主要包括分销服务（distributive services），涉及运输、通信商业；生产者服务（producer services），涉及金融、专业服务；社会服务（social services），涉及健康、教育、国防；个人服务（personal services），涉及家政、旅馆、餐饮、娱乐。尽管其分类并不完善，但该分类方法却为后来学者所普遍接受的服务业四分法的提出奠定了基础。如学界将服务业划分为生产者服务业、分配性服务业、消费性服务业以及社会性服务业，就是从经济功能的角度出发做出的划分。其中生产者服务业是指被其他商品和服务的生产者用作中间投入的服务。消费性服务业是指以满足居民消费需求或基本民生要求的服务业。

2. 以生产为基础的分类

可作参考的主要包括联合国制定的国际标准产业分类法（ISIC）和北美产业分类体系（NAICS）。这两种产业分类均是以三次产业发展阶段理论作为划分依据的，即人类经济发展经历了第一产业为主到第二产业和第三产业相继为主的过程，更确切地说，即从农业为主发展到工业为主再到服务业为主。而各种服务劳动则形成了服务业的基础。

1948 年联合国统计委员会第一次发布了《所有经济活动的国际标准行业分类》，后来随着技术进步和产业结构调整，根据经济发展需要陆续进行了 4 次修订。目前，联合国所属机构和各个国际机构都使用这一标准分类。《所有经济活动的国际标准行业分类》分为四级：第一级为门类，编码为一位数；第二级为大类，编码为两位数；第三级为中类，编码为三位数；第四级为小类，编码为四位数。

根据联合国国际标准产业分类法第 3 次修订版，第一产业为农、林、牧、渔业；第二产业包括采掘业，制造业，电力、煤气和水的供应业及建筑业；第三产业全部是服务业，具体包括：批发和零售贸易，饭店和餐饮服务，运输、仓储和通信，金融中介，房地产、租赁和商务服务，公共管理、国防和社会安全服务，教育服务，健康和社会保障，其他社会、团体和个人服务，个体的私人家庭生产和服务，外国组织和机构共 11 类服务。

联合国国际标准产业分类法（ISIC）第 4 次修订进一步细化了分类。ISIC 按照生产要素的投入、生产工艺、生产技术、产出特点及产出用途等因素，将经济活动划分为 21 个门类、88 个大类、238 个中类和 419 个小类。

北美产业分类体系是在美国的倡导下，由美国、加拿大和墨西哥联合开发的产业分类体系，充分体现了区域间的协调性和可比性。该分类方法特别强调新兴产业、服务业以及从事高新技术生产的产业。

北美产业分类体系（NAICS）的基本结构采用了线分类法，将社会经济活动划分为部门、子部门、组、NAICS 产业、国家产业五层。第一层采用了两位数字代码，而联合国国际标准产业分类法和其他经济分类的第一层多采用字母代码。NAICS 的五个层次具体分为：第一层为两位代码，表示部门。第二层为三位代码，是对第一层部门的细分类，表示子部门。第三层为四位代码，是对第二层子部门的细分类，表示组。第四层为五位代码，是对第三层子部门的细分类，表示“NAICS 产业”。第五层为六位代码，是对第四层“NAICS 产业”的细分类，表示“国家产业”，即美国、加拿大、墨西哥根据本国的情况对 NAICS 的进一步细分类。NAICS 的基本框架体现在前四层，它是具有 5 位编码的分类，并为北美三国统一采用。现行的北美产业分类体系每 5 年修订一次，最新的 2017 年版分类中包含 20 个门类、99 个大类、312 个中类、713 个小类，美国的细类是 1 069个。

此外，还有欧盟统计局建立的欧盟产业分类体系（NACE），目前采用的是 2006 年修订发布的 NACE2.0 版本，包含 21 个门类、88 个大类、272 个中类、615 个小类。

3. 以消费为基础的分类

这种分类方法是从消费出发，强调服务的消费目的。比如将商业、运输、通信、仓储等服务归为生产服务（production services），将政府、教育、健康及其他社会服务看作是集体消费服务（collective consumption services），把职业服务、家政服务、修理服务及其他专业性服务划为个体消费服务（individual consumption services）。该方法的划分有助于从消费的角度研究和考察服务业的发展。

4. 以不同经济发展阶段特点为基础的分类

1970 年，卡托齐安（M. A. Katouzian）依据罗斯托经济发展阶段理论将服务业分为三类：新兴服务业、补充性服务业和传统服务业。

新兴服务业一般出现在工业化的后期，相当于罗斯托所谓工业产品的大规模消费阶段，与费雪的“第三产业”和贝尔的“后工业社会”的主导产业相似，是指工业产品的大规模消费阶段以后出现需求加速增长和大规模消费的服务业，这些行业的收入弹性一般较高，如教育、医疗、娱乐、文化和公共服务等。补充性服务业是相对于制造业而言的，是中间投入服务业，它们的发展动力来自工业生产的中间需求，主要为工业生产和工业文明“服务”，这类服务业主要包括金融、交通、通信和商业，此外还有法律服务、行政性服务等。传统服务业是指运用传统的生产方式经营，并且在工业化以前就已存在的服务业。主要有两层含义，一是传统的需求，二是传统的生产模式。这类服务通常是由最终需求带动的，主要包括传统的家庭与个人服务、商业等消费性服务。

此外，还有现代服务业的提法，是指以现代科学技术特别是信息网络技术为主要支撑，建立在新的商业模式、服务方式和管理方法基础上的服务产业。现代服务业既包括随着技术发展而产生的新兴服务业态，也包括运用现代技术对传统服务业的改造和提升。

我国《国民经济行业分类》是依据 ISIC 基本原则建立的国家统计分类标准，明确规定了全社会经济活动的分类与代码，适用于统计、规划、财政、税收、工商等国家宏观管理中对经济活动的分类，并用于信息处理和信息交换，是经济管理和统计工作的基础性分类。2011 年 4 月，国家质检总局、国家标准委发布了由国家统计局主持修订的《国民经济行业分类》（GB/T 4754—2011）。几年来，2011 年版国民经济行业分类在我国统计工作和经济管理活动中得到了有效实施，发挥了十分重要的作用。但随着我国产业结构转型升级加快，互联网经济和现代服务业迅猛发展，新产业、新业态和新商业模式大量涌现，2011年版《国民经济行业分类》中的有些行业划分显得过粗，已不能全面、深入、准确地反映我国新兴产业的发展，难以满足国家制定产业发展战略的需要。在此背景下，国家统计局开展了国民经济行业分类的修订工作。

依据2017年版《国民经济行业分类与代码》（GB/T 4754—2017），国民经济行业分为门类、大类、中类、小类四个层次。该版行业分类共有20个门类、97个大类、473个中类、1 380个小类。与2011年版比较，门类没有变化，大类增加了1个，中类增加了41个，小类增加了286个。

从门类来看，具体包括：A 农、林、牧、渔业；B 采矿业；C 制造业；D 电力、热力、燃气及水生产和供应业；E 建筑业；F 批发和零售业；G 交通运输、仓储和邮政业；H 住宿和餐饮业；I 信息传输、软件和信息技术服务业；J 金融业；K 房地产业；L 租赁和商务服务业；M 科学研究和技术服务业；N 水利、环境和公共设施管理业；O 居民服务、修理和其他服务业；P 教育；Q 卫生和社会工作；R 文化、体育和娱乐业；S 公共管理、社会保障和社会组织；T 国际组织。

（二）服务业的发展

1940年，英国经济学家克拉克（C. Clark）在威廉·配第的关于收入与劳动力流动之间关系学说的研究成果之上，计量和比较了不同收入水平下就业人口在三次产业中分布结构的变动趋势。克拉克认为他的发现只是印证了配第的观点，因此其所揭示和阐述的经济发展规律被称为配第-克拉克定理。

该定理把人类全部经济活动分为第一产业（农业）、第二产业（制造业、建筑业）和第三产业（广义的服务业）。其主要内容为：不同产业间相对收入的差异会促使劳动力向能够获得更高收入的部门移动，随着人均国民收入水平的提高，劳动力首先由第一产业向第二产业移动；当人均国民收入水平进一步提高时，劳动力便向第三产业移动。结果，劳动力在产业间的分布呈现出第一产业人数减少、第二产业和第三产业人数增加的格局。配第-克拉克定理对于认识经济结构的变迁以及服务业的发展有一定的参考意义。

伴随着资本主义生产方式的发展，以服务劳动为基础的服务业也取得了快速发展。在资本主义生产方式下，资本家是生产的主体，“成为商品是它的产品的占统治地位的、决定的性质”①，而“剩余价值的生产是生产的直接目的和决定动机”②。从生产的技术条件看，机器大工业是其典型、成熟的发展阶段；从生产的社会条件考察，这种生产方式逐步表现为广泛而普遍的商品交换关系和市场化的生产要素的配置方式。由此，“资本的生产一方面力图发展和提高生产力的强度，一方面又追求劳动部门的无限多样化”③。原属自我服务的劳动越来越多地以商品的形式加入社会化的行列中，而众多新的服务劳动

① 资本论：第三卷. 2版. 北京：人民出版社，2004：996.

② 资本论：第三卷. 2版. 北京：人民出版社，2004：997.

③ 马克思恩格斯全集：第47卷. 北京：人民出版社，1979：555.

形式在追求剩余价值的动因和过程中被全新地创造出来。这种状况不仅表现在家庭生活消费与社会生活消费中服务劳动的商品化和社会化，如住宿和餐饮服务，居民服务，文化、体育和娱乐服务等，尤其表现在围绕生产与经济发展的服务劳动的独立化和功能的强化，如交通运输、仓储和邮政服务，批发和零售服务，金融服务，房地产服务，租赁和商业服务，信息传输、计算机和软件服务，科技服务等。而资本主义的企业内部分工在服务劳动独立化方面发挥了极其重要的作用，并将这种“独立”融入更加紧密的整体生产职能中。对此，马克思说：“为了从事生产劳动，现在不一定要亲自动手；只要成为总体工人的一个器官，完成他所属的某一种职能就够了。”① 显然“总体工人”的思想意味着服务劳动虽然是局部劳动，却已成为“发展各种劳动即各种生产的一个不断扩大和日益丰富的体系”中不可分割的组成部分，这也就意味着服务劳动的发展空间被必然而且确定性地拓展了。

与此同时，资本主义国家政府的社会职能在二战之后也得到了或多或少的加强。这种加强是在服务劳动越来越成为生产劳动体系的组成部分，成为满足人类基本需要的重要手段，同时在面对庞大的市场经济失灵，政府又不得不肩负起调和社会矛盾、维护社会稳定、调控发展经济、完善保障、增强福利等任务的条件下实现的。诸如卫生、社会保障和社会福利服务，公共管理和社会组织服务，教育服务等的发展就是明证，从而使许多国家政府职能脱离了单纯维护其阶级统治的需要，成为服务劳动拓展的重要内容。

虽然服务劳动的扩展是服务化的结果，但有的学者却认为其实质是信息化，是西方发达国家 20 世纪 80 年代以来生产技术和组织形式发生重大变化而引发的，其特点是对服务的需求不是在商品生产体系外部展开，也就是服务的发展不是由最终需求推动，而是由技术进步、分工深化和管理方式变革所引起的对服务的中间需求的扩展所带动，即在商品生产体系内部展开。

就当代而言，服务业一方面追求标准化以提高服务的效率，另一方面又追求人性化以提升服务业的层次。服务业正在成为世界各国寻求经济发展和结构优化升级的重要产业选择。近年来，全球服务业跨国直接投资、服务贸易的增速高于全球对外直接投资（FDI）和世界贸易增速。跨境电商、物联网、互联网金融、众包、大数据、共享经济等新兴服务业、新的服务模式蓬勃发展，成为拉动全球服务业增长的主要引擎。新业态的不断涌现推动了各国服务业政策的不断创新。

四、服务经济的兴起

1968 年，美国经济学家富克斯出版了《服务经济学》一书，提出了一个重要判断，即美国在西方国家中率先进入了“服务经济”社会，并说道：“由英国开始扩展到大多数西方国家的从农业经济向工业经济的转变具有‘革命’的特征；而美国已深入发展并在所有国家表现出来的从工业经济向服务经济的转变尽管较为缓慢，但从经济分析角度看同样具有革命的性质”②。而这一判断随着时间的推移在各国从工业经济向服务经济转变

---

① 资本论：第一卷. 2 版. 北京：人民出版社，2004. 582.

② V. R. Fuchs. The Services Economy，National Bureau of Economics Research，1968，p. 2.

的过程中显得愈加明显。

现实中，服务业在国民经济中的地位与作用不断提升，在发达资本主义国家服务业的产值与就业人数已经占到本国国内生产总值与就业人数的三分之二左右，服务化的观念早已深入人心，而服务贸易在服务化与全球化的浪潮中也获得了前所未有的快速增长的势头。所有这些事实让人们相信，服务业的发展水平代表了经济的整体发展水平，开放经济条件下的服务贸易是获取更多经济利益的重要而关键的贸易形式所在，因而推进服务业与服务贸易的发展，应该也必然成为各国经济发展的中心与目标。

（一）服务经济时代中的消费变化

消费在商品经济社会中是经由交换和分配才在价值和使用价值的互换中成为主体所能支配和实现的利益，这一过程几乎而且越来越离不开流通的功能和作用。但是，无论是产品还是商品，使用价值运动的社会交换过程是更一般的规定。在服务经济社会中，分工的深化和拓展愈加超越先前的任何时代，因而由分工引起的交换空间范围更加广阔，为使消费主体拥有现实的消费对象而在流通中进行的使用价值的运动和实现显然是必要的，否则这种使用价值对于消费者而言依然是悬浮在需要的欲望中，是一种潜在的尚未成为现实的利益。换言之，承担使用价值运动和实现的流通中的劳动对人的需要和消费而言是有用的，在商品经济社会中是能够带来价值利益的。那些与大众消费相适应的面向大众、刺激消费的营销服务活动——广告、杂志、影视、网络等等随之涌现，成为流通环节在商业社会的特殊存在。

再来看消费本身，从需要的多样化以及物质需要向非物质需要，也即向服务需要的发展中不难看到，服务消费已经成为重要的消费形式，而且处于大众消费之中以及其上。与实物商品的消费不同，服务消费的对象是运动形态的使用价值，其生产与消费具有同时性，由此决定了服务消费就是生产与消费一体两面——主体消费的过程就是占有的过程，占有并非延伸到消费之外；而消费的过程同时也是生产的过程，生产的结果是财富的创造与再造。

服务消费与物质消费在一定条件下有着此消彼长的关系，这本身表明二者都应该成为人类基本生活需要的重要组成部分，否则无须劳动付出，可有可无，也就不会成为利益追求的目标。进一步深究，新工业主义认为，未来消费的趋势是商品代替服务，社会生产仍然围绕物质财富的生产展开，即使未来社会是以服务消费为主，服务的生产也将“产业化”和“工业化”；而美国学者鲍莫尔则认为，就产出来说，所谓“服务经济”只是一种统计幻觉，是由服务业和制造业相对通货膨胀造成的幻觉，那种认为人们对服务的消费会随财富的增长而上升的观点是值得怀疑的。上述两种观点虽没有反映服务整体与整个事实的全部，但是它们起码说明了服务经济尚有漫长的路要走，消费中的服务利益依然处于依赖物质利益发展的模式，即通过标准化、产业化等方式提高生产率，从而推进服务的消费。

以我国为例，近年来，我国已进入消费需求持续增长、消费结构加快升级、消费拉动经济作用日益增强的发展阶段，零售消费呈现出从注重量向追求质的提升、从有形产品向更多服务消费等为主要内容的升级态势。服务消费已经成为我国推进经济发展、促进消费升级的重要着力点。

（二）服务经济时代生产结构的变动

从农业经济到工业经济，再到以服务性部门壮大为特征的服务经济，是人类利益追求在经济部门结构性转移的反映。结构变迁既提示并要求顺应经济发展的规律，适宜适度地推进结构重心转变，以便更快更好地实现目标利益，同时又启示结构的内在演进不是简单的更替兴衰，而是属于整个经济系统内部结构的协调和整体能级的跃升，不仅是生产力发展的问题，而且是利益关系调整的问题。

如果说产业结构由农业向工业的发展是人类追求物质利益能力的极大提升，是创造生存、生活物质条件的过程，那么产业结构重心向服务业转变便意味着人类在创造生存条件的同时，在生产着生活本身。虽然这种生产依然需要建立在坚实的物质利益基础上，而且目前也确实以增进物质利益为中心，但是却不能否认它向生活本身的靠拢。伴随着经济发展，整体的产业结构表现出“软化”的特征。各行业在要素密集性上的显著差异决定了真正对结构变化产生巨大影响的不是劳动密集型，而是资本密集型，特别是技术、知识密集型的服务性行业。它们将其蕴藏的巨大生产潜力服务于经济整体，作用于工业和农业以及为人的生活和发展服务的各行业，从而使整个产业结构向技术、知识密集型的“软化”方向发展。因此，“软化”不单指服务业一个产业部门，也不是单从“量”的角度考察，而是关注整体以及“质”的变化。在此过程中，各产业的关联性也空前被无形的强力无比的纽带强化了。

而在这种空前强化的联系中，资本、技术和知识密集型服务性行业以其服务并显著作用于生产而分外突出，由此形成目前格外引人关注的重要生产性服务业。数据显示，目前生产性服务增加值在许多国家服务业总体增加值的比重已达40%左右。经济合作与发展组织（简称“经合组织”，OECD）大多数国家生产性服务与消费性服务的比例都超过了2，有的在3左右。如美国在2003年，这一比例就达到2.91。那些与生产发展紧密相关的服务劳动，诸如金融服务，房地产服务，租赁和商业服务，信息传输、计算机和软件服务，科技服务等等，虽然围绕物质商品生产，但是它们却带着鲜明的现代经济特征，并且与信息技术和知识经济紧密相关，因而代表着先进的生产力，左右着经济体系的发展高度和获利水平。

从对世界，尤其是发达国家的实证研究发现，产业结构发展阶段和重心的转变呈现出配第-克拉克定理所阐明的统计现象，同时与消费及经济增长有着密切的关系。产业结构及重心演变的总体趋势除了从农业到工业再向服务业发展外，还表现出从劳动密集型向资本密集型、技术和知识密集型演进的特征。总结来看，经济增长（国民收入增长）→居民收入水平提高→消费结构改变→产业结构改变→经济进一步增长，成为贯穿其中的一条线索。虽然依照生产决定消费、生产结构决定消费结构的观点，消费品产业结构将直接决定消费结构，决定其总量和比例的关系，但是消费结构又是消费中实现的产品结构，它将直接影响再生产过程的顺利进行以及生产结构的延续，何况消费结构还会对生产结构的调整发生作用。

21世纪是一个经济大转变的时代，发展知识经济是大势所趋。新兴知识经济的产业基础是信息产业和服务业，是相对于过去以物质经济为基础的产业经济形态而言的，其本质变化是过去的实物经济、有形经济逐步让位于服务经济和无形经济。服务经济的兴起无疑是人类社会令人激动和心向往之的事情。

第二节 国际服务贸易的定义与特征

一、国际服务贸易的定义

（一）传统的国际服务贸易定义

作为国际贸易重要组成部分的服务贸易，在社会经济发展中的地位和作用越来越重要，也受到社会各界的广泛关注。然而对于什么是国际服务贸易，依然存在诸多理解和认识不确切、把握不深入的问题。

在有关国际贸易的教科书中，国际贸易通常被定义为世界各国或地区之间货物、服务和生产要素交换的活动。它是各国之间分工的表现形式，反映了世界各国在经济上的相互依存。从该定义可以看出，服务是其中重要的贸易标的。因而如果以传统的国际贸易的观点理解，国际服务贸易是世界各国或地区之间服务的交换活动。

一国或地区的劳动力向另一国或地区的消费者（法人或自然人）提供服务并相应获得外汇收入的全过程，便构成服务的出口；与此相对应，一国或地区的消费者购买他国或地区劳动力提供服务的过程，便构成服务的进口。各国的服务进出口活动，便构成国际服务贸易。其贸易额为服务总出口额或总进口额。

上述依据传统国际贸易观点对国际服务贸易的定义涉及人员移动与否、服务过境与否及异国国民之间的服务交换等问题。这些问题与服务产品的特征有着密切的联系。在服务产品跨国交易时，人员移动与否、服务过境与否不是判定国际服务贸易发生的必要条件，只要有一种相关要素发生移动，往往就构成国际贸易。而异国国民之间的服务交换也可以形成国际服务贸易。

（二）《服务贸易总协定》对服务贸易的定义

《关税与贸易总协定》（GATT）乌拉圭回合多边贸易谈判的一个重要成果就是产生了《服务贸易总协定》（General Agreements on Trade in Services，GATS）。《服务贸易总协定》（GATS）对服务贸易的定义区别于 GATT 对货物贸易的定义。GATS 将服务贸易定义为四种模式：

第一种，跨境交付（cross-border supply），即从一成员境内向任何其他成员境内提供服务。在跨境交付模式下，服务的提供者与消费者都不移动，一般也不涉及资金及人员的过境流动。跨越国境和边界的只是服务本身。

跨境交付模式又可以分为被分离服务（separated services）贸易和被分离生产要素服务（disembodied services）贸易两种类型。被分离服务贸易类型中的服务与货物一同在出口国生产，经过国际交易在进口国消费。保险和金融服务就是通过通信手段进行的国际服务交易。被分离生产要素，或称缺席要素（absent factor）服务贸易，在提供服务时，并不需要所有要素都移动，可能有一种要素被称为“缺席要素”，比如管理，位于母国不动，但可以通过信息通信技术提供服务，以强化海外生产要素。

第二种，境外消费（consumption abroad），即在一成员境内向任何其他成员的服务消费者提供服务。在境外消费模式下，一般是通过服务的消费者（购买者）的过境移动实现的，而服务产品是在服务提供者所在国生产的。最典型的例子是旅游、教育以及医疗服务等。

第三种，商业存在（commercial presence），即一成员的服务提供者通过在任何其他成员境内的商业存在提供服务。在商业存在模式下，主要涉及市场准入和对外直接投资，即在一成员境内设立机构，通过提供服务取得收入，从而形成贸易。它是一成员的企业或经济实体到另一成员开业，提供服务，包括投资设立合资、合作和独资企业。服务人员可以是来自母国，也可以是在东道国雇佣；其服务对象可以是东道国的消费者，也可以是第三国的消费者。商业存在模式常见的有在境外设立金融服务分支机构、律师事务所、会计师事务所、维修服务站等。而境外消费模式则强调通过生产要素的流动到消费者所在地提供服务。

第四种，自然人流动（presence of natural persons），即一成员的服务提供者通过在任何其他成员境内的自然人存在提供服务。在自然人流动模式下，一成员的自然人（服务提供者）过境移动，在其他成员境内提供服务而形成贸易，如一国的医生、教授或艺术家到另一国从事个体服务。

上述四种贸易模式所形成的国际服务贸易的定义过于宽泛，而且相互交叉。这是因为谈判委员会在一些发达国家的要求下，尽可能多地把服务贸易纳入谈判内容。而服务的交易又往往不是以一种方式就能完成的，而是几种方式的互相结合。

对于服务贸易的定义，乌拉圭回合中期评审报告中曾指出，多边服务贸易法律框架中的定义，应包括服务过境移动、消费者过境移动和生产要素过境移动（主要指服务提供者过境移动）。它们一般要符合以下四个标准：服务和支付的过境移动性、目的的具体性、交易的连续性和时间的有限性。这四方面判别标准有助于理解服务贸易的含义。

二、国际服务贸易的特征

（一）服务产品特征制约的国际服务贸易的特征

要深入认识国际服务贸易的特征，首先要从贸易标的的特征入手进行分析。因为它是影响和制约国际服务贸易最直接、最根本的因素。从前面关于服务产品的特征可以看出，服务产品具有无形性、差异性、不可储存性、不可分离性以及所有权不可转让性，这是区别于有形产品的最主要的方面，也成为国际服务贸易区别于国际货物贸易最重要的方面。那么，服务产品特征也成为国际服务贸易特征的直接基础。

1. 贸易标的的无形性

国际服务贸易的贸易标的是服务产品，而服务产品具有无形性，由此决定了在国际服务贸易过程中，需要面对和处理的是无形的服务。而这种无形性以及与之密切相关的不可储存性和生产与消费的同时发生性决定了服务产品自身往往难以跨境交易，因而通常被看作是非贸易品，这也成为国际服务贸易必须克服的障碍。

2. 贸易过程的同步性

服务产品的不可分离性表明了服务生产与消费的同时性和同步性。而在国际贸易过程中，大多数国际服务贸易的交易过程是与服务的生产和消费过程分不开的，而且往往是同步进行的。也就是说，服务价值的形成和使用价值的创造过程，与服务价值的实现和使用价值的让渡过程，以及服务使用价值的消费过程往往是在同一时间和地点完成的。这也就意味着大多数情况下要有两个主体（提供者与消费者）的实体接近，由此要求贸易主体发生移动。其中有的服务要求供给者向需求者移动，有的正相反，有的可能要求双方移动。

3. 贸易主体地位的双重性

服务生产与消费的同时性和同步性也决定了服务的标的不能与交易者分离，服务的卖方直接就是服务生产者，他们的地位是双重的，并作为服务消费过程中的要素直接作用于服务的消费过程；服务的买方也直接是服务的消费者，其地位也是双重的，并作为服务生产者的劳动对象直接参与服务产品的生产过程。这种因高度同步性而引致的贸易主体地位的双重性要求国际服务贸易过程中必须高度重视贸易主体的角色重叠和变化，以更好地促进贸易的发生发展。

4. 贸易模式的独特性

服务产品所涉行业不仅繁多各异，而且就贸易模式而言，也因自身的独特性而区别于国际货物贸易。依据《服务贸易总协定》（GATS）对服务贸易的定义，其有四种提供方式或称贸易模式，涉及人员、资本等要素的跨国移动，因而内涵更加丰富，特别是针对不同的服务产品，要选择不同的贸易模式，而且可能是多种贸易模式的组合，这与货物贸易相比，显得愈加独特。

5. 贸易利益的复杂性

作为运动形态的使用价值，服务产品的差异性特征十分明显，其品质评价和服务体验取决于多重因素，尤其是生产与消费的双向互动性使这种使用价值的感知更加具有不确定性。而以这种特殊使用价值为指向的贸易利益显然与货物贸易所针对的贸易利益有很大的不同，不仅难以衡量，而且不确定性强，因此体现出较强的复杂性，难以更好地把握。

（二）贸易国际环境制约的国际服务贸易的特征

国际服务贸易的特征不仅直接受服务产品特征的制约和影响，而且也受制于贸易国际环境，由此形成了贸易国际环境制约的国际服务贸易的特征。

1. 贸易的非海关控制性

国际货物贸易因贸易标的有形，因此可以通过海关加以管理。然而由于服务是无形的，一国对服务无法像对货物那样以海关作为进出口管理通道。海关无法管理与控制服务进出口，无法统计服务的进出口。

2. 贸易保护方式的隐蔽性

由于国际服务贸易标的的特点，服务进出口不经过海关，各国政府对本国服务业的保护往往无法通过统一的国际标准或关税进行限制，而只能采取在市场准入方面予以限制或进入市场后不给予国民待遇等非关税壁垒的形式，这种保护常以国内立法、政策的形式加以施行，难以体现确定的数量形式。特别是各国对服务贸易的保护通常不是以地区性贸易保护和“奖出”式的进攻型保护为主，而是以行业性贸易保护和“限入”式的防御型保护为主，缺乏透明度，且多以非关税壁垒为主，由此使国际服务贸易保护方式具有更强的隐蔽性。

3. 贸易惯例约束的灵活性

《服务贸易总协定》条款中规定的义务有一般性义务和具体承诺的义务两种。一般性义务适用于 GATS 缔约国所有服务部门，不论缔约国是否开放这些部门，都同样具有约束力，包括最惠国待遇、透明度、发展中国家更多参与等。具体承诺的义务是指必须经过双边或多边谈判达成协议之后才承担的义务，包括市场准入和国民待遇，且只适用于缔约方承诺开放的服务部门，不适用于不开放的服务部门。就市场准入而言，《服务贸易总协定》要求可以采取循序渐进、逐步自由化的办法，允许缔约方首先根据各自的国内政策目标和发展水平等实际情况递交初步承诺单，然后进行减让谈判，最后达到自由化。就国民待遇来说，《服务贸易总协定》允许缔约方根据自己的经济发展水平选择承担国民待遇义务，不仅可以决定在哪些部门或分部门实施国民待遇原则，也可以为国民待遇原则在本国实施列出一些条件和限制。总之，《服务贸易总协定》对于国际服务贸易的约束具有一定的弹性和灵活性。

4. 贸易管理的高难度和复杂性

同样因为服务产品的特征，使得行业众多、差异极大的国际服务贸易标的在贸易管理方面首先面临针对货物贸易的传统管理方式和管理手段不适应的难题和问题。国家对服务进出口的管理，不仅仅是对服务作为交易标的的“物”的管理，还必须涉及服务提供者和消费者的人的管理以及人员签证、劳工政策等一系列更为复杂的问题。而对于像文化服务、金融服务等领域，还需要考虑国家安全等。此外，由于服务贸易的非海关控制性和贸易保护方式的隐蔽性，进一步增加了服务贸易在贸易管理方面的难度和复杂性。而在微观层面，由于服务本身的固有特性，也使得企业销售经营过程中的不确定性因素增多，调控难度增大，突出表现在对服务的质量控制和供需调节这两个企业营销管理中最为重要的问题方面。

5. 贸易市场的高度垄断性

国际服务贸易市场的垄断性不仅体现在因服务产品特征所引致的服务市场较货物市场更加严重的分割以及不完全性，因而难以形成统一、开放、完全的市场而导致市场垄断，同时还有因涉及国家安全利益等形成的政府管制和行政垄断，因与管网或网络投入相联系的行业部门在规模和效率基础上形成的自然垄断，这些都成为贸易市场垄断的重要基础和表现。除此之外，由于国际服务贸易在发达国家和发展中国家的发展严重不平衡，加上服务市场的开放涉及一些诸如跨国银行、通信工程、航空运输、教育、自然人跨国界流动等直接关系到输入国主权、安全、伦理道德等极其敏感的领域和问题，少数发达国家为维护在国际服务中的垄断优势以及全球服务贸易壁垒森严，进一步强化了国际服务贸易市场的垄断程度。据《关税与贸易总协定》（GATT）统计，全球服务贸易壁垄达 2 000 多种，大大超过商品贸易。国际服务贸易市场的这种高度垄断性不可能在短期内消失，服务贸易自由化过程依然道阻且长。

6. 贸易对要素移动和机构设置的依赖性

贸易标的特征制约的国际服务贸易要求供给者与需求者的空间接近，因此存在要素的单方或双方移动。这有别于货物贸易，在货物贸易中，货物可以从出口国运往进口国，或从产地运往销地进行销售。生产者和消费者均无须离开国境即可实现进出口贸易。至于被分离的服务并不是服务贸易标的的主体。此外，商业存在服务贸易模式还依赖于集资本、技术、管理和人力资本等要素于一身的服务机构的境外设置，即以商业存在形式集中地向东道国消费者移动要素，以免除广大分散的需求者的跨国移动，这些都成为国际服务贸易的重要特征。

第三节　国际服务贸易的分类

一、按世界贸易组织（WTO）的标准分类

虽然联合国贸易和发展会议（简称“联合国贸发会议”，UNCTAD）、国际货币基金组织（IMF）以及世界贸易组织分别有相同或相似的分类，然而由于世界贸易组织关于服务贸易的分类为各国普遍接受，因此采用《服务贸易总协定》项下的分类已成为一种惯例。

按照 WTO 的分类标准（MTN. GNS/W/120），服务贸易部门分为 12 大类 155 个分部门。每一类服务都有其特定的一种或几种服务贸易模式。美国商务部对其服务业中的 18 个服务部门的国际贸易模式进行了归类。其中会计服务、广告服务、租赁服务、银行服务、法律服务等 8 个部门的贸易模式是以“商业存在”为主，通信服务、计算机服务、建筑工程服务、教育服务、保险服务、健康服务等 8 个部门则是“跨境交付”和“商业存在”；运输服务等 2 个部门是“跨境交付”模式。

（一）商业性服务

商业性服务指在商业活动中涉及的服务交换活动，既包括个人消费的服务，也包括企业和政府消费的服务。

1. 专业性（包括咨询）服务

专业性服务涉及的范围包括法律服务；工程设计服务；旅游机构提供服务；城市规划与环保服务；公共关系服务等。专业性服务中包括涉及上述服务项目的有关咨询服务活动；安装及装配工程服务（不包括建筑工程服务），如设备的安装、装配服务；设备的维修服务，指除固定建筑物以外的一切设备的维修服务，例如成套设备的定期维修、机车的检修、汽车等运输设备的维修等。

2. 计算机及相关服务

这类服务包括计算机硬件安装的咨询服务、软件开发与执行服务、数据处理服务、

数据库服务及其他。

3. 研究与开发服务

这类服务包括自然科学、社会科学及人类学中的研究与开发服务，在纪律约束下的研究与开发服务。

4. 不动产服务

不动产服务指不动产范围内的服务交换，但是不包含土地的租赁服务。

5. 设备租赁服务

设备租赁服务主要包括交通运输设备，如汽车、卡车、飞机、船舶等，以及非交通运输设备，如计算机、娱乐设备等的租赁服务。但是，不包括其中有可能涉及的操作人员的雇用或所需人员的培训服务。

6. 其他服务

其他服务指生物工艺学服务；翻译服务；展览管理服务；广告服务；市场研究及公众观点调查服务；管理咨询服务；与人类相关的咨询服务；技术检测及分析服务；与农、林、牧、采掘业、制造业相关的服务；与能源分销相关的服务；人员的安置与提供服务；调查与保安服务；与科技相关的服务；建筑物清洁服务；摄影服务；包装服务；印刷、出版服务；会议服务；其他服务等。

（二）通信服务

通信服务指所有有关信息产品、操作、储存设备和软件功能等服务。通信服务由公共通信部门、信息服务部门、关系密切的企业集团和私人企业间进行信息转接和服务提供。主要包括：邮电服务；信使服务；电信服务，其中包含电话、电报、数据传输、电传、传真；视听服务，包括收音机及电视广播服务；其他电信服务。

（三）建筑服务

建筑服务指工程建筑从设计、选址到施工的整个服务过程。具体包括：选址服务，涉及建筑物的选址；国内工程建筑项目，如桥梁、港口、公路等的地址选择等；建筑物的安装及装配工程；工程项目施工建筑；固定建筑物的维修服务；其他服务。

（四）销售服务

销售服务指产品销售过程中的服务交换。主要包括：商业销售，主要指批发业务；零售服务；与销售有关的代理费用及佣金等；特许经营服务；其他销售服务。

（五）教育服务

教育服务指各国间在高等教育、中等教育、初等教育、学前教育、继续教育、特殊教育和其他教育中的服务交往。如互派留学生、访问学者等。

（六）环境服务

环境服务指污水处理服务；废物处理服务；卫生及相似服务等。

（七）金融服务

金融服务指银行和保险业及相关的金融服务活动。包括：

1. 银行及相关的服务

银行及相关的服务指银行存款服务；与金融市场运行管理有关的服务；贷款服务；其他贷款服务；与债券市场有关的服务，主要涉及经纪业、股票发行和注册管理、有价证券管理等；附属于金融中介的其他服务，包括贷款经纪、金融咨询、外汇兑换服务等。

2. 保险服务

保险服务指货物运输保险，其中含海运、航空运输及陆路运输中的货物运输保险等；非货物运输保险，具体包括人寿保险、养老金或年金保险、伤残及医疗费用保险、财产保险服务、债务保险服务；附属于保险的服务，例如保险经纪业、保险类别咨询、保险统计和数据服务，再保险服务。

（八）健康及社会服务

健康及社会服务指医疗服务、其他与人类健康相关的服务；社会服务等。

（九）旅游及相关服务

旅游及相关服务指旅馆、饭店提供的住宿、餐饮服务、膳食服务及相关的服务；旅行社及导游服务。

（十）文化、娱乐及体育服务

文化、娱乐及体育服务指不包括广播、电影、电视在内的一切文化、娱乐、新闻、图书馆、体育服务，如文化交流、文艺演出等。

（十一）交通运输服务

交通运输服务主要包括：货物运输服务，如航空运输、海洋运输、铁路运输、管道运输、内河和沿海运输、公路运输服务，也包括航天发射以及运输服务，如卫星发射等；客运服务；船舶服务（包括船员雇用）；附属于交通运输的服务，主要指报关行、货物装卸、仓储、港口服务、起航前查验服务等。

（十二）其他服务

二、按操作性统计分类

这是根据国际货币基金组织统一规定和使用的各国国际收支账户形式对国际服务贸

易进行的一种操作性分类。国际服务贸易流量在各国的国际收支账户中占有重要地位，根据该项目所含内容，可以对国际服务贸易做统计性分类。

（一）要素服务贸易

要素服务贸易同资本项目相关，即同国际资本流动或金融资产流动相关的国际服务贸易流量，主要涉及股息（利润）、利息、国外再投资收益、其他资本净收益等。在现代世界经济体系中，国际资本流动的基本形式是国际金融资产的跨国输出和输入，主要的实现方式有两种：国际投资和国际信贷。

国际投资包括直接投资和间接投资两种主要方式。国际直接投资的收益流量实际包含两部分：一是资本要素的报酬流量——利息或股息；二是经营管理技能的报酬流量——利润。而作为国际间接投资主要形式的国际信贷，主要包括民间国际信贷、国际金融机构信贷和政府间贷款，其收益流量也成为金融资产的要素报酬，计入国际收支账户的服务贸易项目。

（二）非要素服务贸易

非要素服务贸易同经常项目相关，而同国际资本流动或金融资产流动无直接关联的国际服务贸易流量，主要涉及劳务项目、运输服务、旅游服务、金融服务、保险服务、咨询、管理、技术等专业服务和特许使用项目等内容。

由于非要素服务贸易涵盖的内容太过庞杂，很难通过统一的标准进行规范定义，所以一般根据要素服务贸易的界定范围，采取扣除法记录和衡量非要素国际服务贸易。

三、按理论逻辑分类

这种分类方法便于理论分析，实际操作的难度较大。

（一）以是否伴随货物贸易为标准

1. 国际核心服务贸易

国际核心服务贸易同货物的国际投资和国际贸易无直接关联。在国际服务贸易市场上，这类服务本身是市场需求和市场供给的核心对象。

按供给者与需求者的接触形式，国际核心服务贸易可分为两种，即“远距离型”和“面对面”。“远距离型”核心服务是指无须提供者和需求者的实际接触而跨国界交易的服务。“面对面型”核心服务则需要供给者与需求者的实际接触，通常都伴随着人员或生产要素的跨国界流动。

以服务的国内分类为依据，国际核心服务贸易可以划分为生产者服务贸易和消费者服务贸易，其中前者构成国际核心服务贸易的主体。

2. 国际追加服务贸易

国际追加服务贸易同货物的国际贸易和国际投资有着密不可分的联系，它实际上是分配服务的国际化延伸，本身并不向消费者提供直接的、独立的服务效用，而是作为货物核心效用的派生效用。因而国际追加服务贸易市场的需求和供给都是属于派生的需求和供给，但也在很大程度上左右着消费者对所需核心效用的选择。

从国际投资涉及的跨国货物流动看，国际追加服务可分为上游、中游和下游三个阶段。在上游阶段，要求有先行追加服务投入，包括可行性研究、风险资本筹集、市场调研、产品构思和设计等项服务。在中游阶段，一方面要求有与有形商品融为一体的追加服务，包括质量控制与检验、设备租赁、后期供给以及设备保养和维修等；另一方面又要求有与有形商品生产平行的追加服务投入，包括财务会计、人员聘用和培训、情报和图书资料等软件的收集整理和应用、不动产管理、法律、保险、通信、卫生安全保障以及职工后勤供应等项内容。在下游阶段，要求的追加服务项目包括广告、运输、商品使用指导、退货索赔保证以及供应替换零件等一系列售后服务。上述追加服务，有些属于“锁住型”追加服务，即这类追加服务很难脱离某一特定生产阶段，只能与一定比例的生产要素相结合，从而完全附着于商品价值体，并不形成一种独立的市场交易对象。另外一些则属于“自由型”追加服务，即这类追加服务虽与商品贸易有关，但可以外在化而成为独立的市场交易对象。

（二）以是否“移动”为标准

“移动”与否的分类标准由 R. M. 斯特恩在 1987 年所著的《国际贸易》一书中提出。

1. 分离式服务

分离式服务指服务提供者与服务消费者均不需要移动，只需借助信息网络等手段进行服务。《服务贸易总协定》（GATS）中定义的跨境交付就属于这类服务。除了电视广播以外，运输服务以及新兴的电子商务也属于该范畴。

2. 使用者所在地服务

使用者所在地服务指服务提供者发生转移后产生的服务，一般要求服务的提供者与服务的需求者在地理上邻近。《服务贸易总协定》定义中的商业存在与自然人流动就属于这类服务。这种服务会伴随着生产要素的国际流动。

3. 提供者所在地服务

提供者所在地服务指服务的提供者在本国国内为外籍居民或法人提供服务，一般要求服务消费者跨越国界接受服务，不存在生产要素的国际流动。《服务贸易总协定》中所定义的境外消费就属于该类服务。

4. 流动的服务

流动的服务指服务消费者和服务提供者相互移动到第三国所产生的服务，即服务的提供者以个人或企业的形式向第三国的居民或企业提供服务。流动服务要求服务的提供者和服务的消费者发生不同程度的资本和劳动力等生产要素的国际流动。

（三）以生产过程为标准

依据服务与生产过程之间的内在联系，可以将国际服务贸易划分为生产前、生产中和生产后三大类。

1. 生产前服务

生产前服务指在生产过程开始之前所完成的，并对生产规模及生产过程有着重大影响的服务。这类服务主要包括国际市场调研和市场可行性分析等。

2. 生产中服务

生产中服务指在产品生产或制造过程中，为保证生产过程的顺利进行而提供的服务。主要涉及企业内部的营运问题，如企业内部的质量管理、人力资源管理以及生产过程之间的各种服务等。

3. 生产后服务

生产后服务指连贯生产者和消费者之间的服务，如广告、包装、运输、维修和售后跟踪服务等都属于生产后服务。通过这种服务，企业能够与市场进行近距离接触，有利于企业调查产品的销售状况并了解消费者需求、偏好的变化。

（四）以要素密集度为标准

按照国际服务对资本、技术、劳动力投入要求的密集程度，将国际服务贸易分为以下三个方面：

1. 资本密集型服务

这类服务主要包括空运、通信、工程建设服务等。

2. 技术、知识密集型服务

这类服务主要包括银行、金融、法律、会计、审计、信息服务等。

3. 劳动密集型服务

这类服务主要包括旅游、建筑、维修、消费服务等。当然，随着科技的发展，服务产品生产的要素投入会发生变化，因此，对于具体行业要进行更加深入的分析。

第四节　国际服务贸易的统计

一、国际服务贸易的统计方法

相对于国际货物贸易而言，国际服务贸易统计作为一个独立的经济统计子体系要比货物贸易统计出现的晚得多，也复杂和困难得多。国际服务贸易统计的发展大体上可划分为前传统服务贸易统计、传统服务贸易统计和延伸服务贸易统计三个阶段。

第一阶段是 20 世纪 80 年代之前。在前传统服务贸易统计这一阶段，往往把现今人们理解的有人员参与其中的服务提供与仅由投资引起的收益放在一起，统称为“非贸易往来”或“无形贸易”，以区别于称为“对外贸易”或“有形贸易”的货物贸易。

第二阶段是 20 世纪 90 年代。在传统服务贸易统计这一阶段，“服务贸易”在国际收支统计中取得了独立的地位，它核算跨境服务贸易。

第三阶段是 21 世纪。在延伸服务贸易统计这一阶段，服务贸易统计范畴延伸到

GATS 定义的四种提供方式。

第一阶段与第二阶段的标志性分界点是国际货币基金组织制定的 1993 年《国际收支和国际投资头寸手册（第五版）》（BPM5）。第二阶段与第三阶段的标志性分界点是 2001 年联合国统计委员会正式通过的《国际服务贸易统计手册》。①

国际服务贸易统计由两部分组成，第一部分是国际收支统计（BOP）中的服务贸易项目，第二部分是外国附属机构（FAT）服务贸易统计。FAT 服务贸易统计包括内向统计和外向统计。BOP 服务贸易统计和 FAT 服务贸易统计互为补充，从不同侧面反映国际服务贸易的全貌。

表 1－1 为贸易模式和相关统计领域之间的对应。

表 1－1 贸易模式和相关统计领域之间的对应

贸易模式	相关统计领域	不足
模式 1：跨境交付	BOP：商业服务（旅行和建筑业除外）	BOP 不允许模式 1 和模式 4 分离
模式 2：境外消费	BOP：旅行	• 旅行中也包含旅行者消费的货物，且不被细分为服务的不同种类 • 一些与这种贸易模式相关的交易也包括在 BOP 另外的分类中
模式 3：商业存在	• FATS 统计 • BOP：FDI 数据（补充信息） • BOP：建筑服务	• 很少有国家统计 FATS 数据 • FDI 统计涵盖大量分类，不仅（主要）是被控制的公司 • 没有区分模式 3 和模式 4
模式 4：自然人流动	BOP：商业服务（旅行除外）	BOP 不允许模式 1（模式 3 中的建筑业）和模式 4 分离
劳工流动性	BOP 统计：雇员报酬和工人汇款（补充信息）	劳工流动性的利益

资料来源：[美] 阿迪特亚·马图，等. 国际服务贸易手册. 上海：格致出版社，上海人民出版社，2012：109.

（一）BOP 服务贸易统计

BOP 为国际收支平衡表（Balance of Payments）的英文首字母缩写。各成员经济体均应按国际货币基金组织编写的《国际收支手册》的统计口径和项目分类向其提交本国（地区）的国际收支平衡表。目前国际货币基金组织与世界贸易组织这两大国际经济组织对服务贸易的数据都来源于各国的 BOP 统计，但两者提供的数据并不完全相同。其主要区别在于，国际货币基金组织的统计包括政府服务，而世界贸易组织的统计则不包括此项内容。BOP 中经常项目下的“业务”指的是居民与非居民之间的业务交易。一成员国的“居民”通常被理解为在该成员国境内居住满 1 年的自然人和设有营业场所并提供货物或业务生产的企业法人。因此，BOP 定义的国际服务贸易主要是服务的跨境交易，包括“跨境交付”、“境外消费”和“自然人流动”。

将 BOP 关于国际服务贸易的定义与 GATS 的定义进行对比，可知后者把国际服务贸

① 贾怀勤. 国际服务贸易统计的发展背景. 国际商务（对外经济贸易大学学报），2003（3）：5.

易的定义由前者“居民和非居民之间的跨境交易”的涵盖范围扩展到作为东道国居民的“外国商业存在”同东道国其他居民之间的交易，即居民与居民之间的交易。因而，GATS 定义的“商业存在”这种服务方式难以被 BOP 统计所反映。

BOP 统计已经为大多数国家和地区所接受。同时 BOP 统计数据由于高度累计，并且统计范围和记录时间上的差异，各种货币的换算差异、统计口径的不同以及隐瞒漏报等原因，加上很少在原产地和消费地进行统计，不可避免地会产生收支偏差或统计不全。

（二）FAT 服务贸易统计

FAT 是外国附属机构贸易（Foreign Affiliates Trade）的英文首字母缩写。按国际公认的标准，应将外国直接投资额占投资总额 50%以上的外商投资企业列入外国附属机构的范畴。FAT 统计反映了外国附属机构在东道国的服务交易情况，包括与投资母国之间的交易、与东道国居民之间的交易以及与其他国家之间的交易。

对任何一国来说，直接投资都是双向的，既有外国在本国的直接投资，也有本国在外国的直接投资。这种投资的双向流动反映在统计上，就形成了 FAT 的内向统计和外向统计。别国在东道国的附属机构的服务交易称为“内向 FAT”；东道国在别国的附属机构的服务交易称为“外向 FAT”。外国附属机构贸易数据的采集、分类与汇总在各国都是统计的难点，由于二者针对的是不同的群体，因而统计方法与数据获取手段上存在差别。其中外向 FAT 统计是针对一国母公司在国外的分支机构所开展的服务活动进行调查，因而信息获取的难度更大。为了满足 GATS 谈判对于这方面数据的需要，有必要在按 BOP 口径采集国际服务贸易统计数据的同时，另行采集 FAT 统计数据。

BOP 定义的服务与 FAT 统计之间虽互为补充，却不能简单相加。原因在于，一方面，FAT 统计与 BOP 统计的范围、内容和记录原则不同；另一方面，FAT 统计与 BOP 统计的部分内容有重叠，两者相加会产生统计内容的重复。

表 1-2 为各贸易模式统计模块的不足。

表 1-2 各贸易模式统计模块的不足

贸易模式	相关数据源	不足
跨境交付（模式 1）	国际收支平衡表统计（不含旅游）	——收支平衡没有区分不足 1 年的跨境交付、商业存在（公司）和自然人存在（个人）
境外消费（模式 2）	国际收支平衡表统计（主要是旅游）	——旅游也包括商品，没有细分为旅游者消费的不同服务
商业存在（模式 3）	FDI 和外国分支机构贸易（FAT）统计	——FDI 统计没有提供输出（或销售）数据；FDI 的定义和商业存在的定义不匹配 ——之前外国分支机构贸易统计只为美国服务，如今经济合作与发展组织（OECD）的其他成员方也开始运用《国际服务贸易统计手册》中包含的基本概念和定义，收集此类统计（http://www.oecd.org/dataoecd/32/45/2404428.pdf）
自然人流动（独立的）（模式 4）	国际收支平衡表统计（多数不包括运输和旅游）	——国际收支平衡表没有区分不足 1 年的跨境交付、商业存在（公司）和自然人存在（个人） ——不包括作为居民的自然人

续表

贸易模式	相关数据源	不足
自然人流动（雇员，模式4）	外国分支机构贸易统计的就业数据	——还没有此类数据

资料来源：［美］阿迪特亚·马图，等. 国际服务贸易手册. 上海：格致出版社，上海人民出版社，2012：6.

二、国际服务贸易统计存在的问题

国际服务贸易统计是开展相关研究以及推动实践的基础性工作。相关统计对于服务贸易的发展具有很重要的意义，也取得了一定进展，然而国际服务贸易统计依然存在诸多问题。

首先，国际服务贸易统计理论研究不足。服务贸易显然有别于货物贸易，其具有自身的特殊性和发展规律，无形性、差异性、不可储存性等特征使得服务贸易统计显著不同于货物贸易。而货物贸易的相关统计理论和体系也不能沿用到服务贸易中。更重要的是，服务贸易行业复杂多样，统计也错综复杂，亟待更加系统、深入的理论予以支持和指导，如统计理念是否适应社会经济发展要求，统计方法和手段能否紧跟科技和统计学发展的步伐，以及国际服务贸易统计中行业部门和不同模式统计的处理等问题，由此拓展国际服务贸易统计理论的深度、广度，引起社会各界更加广泛的关注和重视，能更好地指导国际服务贸易统计工作和实践的开展。

其次，国际服务贸易统计体系尚不完善。从国际上看，主要有世界贸易组织以及国际货币基金组织对于服务贸易的统计，《国际服务贸易统计手册》为统一的国际服务贸易统计提供了指导。就我国而言，伴随着改革开放以及服务贸易规模的不断扩大和地位的持续提高，我国国际服务贸易统计体系从初步建立到逐步完善，为推动我国国际服务贸易统计提供了重要支持。然而总体来看，随着对外开放水平持续提升，新产业、新业态、新模式层出不穷，服务贸易数据源需要不断拓宽。与此同时，涉及的企业等申报主体数量更加庞大、分散，申报主体对统计口径的理解有待逐步提高，需要发挥直接申报、间接申报和专项调查的协同作用，实现统计方法的优势互补，因此要进一步完善统计制度，调整优化统计报表，加强改善统计调查，壮大统计队伍和统计力量，构建更加符合服务贸易特征和发展形势的统计平台等，从而持续完善国际服务贸易统计体系。

再次，国际服务贸易统计实践创新有待强化。国际服务贸易统计实践不仅要有更加深入、全面、科学的理论指导，更要立足于服务贸易发展实际，紧跟社会经济和科技发展，推动统计实践的不断创新。一方面，服务部门的价格测量和相应的数量测度是国民统计中非常薄弱的部分，服务贸易中文化、环境、健康等行业蓬勃兴起，贸易模式不断创新等都需要加大统计实践创新；另一方面，大数据、5G、区块链等科技的发展也为国际服务贸易统计实践创新提供了难得的契机。不仅如此，我国自由贸易试验区以及服务贸易创新试点的建设也为国际服务贸易统计实践创新创造了条件。

最后，国际服务贸易统计国际合作需要加强。数据的可靠性、国际可比性，统计的可操作性、经济性等各种问题，统计制度的协调，统计理论研究交流，统计数据保密与安全，风险的防范等均需要国际合作。尤其是在全球化以及区域经济一体化不断发展的背景下，更需要加强国际协调，由此确保国际服务贸易统计更好地服务于全球实践。

三、我国国际服务贸易统计的完善

随着我国服务贸易的迅速发展以及服务业国际投资规模的扩大，进行全面、系统的服务贸易统计显得尤为必要。1980 年我国恢复在国际货币基金组织的正式席位，作为成员国，1981 年国家外汇管理局根据国际通行统计标准，结合我国经济运行实际，制定了我国首个国际收支统计制度，国际服务贸易统计体系也由此初步建立。基于海关、经贸部、旅游局等国家行政主管部门的行业管理行政记录，国家外汇管理局汇总编制中国国际服务贸易数据，并在 1985 年 9 月首次向社会发布的 1982—1984 年中国国际收支概览表中展现。为加强涉外统计工作，1995 年国家外汇管理局制定了《国际收支统计申报办法》，1996 年经国务院批准后正式实施，这奠定了国际收支统计各项制度的基础。此后，服务贸易统计制度不断完善，形成了以直接申报、间接申报和专项调查相结合的统计体系，各类数据源均配有相应的数据质量控制制度，并于 2012 年开始公布数据发布时间表。数据采集、数据核查、数据发布的标准化、规范化流程全面建立，为服务贸易统计发展提供了坚实的制度保障。

总体来看，初期我国服务贸易统计只局限于国际收支项下的服务进出口项目，无法提供与 GATS 对接的国际服务贸易统计数据。为建立符合国际规范的服务贸易统计体系，科学、有效地开展服务贸易统计监测工作，2007 年商务部与国家统计局联合发布了第一版《国际服务贸易统计制度》，开始着手建立包含服务进出口（BOP）以及外国附属机构（FAT）服务贸易数据的服务贸易统计制度。根据该制度，外国附属机构服务贸易的统计包括内向附属机构服务贸易和外向附属机构服务贸易，其中内向附属机构服务贸易指外国或地区的企业通过直接投资方式控制（直接投资者拥有 50%以上的股权）的中国关境内企业在中国关境内实现的服务销售；外向附属机构服务贸易指中国关境内的企业通过直接投资方式控制（直接投资者拥有 50%以上的股权）另一国或地区企业而在该国或地区关境内实现的服务销售。企业行业分类主要执行《国民经济行业分类》，接受调查的企业需填报销售收入总额、服务销售收入、从业人数、利润总额等指标，外向附属机构服务贸易的调查还需填报投资目的国所在地。商务部在前期开展调查收集数据的基础上，发布附属机构服务贸易统计数据，标志着我国服务贸易“BOP+FATS”统计体系制度逐步走向成熟。

外国附属机构服务贸易统计数据的发布为研判形势与制定政策提供了更为全面的决策依据。此前我国对外公布的服务贸易统计数据仅包括基于国际收支的服务进出口数额，不能全面反映我国提供国际服务的能力和水平。2020 年，服务业实际使用外资 7 767.7 亿元人民币，同比增长 13.9%，占 2020 年全国实际使用外资的比例为 77.7%，1—7 月，租赁和商务服务业对外直接投资占比达到 38.3%，同比增长 18.1%，商业存在形式的服务贸易总额已远超国际收支统计口径下的服务进出口额，服务贸易为我国外贸平稳增长、经济结构转型升级做出了重要贡献。发布系统、全面的服务贸易统计数据，既为相关主管部门研判发展形势、预测未来前景、制定发展战略和政策奠定了基础，又可为服务贸易企业开拓业务市场提供依据与引导。

本章小结

服务经济时代的来临以及经济全球化的深入发展使得服务贸易在国际贸易领域中的地位和作用不断提升。深入理解国际服务贸易有别于国际货物贸易的特殊之处以及自身发展的独特规律，需要全面、准确把握服务的概念、特征以及服务业的形成和发展，需要对服务的价值、使用价值以及价格等基本问题进行深入思考，同时运用比较的视角、历史和系统的观点和思维，紧密追踪经济发展形势，拓展学习和研究视野，从而将对国际服务贸易的认识建立在扎实的经济理论基础之上。此外，要加深对国际服务贸易特征、分类及统计等重要问题的理解，尤其要结合现实的发展，思考其变化、发展以及实践中的难点，由此强化学习和研究的经济实感，增强学习国际服务贸易信心以及为中国国际服务贸易繁荣发展做出贡献的信念和理想。

概念和术语

服务；服务业；国际服务贸易；要素服务贸易；BOP；FAT

复习思考题

1. 什么是服务？服务有哪些特征？
2. 什么是服务业？服务业是如何形成的？
3. 服务业有哪些分类？
4. 比较传统国际服务贸易以及 GATS 对服务贸易的定义。
5. 服务产品特征制约的国际服务贸易的特征都有哪些？
6. 国际贸易环境制约的国际服务贸易的特征都有哪些？
7. 国际服务贸易的分类主要有哪些？
8. 简述国际服务贸易统计的方法。

延伸阅读

商务部解读WTO服务贸易国内规制联合声明倡议谈判成果

第二章
国际服务贸易理论

学习目标

1. 理解比较优势论的适用性。
2. 掌握国家竞争优势理论。
3. 理解服务贸易竞争优势的形成及衡量。
4. 掌握服务外包的特点、分类。
5. 了解我国服务贸易理论创新。

素养目标

1. 通过传统贸易与投资理论的适用性学习，进一步加强读者对理论创新性和局限性的认识，培养创新、辩证思维和观点，增强理论学习的自觉性和兴趣。

2. 通过国际服务贸易理论探索与创新学习，增强读者对各家各派、知名学者的了解，特别是增强读者对我国在国际服务贸易领域理论和实践创新的自豪感和自信心。

3. 通过服务贸易的竞争优势理论和服务外包的学习，加强读者对比较优势向竞争优势转化的认识，增强发展我国国际服务贸易的信心。

案例导引

中国服务贸易在全球价值链上迎来了四大变化

中国服务贸易具有巨大发展潜力，推进以服务贸易为重点的开放转型是大势所趋，也是加快形成开放新格局的关键所在。相关研究显示，中国服务贸易在全球价值链上迎来了四大变化：

一是中国服务贸易深入参与全球垂直分工体系，逐步向全球价值链的上游位置迈进。这既受益于全球价值链带来的福利，也是中国推动产业升级、自主创新的结果。出口增加值的内部结构正在发生较大的变化，返回并被本国吸收的国内增加值（RDV）、来自国内账户的纯重复计算（DDC）的变化造成国内价值部分比重上升、国外价值部分比重降低，这意味着中国服务业有能力参与更多价值链环节，国内价值增值能力也相应增强。

二是中国服务业在全球价值链上的地位提升主要来自知识密集型服务业的发展。在出口增加值份额中，知识密集型最高，资本密集型次之，劳动密集型最低。在地位指数增长前10名中，来自知识密集型服务业的有7个：行政管理及支持服务，计算机程序设计、咨询与信息服务，科学研究和发展服务，法律、会计及管理咨询服务，其他专业科学技术服务，医疗卫生和社会工作。尽管如此，也应该看到，我国知识密集型服务业在全球价值链上所处的地位整体仍然偏低，对发达国家的依赖程度较高，更多是参与后向垂直专业分工。

三是服务业出口增加值份额能显著地促进中国服务业的快速增长，为经济增长提供不竭动力。随着中国服务业参与全球价值链的环节增多、国内价值增值能力增强，能够带动更多国家和地区融入全球价值链。同时，通过关联投入产出、促进技术进步、实现要素流动，中国服务业也获得了快速增长，从而推动本国经济增长。

四是中国服务业出口增加值的主要来源国呈现多元化趋势，有利于全球资源配置的最优化。美国、中国、欧盟、日本四大经济体在世界经济中发挥着举足轻重的作用，累积GDP占全球经济的比重接近70%。近年来，中国服务业出口增加值的主要来源国出现了分散化态势，呈现多元化趋势。来源于美、日、欧盟的份额总体有所下降，2000—2014年，美、日、欧盟所占份额从46.2%减少至32.6%，但是来自美、日、欧盟的知识密集型服务业、劳动密集型服务业中的物流仓储业，以及资本密集型中的航空运输业、水上运输服务业的出口增加值份额较高，这符合各国的比较优势，有利于全球资源配置的最优化。同时，来源于新兴国家和发展中国家的出口增加值份额逐年上升，有利于中国与世界服务贸易形成命运共同体，在一定程度上也证明了中国“一带一路”建设的成效。

资料来源：改编自陈跃刚. 加快形成开放新格局，中国服务贸易在全球价值链上迎来四大变化. 上观新闻，2020-12-26.

第一节　传统贸易与投资理论的适用性

虽然国际服务贸易是国际贸易的重要组成部分，然而因为服务产品区别于有形产品的诸多特征以及服务贸易的特殊性，使国际贸易理论以及其他相关理论在解释国际服务贸易方面并不能一以贯之，面临适用性的质疑。这既对人们从理论上深入认识国际服务贸易提出了挑战，同时也为国际服务贸易理论的创新提供了机遇。然而国际服务贸易理论的研究总体上并未像现实实践一样如火如荼。恰因服务贸易涉及繁多各异的服务行业以及独特的运行规律，其在理论探讨上面临如何建构统一的框架和一致性的解释的诸多困难，因而不能像针对货物贸易的相关理论那样不断深入并取得更新的成果。但是从传统理论中，我们仍然能够探寻并认识国际服务贸易理论。

一、比较优势论的适用性

英国古典经济学家大卫·李嘉图提出了“比较优势论”，认为即使贸易的一方在两种商品生产上均比另一方占有绝对优势，但只要这种优势有程度上的差异，或者另一方在两种商品生产上均处于绝对劣势，但只要这种劣势也有程度上的差异，则双方仍有进行互利贸易的可能性。每个国家专门生产自己有比较优势的产品并根据自己对产品的需要进行交换，就可以在这种分工中获得贸易利益。简言之，即“两害相权取其轻，两利相权取其重”。

比较优势论是国际贸易理论中极为重要的理论。它从供给角度阐释了贸易的动因和贸易的结构，以增进贸易理论的结果，论证了分工和贸易的益处和必要性，即便在当今世界都具有很强的理论解释力。然而针对服务贸易，其比较优势与货物贸易又有怎样的不同？

事实上，国际服务贸易在比较优势的形成和作用发挥等方面之所以区别于国际货物贸易，其首先根源于服务产品、国际服务贸易的特征以及存在的特殊规律。它们深刻地影响了国际服务贸易的动因、结构和贸易的结果。具体可以表现在诸多方面：（1）服务的生产和消费的不可分离性决定了服务要具有规模效益的可能性很小，这就要求服务提供者要具有一定的经营管理优势和专业素质优势；（2）服务具有不可储存性，它必须在生产中被消费掉，因此，有效地管理服务需求是决定服务贸易的又一个重要的比较优势；（3）服务产品的差异性要求服务提供者具有人员素质、管理、创新和差异化优势，而人力资本因素对于一国服务贸易比较优势的形成和保持显然起着重要作用；（4）相对货物贸易而言，服务贸易的生产要素移动要频繁得多，而传统的比较优势理论往往以生产要素不能在国际自由流动为前提条件，这也是比较优势论在服务贸易领域应用需要解决的一个问题。当然，还有其他很多方面的不同引致的比较优势的差异。

而从要素密集度来看，不同要素密集度的服务类型也具有不同的比较优势。劳动密集型货物贸易的比较优势在于劳动力成本，而劳动密集型服务贸易的比较优势则侧重于劳动力素质；资本密集型货物贸易的比较优势在于资本金，而服务贸易的资本除了指有形的机器设备外，还包括人力资本这一重要因素；技术密集型货物贸易的比较优势在于货物的技术含量及研发，而技术密集型服务贸易的比较优势则侧重于研发、培训教育、信息传输；还有自然资源密集型、文化密集型服务贸易如国际旅游，以及知识密集型服务贸易，它们的比较优势更为独特。

此外，不同贸易模式的服务也具有不同的比较优势。除了不同行业适用于不同的贸易模式或模式组合，从而形成不同的优势，还应注意从不同的贸易模式去探讨具体的比较优势差异贸易理论的适用性。

概括起来，对于比较优势论的适用性主要有三方面的观点：

（一）不适用论

不适用论的主要理由包括：第一，传统的国际贸易理论有严格的假设条件，包括两国之间要素不能流动、需求偏好相似、完全竞争市场等，但这些假设条件不符合服务贸易的实际情况，许多服务贸易要依靠要素流动才可以实现。第二，服务产品及服务贸易具有的一些独特性质无法用货物贸易理论解释。如传统的货物贸易理论中，两国货物的价格差是贸易产生的重要动因之一，但在服务贸易中，两国间服务的价格差很难成为贸易动因，即使克服人员跨境流动的种种困难，对于某些服务产品，消费者也不可能跨境购买他国便宜的服务产品。此外，服务贸易的比较优势难以获得长期的独占性，以及与货物贸易相比，服务贸易中的比较优势更具不确定性等等都需要认真考虑和应对。

（二）完全适用论

持完全适用论的观点认为，作为一个简单的思想，比较优势论是普遍有效的。尽管服务和商品有显著区别，但服务产品生产也存在着生产率的差异，各国要素禀赋不同也会导致各国服务产品生产成本的差异，从而导致价格差异和贸易的发生。一些传统领域的比较优势原则可以直接用于服务贸易，服务业的专业化分工有助于各国开发其自然与人力资源，并充分利用规模经济。此外，有学者还提出了服务贸易比较优势动态发展的观点，为发展中国家参与世界服务贸易提供了较为合理的解释。

（三）不完全适用论

更多的学者认为比较优势论基本适用于服务贸易，但仍需要对比较优势论进行模型扩展和修正。许多研究表明，服务贸易领域内同样存在比较优势的合理内核，但比较优势论不能很好地解释服务贸易的某些特征。如迪尔道夫模型（A. Deardoff，1985）、伯格斯模型（D. F. Burgess，1990）、塔克和森德伯格（Ken Tucher and Mark Sundberg，1988）等对比较优势论的适用性进行了较为深入的探讨。

在对比较优势原理的适用性进行了争论以后，学者们开始注重从不同角度研究服务贸易比较优势的决定因素。概括起来，这些因素包括自然禀赋、人力资本、制度安排、文化传统、服务基础设施等。实际上，由于服务贸易部门繁多，不同部门比较优势的决定因素往往有很大差别。比如多罗西·里德尔（D. I. Riddle，1986）认为，旅游业主要取决于自然资源，金融服务业则与国际时区制的地理位置有关。克拉维斯（I. B. Kravis，1982）和巴格瓦蒂（J. N. Bhagwatti，1984）认为发达国家在金融、工程咨询、信息处理等资本、技术密集型服务上具有比较优势。

二、要素禀赋论的适用性

李嘉图的理论创立 100 年之后，瑞典经济学家厄里·赫克歇尔（Eli Heckscher）与伯蒂尔·俄林（ Bertil Ohlin）提出了要素禀赋论（H－O 理论）。其核心思想在于：用各国生产要素丰裕程度的差异从而要素价格差异，再进而是产品价格差异来解释比较优势的形成和国家之间展开贸易的原因，是对古典贸易理论的补充与发展。其基本观点是：一国出口的商品是那些需要密集地使用该国相对丰裕和便宜要素的商品，而进口的商品是那些需要密集地使用该国相对稀缺和昂贵要素的商品。

两国之间的要素禀赋差异不仅可以说明商品与商品之间的相对价格差异，在普遍意义上讲也可以说明商品与服务之间及服务与服务之间的相对价格差异。在不考虑技术因素的条件下，服务的成本取决于生产所需要素的密集程度和要素价格。

然而，传统的要素禀赋论并不能完全解释服务贸易，部分原因在于：第一，针对人力资本密集型的服务，其因人力资本是通过教育、培训以及研究和开发而获得的，同时具有较强的自由流动性，因而不能单纯因禀赋而获得比较优势；第二，针对知识密集型的服务，其对于将技术进步转化为生产力和国际竞争优势发挥着重要作用，并推动一国服务贸易的比较优势不断发生转移，因而包括诸如技术、政府管制、竞争策略、人力资源等要素同样应该被看做构成服务贸易比较优势的重要来源；第三，服务要素的品质差异以及过境移动，消费者参与贸易的过程使需求因素更加突出，这些都成为要素禀赋论必须面对和解决的问题。而上述这些原因显然与服务产品以及服务贸易特征和规律密切相关。

三、产业内贸易论的适用性

二战后，国际贸易的产品结构和地理结构均出现了新特点。服务贸易迅猛发展，同类产品之间以及发达工业国之间贸易量大大增加，对外直接投资兴起，这与传统贸易理论认为的贸易只会发生在劳动生产率或资源禀赋不同国家的产业间的经典理论相悖。在这样的背景下，众多的国际贸易新理论相继涌现，主要围绕揭示产业内贸易发生、发展的动因而给出不同的解释。

产业内贸易，也称部门内贸易，即一国既出口同时又进口某种同类型产品。解释产业内贸易的原因大致包括产品差别、消费者偏好差别、规模经济等等，而消费者偏好的多样性、国际直接投资活动成为产业内贸易最基本的推动因素。显然对于产业内贸易理论，市场的不完全竞争性、产品异质性、技术的可变性等等都成为其区别于传统国际贸易理论假设的重要方面。

首先，就产品差别而言，在水平、垂直、技术三种差异中，尤为值得重视的是垂直差异和技术差异，它们一方面揭示了由于消费者对商品档次需求的差异而形成的相互之间的产业内贸易，另一方面通过产品生命周期理论解释了处于产品生命周期不同阶段的同类产品在不同类型国家进行生产，继而进行进出口贸易，便会产生产业内贸易。

产业内贸易产品差别的动因在基于不同贸易提供模式的国际服务贸易的适用性问题上，解释力均有不同。境外消费的贸易动因来自产品或服务差异，对于那些不能被“运输”的差别化的服务，要想享用，则需主动到服务的提供地进行消费。对于商业存在，由垂直差异引起的产业内贸易较技术差异引起的产业内贸易对于服务的对外直接投资更具解释力。毕竟由于品种和档次的垂直性差异使得服务贸易的商业存在模式具有区别于价格优势的独特的竞争优势。而技术差异对于没有明显要素密集性转换阶段的服务，缺乏解释其商业存在模式的动因基础。至于跨境交付，仅以其服务“被运输”的单纯的服务实现手段而言，没有理由确定产品差异比价格差异更适合解释服务贸易的动因。

其次，从消费者偏好差别来看，偏好相似理论指出，国际贸易是国内贸易的延伸，在本国消费或投资生产的产品才能够成为潜在的出口产品；两个国家的消费者需求偏好或需求结构越相近，一国的产品也就越容易打入另一个国家的市场，因而这两个国家之间的贸易量就越大。该理论从需求角度，围绕需求偏好和结构，特别是决定需求偏好的平均收入水平差异来论证和支持产业内贸易的发生发展。不妨将其称为贸易的需求结构和收入水平相似动因。就国际服务贸易而言，来自需求及相关影响因素的作用可能更为重要。而跨境交付的贸易模式为服务贸易提供了极为重要的“延伸”通路。因而相对传统贸易理论中来自供给的国际价格差的贸易动因在部门间服务贸易的解释力上，偏好相似理论则立足于需求，从需求结构和收入水平的视角给出了部门内服务贸易的动因。针对境外消费模式，收入水平足够支付和抵消跨境成本，并在需求结构的相似度和强烈程度的引致下发生贸易，因此就这种贸易模式，偏好相似理论具有一定的解释力。

四、对外直接投资理论的适用性

服务业的对外直接投资是以商业存在的形式存在的，讨论传统经济理论对服务业商业存在这种国际贸易动因的适用性问题就是讨论对外直接投资理论对服务业对外直接投资动因的适用性问题。至今最重要、最著名的 FDI 理论是英国经济学家邓宁的国际生产折衷理论和美国经济学家弗农的产品生命周期理论。

（一）国际生产折衷理论

邓宁的国际生产折衷理论综合了所有权优势理论、内部化优势理论和区位优势理论的精华，这三个理论都曾被单独用来解释 FDI 的动因。

1. 所有权优势理论

所有权优势理论的创始人、美国学者海默（S. H. Hymer）1960 年在其博士论文《国内企业的国际经营：对外直接投资的研究》中，首次提出垄断优势的理论观点。而国际直接投资与国际贸易虽属两种国际分工的基本形式，却有着极为密切的联系和渊源，相关理论也在一定程度上有相互融合的趋势。这种联系和渊源的实体载体当归于跨国公司。而在美国学者海默关于 FDI 的著名的垄断优势理论中，他认为跨国公司之所以选择对外直接投资，主要是利用其拥有的垄断优势，而这些优势主要来自：第一，产品市场的不完全，包括产品差别、商标、特殊的市场技能或价格联盟等；第二，要素市场的不完全，包括专利制度保护的技术诀窍、资金取得的便利、特殊的管理技能等；第三，企业拥有的内外部规模经济。由此不难看出，垄断优势理论相对于传统贸易理论中的比较成本理论，是在更宽松条件下和更大范围内的发挥和提升。而就服务贸易的商业存在模式而言，上述垄断优势是国际服务贸易进行国际直接投资所追寻的，因而对其商业存在模式的贸易动因具有较强的解释力。

2. 内部化优势理论

内部化优势理论认为，跨国公司进行 FDI 不一定需要拥有独特的垄断优势，而只要创造出比外部市场更有效的行政结构或内部市场，从而解决由于市场不完全带来的不能保证内部供求安全问题。跨国公司是内部化一些中间产品的国际市场组织，是否内部化某些行为的决定因素是交易成本。若通过内部化获得中间产品比从国际市场上直接购买这些产品更有利，就选择 FDI。

内部化的经济效益来自创造内部远期市场、避免讨价还价、消除不确定性、减少政府干预的影响等因素。如果说所有权理论认为，因为企业有独特优势，所以要在外建厂生产产品，而且这个产品是最终产品的话，那么按照内部化理论则可以认为，因为本国产品生产的中间产品通过市场供应不经济或不安全，所以要跨国生产中间产品，而这个产品主要是配套于本国生产的。

对于服务产品，由于其不可运输性，除了可跨境交付的服务，跨国生产的服务一般不可能内部化地跨国服务于母国生产。而且服务生产时离不开直接消费的生产，并不具有像制造业那样的多阶段生产的特点。可见内部化优势理论对于服务业 FDI 动因的适用是有条件的，特别是对于作为最终产品的服务业 FDI 的动因不具解释力。

3. 区位优势理论

区位优势是东道国而不是投资国所拥有的。区位优势理论指出，决定是否对一国进行直接投资的区位选择标准包括市场、出口障碍、成本、投资环境及其他因素。在这些因素中，市场因素、出口障碍和成本三个因素成为分析该理论对于“商业存在”服务贸易适用性问题的关键因素。

首先，服务产品的无形性决定了它的 FDI 是以东道国作为市场。投资国企业是为了建立或扩大东道国市场而进行 FDI 的。其次，对服务业而言，吸引国外消费者过境来消费总是相对被动的，更为主动的“出口”是商业存在模式即 FDI。最后，就服务业的 FDI 而言，不存在衡量同样的服务在东道国与投资国的价格比较问题，因为即使投资国的服务便宜，也无法运输到东道国去销售，关键是衡量进行 FDI 的企业同样的服务的价格是否比东道国企业便宜。由此来看，除了跨境交付的服务产品，进行 FDI 企业的服务产品不可能像有形产品那样被返销或他销。至于服务贸易商业存在模式的动因问题，价格差和产品差异显然是必须考虑的因素。

（二）产品生命周期理论

美国哈佛大学教授雷蒙德·弗农（Raymond Vernon）于 1966 年在其《产品周期中的国际投资与国际贸易》一文中首次提出产品生命周期理论。该理论将产品生命周期划分为引入期、成长期、成熟期和衰退期四个阶段，而不同的生命周期阶段所需要密集投入的要素是不同的。在一种产品的生命周期中，最初的密集要素是创新技术、研发能力，然后是资本密集，最后是劳动密集，从而决定了生产的不同阶段成本和区位的选择。到产品结束了创新垄断阶段而进入成熟阶段后，出口产品的边际生产成本加上运输成本甚至加上进口国关税逐渐接近并超过进口国市场的预期成本，成本竞争开始了，因此创新国的生产者需要进行 FDI。但产品进入标准化后，创新企业的垄断优势尽除，生产和装配逐渐转移到劳动力要素丰裕的发展中国家，创新国成为这种产品的进口国。

对于服务业而言，毕竟大多数服务始终是劳动密集型的，并不像制造业产品那样存在要素密集性明显转换的过程，加之不可运输的服务同样不能像制造业产品一样在不同生命周期阶段替换生产中心而不影响其在全球市场的销售，毕竟服务的生产与消费的同步性对于服务的供给和需求具有极大的制约。可见，产品生命周期理论在解释服务业FDI时也存在局限性。

第二节 国际服务贸易理论探索与创新

一、国际服务贸易理论探索

传统贸易理论的适用性研究是国际服务贸易理论的重要探索，对于推动国际服务贸易理论的发展有着极其重要的意义。除此之外，还有其他一些相关理论。

（一）马库森理论

马库森（J. R. Markusen）以生产者服务贸易为例分析了规模经济对于服务贸易的影响。他指出，在服务贸易中，由于规模经济的作用，首先进入服务产业的厂商成本较低，可以阻止后来者的进入，导致其福利水平的下降，尤其是使小国的福利损失严重。因此，政府应该给予生产者以生产补贴和无代价的公共投入，以使福利最大化。① 马库森理论的主要结论如下：

第一，国际服务贸易的提供者即使单纯地发挥要素禀赋的作用也能从国际服务贸易中获利。

第二，由于多种熟练劳动的投入能够提高服务业部门的最终产出，在国际服务贸易中小国比大国获利更多，即小国的消费者从国际服务贸易中得到的优惠会超过小国的生产者从国际服务贸易中受到的损失。

第三，由于一些专业化受到限制，仅有货物贸易并不能实现生产的帕累托最优，引入服务贸易才可以带来最大程度的专业化和帕累托最优。

第四，即使存在垄断力量，关税也不一定会提高一国的福利水平，而且它会削弱全球的专业化潜力而使全球的福利水平降低。

（二）弗兰科斯理论

弗兰科斯（J. F. Francois）通过建立一个不完全竞争市场结构以及规模经济效应的模型来分析生产性服务在专业化中间产品生产过程中所产生的规模经济效应，同时也对生产性服务对商品生产所产生的影响进行了分析。

弗兰科斯认为，服务业的专业化分工所产生的规模经济效应取决于服务部门的生产规模，而生产规模又依赖于市场规模的大小，即市场规模越大，则单个服务企业的规模也越大。而对服务产品的多样化需求产生了服务贸易自由化的要求，即通过开放服务市场，可以满足不同的服务产品需求。②

---

① 杨圣明，刘力．服务贸易理论的兴起与发展．经济学动态，1999（5）：50-55.

② Francois，J. F. Trade in Producer Services and Returns Due to Specialization under Monopolistic Competition. *Canadian Journal of Economics*，1990，23（1）：109-124.

（三）生产区段与服务链理论

琼斯（R. W. Jones）和基尔考斯基（H. Kierzkowski）在经济全球化背景下，提出了生产区段与服务链（Production Blocks & Service Links）理论。在国际专业分工日趋细化的背景下，一件产品经历了由各国参与生产、共同瓜分利润的生产过程，而在不同的生产环节上，各国分别具有不同的比较优势，因此可以在这种分散化生产（segmental productions）中开展国际分工合作，即可以根据比较优势将不同的生产工序分散至国内外不同的企业手中，从而实现最低生产成本。但是这种国内外的生产区段是通过市场交易和沟通联结起来的，在这一联结过程中就会产生对服务的需求，即带来了交易成本的问题，而且分工越细化、生产区段越多，就会使得服务的交易越频繁，因此交易成本在总成本中所占比重就会越来越高。相应地也会对国际生产性服务产生大量的需求，也就催生了对于跨国服务链的需求。现代信息技术、互联网技术的应用在很大程度上降低了服务链的交易成本，使得生产的规模逐渐下降，极大地促成了跨境的生产区段和跨境生产分工协作，也带来了生产性服务贸易规模的提高。①

（四）服务价格国际差异模型

价格差异作为发生国际贸易的基础之一，在国际服务贸易上有着什么样的影响也受到了部分学者的关注。他们对服务价格的国际差异采取了两种分析途径：一种是借助传统贸易理论解释服务价格与实际人均收入之间的相关性；另一种是用实证方法分析价格差异的决定因素。

克拉维斯指出，“一个典型贫穷国家比富裕国家的服务价格显得更低”。由于各国贸易品行业的工资率决定了非贸易品（服务）的工资率，且服务行业的国际生产率相对较低，所以，穷国的低生产率贸易品行业的低工资运用于生产率相对于富国并不低的服务和其他非贸易品行业，就会导致低收入国家或地区的服务和其他非贸易品的低价格。② 但是克拉维斯在假设中设定各国非贸易品部门生产率相等是其服务价格国别差异模型的严重缺陷。

法尔维（Falvey）和格默尔（Germmell）在对52个国家数据进行回归分析后，得出了以下主要结论：

第一，国家间服务价格与人均实际收入呈正相关。

第二，假设其他因素不变，较高的贸易品价格将倾向于提高国内服务价格和人均实际收入。相反，较多的人口和劳动力禀赋倾向于提高人均实际收入，却会降低对服务的净需求，从而降低国内服务价格。

第三，非熟练劳动力的增加将会降低服务价格，而熟练劳动力的增加则可能会降低也可能会提高服务价格，但当对有技能的劳动力进行价格补贴时，无论是熟练劳动力还

---

① 赵亚平．国际服务贸易——理论、政策与实践．北京：清华大学出版社，北京交通大学出版社，2011：30－31.

② 赵春明，蔡宏波．“比较优势模型”对国际教育服务贸易的适用性研究——兼论国际教育服务贸易比较优势的决定．经济经纬，2010（6）：35－40.

是非熟练劳动力都将降低服务价格。

二、我国服务贸易理论创新

我国的服务贸易研究起步较晚。改革开放以前，我国对服务业发展的重视程度不足，服务业发展十分缓慢。改革开放以后，我国的服务业开始恢复和发展，保持着长期平稳的增长。国内学者对中国服务贸易的研究主要集中在服务贸易竞争力、服务贸易与经济增长等国家层面上，对此进行了大量的实证和比较研究。然而在国际服务贸易理论研究和创新方面却需要大力推进，才能更好适应我国服务贸易蓬勃发展的态势和要求。

当前我国服务贸易理论研究正迎来创新发展的重要历史阶段。面对中国特色社会主义进入新时代，我们需要以更大的道路自信、理论自信、制度自信和文化自信开创中国服务贸易理论创新的新境界和新水平。

（一）以新发展理念和高质量发展理论为内核和基础的服务贸易理论创新

新发展理念是创新、协调、绿色、开放、共享五大理念所构成的一个有机整体。它体现出历史唯物主义和辩证唯物主义的系统观和方法论，是对社会经济发展一般规律的最新认识。高质量发展是2017年中国共产党第十九次全国代表大会首次提出的新表述，表明中国经济由高速增长阶段转向高质量发展阶段。新发展理念与高质量发展理论是中国服务贸易理论创新的内核和基础，是指引服务贸易实践发展的基本理念和理论。

贯彻新发展理念，推进高质量发展，创新服务贸易理论，就是要用历史、系统、辩证的观点深入分析服务贸易所处的发展阶段、所面临的发展形势和要求，就是要在服务自身特征和规律的基础上，与新发展理念及高质量发展实现理论上的融合，形成在中国特色社会主义伟大实践时空背景下的服务贸易理论创造和创新。在重视实证分析的基础上，加大规范分析；在重视微观分析的同时，强调宏观的引导和调控。以习近平新时代中国特色社会主义思想为指引，以中国特色社会主义经济实践为动力，开创中国服务经济以及服务贸易理论创新的新局面。

（二）以新发展格局为基础的服务贸易理论创新

党的十九届五中全会通过的《中共中央关于制定国民经济和社会发展第十四个五年规划和二〇三五年远景目标的建议》提出，要加快构建以国内大循环为主体、国内国际双循环相互促进的新发展格局。新发展格局以国内宏观周期为主体，就是要使生产、分配、流通、消费更加依赖国内市场，这既是适应国际经济形势深刻变化的外部环境的主动战略调整，也是中国自身经济发展的必然要求。它立足国内宏观周期，发挥比较优势，以国内宏观周期吸引全球资源要素；国内大循环积极促进内需与外需、进口与出口、外资与外商投资的协调发展。

中国服务贸易理论创新要将理论研究置于新发展格局的背景下，将新发展格局既作为服务贸易理论创新的背景，又要作为理论创新的条件和元素，分析中国服务贸易理论和实践面临的新环境，剖析贸易动因、贸易结构和贸易利益的新变化，使之成为重要的理论前提和理论内核。

（三）以自由贸易试验区以及服务贸易创新试点实践推动的服务贸易理论创新

自由贸易试验区（Free Trade Zone，FTZ）是指在贸易和投资等方面比世界贸易组织有关规定更加优惠的贸易安排，在主权国家或地区的关境以外，划出特定的区域，准许外国商品豁免关税自由进出，实质上是采取自由港政策的关税隔离区。狭义的自由贸易试验区仅指提供区内加工出口所需原料等货物的进口豁免关税的地区，类似出口加工区。广义的自由贸易试验区还包括自由港和转口贸易区。目前我国已经形成了自由贸易试验区东西南北中协调、陆海统筹的开放态势。服务贸易创新发展试点自 2016 年开展以来，带动了全国服务贸易向高质量发展，取得了积极成效。在当前形势下，持续开展深化的试点工作对稳外贸外资、推动新一轮高水平开放和构建双循环发展格局都有着更加特殊而重要的意义。

自由贸易试验区以及服务贸易创新试点的建设是我国推动经济贸易政策创新发展的重要举措，也成为服务贸易理论创新的实践动力和源泉。我国服务贸易理论创新要在创新任务和目标的基础上结合地区实际大力推动创新实践，积极总结经验，为服务贸易理论的发展提供丰富的思想和养料。

第三节　服务贸易的竞争优势理论

一、国际竞争力的主要理论

从比较优势到竞争优势，既是产业也是贸易寻求优化升级的动力和结果。全球化时代，国际竞争优势已经引起国际社会各界的广泛关注。早在 1985 年，世界经济论坛（World Economic Forum，WEF）首次提出了国际竞争力的概念，认为国际竞争力是“一国企业能够提供比国内外竞争对手更优质量和更低成本的产品与服务的能力”。1991 年，瑞士国际管理发展学院（International Institute for Management Development，IMD）和世界经济论坛将国际竞争力的概念定义为“在世界范围内一国企业设计、生产和销售产品与服务的能力，其价格和非价格特性比国内外竞争对手更具有市场吸引力”。

1994 年，瑞士国际管理发展学院和世界经济论坛修改了国际竞争力的定义和评价准则，认为“国际竞争力是指一国或公司在世界市场上均衡地生产出比其竞争对手更多财富的能力”。1996 年，世界经济论坛将国际竞争力定义为“一国使人均国内生产总值实现持续高速增长的能力”。2003 年，瑞士国际管理发展学院认为，国际竞争力是“一国创造与保持一个能够使企业持续产出更多价值、人民拥有更多财富的环境的能力”。经济合作与发展组织（OECD）把国际竞争力定义为“一国能够在自由公正的市场条件下生产产品和服务，而这些产品和服务既能达到国际市场的检验标准，又能使该国人民的实际收入保持不变并有所提高的能力”。美国竞争力政策委员会对国际竞争力的定义与经济合作与发展组织相似，认为“国际竞争力是指一国既能提供满足国际市场检验标准的产品和服务，又能长期持续地提高国民生活水平的能力。”

从国际竞争力概念的演进看，国际竞争力是一个多层次、综合性的概念。从国际贸易视角看，其相关理论可以追溯到绝对优势论和比较优势论。而对外贸易竞争力就是一国国际竞争力的重要体现，因而可以用外贸竞争力来反映和衡量。外贸竞争力是指一国或地区在国外市场的份额并获取长期利润的能力。影响对外贸易活动的内在因素可以用来解释一国国际竞争力的强弱。

实践证明，在国际竞争中仅有相对优势的国家不一定有竞争优势，特别是对发展中国家而言更是如此。比较优势更多地强调各个国家优势的潜在可能性，而竞争优势则更多地强调各国优势的现实状态；比较优势涉及的主要是各国不同产业、产品之间的国际交换关系，体现各个国家间不同产业之间劳动生产率的比较和相对优势，而竞争优势涉及的是各国间同一产业内的国际交换关系，体现的是各国相同产业生产率的绝对优势。

20 世纪 80 年代以后，随着经济全球化和信息化进程的加快，真正在一个明确的竞争力概念下，以一套完整的理论体系来揭示国际竞争力演变规律的理论才逐渐出现。当代国际竞争力理论中最具代表性的有国家竞争优势理论、核心竞争力理论、瑞士国际管理发展学院的国际竞争力理论等。

（一）国家竞争优势理论

哈佛大学的迈克尔·波特教授在《国家竞争优势》一书中，在继承发展传统的比较优势论的基础上提出了独树一帜的“国家竞争优势”理论，认为现有的国际贸易理论存在一定的缺陷，即问题的关键是应当揭示为何一个国家在某个特定行业能够获得国际性的成功进而取得垄断性的行业地位，从而为贸易理论的发展作出了巨大的贡献。

波特的国家竞争优势理论的中心思想是：一个国家的四个基本方面的特质构成该国企业的竞争环境，并促进或阻碍国家竞争优势的产生。这些特质包括：

1. 资源与才能要素

即一个国家的生产要素状况，包括熟练劳动力，以及在某一行业竞争所必须具备的基础设施条件。生产要素可分为基本要素和高级要素两类，其中高级要素的优劣是一国国际竞争力强弱的主要决定因素。

2. 需求条件

即指对某个行业产品或服务的国内需求性质。国内需求可分为细分的需求、挑剔的需求、前瞻性需求三类。

3. 关联和辅助性产业

即国内是否存在具有国际竞争力的供应商及关联和辅助性产业。关联产业是指因共用某些技术、共享同样的营销渠道或服务而联系在一起的产业或具有互补性的产业；辅助性产业则通过提供低成本的原料和中间产品、传递信息、提供合作机会等为主导产业创造优越的外部环境。

4. 企业战略、结构和竞争企业

即国内支配企业创建、组织和管理的条件，以及竞争的环境。

波特将这四方面的特质构成一个菱形，认为当某些行业或行业内部的菱形条件处于最佳状态时，该国企业取得成功的可能性最大。波特菱形同时还是一个互相促进增强的系统，任何一个特质的作用发挥程度均取决于其他特质的状况。

机遇和政府是另外两个能够对国家菱形条件产生重要影响的变量，包括重大技术革新在内的一些机遇事件会导致某一进程中断或产生突变效果，从而导致原有行业结构解体与重构，给一国的企业提供排挤和取代另一国企业的机会；政府部门通过法规、投资等政策选择，能够削弱或增强国家竞争优势。

波特的国家竞争优势理论的主要贡献在于：第一，该理论提出的国家竞争优势的决定因素系统为分析各国竞争优势的基础、预测它们竞争优势的发展方向以及长远发展潜力提供了一个非常有用的分析工具。第二，该理论强调动态竞争优势的形成和发展，而动态竞争优势的重要性在不断增强。第三，该理论强调国内需求的重要性，指出了国内需求同国家竞争优势之间的因果关系。国内买方的结构、买方的性质、需求的增长、需求结构的变化都对一国的竞争优势有决定性的作用。第四，该理论强调国家在决定企业竞争力方面的关键作用。在全球化时代，国家的作用实际上是加强了而不是削弱了。波特的国家竞争优势理论强调加强国家对企业竞争优势的培育和促进，对企业竞争优势的发展无疑具有积极意义。

波特的国家竞争优势理论已经成为研究服务贸易竞争优势的重要理论基础，并且在服务贸易实践中发挥着重要的理论作用。

（二）核心竞争力理论

企业竞争力理论是国际竞争力理论的重要组成部分，它从企业内部寻找国际竞争力的来源。1990 年，作为核心竞争力理论的开拓者，普拉哈拉德和哈默提出了“企业核心竞争力”的概念。他们指出，核心竞争力是“组织中的积累性学识，特别是关于如何协调不同的生产技能和有机结合多种技术流派的学识”，是企业长期形成的，蕴含于企业内部的，企业独具的，支撑企业过去、现在和未来竞争优势并使企业长期在竞争环境中取得主动的核心能力。他们认为，建立“核心竞争力”是企业长期竞争优势的来源，“从短期来看，企业竞争力取决于当前产品的价格和性能比。但从长期来看，竞争力取决于能比竞争对手以更低的成本和更快的速度建立可以应用于无法预知的未来产品的‘核心竞争力’的能力。”

艾米·斯奈德（Amy Snyder）和威廉·H. 埃贝林（William H. Ebeling）指出，真正的“核心竞争力”就是那些有形的价值增值活动。他们认为，“优势技术”“良好的商誉”“顾客忠诚”等并不是核心竞争力，它们只是发挥核心竞争力的作用的结果，核心竞争力应该被看作是一种能为企业创造长期竞争优势的能力，正是这种能力才创造出优于竞争者的“优势技术”“良好的商誉”“顾客忠诚”等。

核心竞争力理论的主要观点是：（1）企业是一个能力集合体，企业的能力可分为技术开发能力、市场开拓能力、管理创新能力、生产组织能力、社会协调能力等，而核心竞争力在企业各种能力中处于中心和支配地位；（2）核心能力是企业拥有的最主要的资源，企业之间核心能力的差别是企业效率差异和继而造成的收益差异的主要原因，通过对核心技术、核心产品的开发和控制，企业可以始终保持领先优势和垄断优势；（3）企业拥有的核心能力是企业长期竞争优势的源泉，核心竞争力具有战略价值，它是独特的，是不可引进或模仿的，它暗含于企业文化、员工的观念和行为方式之中。[①]

核心竞争力理论从企业层面出发提出增强国际竞争力的重点和途径，对于国际服务贸易竞争优势的来源和形成具有一定的解释力和指导力。

（三）瑞士国际管理发展学院的国际竞争力理论

瑞士国际管理发展学院（IMD）认为，国际竞争力是指一国提供能够创造增加值和积累国民财富的环境的能力。这一竞争力环境，既是一国传统、历史和价值体系变迁的结果，也是政治、经济和社会发展的产物。在塑造国际竞争力环境中，存在着包括吸引力（attractiveness）与扩张力（aggressiveness）、本土化（proximity）与全球性（globality）、资产（assets）与过程（processes）、个人冒险精神（risk taking）与社会凝聚力（social cohesiveness）这四种力量。一国只有主动把握与平衡这四种力量，才能推动国际竞争力的发展。

通过20多年来对国际竞争力理论与政策的研究，IMD提出了一国提升国际竞争力的10大要素。这10大要素分别是：（1）创建一个稳定、可预测的法制环境；（2）构造一个灵活和有弹性的经济结构；（3）对基本基础设施和技术基础设施优先投资；（4）促进私人储蓄和国内投资；（5）在吸引对外直接投资的同时增强在国际市场上的扩张力；（6）政府和行政管理需在服务质量、工作效率和透明度方面努力创新；（7）保持工资水平、生产率和税收之间的合理关系；（8）减小收入分配不公，扩大中间阶层，确保社会结构的稳定优化；（9）增加教育投资，尤其是注重中等教育水平的提高和劳动力的终身培训；（10）保持经济运行在全球化和本土化之间的整体协调，促进国民财富创造能力的持续提高，维护公民意愿及其所追求的价值体系。

瑞士国际管理发展学院的国际竞争力理论对于增强国际服务贸易竞争力具有一定的指导意义。

二、服务贸易竞争优势的形成

基于服务产品、服务贸易的特征，依循服务贸易的竞争优势理论，可见提升国际服务贸易竞争力不仅要深入研究服务产品与服务贸易的特殊性，遵循相关规律，而且要分析具体竞争环境、基础和条件，从企业、产业、国家等层面综合施力，才能达到促进国际服务贸易更快更好发展的目标。根据波特国家竞争优势的理论框架，服务贸易竞争优势的形成可以从资源与才能要素，需求条件，关联和辅助性产业，企业战略、结构和竞争企业，机遇和政府这六个方面加以说明。

---

① 王勤. 当代国际竞争力理论与评价体系综述. 国外社会科学，2006（6）：32-38.

（一）服务贸易资源与才能要素

服务贸易所涉及的相关资源和生产要素形成服务贸易竞争优势的基础。这些资源和要素不仅涉及面广，而且类型和特质也各不相同。对于服务贸易而言，要充分利用相关资源和生产要素，不仅要提供高品质的服务产品，而且要持续夯实服务产业，使服务贸易具有从初期比较优势向动态竞争优势转化的潜力和动力。在当今服务贸易竞争日趋激烈、改革创新日新月异的背景下，制约和影响服务贸易发展的高级要素显得至关重要。大凡服务贸易强国，其更多的是拥有高新科技、高素质人才，恰恰体现出服务贸易依赖于人才的特点。因此，如果想通过生产要素建立起产业强大而又持久的优势，就必须发展高级和专业生产要素，它们的可获得性与发展程度决定了竞争优势的水平。

（二）服务贸易需求条件

服务产品生产与消费的同时性要求不仅要考虑服务生产和供给的条件和状况，还要高度重视需要和消费的条件和状况，如此才能更好顺应服务产品以及服务贸易的特征要求，推动服务贸易市场的健康发展。事实上，需求条件被纳入生产和贸易的过程也恰恰是服务贸易竞争优势形成的重要方面。特别是国内需求的发展，直接影响着服务产业的壮大、服务消费人群的增多、服务市场规模效益的获得以及服务新业态的创新。满足个性化、多样化、规模化的需求无疑是促进服务产品品质提升、品牌培育以及服务贸易繁荣发展的重要动力。

（三）服务贸易关联和辅助性产业

服务贸易所涉行业不仅庞杂，而且有其独特的作用和地位。在当下产业融合的背景下，服务业内部以及与其他产业的融合创新力度不断加大，由此不仅通过渗透、提升等机制推动服务新业态的发展，增强服务产品竞争力，而且也促进了服务贸易整体创新发展的良性态势的形成。不仅如此，在全球价值链的背景下，服务贸易竞争力高度依赖分工中各产业、各部门、各环节的高度配合和合作，这也成为服务贸易竞争优势形成的重要方面。

（四）服务贸易企业战略、结构和竞争企业

服务贸易企业是服务贸易的主体。服务贸易企业战略、结构等的构建以及国内竞争的激烈程度使处于产业竞争中的企业竞争形成优势或劣势。对竞争优势影响最大的是国内竞争的激烈程度、竞争对手的素质和潜在竞争对手。良好的竞争环境使产业保持生机并构成持续改进和创新的压力，也会促使企业寻找国际市场，以支持其扩大的规模和研发投资，从而形成独特的服务贸易竞争优势。

（五）机遇

服务贸易竞争优势的形成也离不开重要机遇。机遇既有外部的发展，也有内部的变革；既有科技的创新发展、市场的开拓扩大，也有政策的变化、企业的改革进步。机遇可遇不可求且无法控制，善于及时利用机遇并使之转化为优势的企业可以形成自身的竞争优势。

（六）政府

政府由于其多重身份，既是服务的消费者，又是各种标准、政策法规的制定者，还是商业活动的管理者，因而对竞争优势的决定因素有极其重大的影响。政府作为消费者，能够引导服务的创新和优势的培育；政府作为标准和政策法规的制定者，能够更快更好地扶持企业的发展，加快竞争优势的形成；政府作为商业活动的管理者，能够更好维护服务市场的公平高效竞争，提供贸易平台和渠道，不断提高本国服务贸易的国际竞争地位和优势。

三、服务贸易竞争力的衡量

服务贸易竞争力的衡量主要涉及以下指标和方法：

（一）服务贸易总量

包括进出口总额、出口额、进口额以及各自的增长率和在世界的排序。这是一个国家服务贸易国际竞争力的直接体现。

（二）国际市场占有率

衡量一个国家服务贸易的国际地位还有一个很重要的指标，就是一国服务贸易出口在世界市场上的占有份额，即国际市场占有率。计算公式为：

$$\text{一国国际市场占有率}=\frac{\text{该国出口额}}{\text{世界出口总额}}$$

（三）贸易竞争优势指数

国际贸易竞争优势指数（trade comparative indicator，TC 指数）分析是行业结构国际竞争力分析的一种工具，总体上能够反映出计算对象的竞争优势状况。所谓贸易竞争优势指数，又称国际贸易专业化系数（trade specialization coefficient，TSC），是指一国进出口贸易的差额占进出口贸易总额的比重。计算公式为：

$$\text{TC 指数}=\frac{\text{出口}-\text{进口}}{\text{出口}+\text{进口}}$$

其取值范围为 [−1，1]，当其值接近 0 时，说明竞争优势接近平均水平；大于 0 时，说明竞争优势大，越接近 1，竞争力越强；反之，则说明竞争力小。如果等于−1，则说明该服务没有出口只有进口；如果等于 1，则说明该服务只有出口没有进口。

（四）服务贸易对外开放度（SO）

服务贸易的全球化、自由化是世界经济发展的必然趋势，但由于各国服务产业发展水平与阶段不同，对服务贸易的开放和控制程度是不同的。国际货币基金组织对一国服务贸易对外开放度提供了相关的计算公式：

$$SO=\frac{S_x+S_j}{GDP}$$

式中，S_x、S_j 分别表示服务贸易的出口总额和进口总额，GDP 是国内生产总值。

（五）显性比较优势指数

显性比较优势指数（revealed comparative advantage，RCA 指数）又称“相对出口绩效指数”（relative export performance，REP），可以定义为：一经济体某种商品或服务的出口占世界该种商品或服务出口的比率与该经济体总出口占世界总出口的比率之比。在 $n(j=1\sim n)$ 个经济体、$m(i=1\sim m)$ 种出口商品或服务中，一经济体的显性比较优势指数为：

$$RCA_{ij}\text{ 指数}=\left[\frac{X_{ij}}{\sum_{j=1}^{n}X_{ij}}\div\frac{\sum_{i=1}^{m}X_{ij}}{\sum_{j=1}^{n}\sum_{i=1}^{m}X_{ij}}\right]\times 100$$

式中，RCA_{ij} 指数表示 j 经济体在服务 i 上的显性比较优势指数；X_{ij} 表示 j 经济体服务 i 的出口；$\sum_{j=1}^{n}X_{ij}$ 表示 n 个经济体在服务 i 上的总出口；$\sum_{i=1}^{m}X_{ij}$ 表示 i 经济体 m 种服务的总出口；$\sum_{j=1}^{n}\sum_{i=1}^{m}X_{ij}$ 表示 n 个经济体 m 种服务的总出口。

当一经济体的 RCA 指数大于 100 时，则其在该商品或服务上就拥有显性比较优势；相反，当一经济体的 RCA 指数小于 100 时，则其处于非比较优势地位。更深入的分析认为，若 RCA 指数大于 250，表明该经济体的该商品或服务具有极强的国际竞争力；若 RCA 指数小于 250 而大于 125，表明该经济体的该商品或服务具有较强的国际竞争力；若 RCA 指数小于 80，表明该经济体的该商品或服务的国际竞争力较弱。

第四节　服务外包的兴起与发展

一、服务外包的兴起

传统国际贸易是以国与国之间产品的交换为主。随着信息技术的巨大进步，商品生产可以进行分解，商品的生产过程日趋精细与国际化。全球化生产中复杂工业品的制造或者知识密集型服务的提供由分布在不同国家、不同地点的许多工序连接而成。每个国家也日益采取工序交换的方式而不是通过交换产品的方式参与到全球化的生产供给链中。因此，随着工序贸易在国际贸易中的地位日益重要，越来越多的中间品与半成品也加入国际贸易往来中。这些中间品与半成品的跨国流动将不同国家的制造业或者服务生产活动连接起来，并生产出最终产品或服务。企业因此得以摆脱专业化生产要求地理集中的限制，从而在全球市场上利用国家之间的要素成本差异及专门技能，进一步提高生产专业化带来的利益。一种新的国际分工模式——外包随之兴起。

所谓外包（outsourcing），其英文的原意是“outside resource using”，直译即“外部资源利用”，是指企业通过签订外包协议将其非核心业务交给其他企业承担，而自己则专注于核心业务的发展，其实质是为了利用外部专业化资源，从而降低成本、提高效率、增强企业对环境的应变能力，以充分发挥自身核心竞争力。这就是说，应该将企业视为一系列的产品索引——企业应该从一系列可供选择的业务中，选取核心部分由企业自己掌控，而其他部分则从第三方，即商业伙伴或者供应商那里采购。该企业称为发包商，它所属的国家即发包国（多为发达国家）；第三方或商业伙伴或供应商则称为接包商，其所属的国家即承接国（多为发展中国家）。

20 世纪 90 年代以来，国际外包这一新的国际生产分散化的组织形式又扩展到服务业。此前，由于服务的不可流动性，服务部门几乎不受国际竞争的影响。然而 20 世纪 90 年代后期，无线通信与互联网通信成本的急剧下降，计算机使用成本的普遍减少，降低了专业化生产对地理集聚的要求。生产工序在时间与空间上的分解日益成为可能。在当今无线通信与互联网的时代，工作指令可以在瞬间传递，有关产品规格的详细信息与所需要完成的工序操作也都可以通过电子传递。在这样几乎瞬时传递的通信环境下，并不需要地理集聚也可以实现生产的专业化。因此，许多原来“不可贸易的服务”也变得可贸易了，服务的跨国流动迅速发展起来，服务外包也日趋流行。

制造外包和服务外包可以依据交易对象的经济属性差异加以区分。大体而言，如果外包转移和交易对象属于制造加工零部件、中间产品工序活动，或以中间品、半成品、最终产品某种组装或总装为对象活动，则属于制造外包；如果外包转移对象是特定服务活动或流程，则属于服务外包。具体而言，服务外包是指企业将信息服务、应用管理和商业流程等业务发包给本企业外第三方服务提供者，以降低成本、优化产业链、提升企业核心竞争力的商业行为。

如果发包方与承包方是同属特定国家的企业，服务外包联系的产品内分工在特定国家内部展开则属于国内外包或“在岸外包”（onshore outsourcing）。如果服务发包方与承包方是不同国家的企业，则这类外包从发包方角度看是“离岸外包”（offshore outsourcing），对承包方来说则是“到岸外包”（inshore outsourcing），总称国际服务外包。国际服务外包是实现企业间以特定服务流程为对象的跨国交易，因而是一种特殊类型的（国际）服务贸易。[①]

二、服务外包的特点与分类

（一）服务外包的特点

1. 业务专业化水准更高

外包作为一种管理模式，具有整合利用其外部最优秀的专业化资源，从而达到降低成本、提高效率、充分发挥自身核心竞争力和增强企业对环境的迅速应变能力的本质属性。而接包商往往是某个领域的专家和领先者，它们能够充分发挥自身优势，提供更加

---

① 卢锋. 我国承接国际服务外包问题研究. 经济研究，2007 (9)：49 - 61.

专业化的服务，业务技能水准更高。

2. 技术含量高和知识外溢效应强

服务外包主要集中于服务业中的智力密集型行业，如保险、银行、软件开发、人力资源、管理等领域。通常发包企业为了集中企业核心竞争力而将相对属于低端的业务环节外包给其他企业。但即便如此，服务外包作为现代服务业的有机构成，依然具有较传统加工贸易更高的技术含量，因而对人力资源提出了较高要求。另外，作为一种服务业，国际服务外包需要供应商与客户进行大量的业务沟通和交流，相对于制造业中的加工贸易形态，它具有更强的知识外溢效应。

3. 低消耗且无污染

在货物贸易传统的资本与人力分工模式下，发展中国家为了发挥自身的人力资源优势和增加就业，往往在吸引外资的过程中付出了牺牲环境的代价。服务外包作为一种现代服务贸易形式，不用进行实物生产，多数是依赖 IT 设备，并不需要生产方消耗自然资源，对生态环境几乎不会造成任何影响。

4. 对基础设施条件要求较高

服务外包需要具备恰当的互联网基础设施和介入条件，因此对该地区信息基础设施条件有较高要求。信息技术的迅猛发展使得原先不可储存和不可运输的服务跨境提供成为可能，进而产生了国际服务外包这种新兴贸易形态。因此，相对于货物贸易中的加工贸易，贸易的发展存在着较高的进入门槛。也正因如此，目前的服务外包主要集中在一些发达国家和新兴市场国家之间，世界上最不发达地区从中所得甚少。此外，随着有条件的发展中国家不断拓展本国的服务外包，也将会有力地促进本国的信息化进程。

（二）服务外包的分类

按照不同的分类标准，服务外包可以分为不同的种类。

1. 按服务的部门分类

WTO 的《服务贸易总协定》将服务分为 12 个部门 155 个服务项目，与此相对应，服务外包就包含相应的大类和小类。目前，发展较快的服务外包部门主要有：软件开发、信息技术、通信、人力资源、媒体公关、金融、保险、医疗、文化、分销等。

2. 按服务的性质分类

依据该标准，可将服务外包分为生产与消费同时型与非同时型两类。所谓同时型外包，是指生产与消费同时进行的服务外包。呼叫服务是这种类型的典型代表。所谓非同时型外包，即服务的生产与消费在时间上是分开的，一般先生产后消费。例如软件开发、研究与设计等则是这种类型的代表。

3. 按外包方式分类

依据该标准，服务外包可分为整体外包和分项外包。例如，某个芯片生产公司除芯片制造这个核心业务自己完成外，非核心业务均外包，其中包括人力资源管理、办公室文案、财务会计以及库存管理等。这些服务项目既可以整体包给某一个公司，也可以分项包给多个不同公司。前者称为整体外包，后者称为分项外包。

4. 按发生部门不同分类

依据该标准，服务外包大体分为两种类型：一是以服务为最终产出的服务业企业和机构把某些内部生产性服务活动或流程转移为外部提供。如美国超市顾客打折申报单录入环节通过西安炎兴的员工完成，美国银行和其他金融机构把回应顾客询问的呼叫业务委托给印度或菲律宾呼叫中心提供。二是制造业等非服务业企业和机构把某些内部生产性服务活动或流程转移为外部提供。如香港国际牛奶公司把部分人事和薪酬发放服务流程委托给广州凯捷承担，联想把生产笔记本电脑需要的部分 IT 支持服务流程外包给 IBM。

5. 按服务外包承接商的地理分布状况分类

依据该标准，服务外包分为三种类型：离岸外包、近岸外包和境内外包。离岸外包是指转移方与为其提供服务的承接方来自不同国家，外包工作跨境完成；近岸外包是指转移方和承接方来自邻近国家，近岸国家很可能会讲同样的语言、在文化方面比较类似，并且通常提供了某种程度的成本优势；境内外包指转移方与为其提供服务的承接方来自同一个国家，外包工作在境内完成。

6. 按服务外包业务内容分类

依据该标准，服务外包分为信息技术外包（Information Technology Outsourcing，ITO）、业务流程外包（Business Process Outsourcing，BPO）和知识流程外包（Knowledge Process Outsourcing，KPO）。

信息技术外包是指服务外包发包商将全部或部分 IT 业务发包给专业服务外包公司完成的商务模式。具体内容见表 2-1。

表 2-1 信息技术外包服务的分类和内容

	类别	适用范围
软件研发及外包	软件研发及开发服务	用于金融、政府、教育、制造业、零售、服务、能源、物流和交通、媒体、电信、公共事业和医疗卫生等行业，为用户的运营/生产/供应链/客户关系/人力资源和财务管理、计算机辅助设计/工程等业务进行软件开发，定制软件开发，嵌入式软件、套装软件开发，系统软件开发软件测试等
	软件技术服务	软件咨询、维护、培训、测试等技术性服务
信息技术研发服务外包	集成电路设计	集成电路产品设计以及相关技术支持服务
	提供电子商务平台	为电子贸易服务提供信息平台等
	测试平台	为软件和集成电路的开发运用提供测试平台
信息系统运营维护外包	信息系统运营和维护服务	客户内部信息系统集成、网络管理、桌面管理与维护服务；信息工程、地理信息系统、远程维护等信息系统应用服务
	基础信息技术服务	基础信息技术管理平台整合等基础信息技术服务（IT 基础设施管理、数据中心、托管中心、安全服务、通信服务等）

资料来源：BPO 网。

业务流程外包指服务外包发包商将一个或多个原本企业内部的职能外包给外部服务提供商（ESP），由后者拥有、运作、管理这些指定的职能。具体内容见表 2－2。

表 2－2　业务流程外包的分类和内容

类别	适用范围
企业业务流程设计服务	为客户企业提供内部管理、业务运作等流程设计服务
企业内部管理数据库服务	为客户企业提供后台管理、人力资源管理、财务审计与税务管理、金融支付服务、医疗数据及其他内部管理业务的数据分析、数据挖掘、数据管理、数据使用的服务；承接客户专业数据处理和整合服务
企业运营数据库服务	为客户企业提供技术研发服务，为企业经营、销售、产品售后服务提供的应用客户分析、数据库管理等服务。主要包括金融服务业务、政务与教育业务、制造业务与生命科学、零售和批发与运输业务、卫生保健业务、通信与公共事业业务、呼叫中心等
企业供应链管理数据库服务	为客户提供采购、物流的整体方案设计及数据库服务

资料来源：BPO 网。

知识流程外包作为业务流程外包的高端业务类型，相比一般的服务外包具有高附加值和高利润率的特点，是外包企业的业务服务内容沿着价值链条向高端领域不断延伸，进而进入基于知识型的，侧重流程创新、市场研发和业务分析为主的领域。它是最为接近发包方核心竞争优势，进而培育中国企业自主创新能力的一种业务模式。具体包括以下内容：知识产权研究、医药和生物技术研发和测试、产品技术研发、工业设计、分析学和数据挖掘、动漫及网游设计研发、教育课件研发、工程设计等领域。

三、国际服务外包的地位和作用

（一）有效节约成本

由于服务外包的承接方通常都是通过互联网或电子通信的方式向发包方交付服务，这种远程交付方式使得服务外包双方（即发包方和承接方）均不需要从事任何形式的跨境活动（例如人员的过境流动或设立境外分支机构），从而使得服务外包双方均可以有效节约成本、增大利润空间。

（二）提升发包企业核心竞争力

一般来讲，服务提供商具有提供的服务范围广、员工技术精湛、管理水平高等优势，因此，相对于发包商，它们能够提供更加专业、更高质量的服务。当企业由于受资金、技术支持等因素的限制而无法在短期内提升企业内部服务质量时，选择将服务外包给专业的服务提供商将会使得上述问题迎刃而解，而且能够享受更加专业的服务质量。此外，企业通过把一些非核心的服务外包出去，可以把主要资源集中在核心竞争力的建设上，从而进一步增强企业的核心竞争能力。从战略角度来讲，服务外包有利于实现企业的可持续发展。

（三）提高企业市场变化应对能力

随着经济全球化浪潮的继续深入，企业的竞争环境日趋复杂，所应对的挑战也日趋国际化。在这种背景下，如果一个企业事无巨细，包揽所有的业务，则无法对迅速变化的外部市场环境和顾客需求做出更好的反应，因此将非核心服务业务外包给服务提供商无疑是最佳选择。一方面，服务外包使企业内部机构得以大大精简，从而显著提升了企业的市场变化应对能力和灵活性。另一方面，发包商与服务提供商之间是一种战略合作伙伴关系，是风险共同体，而不是单纯的雇佣关系。服务外包可以使企业与服务提供商共担新技术的风险，或将风险完全转移给服务提供商。服务外包也可以使组织将全部或部分由于技术和技能陈旧所带来的固有的风险转移给服务提供商。

国际服务外包是一种新的商务模式。除了企业的角度外，从更宏观的视野看，服务外包有助于实现全球资源的有效配置，深化国际分工与合作，扩大国际贸易和投资，提高劳动生产率，一定程度上也有助于缩小南北经济差距和数字鸿沟，对加强教育和职业培训、提高劳动力素质也有积极意义。

四、国际服务外包的发展

美国、欧洲和日本作为离岸服务外包主要发包国家，发包总额占全球离岸外包业务总额的80%以上。根据国际数据公司（IDC）的统计数据，2013 年美国离岸服务外包发包额居全球首位，约占全球离岸外包总额的 60%；欧洲为第二大离岸发包市场，占比约18%；日本为第三大发包市场，占比约 10%。① 2016 年全球离岸服务外包市场规模达2 137.9亿美元，同比增长 6.9%，增长速度超过全球服务外包市场。其中，信息技术外包（ITO）、业务流程外包（BPO）和研发服务外包（R&D）规模分别约为 1 019.6 亿美元、465.2 亿美元和 653.1 亿美元，占比分别为 47.4%、21.8%和 30.5%，增长速度分别为 6.0%、7.5%、7.8%。传统的离岸 ITO 增长放缓，BPO、R&D 增长较快。②

新阶段，以“补充劳动力资源、建立成本中心”为特征的外包需求日益淡化，主要发达经济体为缓解失业率上涨压力，通过采取多种政策措施引导企业减少境外发包业务。如 2017 年美国改革 H－1B 签证，收紧移民政策；印度、中国等传统接包市场劳动力成本攀升，成本优势逐渐萎缩。“提升价值、创造价值”成为外包新需求，服务外包不再是完成标准化的、固定的业务模块，而是参与企业管理、标准、流程设计，完成有创造价值的服务需求。

据 IDC 调查，2017 年全球有 67%的 1 000 家大企业将数字化转型作为战略核心，数字经济、数字化转型上升为多个国家的国家战略。Forrester 研究显示，2016—2018 年，数字服务将保持 20%的增速，数字化转型在各行各业有序铺开，如智能制造、金融科技、智能汽车、电子商务、智慧医疗等。

数字经济发展离不开服务外包支撑，行业数字化转型推进服务外包与行业融合发展。

---

① 李庭辉．全球服务外包市场发展概览．全球化，2017（4）：88－100.

② 敬艳辉．全球服务外包产业发展现状和趋势．全球化，2018（12）：41－51＋132.

全球知名外包商印孚瑟斯技术有限公司（Infosys）拟将数字化创新与数字体验工作室拓展至全球；国内领军企业文思海辉发布“以数字科技领先全球，用行业服务创造价值”新愿景，为高科技、金融、互联网、电信、制造、零售、旅游、汽车、医疗、媒体娱乐等行业提供数字化解决方案服务。据中国服务外包研究中心调研，服务外包企业日益关注大数据、云计算、移动互联、智能应用、网络应用和服务体系架构、物联网、数字技术平台等方向。

在当代全球服务外包市场上，美国、欧洲、日本等发达国家企业基于降低成本、提高企业核心竞争力的需要，将企业非核心的信息技术服务、后台服务业务和研发设计服务业务外包给亚洲和爱尔兰、中东欧等人力资源丰富、成本较低、专业服务水平较高的专业服务提供商，形成了以美国、欧洲、日本等发达国家为主体的离岸服务外包发包国，以印度、中国、菲律宾等亚洲国家和中东欧、爱尔兰为主体的离岸服务外包接包国的全球离岸服务外包市场格局，这一市场格局为发达国家和发展中国家经济发展带来了新的空间和机遇。但是，随着世界科技发展和应用步伐加快、各国人才培养和吸引政策调整，未来全球离岸外包的格局将发生重大变化。

就中国服务外包而言，据商务部统计，2020 年我国企业承接服务外包合同额 17 022.7 亿元人民币（币种下同），执行额 12 113.2 亿元，同比分别增长 8.4%和 13.3%。其中，承接离岸服务外包合同额 9 738.9 亿元，执行额 7 302 亿元，同比分别增长 5.8%和 11.4%（以美元计算，2020 年承接服务外包合同额 2 462.3 亿美元，执行额 1 753.5 亿美元，同比分别增长 4.5%和 10.9%，其中承接离岸服务外包合同额 1 404.1 亿美元，执行额 1 057.8 亿美元，同比分别增长 1.1%和 9.2%），实现“十三五”超千亿美元的发展目标。

从结构看，信息技术外包和知识流程外包保持较快增长，2020 年离岸执行额分别为 3 204.1 亿元和 2 921.4 亿元，同比分别增长 10.7%和 17.9%；业务流程外包离岸执行额 1 176.5 亿元，同比下降 0.6%。数字化程度较高的集成电路和电子电路设计业务离岸执行额 490.9 亿元，同比增长 41%；知识密集的医药和生物技术研发业务离岸执行额 488.1 亿元，同比增长 25%。

从市场看，2020 年我国承接美国服务外包执行额 1 550.6 亿元，同比增长 17%。承接中国香港、欧盟离岸外包执行额分别为 1 198.3 亿元和 1 176.8 亿元，同比分别增长 5.7%和 5.8%。美国、中国香港、欧盟前三大市场合计占我国内地离岸服务外包执行额的 53.8%。承接“一带一路”沿线国家离岸外包执行额 1 360.6 亿元，同比增长 8.9%。

从地区看，2020 年长三角区域承接离岸服务外包执行额 3 678.6 亿元，同比增长 13.3%，占全国 50.4%；京津冀地区承接离岸外包执行额 697.7 亿元，同比增长 8.6%；粤港澳大湾区承接离岸服务外包执行额 838.8 亿元，同比增长 1.8%。31 个服务外包示范城市承接离岸外包执行额 6 039.5 亿元，同比增长 8.3%，占全国 82.7%。值得注意的是，受建设自由贸易港带动，2020 年海南承接离岸服务外包执行额 2 亿元，同比增长 751.7%。①

① 2020 年中国服务外包情况. 中华人民共和国商务部官网，2021-02-03.

2020年中国服务外包产业实现高质量增长，在向智力投入转变，向高技术含量、高附加值业务拓展中迈出坚实步伐，成为新常态下产业升级、外贸转型的有力支撑。未来中国服务外包必将迎来更大的发展。

本章小结

国际服务贸易理论的学习对于提升对国际服务贸易的认识，并在实践中进行理论思考、趋势分析和战略研判等具有十分重要的意义。然而，学习国际服务贸易理论也并非易事。本章尽可能呈现国际服务贸易领域已有的研究成果，引领学习者进入国际服务贸易理论的殿堂，既不因为想当然认为已有国际贸易理论足矣而轻视，也不由于看到国际服务贸易理论中的各种模型以及并不清晰的理论线索而畏难，而是能够主动思考与国际服务贸易发展紧密相关的理论和实践问题，养成理论思维的习惯和自觉，尤其是结合中国发展实际，增强在国际服务贸易领域创新的理论自信，这是学习和研究应该达到的重要目标。

概念和术语

贸易竞争优势指数；显性比较优势指数；国际竞争力；服务外包；ITO；KPO；BPO

复习思考题

1. 从国际服务贸易四种模式的角度，试分析比较优势论对国际服务贸易的适用性。
2. 在评析国际生产折衷理论对国际服务贸易适用性的基础上，试进一步分析国际服务贸易商业存在模式的动因。
3. 简述波特的国家竞争优势理论。
4. 什么是服务外包？服务外包有哪些特点？
5. 试述服务外包的分类。
6. 试述服务外包的地位和作用。
7. 请谈谈高质量发展理论在国际服务贸易理论创新中的意义和应用。

延伸阅读

从跨国公司的视角
看服务贸易的发展

第三章
国际服务贸易发展

学习目标

1. 理解世界服务贸易兴起的原因。
2. 了解世界服务贸易的总体状况和发展趋势。
3. 了解发达与发展中国家和地区国际服务贸易的发展。
4. 了解我国国际服务贸易发展状况、政策和实践创新。

素养目标

1. 通过世界服务贸易兴起的动因、发展状况和趋势的学习，引导读者紧密追踪世界服务贸易发展形势，增强家事、国事、天下事，事事关心的品格，树立天下兴亡、匹夫有责的情怀。

2. 通过发达国家和地区与发展中国家和地区国际服务贸易发展的学习，培养读者海纳百川的胸怀和全球化的格局和意识。

3. 通过我国服务贸易发展状况、实践创新和趋势的学习，增强读者发展我国服务贸易的紧迫感以及报效国家的理念和信念。

案例导引

服务贸易创新发展，是推动高质量发展的重要内容

服务贸易创新发展，既是满足人民对美好生活向往的重要内容，也是我国产业竞争力升级从而跨越中等收入陷阱的重要内容，还是我国实现新旧动能转换从而推动高质量

发展的重要内容。因此，要从国家发展战略的高度重视服务贸易的发展。

当前，我国正处于转型发展的关键时期，不论是从需求侧还是供给侧来看，服务贸易创新发展都具有重大战略意义。然而，服务贸易创新发展要突出三个重点，即与货物贸易密切相关的服务、与信息技术进步相关的数字经济、重视培育服务贸易领域的龙头企业。

一是与货物贸易密切相关的服务。我国是货物贸易大国，货物贸易发展为服务贸易带来了很多机会，比如国际运输、保险等相关服务，这些是摆在家门口的现实需求。目前我国在这些服务领域的发展存在逆差，还有很大提升空间。

二是与信息技术进步相关的数字经济。数字经济的进步使得很多传统服务的可贸易程度大幅度提升，同时还创造出很多和数字贸易经济相关的活动，从而形成了跨境贸易新的内容，比如跨境电商、游戏、云服务平台等。在数字经济这一领域，我国拥有良好的人力资源基础和产业基础，这是我国下一步提升服务贸易国际竞争力的重要突破口。

三是重视培育服务贸易领域的龙头企业。在服务贸易领域，越大的龙头企业品牌效应越好，开拓市场的能力越强，越能拿到订单。但当前，我国在培育服务贸易领域的龙头企业方面还需要做大量的工作。数据显示，在全球100家非金融类服务企业中，我国只占4家。从未来增强服务业国际竞争力的角度来说，着力培育服务贸易领域的龙头企业是一个重要突破口。

资料来源：隆国强：从国家战略高度重视服务贸易发展. 中国经济时报，2019-08-28.

第一节 世界服务贸易的发展

一、世界服务贸易兴起的原因

二战后，世界贸易迅猛发展，服务贸易作为其重要组成部分，也取得了快速发展。总体上，依据第二次世界大战后国际服务贸易发展过程的不同特征，可将其发展分为三个阶段。第一阶段从20世纪70年代之前至1970年。这一阶段服务贸易处于货物贸易的附属的地位。第二阶段从1970年到1994年，服务贸易处于快速增长阶段。第三阶段从1994年至今，服务贸易在规范中向自由化方向发展。纵观世界服务贸易的发展历程，其兴起的主要原因可以归纳为以下几个方面。

（一）国际分工的深化

国际分工的发展使国家间的货物以及服务交换日益扩大。特别是二战之后，货物及服务贸易迅猛发展，不仅商品出口的年平均增长率超过了世界产出的年平均增长率，而且服务贸易也逐渐摆脱了附属于商品贸易的地位，取得了更快的增长率。

二战后国际分工呈现出新的特征，这些特征主要包括：第一，超经济的强制分工瓦解，利益关系在国家间的尖锐对抗在一定程度上有所缓和，广大发展中国家和不发达国家为建立新的国际经济秩序而持续抗争，区域及国际协调合作凸显。第二，国际分工的知识、技术基础更加突出，水平型国际分工以及产业内与产品内国际分工或网络分工兴起，发达国家之间的国际分工居于主导地位，跨国公司成为国际分工的重要实体。第三，服务业大规模进入国际分工，国际服务分工成为国际分工的新领域，为国际分工的发展注入了新的动力。

社会分工的范围不断扩大，甚至有的学者提出将服务业的产生称为第四次社会大分工；企业内部分工的程度则不断深化，程序分工、机能分工以及办公室分工成为重要的形式，从而使脑体分工进一步分化，使物质生产过程包含着诸多必要而且十分重要的服务需要。

（二）科学技术的推动

科学技术是第一生产力，也是第一推动力。科技作为重要的要素参与到服务的生产和提供中，不仅极大提高了服务生产的效率，而且为服务的消费以及生产与消费的双向互动提供了条件。更重要的是，科技创新催生了新兴服务业态，极大地提高了交通、通信和信息处理能力，为信息、咨询和以技术服务为核心的各类专业服务领域提供了新的服务手段，使原来不可能发生贸易的许多服务领域实现了跨国贸易，如原来不可贸易的知识、教育服务现在可以存储在光盘中，以服务产品的形式交易，或者通过卫星电视、互联网直接发送。这与国家间的技术、产品和产业梯度扩散紧密相关。新技术不仅为附加服务提供了贸易机会，而且使高新技术服务成为一些跨国公司的核心竞争力。当前的科技发展正在促使国际服务贸易发生革命性的变革和创新。

（三）世界产业结构的调整

随着社会经济的发展，世界经济规模不断增长，产业基础不断壮大，产业结构也不断向高端、优化方向调整。二战后，世界经济结构调整步伐加快，传统制造业比重相对下降，服务业地位提升，在各国 GDP 和就业中的比重不断提高。21 世纪初，随着全球经济与信息化进程的加快，新一轮世界产业结构调整正在全球迅速展开，高新技术产业、新兴产业发展日益加快，特别是服务业的发展成为服务经济时代背景下各国产业结构调整的重要方向，为国际服务贸易的繁荣奠定了坚实的产业基础。

（四）跨国公司的扩张

跨国公司国际化经营活动的开展，带来了资本、技术、人才的国际流动，促进了与其相关或为其服务的国际服务贸易的发展。首先，跨国公司在世界范围的扩张引致了大量追加性服务，如设立为本公司服务的专业性公司，这些服务子公司除满足本公司需求之外，也向东道国的消费者提供服务，从而促进了东道国服务市场发展。其次，跨国公司在国际服务市场上提供的银行、保险、会计、法律、咨询等专业服务，也随着跨国公司的进入在东道国市场上获得渗透和发展。最后，制造业跨国公司对海外的直接投资，产生了“企业移民”，这种企业移民属于服务跨国流动的一种形式，随着设备技术的转移，其技术人员和管理人员也产生了流动，因而带动了服务的出口。

（五）服务需求的扩大

从需求角度看，随着经济的发展、分工的深化，不仅为生产的服务需求大幅增加，为生活的服务需求也如火如荼。发达国家的经济主体已经从原来的制造业转换到服务业，其生产性服务业的增长远远超出服务业的平均增长水平，发展速度非常引人注目。在OECD国家中，金融、保险、房地产及经营服务等生产性服务行业的增加值占国内生产总值的比重均超过了三分之一。而制造业的国际营销网络的形成，就是聚集营销人才，进行研发产品、产品运输与储存、广告、保险、会计和法律服务等开发市场的过程，在这一过程的每一环节都伴生着服务需求。此外，随着人们物质生活水平的不断提高和中等收入群体的不断扩大，花钱买享受、买时尚、买轻松、买健康等将成为消费的重要趋势，教育、健康、养老、文化、旅游等服务消费不断蓬勃发展，服务性消费支出的占比越来越高。这些服务需求的增加极大地推动了服务贸易的发展。

（六）货物贸易的带动

二战后，国际货物贸易的快速发展带动了相关服务贸易的发展，其中金融、保险业和运输业表现最突出。加之跨国公司的扩展以及生产性服务需求的强劲增长，不仅推动国际货物贸易规模不断扩大，而且使货物贸易与服务贸易相互促进，从而使国际贸易呈现良好的发展态势。

（七）开放政策的促进

在经济全球化的促进以及国际组织和各国的共同努力下，自由贸易的推进使参与国际分工以及采取开放政策成为主流。特别是发展中国家为了发展经济，普遍采取了开放型经济政策，积极地从发达国家引进资金和技术。与此同时，为增加外汇收入，实现本国经济现代化，发展中国家也积极参与国际服务贸易，随着外贸政策不断趋向自由化和经济实力的增强，贸易范围不断扩大。近年来，发展中国家除积极参与国际运输、劳务输出外，还大力发展旅游业，千方百计吸引外国游客，并且积极扩大其他服务出口，推动了世界服务贸易的发展。

二、世界服务贸易的总体状况

（一）贸易规模不断增长

经济全球化依然在推动国际服务贸易快速发展。统计显示，在1990—2013年的24年里，国际服务贸易出口增速超过货物贸易出口增速，而近10年来，转型经济国家、发展中国家服务贸易出口增速超过发达国家，其中，转型经济国家出口增速最快。国际服务贸易快速发展，使全球服务贸易规模达到了一个新的高度，2005—2015年，全球服务贸易规模翻了一番，接近10万亿美元。2020年全球服务进出口额达到95 102亿美元。2011—2019年，全球服务进出口额年均增速达到4.23%，而同期货物进出口额年均增速仅为0.51%，服务贸易额占贸易总额的比重由19.5%提高至24.5%。

（二）贸易结构不断优化

伴随着服务贸易的快速发展，全球服务贸易结构不断优化，主要表现在传统服务贸易如运输服务和旅游在全球服务贸易中的比重逐步下降，而其他服务的比重则不断上升。近年来，随着世界经济的发展，全球服务贸易品种进一步增加，传统的劳动密集型服务贸易比重趋于下降，知识与技术密集型服务贸易开始居于主导地位。早在2000年，运输服务和旅游占全球服务贸易总出口的比例分别为23.2%和31.9%，到2012年已经分别下降至20.5%和25.5%，其他服务贸易出口占比则从不足50%上升到2012年的53.9%。特别是伴随着科技的发展，贸易结构优化的态势在不断加强。尤其是数字贸易的兴起，对服务贸易结构产生了重要影响。

（三）新兴服务快速成长

联合国贸易和发展会议数据显示，在运输、旅游两项传统服务的出口比重不断下降的同时，包括计算机与信息服务等新兴服务在内的其他服务在出口中占比提高，由2005年的48.97%提高到2015年的53.19%，占服务贸易出口的一半以上。2015年，其他商业服务占服务贸易出口比重最高，由2005年的19.36%增至2015年的21.25%；其次是电信、计算机和信息服务，占比由7.78%增至9.79%；最后是金融服务，占比由8.07%增至8.63%。特别是计算机与信息服务、通信服务、技术服务等新兴服务增速较快。其中，计算机与信息服务增速最快，2005—2013年，年均增速为14%。

新冠疫情的暴发，对全球货物贸易和服务贸易造成了重大影响，同时也催生出新业态、新模式。数字服务出口和知识密集型服务贸易成为增长亮点。数字服务出口主要是指通过计算机网络或通信、邮电等方式实现的服务贸易，比如视听、金融和信息等部门。该方式的服务贸易呈现明显的“在线化”“零接触”的特点，很多技术服务、金融服务、保险服务、咨询服务等属于这类服务贸易。疫情期间，知识型服务贸易和数字服务受影响较小，甚至迎来了新的发展契机，线上医疗、线上教育、线上展览、线上旅游、线上办公、线上娱乐等新兴领域得到了进一步的开发、应用和普及。

（四）贸易地区呈不均衡

全球服务贸易发展的地区不均衡性表现为发达经济体依然占据全球服务贸易的优势地位，发展中国家同发达国家相比仍存在较大差距，不过部分新兴经济体开始迎头赶上。在2013年世界服务贸易进出口额前十名排行榜上，发达国家占7个，且前三位都是发达国家。两个发展中国家（中国、印度）都是人口大国。在世界服务贸易进口额排行榜中，前十位中的国家有8个是发达国家。

而在国际服务贸易规模的区域分布上，欧洲和亚洲分别是全球第一和第二大服务贸易进出口市场，2015年两大区域在全球服务贸易出口市场的占比为73.6%，在服务贸易进口市场中占比为74.2%。在国际服务贸易产业的区域分布上，2015年欧洲在与生产相关的服务，运输，旅游，保险和养老服务，金融、电信、计算机与信息服务，商业服务，文化娱乐服务出口中全球占比最高。特别是在保险和养老服务，金融、电信、计算机与信息服务，商业服务，文化娱乐服务方面，欧洲占据绝对优势，出口超过全球一半以上。亚洲在建设服务市场上具有较强的竞争优势，出口超过全球一半。北美则在技术服务上具有较强的竞争优势。①

三、世界服务贸易的发展趋势

在全球价值链的形成中，服务业也发挥了重要作用。联合国贸易和发展会议数据显示，2010年在贸易总出口中，虽然制造业占总出口的71%，服务业占总出口的22%，但按照新的增值贸易统计方法计算，在出口增加值的创造上，服务业（46%）大大高于制造业（43%），出口增加值的几乎一半（46%）来自服务业。服务贸易已经成为拉动经济增长和扩大就业的驱动力。而在世界服务贸易总体状况的基础上，伴随着国际政治经济环境的变化、科技的发展等因素，世界服务贸易呈现新的发展态势。

（一）科技及新兴服务推动贸易结构加速优化

《2018中国服务贸易发展报告》指出，当前全球经济增速放缓，但全球服务贸易总体发展较快，成为拉动世界贸易增长的新引擎。2009—2016年，全球服务出口年均增长率为4.55%。根据世界贸易组织的统计数据（BOP口径），2020年全球服务进出口额达到95 102亿美元。2011—2019年，全球服务进出口额年均增速达到4.23%，而同期货物进出口额年均增速仅为0.51%，服务贸易额占贸易总额的比重由19.5%提高至24.5%。如果按照全口径计算（BOP＋FAT），2019年服务贸易占全球贸易的比重已超过40%。在新一轮产业变革中，科技的应用与助力，特别是数字经济的蓬勃发展将推动全球服务贸易的持续增长和结构的加速优化，新兴经济体有望成为拉动服务贸易增长的主要引擎，数字技术将推动新兴服务贸易加快发展，交付模式不断创新，全球服务外包市场将继续快速发展。

（二）货物贸易与服务贸易的互动性进一步增强

信息技术的发展打破了三大产业间的传统界限，出现了服务业制造化和制造业服务化的产业融合发展新趋势。与此同时，全球价值链生产引发的中间产品贸易的增加也表明，货物贸易与服务贸易两者并非分离，而是彼此互动共生，有机地融为一体。2017年WTO研究显示，运输、物流、分销为货物贸易的发展提供了必要的基础设施；服务使全球价值链生产成为可能，如果没有跨境服务，就不可能有效地协调跨境生产，有效服务是提升制造业产品出口的决定性因素；服务贸易在数字经济时代将发挥重要作用。德国相关研究也认为，如果成功地将基于网络的服务整合进工业4.0，将极大发挥制造业的创新潜力。这意味着货物贸易与服务贸易的协同发展，将促使全球服务贸易发展进入一个新的时代。②

（三）国际服务贸易的全球治理需要进一步加强

在贸易保护主义抬头以及逆全球化的态势下，推动国际服务贸易领域公平、合理的

---

①② 赵瑾. 全球服务贸易发展未来走势明朗. 服务外包，2017（3）：64-66.

秩序以及加强全球治理就成为各方的需要以及重要的举措。当然，即便面临贸易保护主义的抬头和贸易摩擦的增多，在经济全球化和科技蓬勃发展的必然趋势下，世界服务贸易的发展前景依然明朗广阔，不仅规模增长、结构优化会继续持续下去，而且新兴服务贸易将为其注入新的发展动力和活力，各国参与服务领域全球分工在强化，因此全球治理增强也就成为一个必然趋势和主动的选择。此外，一国国内规制或服务贸易的政府监管成为影响国际服务贸易自由化的重要因素。近年来信息技术发展和全球经济一体化深化引发的规制缺位、规制壁垒也对现行国内规制提出了新的挑战，并对开展全球性的规制协调和规制合作提出了新的要求。这种情况同样需要加强全球协调和治理。

第二节　发达与发展中国家和地区国际服务贸易的发展

一、发达国家和地区国际服务贸易的发展

（一）总量规模上占支配地位

发达国家和地区在国际服务贸易总量规模上处于绝对优势。迄今为止，西方发达国家在世界服务贸易中仍处于支配地位。1996 年，全球近 200 个国家和地区中，在服务贸易排名中位居前 25 的国家（地区）的服务贸易额高达总额的 80%，这 25 个国家（地区）主要是发达国家（地区）。2016 年发达国家（地区）的服务贸易已经占到全球的 73.7%，相当于发展中国家（地区）的 2 倍。

（二）贸易产业基础极为发达

产业基础对于贸易发展而言具有重要的支撑作用。服务业在发达国家经济中具有极其重要的地位。发达国家服务业在全部经济中占比多数超过 70%，拥有较强的服务供给能力和国际竞争优势。世界银行的数据显示，1997—2014 年，所有收入类别国家的服务业在 GDP 中的比重均有提升。其中，高收入国家由 69.5%增至 73.9%，中高收入国家由 48.9%增至 56.9%，中等收入国家由 48.1%增至 55.8%，低收入国家由 40.4%增至 47.7%。而以美国为例，美国的生产性服务业的增长远远超过其服务业的平均增长水平，约占美国经济总量的二分之一，已成为美国的支柱产业。其中，信息服务业、专业服务业和商业服务业的增幅显著。美国的专业服务业整体实力全球领先，信息服务业引领全球的发展。发达的服务业为发达国家和地区服务贸易高水平发展奠定了强有力的基础。服务业是服务贸易发展的基础。

（三）服务贸易国际竞争力突出

发达国家服务贸易国际竞争力的基础首先在于以强劲科技实力为支撑的供给能力，其次是以成熟市场和高水平服务消费为基础的需求能力，更重要的是与服务业以及服务贸易相关的各行业领域跨国公司的竞争能力，使发达国家服务贸易具有极强的国际竞争力，其表现就在于发达国家和地区在服务贸易领域享有巨额的贸易顺差。以美国为例，

其是世界最大的服务贸易出口国，2019 年服务贸易出口总额高达 8 467 万亿美元，进口 5 975亿美元，服务贸易顺差 2 492 亿美元，是世界最大服务贸易顺差国。新兴经济体中，中国和印度服务贸易发展迅速。总体来看，发达经济体在国际服务贸易竞争方面比较优势明显。美国是全球服务贸易领域的最大受益方，而且在金融服务、教育和旅游服务、知识产权服务领域拥有很强的优势。

（四）主导国际服务贸易格局和秩序

长期以来，发达国家主导了全球服务贸易发展的方向和规则的制定，在国际贸易领域拥有强势话语权，在国际经济秩序方面享有优先地位，从而确保了享有稳定而持续的贸易利益，显示出其主导国际贸易发展的空间、产业和产品格局（见表 3-1）。而从市场需求来看，发达经济体仍然是引领全球服务贸易发展方向的主要力量。全球经理人采购指数显示，2016 年以来，发达国家的服务业经理人采购指数始终在 50%以上的扩张区域内，明显高于发展中国家平均水平，最高时达到 54.5%；发展中国家则在 50%上下波动，其中 3 个月低于荣枯线。最高时也仅达到 52.1%。不仅如此，发达国家拥有健全的服务贸易管理机制以及积极的贸易促进政策，对于服务贸易的繁荣发展起到了重要的推动作用。

表 3-1　2021 年服务贸易进出口前二十位国家（地区）大洲分布

洲名	国家（地区）	数量
欧洲	英国、德国、爱尔兰、法国、荷兰、卢森堡、比利时、瑞士、西班牙、意大利、丹麦、波兰	12
亚洲	中国、印度、新加坡、日本、韩国、阿联酋	6
北美	美国、加拿大	2

资料来源：WTO.

二、发展中国家和地区国际服务贸易的发展

与发达国家和地区相比，发展中国家和地区不仅服务业和服务贸易整体规模小，发展滞后，水平较弱，而且在国际经济秩序、规则制定等方面处于弱势地位，服务贸易逆差明显。其中最大的逆差项目是其他商业服务，其次是运输，旅游有一定的顺差，但所占比重也不大。像中国、俄罗斯、泰国、马来西亚、墨西哥及巴西等国都存在数额不等的服务贸易逆差。

虽然在资本、技术密集型服务行业发展中国家较发达国家明显滞后，但在资源、劳动密集型服务领域中，发展中国家则具有一定的优势，因此发展中国家的服务贸易也得到迅速发展，服务出口占世界服务出口总值的比重增加，且各国发展不平衡。

近年来，发展中国家经济的服务化步伐正在加快，具有服务贸易持续扩大的较大潜力。根据 WTO 统计，2010—2016 年期间，全球服务贸易年均增长速度达到 3.7%，其中发展中国家达到 4.7%，快于发达国家 0.8 个百分点。发展中国家不仅打破了长期以来发达国家主导国际服务贸易的利益格局，在全球服务贸易出口中的占比突破了 30%，而且在旅游、建筑、运输服务、其他商业服务、计算机与信息服务五大产业出口中占比接

近或超过40%。特别是世界前两大发展中国家中国和印度已经跻身全球十大服务贸易出口国行列。其中，2015年中国仅次于美国，成为全球第二大服务贸易国。此外，转型经济国家、发展中国家对全球服务贸易增长的贡献度增大。

世界贸易组织公布的数据显示，2015年，发展中国家的服务贸易额在全球占比达到了36%。根据世界贸易组织公布的2017年全球服务贸易进出口总额数据，美国以13 189.85亿美元的服务贸易进出口排名第一，中国以6 956.79亿美元排名第二，其后依次为德国、英国、法国、荷兰、爱尔兰、日本、印度、新加坡等国家。在20个国家中，瑞典以1 411.85亿美元的服务贸易进出口总额排名最后。①

现阶段发展中国家和地区国际服务贸易发展虽然迅速，但仍然不足以撼动发达国家的主体地位，其输出多为旅游、劳务等劳动密集、自然资源密集的项目。这类项目技术素质差，附加值低，创造的价值不高，发展中国家和地区在提升服务贸易国际竞争力方面任重道远。

三、发达国家和地区与发展中国家和地区国际服务贸易的比较

比较发达国家和地区与发展中国家和地区国际服务贸易的发展，不难发现，发达国家和地区在国际服务贸易领域整体处于领先地位。

首先，就国际服务贸易规模看，发达国家和地区国际服务贸易整体体量大，在全球国际服务贸易中占据重要地位。就行业而言，发达国家和地区在旅游、运输、金融、电信、文化等各领域都占据明显优势。相比而言，发展中国家和地区整体难以与发达国家相匹敌。

其次，就国际服务贸易结构看，无论从服务产品结构、产业结构，还是技术结构、就业结构等方面看，发达国家和地区总体在知识、技术等密集型领域以及全球价值链中占有比较优势，甚而占有垄断优势，享有更多的贸易利益。

再次，就服务贸易地理方向看，水平型贸易整体依然占据重要地位，2019年发达国家和地区中，欧盟的服务贸易进出口前五大去向国及地区和来源国及地区都是欧盟内部、英国、美国、瑞士、中国。同年美国的服务贸易进口前五大来源国及地区为欧盟、墨西哥、加拿大、日本、印度，出口的前五大去向国及地区为欧盟、加拿大、中国、瑞士、墨西哥。相比而言，由于发展中国家和地区服务贸易整体竞争优势难以与发达国家和地区匹敌，因此市场范围仍需不断拓展。

最后，就国际服务贸易政策看，发达国家和地区由于在国际服务贸易领域有明显的竞争优势和长期实践，相比发展中国家和地区，在政策设计、政策工具、政策实施管理等各方面积累了成熟的经验和做法。不仅如此，在相关国际谈判中发达国家和地区拥有更多的话语权，由此为其国际服务贸易的开展铺平了道路。

在贸易主体方面，发达国家和地区在服务贸易各行业、各领域拥有大量的具有世界影响力的跨国企业，成为其国际服务贸易开展的重要力量。发展中国家和地区在具有国际影响力的企业建设、品牌培育、平台搭建等方面依然任重道远。

---

① 2017年全球服务贸易总额排名，全球贸易进出口总额. 排行榜123网，2019-03-12.

第三节　我国国际服务贸易发展

一、我国国际服务贸易的发展状况

（一）服务贸易规模持续扩大

伴随着对外开放水平的不断提升以及对外贸易规模的不断增长，我国服务贸易规模也持续扩大，2016 年我国服务进出口规模位居全球第二，显现出较好的发展态势。统计显示，2021 年，我国服务贸易持续快速增长，全年服务进出口总额达 52 982.7 亿元，同比增长 16.1%；其中服务出口 25 435 亿元，增长 31.4%；进口 27 547.7 亿元，增长 4.8%。服务出口增幅大于进口 26.6 个百分点，带动服务贸易逆差下降 69.5%至 2 112.8 亿元，同比减少 4 816.5 亿元，为 2011 年以来的最低值。与 2019 年同期相比，服务进出口下降 2.2%，两年平均下降 1.1%，其中出口增长 30%，两年平均增长 14%；进口下降 20.4%，两年平均下降 10.8%。表 3－2 为 2008—2020 年中国服务进出口状况。

表 3－2　2008—2020 年中国服务进出口状况　　单位：亿美元

年份	进出口	出口	进口	差额
2008	3 206	1 626	1 580	46
2009	3 007	1 426	1 581	−155
2010	3 697	1 774	1 923	−149
2011	4 471	2 003	2 468	−465
2012	4 809	2 006	2 803	−797
2013	5 352	2 058	3 294	−1 236
2014	6 490	2 181	4 309	−2 128
2015	6 506	2 176	4 330	−2 154
2016	6 575	2 083	4 492	−2 409
2017	6 957	2 281	4 676	−2 395
2018	7 918	2 668	5 250	−2 582
2019	7 850	2 836	5 014	−2 178
2020	6 617	2 806	3 811	−1 005

资料来源：国家统计局. 中国统计年鉴 2021. 北京：中国统计出版社，2021.

（二）服务贸易结构持续优化

1. 贸易结构优化对于贸易竞争力提升具有重要影响

随着贸易结构持续优化，我国服务贸易高质量发展特征逐步显现。2017 年我国服务进出口还表现出服务贸易结构进一步优化、新兴服务领域进出口保持均衡快速增长、中西部地区服务进出口快速增长、试点引领作用不断增强等特点。

2. 知识密集型服务贸易稳定增长

2021 年，知识密集型服务进出口 23 258.9 亿元，增长 14.4%。其中，知识密集型服务出口 12 623.9 亿元，增长 18%；出口增长较快的领域是个人、文化和娱乐服务，知识产权使用费，电信、计算机和信息服务，分别增长 35%、26.9%、22.3%。知识密集型服务进口 10 635 亿元，增长 10.4%；进口增长较快的领域是金融服务和保险服务，增速分别达 57.5%和 21.5%。

3. 运输服务进出口大幅增长

运输服务伴随货物贸易的高速增长而大幅增长。2021 年，运输服务进出口 16 821.5 亿元，增长 61.2%，其中运输服务出口 8 205.5 亿元，增长 110.2%，运输服务进口 8 616亿元，增长 31.9%，成为服务贸易十二大领域中增长最快的领域。金融服务，电信、计算机和信息服务进出口增速分别为 31.1%和 19.3%。

4. 旅行服务进出口继续下降

新冠疫情对旅行服务进出口的影响仍在持续。2021 年，我国旅行服务进出口7 897.6 亿元，下降 22.5%，其中出口下降 35.7%，进口下降 20.9%。剔除旅行服务，2021 年我国服务进出口增长 27.2%，其中出口增长 35.6%，进口增长 18.3%；与 2019 年同期相比，服务进出口增长 30.9%，其中出口增长 43.8%，进口增长 18.1%。①

5. 试点引领作用不断增强

2017 年以来，商务部会同各部门、各相关地方继续落实服务贸易创新发展试点的相关政策文件，营造良好的营商环境，政策效应进一步显现。2017 年，试点地区服务进出口合计 24 405.5 亿元，进出口、出口和进口分别同比增长 8%、11.1%和 7.4%，均高于全国平均水平。

表 3-3 为 2020 年中国服务进出口分类状况。

表 3-3　2020 年中国服务进出口分类状况　　单位：亿美元

类别	进出口	出口	进口
1. 运输	1 513	566	947
2. 旅行	1 478	166	1 312
3. 建筑	333	251	82
4. 保险服务	177	54	123
5. 金融服务	74	42	32
6. 电信、计算机和信息服务	937	607	330
7. 维护和维修服务	110	77	33
8. 政府服务	61	25	36
9. 知识产权使用费	463	87	376
10. 个人、文化和娱乐服务	43	13	30
11. 加工服务	175	170	5
12. 其他商业服务	1 253	748	505

资料来源：国家统计局. 中国统计年鉴 2021. 北京：中国统计出版社，2021.

① 2020 年中国服务进出口总额达 45 642.7 亿元. 中国政府网，2021-02-09.

（三）商业存在模式快速发展

商业存在在服务贸易四种模式中占有重要地位。统计显示，2019 年，我国一、二、三产业实际使用外资金额占比分别为 0.3%、29.9%和 69.8%，其中第三产业实际使用外资金额同比增长 10.3%，占比较上年提高 5.2 个百分点。投资主要集中在制造业，信息传输、软件和信息技术服务业，科学研究和技术服务业，批发和零售业，租赁和商务服务业，金融业等行业。其中，科学研究和技术服务业，信息传输、软件和信息技术服务业实际使用外资金额较上年分别增长 63.9%和 25.9%。

2018 年，我国内向附属机构（境外直接投资者拥有 50%以上股权的在华/内地附属机构）服务销售总收入 76 392 亿元，同比增长 8.4%；外向附属机构（我国直接投资者拥有 50%以上股权的境外附属机构）服务销售总收入 73 755 亿元，同比增长 28.9%；内、外向附属机构服务销售总收入合计达 150 147 亿元，同比增长 17.6%，是 2018 年服务进出口总额的 2.9 倍。

2018 年，内向附属机构服务销售收入中租赁和商务服务业销售收入 17 913.5 亿元，规模位列第一，同比增长 1.7%。销售收入和利润同比增幅最大的行业是金融业，分别增长 61.7%、50.6%，均明显高于其他行业，显示我国金融业对外开放进一步深化，外资金融机构在华经营业绩较好。建筑业、住宿和餐饮业销售收入分别增长 26.0%和 23.4%。外向附属机构服务销售收入中租赁和商务服务业销售收入 32 380.8 亿元，同比增长 37.8%；增长较快的行业是文化、体育和娱乐业，信息传输、软件和信息技术服务业，交通运输、仓储和邮政业，同比分别增长 241.6%、212.3%、54.4%。

2018 年，内向附属机构服务销售收入排名前三位的国家和地区分别是中国香港、日本、新加坡，合计服务销售收入达 50 656.6 亿元，占内向附属机构服务销售收入的 66.3%，同比分别增长 7.0%、11.1%和 8.4%。新加坡比上年排名提升一位，超过英属维尔京群岛。外向附属机构服务销售收入排名前三位的国家和地区分别是中国香港、新加坡、英国，合计服务销售收入达 50 714.8 亿元，占外向附属机构服务销售收入的 68.8%，同比分别增长 40.0%、23.4%和 16.2%。其中，中国香港在我国内、外向附属机构服务销售中均位列第一且占比过半，显示香港在我国外国附属机构服务贸易中仍占据重要地位。①

（四）服务外包发展态势良好

首先，服务外包对服务贸易的推动作用进一步加强。“十三五”时期，中国服务外包加快转型升级，实现稳中提质，服务外包执行额累计 7 110.6 亿美元，年均增长 12.6%，比第三产业增加值增速高 5.9 个百分点。离岸服务外包成为中国服务出口增长的主引擎。2015—2020 年，离岸服务外包对中国服务出口累计增长的贡献率达 66.4%，对可数字化服务出口累计增长贡献率达 66.5%。2020 年新冠疫情全球大流行以来，远程医疗、供应链服务、在线教育、共享平台、协同办公、跨境电商广泛应用，服务外包企业积极响应

---

① 服贸司负责人介绍中国附属机构服务贸易情况. 中华人民共和国商务部官网，2020-05-08.

市场需要，加快复工复产，扩大服务交付能力，满足市场需求，为稳定全球产业链供应链和推动国际抗疫合作发挥了重要作用。

其次，服务外包成为新业态新模式融合发展的新平台，有力促进了科技助力服务贸易发展。在“互联网+”、大数据、人工智能等国家战略推动下，服务外包企业广泛应用新一代信息技术，加快与传统产业的跨界融合，数据分析、电子商务平台、互联网营销推广和供应链管理等服务新业态新模式快速发展，逐步形成相互渗透、协同发展的产业新生态。

再次，服务外包成为区域协调发展的新示范。服务外包示范城市的技术先进型服务企业税收优惠政策推广至全国实施，进一步营造了稳定、公平、透明、可预期的营商环境。示范城市继续保持集聚引领态势，业务不断向价值链中高端转型升级；非示范城市地区的积极性显著提升。2016—2020 年，全国 31 个服务外包示范城市承接服务外包执行额由 999.3 亿美元增长至 1 465.6 亿美元，年均增长 10.0%。2020 年，有 25 个服务外包示范城市离岸服务外包实现正增长，数量与 2019 年持平；22 个服务外包示范城市在岸服务外包实现正增长，比 2019 年增加 2 个。

此外，服务外包成为深化“一带一路”服务贸易合作的新渠道。截至 2020 年底，中国签署的双边服务贸易合作协议总数达 14 个。2020 年，中国与世界 224 个国家和地区有服务外包业务往来，比 2015 年增加 18 个。其中，承接服务外包执行额超过 1 亿美元的国家和地区达 73 个，比 2015 年增加 13 个。

最后，新兴业务快速发展。中国服务外包企业紧跟世界数字化浪潮，加大自主创新，广泛应用新一代信息技术，全面提升面向最终客户提供项目研发设计、供应链管理、运营维护等全流程服务综合能力，新领域、新业务发展亮点突出。中国服务外包企业依托信息技术优势，利用云计算、大数据、人工智能等先进技术，支持制造企业改造研发、生产、销售和售后服务流程，逐步由生产型制造向服务型制造转型。

（五）政策管理紧密跟进

在我国经济结构优化升级的过程中，服务贸易的繁荣发展是重要的指向和着力点。为此，2015 年国务院办公厅印发《关于加快发展生活性服务业促进消费结构升级的指导意见》，同年国务院印发《关于加快发展服务贸易的若干意见》，2017 年商务部等 13 部门印发了《服务贸易发展“十三五”规划》的通知，并发布了一系列具体行业领域加快发展的意见和通知。2021 年 10 月，商务部等 24 个部门发布《“十四五”服务贸易发展规划》。当前，我国经济正进入需要积极发展服务业的阶段，政府相关产业政策也在服务业上有所倾斜。这些意见和通知的发布，从政策和管理层面上为促进服务贸易的发展注入了动力，指出了发展的方向。不仅如此，服务贸易创新发展试点和服务外包示范城市建设成为重要的实践创新典型。而在区域开放布局上，设立了自贸试验区，在北京开展服务业扩大开放综合试点。在行业开放布局上，提出放宽银行、证券、期货、保险等领域外资准入限制，放开会计审计、建筑设计、评级服务等领域外资准入限制，推进电信、互联网、文化、教育、交通运输等领域有序开放。

然而必须意识到，我国服务贸易处于较严重的逆差状态，贸易结构需要进一步优化，而且发展不平衡，国际竞争力亟待提升，“质”或者“量”上都很难与发达国家匹敌。一旦货物贸易出现逆差，那么肯定会严重影响我国的国际收支平衡。实现货物贸易和服务贸易的协同发展迫在眉睫。

二、我国国际服务贸易的实践创新

（一）服务贸易创新试点

2016 年，国务院原则同意商务部提出的《服务贸易创新发展试点方案》，在全国 15 个省市（区域）开展为期两年的服务贸易创新发展试点。在完善服务贸易管理体制、扩大服务业双向开放力度、培育服务贸易市场主体、创新服务贸易发展模式、提升服务贸易便利化水平、优化服务贸易支持政策、健全服务贸易统计体系、创新事中事后监管举措等八大方面进行探索，力求推进服务贸易领域供给侧结构性改革，健全服务贸易促进体系，探索适应服务贸易创新发展的体制机制和政策措施，着力构建法治化、国际化、便利化营商环境，打造服务贸易制度创新高地。

为进一步深化服务贸易创新发展试点，改革创新服务贸易发展机制，2018 年国务院原则同意商务部提出的《深化服务贸易创新发展试点总体方案》，在全国 17 个省市（区域）开展为期两年的深化服务贸易创新发展试点。在两年来服务贸易创新发展的基础上，以供给侧结构性改革为主线，围绕服务贸易管理体制、开放路径、促进机制、政策体系、监管制度、发展模式等方面先行先试，进一步深化改革开放，打造服务贸易创新发展高地，带动全国服务贸易高质量发展。

为继续推进服务贸易改革、开放与创新，2020 年国务院原则同意商务部提出的《全面深化服务贸易创新发展试点总体方案》，同意在 28 个省市（区域）开展为期 3 年的全面深化服务贸易创新发展试点。通过全面探索完善管理体制、全面探索扩大对外开放、全面探索提升便利水平、全面探索创新发展模式、全面探索健全促进体系、全面探索优化政策体系、全面探索完善监管模式、全面探索健全统计体系等八项任务，全面推进我国服务贸易深层次改革、高水平开放、全方位创新和高质量发展。

服务贸易创新试点是中国国际服务贸易实践创新的重要探索，对于推动中国国际服务贸易在新发展阶段迈上更高的台阶将发挥积极而深远的作用。

（二）北京“两区”建设

北京“两区”建设是指国家服务业扩大开放综合示范区和自由贸易试验区。“两区”建设是中央支持北京开放发展的重大政策，扩大开放综合示范区，可以更好地深化与推动对外开放，而加强自由贸易区建设，又是加强对外开放的重要内容之一。

北京“两区”建设致力于打造“三个示范区＋一个主阵地”。“三个示范区”即努力建设国际高标准经贸规则先行合作示范区、争创数字贸易示范区和国家服务贸易创新发展示范区，立足对标《区域全面经济伙伴关系协定》（RCEP）、《全面与进步跨太平洋伙伴关系协定》（CPTPP）、《中欧双边投资协定》等高标准国际经贸协定，建立健全数字贸易、服务贸易规则体系，全面提升投资环境，增强北京市示范引领作用。“一个主阵地”则是将北京证券交易所打造为服务创新型中小企业的主阵地。依托“两区”建设推进机制，积极配合北京证券交易所筹备建设，支持创新型、专精特新中小企业上市融资，实现更好更快发展。

“两区”建设中，应推动高含金量政策全面落地，建设数字贸易港，设立全国自愿减排等碳交易中心，打造特色综合保税区等。推进“两区”重点园区高质量发展，以“政策会诊”和“功能提升”为抓手，进一步优化重点园区功能定位和产业规划，协调推动各区制定重点园区三年行动方案；推进重点园区体制机制改革和制度创新，激发发展活力与动力；加大重点园区招商引资，加快项目引进和落地；建立重点园区评价体系，推动形成重点园区高质量发展新格局，打造北京改革开放“新样板间”。

此外，研究实施全产业链开放、全环节改革专项任务，抓紧出台一揽子全链条、系统化、集成化方案；落实自贸试验区贸易投资便利化措施，进一步深化跨境电商进口医药、融资租赁、保税维修等措施成效；围绕离岸贸易、文化贸易、商务服务业“走出去”等组织开展重点领域“政策会诊”，梳理行业、企业发展的痛点、堵点和难点问题。

（三）科技应用促进服务贸易创新

科技应用对服务贸易创新发挥着重要作用。在服务贸易创新试点中，通过运用人工智能、大数据、云计算等技术，打造国际物流数据通道系统，畅通“智慧物流”，加快产业数字化转型，提高国际物流服务竞争力，助力提升贸易便利化水平就是实践创新的典型案例。具体实践创新如下：

1. 搭建海外舱单电子发送云系统

根据有关规定，外贸企业在报关前需把货物、收发货人等预配舱单信息发送到海关系统后才可进入报关流程。海外舱单电子发送云系统探索与美、日等国相关系统对接，实现舱单电子传输，省去传统模式中订舱代理、海外货代等传输环节，提高传输效率，压缩传输成本。

2. 建立国际物流全过程可视化系统

将集装箱卡车定位和轨迹、货物在港动态信息查询、船舶定位系统等集成到一个云平台系统，全过程监控货物在国际物流过程中的状态，最大程度方便货主、货代及客户对货物全流程的信息查询和监控。

3. 打造以“电子口岸”为中心的数据服务中心

通过定制开发的无纸化系统连接海关、码头堆场、船运企业和陆运车队，推动实现数据共建共享、业务协作协同、监管实时全面。

此外，就技术服务而言，通过搭建全球技术服务平台、开展技术验证和转化、构建技术依规安全有序输出服务体系等方式，探索技术境外输出新模式，实现技术贸易规模倍增，增强技术贸易的发展动能，助推我国成熟的产业化技术“走出去”。具体实践创新如下：

1. 搭建技术服务平台

平台对全国各类技术输出资源提供数据标准化归集、供需信息发布、技术路演展示和设备出海等服务，为有需求的“一带一路”沿线国家和地区进行国内技术匹配。探索技术境外输出交易服务机制，重点破解外方信用评估、风险控制、交易规则、资金回笼、全链条（全套）技术输出方式等问题，在信贷、出口退税等方面提供政策咨询服务。

2. 推动技术转移概念验证

集聚国内科研院所专家，组建面向全球市场的技术转移概念中心，对企业各类技术的概念产品实施技术可靠性验证、专利成熟度验证。开展技术产品市场定位、商业策划、资本跟进等衔接工作，建立技术经理人全程参与技术转化制度，对标国际标准，持续推动国内技术创新升级，加速成果市场化、国际化。

3. 探索技术出海服务体系

在全球设立离岸创新中心、海外科技服务站以及海外研发中心，探索搭建技术推广网络。推动建立涵盖技术咨询、知识产权、资本投资、法律咨询、托管、转化、交易、输出、跨国合作等为一体的技术贸易服务体系，有效减少技术贸易成本。推动国内技术与国际标准衔接，探索国内知识产权在境外的合法通用，支持国内标准在“一带一路”沿线国家和地区率先推广。

三、我国国际服务贸易的发展趋势

（一）生产性服务贸易地位进一步提升

货物贸易和服务贸易并不是此消彼长的零和关系，通过相互融合发展有助于提升出口商品出口附加值率，同时，货物贸易增长可以带动与其相关的服务贸易增长。而从世界经济发展历史看，制造业和服务业的发展经历了分离、专业化再到高层次融合的发展态势。制造业为服务业提供需求，服务业为制造业提供支撑。在新一轮科技革命与产业变革孕育兴起的背景下，产业链、供应链、价值链深度整合，服务业和制造业也呈现高层次融合趋势，带动生产性服务产业的进步和生产性服务贸易的发展。在我国推动制造业强国建设的进程中，必须高度重视服务业及服务贸易的地位和作用。在这种背景下，生产性服务的贸易地位进一步提升。

（二）市场需求拉动作用进一步显现

市场服务需求既是服务贸易发展的动力，也是影响服务生产的极为重要的因素。随着国内外市场服务需求趋于个性化、多样化，继商品消费全球化之后，服务消费全球化成为新的热点。各类消费市场，如旅游、留学与医疗服务等不断扩大；跨境电商及其他高科技助力的服务需求快速成长；新业态、新模式也激发了新的服务需求，从而成为我国国际服务贸易发展的重要拉动力。

（三）数字网络经济驱动效应进一步放大

日新月异的科技创新正在推动新经济的壮大。而服务贸易的全球化、技术化，要求其必须向着科技化、智能化的服务方向发展。当前，全球范围3D打印、大数据、云计算等新技术不断涌现，数字经济、共享经济、平台经济等新产业、新模式加快发展，提高了各个行业的生产效率。数字技术的发展引发了交易形式的变革，不断创造出新的可贸易服务产业。我国数字经济、网络经济的快速崛起，有力地带动了相关领域服务贸易发展，其效应将在未来服务贸易的成长中进一步放大。

（四）“一带一路”作用进一步增强

随着“一带一路”建设深入推进，中国与沿线国家的经贸交流不断加强，人员往来更加便利，有力地促进了中国与沿线国家之间的旅游、文化、技术等服务贸易合作。《中国“一带一路”贸易投资发展报告2021》显示，截至2021年6月，中国已经同140个国家和32个国际组织签署了206份共建“一带一路”合作文件，涵盖互联互通、投资、贸易、金融、科技、社会、人文、民生、海洋等领域。2019年，中国与“一带一路”沿线国家服务进出口总额1 178.8亿美元，占服务贸易总额的比重超过15%。目前中国与这些国家已经形成以旅游、运输、建筑三大类为主的服务贸易合作格局。①

（五）服务贸易不平衡将进一步缓解

我国服务贸易存在贸易的产品结构、进出口结构、区域结构等多方面的不平衡问题。长期以来，由于我国自身在建筑、运输、旅游等传统服务贸易上在国际上具有较强的贸易优势，与其相比，我国的高新技术服务、金融服务、设计、广告等服务贸易活动仍然不够成熟，不仅呈现较严重的逆差，而且制约着服务贸易竞争力的提升。此外，在国内外服务贸易进出口区域上也存在不平衡的问题。随着我国经济结构的优化升级以及对外开放水平的进一步提升，我国服务贸易不平衡问题将得到进一步缓解。

四、我国国际服务贸易的发展对策

（一）以全方位创新助力服务贸易创新发展

当前我国正在推动以创新为动力的社会经济发展。我国服务贸易的发展必须以全方位创新赢得发展动力，创造发展空间。目前来看，我国外贸增长新动力、新型贸易业态和模式开始显现。跨境电子商务将成为下一代主要贸易方式。2020年中国跨境电商市场规模达12.5万亿元，同比增长19.04%。“十四五”期间，我国政府应继续探索服务贸易创新发展模式，推动新技术、新模式、新业态、新产业与服务贸易融合发展，探索扩大服务贸易双向开放政策和便利化措施。不仅如此，在服务贸易企业培育、服务贸易人才培养等方面加强改革创新，为我国服务贸易的繁荣发展注入强大的创新动力。

（二）以多层面融合夯实服务贸易成长基础

融合发展是服务贸易发展的重要方向和路径。我国服务贸易的发展要促进服务业内部各行业、服务业与制造业、服务业与农业等产业融合，促进服务贸易与货物贸易、服务贸易与技术贸易、服务贸易与知识产权贸易的融合，服务贸易与科技的融合，以融合

---

① 服务贸易加上“一带一路”：后疫情时代中国方案展现“托底”力量. 中国青年报，2020-09-10.

增强发展动力，推动业态创新，形成创新发展的合力，不断夯实服务贸易成长的基础。

（三）以促进市场消费推动服务贸易持续发展

服务消费与服务生产同样重要。一方面，要拓展国内服务消费市场，提高大众服务消费能力，改善服务消费环境，完善消费政策，引导服务消费，营造有利于扩大服务消费的社会氛围。把加快发展服务业与实施城镇化战略结合起来，积极稳妥地推进城镇化，调整城镇规模结构，扩大城市服务消费群体。另一方面，要积极拓展国外服务消费市场，通过平台建设、国际合作、对外投资等途径进一步优化外部贸易和投资环境，促进我国服务贸易的国际化发展和竞争力提升。

（四）以做强贸易主体增强服务贸易升级动力

贸易主体是贸易发展的主导力量。我国服务贸易要不断优化服务业企业组织结构，不仅要鼓励多种所有制服务贸易企业公平发展、同台竞争，而且一方面要做大做强企业，提升其国际竞争力，另一方面要支持中小微服务贸易企业的发展。要促进企业联合重组，实行网络化、品牌化经营，大力发展连锁经营、物流配送、多式联运等新型业态，满足多层次的服务需求，不断增强服务贸易升级动力。

（五）以政策战略扶持拓展服务贸易发展空间

我国服务贸易要密切关注国内外形势发展，牢牢把握国家政策导向和重大战略指向，充分发挥好政策红利的作用。要改变部分行业垄断经营严重、市场准入限制过严和透明度低的状况，按市场主体资质和服务标准，逐步形成公开透明、管理规范和全行业统一的市场准入制度。加快垄断行业管理体制的改革，放宽部分行业市场准入的资质条件，鼓励非国有经济在更广泛的领域参与服务业发展；凡鼓励和允许外资进入的领域，均鼓励和允许国内投资者以各种方式进入。加强“放管服”，改革市场准入的行政审批制度，大幅度减少行政性审批。同时加强全球治理，增强贸易规则制定的话语权、贸易谈判的实力以及应对贸易摩擦和经济风险的能力，不断拓展我国服务贸易发展空间。

本章小结

蓬勃发展的国际服务贸易是学习和研究该领域的基本动力和实践基础。全面深入把握国际服务贸易，不仅仅需要在理论层面上加强思考，更需要紧随现实发展，在鲜活的生产实践中去观察、思考国际服务贸易领域各种各样的新现象、新问题。面对国际贸易，特别是服务贸易领域的新变革、新发展，我国国际服务贸易既面临变革的挑战，更拥有发展的机遇和创新的广阔空间。要坚定走中国特色社会主义道路，在新时代中国特色社会主义建设和高质量发展的过程中，推动我国国际服务贸易迈上新的台阶。

概念和术语

世界服务贸易；国际服务贸易格局；国际服务贸易政策；服务外包

复习思考题

1. 试述世界服务贸易兴起的原因。
2. 简述世界服务贸易的状况和发展趋势。
3. 查阅资料，对比主要发达国家服务贸易状况。
4. 查阅最新数据资料，比较典型发达国家与发展中国家服务贸易的发展。
5. 简述中国服务贸易的现状、实践创新和发展趋势。
6. 选取一个具体服务行业，讨论如何促进该行业对外贸易的发展。

延伸阅读

服务贸易创新发展
政策演变及推进思路

第四章
数字服务贸易兴起

学习目标

1. 掌握数字贸易和数字服务贸易的定义、特征和趋势。
2. 了解发达国家和地区数字服务贸易的发展状况和经验。
3. 了解我国数字服务贸易的发展状况、政策和实践创新。

素养目标

1. 通过数字服务贸易定义、特征等问题的学习，引导读者关注数字服务贸易兴起之势，建立起数字思维、创新思维的理念。

2. 通过发达国家和地区数字服务贸易发展状况和经验学习，拓展国际视野，增强包容、开放的理念。

3. 通过我国数字服务贸易状况、政策和实践创新，增强我国发展数字服务贸易的自信心和自豪感。

案例导引

5G让数字服务贸易价值持续攀升

"'十三五'时期，我国数字贸易额由2015年的2 000亿美元增长到2020年的2 947.6亿美元，增长47.4%，占服务贸易的比重从30.6%增长至44.5%。"这是记者从2021年中国国际服务贸易交易会（简称服贸会）的数字贸易发展趋势和前沿高峰论坛上得到的一组数据。对于在贸易价值链中收益比重不断升高的数字服务贸易，中国工程院院士、北京邮电大学教授张平指出，以5G为代表的ICT服务贸易的先导性作用愈发凸显，将不断拓展数字贸易新场景，催生新规则，加速数字服务贸易迈向新阶段。

数字服务在贸易价值链中的收益比重不断攀升

不同国家对数字贸易达成了共识：数字贸易是贸易各环节的数字化转型。由于数字贸易源于数字经济的国际化延伸，也就承袭了大部分数字经济的特征和规律。而数字经济融合的发展特征具有一些新一代的信息技术使能特征，在软件定义、数据驱动、平台支撑、服务增值、智能主导方面起着决定性的作用。数字技术的发展应用将大幅度降低贸易成本，丰富参与主体，减少中间环节，强调个性化选择，促进各方协同。数字服务参与全球价值链和价值创造，已经成为全球价值链的重要组成部分。数字服务在价值链中的收益比重也不断地攀升，导致了“微笑曲线”变得更为陡峭——两端知识密集型产业将会获得更多收益。

ICT拓展数字贸易新场景

ICT服务贸易先导型作用凸显，特别是5G加速了数字服务贸易迈向新阶段。5G构建了数据流通的平台和全新的网络架构，开启了万物互联，还与云化基础设施有机结合，进而拓展了服务业的新业态。

驱动数字贸易构建新规则

就在5G等ICT不断拓展数字贸易新场景的同时，技术也驱动着数字贸易新规则的出现。在AI、大数据、云计算等数字技术的辅助下，5G更高的带宽、更低的时延和功耗，将催生出工业4.0和信息化融合的新标准。

资料来源：齐旭. 中国工程院院士张平：5G让数字服务贸易价值持续攀升. 中国电子报，2021-09-10（006）.

第一节　数字服务贸易概述

一、数字贸易和数字服务贸易的定义

（一）数字贸易的定义

数字贸易是近年来出现的新概念。由于国情不同，各国对数字贸易的认知和重视程度还存在较大差距，部分国家甚至对数字贸易还没有官方定义，因此在全球范围同样没有形成统一的概念。2013年7月，美国国际贸易委员会（USITC）首次提出数字贸易是指通过互联网传输货物或服务的商业活动，主要包括数字内容、社交媒介、搜索引擎、其他产品和服务等四大类。2016年，美国国际贸易委员会发布《美国和全球经济中的数字贸易（第二部分）》，对数字贸易做出了如下定义：“互联网以及基于互联网的技术在产品和服务的订购、生产或交付中扮演重要角色的国内和国际贸易”。美国贸易代表办公室（USTR）认为，数字贸易是一个广泛的概念，不仅包括消费者产品在互联网上的销售以及在线服务的提供，还包括实现全球价值链的数据流、实现智能制造的服务以及无数其他平台和应用。

2019年3月，经合组织（OECD），世界贸易组织（WTO，简称“世贸组织”）和国际货币基金组织（IMF）共同发布了《数字贸易测度手册》（Handbook on Measuring Digital Trade），该手册将数字贸易定义为，所有以数字方式订购和以数字方式交付的国际交易。其中，以数字方式订购定义为，以计算机网络来专门为接收或下单的方法而进行的一种货物或服务的国际交易，通俗地说就是在网络上进行下单的国际买卖。以数字方式交付定义为，使用专门的计算机网络以电子格式远程交付的国际交易，通俗地说就是商品是数字格式的国际买卖。

中国对数字贸易的官方定义出现于中国信息通信研究院2019年12月发布的《数字贸易发展与影响白皮书（2019）》中，该书认为，数字贸易不仅包括基于信息通信技术开展的线上宣传、交易、结算等促成的实物商品贸易，还包括通过信息通信网络（语音和数据网络等）传输的数字服务贸易，如数据、数字产品、数字化服务等贸易。

（二）数字服务贸易的定义

根据《数字贸易发展与影响白皮书（2019）》的定义可知，数字服务贸易的概念存在于数字贸易中。在此基础上，有学者对数字服务贸易做出了如下定义：“数字服务贸易与数字商品贸易相对应，同为数字经贸体系的重要组成部分，经合组织将数字服务贸易定义为通过互联网为贸易国提供服务。数字服务贸易的产品类型主要为数据化、信息化的服务，即将传统贸易服务转化为数字化形式。而广义上的数字服务贸易还包括大数据、云计算等新型服务。”

另外，还可以从服务贸易的角度对数字服务贸易进行理解。通过信息通信技术应用，数据、数字产品（如音乐、影视、游戏等）以及数字化服务（如线上教育、线上资讯等）得以通过网络途径进行消费，这些服务型产品的交易拓展了服务贸易的内涵，使其更适应现代化发展趋势和人类的精神需求。数字服务贸易即实现了数字化的服务贸易。

数字服务贸易由于与服务贸易具有紧密的关联，因此也适用于服务贸易的国际分类方式，一般包括以下四种：

1. 跨境支付

跨境支付指一成员国居民在本国国境内通过交易行为获得其他成员国数据、数字产品以及数字化服务的使用权。

2. 境外消费

境外消费指一成员国居民在其他成员国国境内通过交易行为获得所在国或其他成员国数据、数字产品以及数字化服务的使用权。

3. 商业存在

商业存在指一成员国的企业在其他成员国境内建立商业机构（附属企业或分支机构），为所在国或其他成员国提供数据、数字产品以及数字化服务的使用权。

4. 自然人流动

自然人流动指一成员国的服务提供者以自然人身份前往其他成员国，在所在国提供数据、数字产品以及数字化服务的使用权。

二、数字贸易与数字服务贸易的特征

（一）数字贸易的基本特征

数字贸易与传统贸易相比，主要区别在于是否依托信息通信技术来完成交易，因此具有以下特征：

1. 交易的无形性

与传统贸易相比，数字贸易完全在网络空间进行，其交易过程只有在数字技术的支持下才可进行。在该情境下，无论是交易对象、交易标的，还是交易货币，都由数字技术呈现，在交易时并不具备客观存在属性。

2. 即时性

有了数字技术的支持，数字贸易的完成速度极快，协议的签订、货币的转移、商品的使用、数据的分析等，基本可以跨越空间距离迅速实现，大幅节约了交易双方的时间成本。

3. 数字依赖性

如同船只离开水无法移动一样，数字贸易离开信息通信技术完全无法进行，因此，在基础设施建设不够完善、局域网无法覆盖的地区，数字贸易无法发展。

4. 信息隐蔽性

由于交易的全过程都由数据呈现和记录，而在管理者严格的保护下，理论上交易数据隐蔽性较强，泄露风险较低，具有传统贸易欠缺的保密性。

（二）数字服务贸易的独有特征

数字服务贸易是传统服务贸易与信息通信技术融合发展的产物，与传统服务贸易相比，数字服务贸易具有以下独有特征：

1. 传统服务的地理限制被突破

数字服务贸易依靠互联网将服务主体和受体连接在一起，在网络空间实现服务供给与消费，主体和受体不再需要面对面才能完成交易。

2. 即时特征不再显性

由于数字贸易的特征，数字服务产品可以被数据记录并呈现，大量服务不再具备交付和消费统一的特征，延时消费和重复消费成为网络服务的重要特征。

3. 知识和技术附加值大幅提升

在信息通信技术的支持下，数字服务产品的知识和技术附加值得到较大程度的加强，进而促进了知识产权保护意识的觉醒。

4. 服务高质量化、多样化和个性化

数字服务产品的质量普遍优于传统服务产品，数字技术的呈现效果能带来更好的消费体验；数字技术发展催生出一批新的服务业务，如线上展览、线上旅游等，丰富了服务贸易内容；通过大数据分析处理，点对点服务更容易实现，个人偏好更容易被追踪和满足。

三、数字贸易与数字服务贸易的发展趋势

在当今世界格局下，经济全球化已是大势所趋，数字技术革新全面提速，数字贸易将会进一步在全球普及。在这种情况下，数字贸易与数字服务贸易将会呈现出以下发展趋势。

（一）数字贸易成为国家经济增长的新引擎

数字贸易的发展可以持续推动国家经济增长，尤其对于基础设施建设完善的国家而言，数字技术的普及将会形成强大的正溢出效应，创造众多经济增长点。

从企业层面来看，数字贸易发展推动了企业的价值创造。数字技术改变了传统行业的生产与交易方式，提高了生产和交付效率，降低了生产成本，有利于资本积累和资本集聚。数字贸易提高了服务的质量，保证了服务的供给速度，并为个性服务的供给创造了更多可能，这与当今主流的长期营销观念相吻合。数字技术的应用创造了新的服务工作内容，如线上教育、外卖、共享经济等，为企业带来更多的创收空间。

从国家层面来看，数字贸易有利于推动国民经济的发展。数字贸易推动了产业链水平分工进一步细化，生产增值动力更强。数字贸易推动了跨境电子商务的发展，跨境商务合作的优势逐步凸显，2018 年，中国通过海关跨境电子商务管理平台零售进出口商品总额达 1 347 亿元，同比增长 50%。其中，出口 561.2 亿元，增长 67%；进口 785.8 亿元，增长 39.8%。数字贸易促进了传统贸易的融合发展，第一、第二产业的交易形式不断创新，生产活力进一步释放。数字贸易创造了更多的工作岗位，对调整国民经济结构、提高经济体系抗风险能力具有至关重要的作用。

（二）数据价值挖掘和数字技术创新持续深入

数字贸易的发展深刻揭示了数据的价值意义和互联网相关技术创新的重要性，持续推动数据价值挖掘和数字技术创新研发至关重要。

麦肯锡全球研究院（MGI）发布的《数据全球化：新时代的全球性流动》报告指出，自金融危机以来，传统的货物贸易、服务贸易和资本流动增长已经趋于平缓，然而跨境数据流动却在飞速增长，支撑和促进了几乎所有其他类型的跨境流动，对全球经济增长的贡献甚至超过了传统货物贸易。跨境数据流动，一方面为不同国家间经济主体信息传递提供支持，使得价值链能够更高效地配置、协同，推动货物流、服务流、资金流向更低成本、更高效率、更贴近用户方向发展；另一方面促进了数字服务贸易的发展，使得搜索引擎、社交媒体、云计算等基于数据流动的新业态、新模式成为国际贸易的一部分。2018 年全球大数据市场总体价值约 420 亿美元，其中大数据软件市场价值约 140 亿美元。

数字技术创新可以进一步提速数字贸易相关领域的价值创造，也可以为旅游、医疗

康养等传统服务领域带来新的活力。2022 年 3 月发布的《旅游绿皮书：2021—2022 年中国旅游发展分析与预测》分析预测，以信息技术、人工智能、虚拟技术、5G 技术、大数据等技术创新为引领，对旅游业进行创新性、前沿性和实践性的大胆改革将是旅游业摆脱停滞、实现增长的关键。科技和疫情的双重影响成为旅游业加快供给侧改革、实现高质量发展的“催化剂”和“加速器”。科技赋能下各种线上活动变得活跃，许多旅游目的地和旅游企业在科技创新上加码，加快推出云旅游、云演艺、云直播、云展览等线上旅游产品。未来，科技创新成果加快扩散，围绕服务意识、服务标准、服务质量、服务流程，其渗透于旅游消费的每个环节，加速旅游企业数字化、网络化、智能化转型升级，提高旅游服务质量。

（三）数字服务贸易的价值创造能力进一步增强

数字服务贸易作为数字贸易的重要组成部分，其价值和地位不断提升，经济贡献能力和社会稳定能力不断增强。数字服务贸易保留了传统服务贸易的交付和消费的特征，通过数字技术融合，形成了独特的生产机制和价值规律，更适应数字化时代的发展趋势。

从总体规模看，全球数字服务贸易已经初具规模。2019 年全球数字服务贸易规模达 31 925.9 亿美元，占服务贸易的 52.0%，占全部贸易的 12.9%。从增长趋势看，数字服务贸易增速领先于服务贸易和货物贸易。2010—2019 年全球数字服务贸易、服务贸易、货物贸易的年平均增长速度依次为 6.1%、5.0%和 2.5%。中国商务部公布的数据显示，2020 年中国服务贸易进出口中，知识产权使用费、电信计算机和信息服务、保险服务的出口增长较快，同比分别增长 30.5%、12.8%和 12.5%；金融服务，电信、计算机和信息服务的进口增长较快，同比分别增长 28.5%、22.5%。

（四）全球数字贸易分化加剧

数字贸易带来了巨大的经济增长点，对于发达国家来说，更容易通过先进的数字技术和成功的商业运营经验实现全球市场垄断和技术垄断，占有更多国际资源用于自身发展，而技术水平落后、数字贸易尚在发展中的发展中国家和转型国家则较难获得充足的发展机遇，不同国家的数字贸易发展水平将会持续分化。从规模看，2019 年发达经济体、发展中经济体、转型经济体的数字服务出口规模分别为 24 310.0 亿美元、7 203.9 亿美元、411.9 亿美元，在全球数字服务出口中的占比分别为 76.1%、22.6%、1.3%。通过对比可以发现，发达经济体在数字服务贸易中的支配地位超过服务贸易和货物贸易，其国际市场占有率超过了服务贸易（67.9%）和货物贸易（51.7%）。从占比看，发达经济体服务贸易占比和数字服务贸易占比均更高。2019 年发达经济体、发展中经济体、转型经济体的服务出口在全部出口中的占比分别为 30.3%、18.0%、17.6%；数字服务出口在服务出口中的占比分别为 58.2%、39.3%、30.1%。

（五）国际数字治理难度加大

跨国数字化治理矛盾凸显。随着数字贸易发展，数字服务跨越国境，数字服务的提供者和消费者可能分别处于不同国境内，数字治理问题变得更为复杂。一是不同国家数字治理法律法规不同。在传统货物贸易中，当一个国家向另一个国家出口时，海关等外贸监管部门负责对商品合规性进行检查，确保出口国的商品符合进口国的法律法规。在数字化的产品和服务贸易中，许多数字服务提供商身处其他国家，且在进口国缺乏实体存在，难以对企业进行直接监管；其次，贸易过程由线下转移到线上，对商品的检查难度加大。二是不同国家数字治理价值标准不同。在一些数字服务领域，虽然没有直接触犯法律法规，但是因为不同国家价值标准和判断尺度的不同也可能导致争议。例如，在一些社交媒体平台，平台企业依仗自身的全球影响力，通过删帖、删账号等方式，公然干预他国内政。三是不同国家数字经济发展水平不同。数字经济发展较快的国家希望通过数字贸易推动本国数字产业发展，主张市场开放、降低壁垒和减少监管；数字经济发展较慢的国家希望数字贸易为本国经济发展服务，而不要过多冲击传统产业，主张适当的贸易保护、完善治理。

第二节　发达国家和地区的数字服务贸易

一、发达国家和地区数字服务贸易发展状况

从20世纪中后期开始，欧美和日本、韩国等东亚国家凭借高速发展的经济实力、领先的信息通信技术和完善的社会服务体系，率先发展数字服务贸易，通过跨国公司的对外扩张，积累了丰富的市场资源和运营经验。这些发达国家和地区相对于发展中国家和地区，拥有更大的数字服务市场规模、更先进的数字技术和更权威的话语权。在新冠疫情的影响下，发达国家和地区的数字服务贸易发展较为稳定。据前瞻产业研究院统计，2019年，发达经济体、发展中经济体、转型经济体的数字服务出口规模分别为24 310.0亿美元、7 203.9亿美元、411.9亿美元，在全球数字服务出口中的占比分别为76.1%、22.6%、1.3%。2021年，联合国贸易和发展会议（UNCTAD）针对疫情后全球数字贸易发展情况进行统计，报告了全球不同地区的电信（ICT）服务和数字交付服务的表现（见表4-1），发达国家和地区的数字交付服务出口达到了2.44万亿美元，在全球占比超过76.7%，ICT服务出口达0.47万亿美元，在全球占比约为70%。

表4-1　2020年全球ICT和数字交付服务出口统计

	数字交付服务出口			ICT服务出口		
	出口额（百万美元）	同比变动	服务出口占比	出口额（百万美元）	同比变动	服务出口占比
全球	3 167 587	−1.8%	63.6%	676 225	6.0%	13.6%
非洲	27 748	−5.1%	33.6%	5 962	−2.0%	7.2%
亚洲	806 640	1.7%	—	—	—	—
中亚和南亚	163 612	3.7%	69.6%	71 885	4.9%	30.6%
东亚	376 412	2.4%	58.4%	—	—	—

续表

	数字交付服务出口			ICT 服务出口		
	出口额（百万美元）	同比变动	服务出口占比	出口额（百万美元）	同比变动	服务出口占比
东南亚	180 422	−2.7%	57.6%	25 763	−3.2%	8.2%
西亚	86 193	5.1%	39.6%	38 613	8.2%	17.8%
欧洲	166 072	−3.9%	66.3%	382 686	5.2%	15.2%
拉丁美洲和加勒比地区	52 629	−10.9%	42.5%	9 423	−1.9%	7.6%
北美洲	594 846	1.0%	75.1%	58 318	9.3%	7.4%
大洋洲	20 651	−6.7%	32.9%	4 591	4.7%	8.7%
发达地区	2 436 427	−2.6%	68.1%	474 101	6.3%	13.3%
发展中地区	731 160	0.9%	52.0%	—	—	—
发展中地区（不包括中国）	576 785	−0.7%	51.2%	143 090	3.6%	12.7%
最不发达国家	7 382	−9.0%	22.4%	1 819	−22.3%	5.5%

资料来源：UNCTAD.

从国别来看，2020 年数字交付服务进出口额前十国家中，除中国和印度外，都属于发达国家（见表 4－2 和表 4－3）。其中，美国无论是数字交付服务进口还是出口，都远远超过其他国家，出口额甚至超过第二名英国 85.9%。

表 4－2　2020 年数字交付服务进口额前十国家

国家	进口额（百万美元）	同比变动	占 GDP 比重
美国	317 625	3.0%	1.5%
爱尔兰	280 744	−10.1%	66.9%
德国	188 443	0.5%	4.8%
英国	146 312	−4.0%	5.4%
中国	139 610	8.9%	0.9%
法国	135 269	−4.4%	5.2%
日本	133 278	1.9%	2.6%
荷兰	124 037	−35.3%	13.6%
新加坡	106 919	−2.1%	31.6%
瑞士、列支敦士登	88 098	3.2%	11.7%

资料来源：UNCTAD.

表 4－3　2020 年数字交付服务出口额前十国家

国家	出口额（百万美元）	同比变动	占 GDP 比重
美国	533 093	0.8%	2.5%
英国	286 701	−2.8%	10.6%
爱尔兰	244 152	9.7%	58.2%

续表

国家	出口额（百万美元）	同比变动	占 GDP 比重
德国	203 657	0.1%	5.4%
印度	154 775	4.6%	5.8%
中国	154 375	7.5%	1.0%
法国	142 942	−8.0%	5.5%
荷兰	126 809	−33.9%	13.9%
新加坡	122 274	−2.0%	36.2%
日本	114 741	−2.5%	2.3%

资料来源：UNCTAD.

（二）世界主要发达国家和地区数字服务贸易发展概况

1. 美国

作为数字贸易强国，美国致力于打造一个具有约束力的全球数字贸易规则体系，是全球数字贸易规则制定的引领者。美国在双边和多边贸易协定中率先推出了数字贸易规则，将数字贸易规则作为电子商务这一单独章节下的独立条款出现。美国的数字贸易规则不仅仅局限于电子商务章节，在投资、知识产权、信息技术和跨境服务贸易等章节中也有所体现。比如，2017 年 7 月美国向亚太经合组织秘书处提交的《促进数字贸易的基本要素》中提出了美国主导的数字贸易规则的基本主张，归纳起来主要有：第一，在所有合法的商业目的下，互联网应保持自由开放。第二，跨境服务贸易规则适用于数字贸易，非歧视待遇适用于数字产品，各国政府应永久性地给予数字产品（包括载体）零关税待遇，实现电子传输关税豁免的永久化。第三，数据跨境自由流动。确保商业目的的跨境数据流动不受阻碍，不能对跨境数据流动建立歧视和保护主义壁垒。第四，数据存储设备与源代码非强制本地化。第五，禁止强制性技术转移。可制定相关贸易规则禁止对企业提出转移技术、生产流程等其他产权信息的要求。

根据美国国际贸易委员会 2018 年 6 月发布的服务贸易发展趋势年度报告，2016 年，电子服务销售额在美国跨境服务进出口总额的比重分别为 11.2%（543 亿美元）和 12.7%（934 亿美元），两者顺差额达 391 亿美元。美国跨境电子服务（视听服务）的主要出口市场是英国、加拿大和德国；其跨境电子服务（电脑服务）的主要出口市场是英国、加拿大和印度；其跨境电子服务（通信服务）的主要出口市场是巴西、阿根廷和英国。美国跨境电子服务（视听服务）的主要进口国是英国、巴西和墨西哥；其跨境电子服务（电脑服务）的主要进口市场是印度、加拿大和爱尔兰；而通信服务的主要出口市场是英国、墨西哥和印度。2016 年，私营部门国内生产总值（GDP）因美国电子服务增长了 9 890 亿美元，涨幅 6.0%。美国电子服务占美国国内生产总值的 6.9%。

美国电信运营商正大力投资网络基础设施，将越来越多的设备连接到互联网，并进军互补内容和广告服务市场，更加注重为企业提供广域网服务。2016 年，美国跨境电信服务出口总额达 122 亿美元，进口总额达 55 亿美元，两者贸易顺差达 67 亿美元。美国电信服务出口额在2011—2015年间基本无增长，在2016年还下降了3%；而跨境电信服务进口额在2011—2015年间下降了11%，在2016年下降了13%。美国运营商主要通过美国在外国当地的子公司为外国客户提供电信服务。2015年，这些子公司在有线和无线运营商方面的销售额分别为265亿美元和55亿美元（分别比2014年下降约5%）。从外国电信服务公司的美国分支机构购买的电信服务总额为756亿美元，比2014年增长13%。

2. 英国

英国政府早在2009年6月就发布了《数字英国》白皮书，提出了数字社会、数字经济、数字文化等各方面的详细行动计划，其中一是要升级英国的数字基础设施，提升全体民众参与数字经济生活的程度；二是要提高政府的数字化程度；三是要加大研究力度，提升数字技能；四是要注重知识产权保护；五是要保证国家层面的数字安全。

英国具有非常强的数字贸易能力，在全球排名第二，仅次于美国。据2018年福布斯全球企业2000强榜单，美国、中国、日本、英国和韩国成为公司数量排名前五的国家，其中英国共有88家入选，信息通信企业有两家，分别是排名第282位的BT集团公司和第454位的沃达丰集团公司；计算机服务领域的企业为排名第594位的励讯集团（Relx）；数字广播和电视领域的企业分别为排名第518位的英国天空广播公司，排名第735位的从事影音、宽带网络、固网电话与移动通信服务的自由全球公司以及排名第1 928位的英国独立电视台；广告和公关领域的企业为排名第369位的PP集团公司；出版发行领域的企业为排名第1 608位的培生集团（Pearson）。

3. 欧盟

欧盟提供了完善的基础设施和良好的环境。国际电信联盟2019年发布的《衡量信息社会报告》显示，2019年欧洲的信息化程度领跑全球。其中，个人互联网使用率（82.5%）、每百人固定电话数量（33.6部）、每百人固定宽带数量（31.9部）、每百人移动电话数量（118.4部）、移动宽带覆盖率（99.1%）、每个互联网使用者的平均国际带宽（211kb/s）均居于全球最高水平，每百人的移动宽带数量（97.4部）仅低于北美地区（104.4部）。欧洲的国际带宽使用量全球占比达25%。此外，得益于欧盟近年来对宽带网络的持续投资和取消联盟内漫游费等措施，以购买力平价衡量，欧洲的移动宽带资费处于全球低水平区间，性价比较高。

欧盟是全球数字服务贸易市场环境最规范的区域。数字法律法规体系完善，并不断强化网络安全监管和数字知识产权保护力度。在网络安全方面，随着《通用数据保护条例》（GDPR）、《支付服务修订案》（第二版）（PSD2）和《网络与信息安全指令》（NIS）、《欧盟反虚假信息行为守则》等相关法律法规逐步落地，政府对网络安全的监管强度不断升级。为了管理网络谣言，2019年，欧盟成立了欧洲数字媒体监测中心，对网络平台内容进行审核并通过培训等方式提高民众的媒体素养。2020年初，欧盟委员会还将启动一项对《欧盟反虚假信息行为守则》实施效果的全面评估，旨在评估社交媒体和搜索平台打击网络谣言的行动力度。

欧盟是全球数字服务主要的出口来源区域。UNCTAD数据显示，欧盟通信服务、计算机服务和信息服务出口稳步增长，从2011年的2 095.5亿美元增至2018年的3 068.7

亿美元。2018 年欧盟 ICT 服务出口额占全球的 54%。欧盟 ICT 服务出口来源国主要集中于数字经济基础最好的西欧地区，其中欧盟 15 国的 ICT 服务出口额 2 801.6 亿美元，占整个欧盟的比重高达 91.3%。

数字技术改变了服务交付方式并极大提升了服务产品的交付能力，助推欧盟服务贸易快速增长。UNCTAD 数据显示，2018 年，欧盟可数字化交付服务出口额 14 490.6 亿美元，占全球的 49.4%，占欧盟服务出口额的 56.9%，在全球各区域中最高。同期，其可数字化交付服务出口额是 ICT 出口额的 4.9 倍，按 UNCTAD 测算，目前全球可数字化交付服务的价值是 ICT 的 5 倍，其可数字化服务出口仍有较大提升潜力。

从市场主体看，欧盟企业在全球数字经济格局中能级较低。《2019 年数字经济与社会指数报告》提出，美国和中国是全球数字经济强国的两极，在全球市场中，中美两国企业合计占区块链技术相关专利的 75%、物联网支出的 50%、公共云计算市场的 75%以上，并占全球 70 个最大数字平台市值的 90%，而整个欧洲份额仅为 4%。尽管欧盟数字服务出口规模很大，但在新兴数字科技领域还没有世界级企业，基本全部被美国企业覆盖。2019 年，福布斯发布《全球数字经济百强企业》，评选出全球规模和影响力最大的 100 家数字科技企业。其中，美国 38 家、中国 14 家、日本 13 家、欧盟 12 家。除了数量上不占优势，欧盟上榜的企业排名普遍靠后，主要位于 50 名以后。

4. 韩国

2020 年韩国信息通信技术领域出口同比增长 3.8%，至 1 836 亿美元，为历史第三高水平。进口额为 1 126 亿美元，贸易收支实现 710 亿美元顺差。

从出口品目来看，半导体出口同比增长 5.4%，至 1 002.5 亿美元，计算机和周边设备出口大增 53.1%，至 139.1 亿美元。显示器和手机出口分别减少 5.1%和 6%。从出口目的地来看，对中国出口规模最大，达 868.8 亿美元，其后依次为越南（297.8 亿美元）、美国（221.3 亿美元）和欧盟（112.5 亿美元）。

另外，2019 年韩国信息通信技术领域实现 709.6 亿美元顺差，其中对中国顺差规模最大，为 395.9 亿美元，越南（200.5 亿美元）、美国（141.1 亿美元）和欧盟（46.6 亿美元）分列其后。韩国科技部预测，随着 5G 和人工智能等新兴产业需求的增加，2022 年半导体产业将继续带动信息通信技术领域出口的增长。

2019 年 11 月，韩国提出数字贸易发展计划，拟打造新的出口支持平台、促进数字贸易发展，将使用区块链、5G 和人工智能等新技术，改善贸易环境、促进电子商务等发展、促进出口，使韩国成为数字贸易强国。该计划提出进行以消费者为中心的服务创新、打造领先的数字交易平台、扩大电子商务出口三大策略及具体举措，将实施数字贸易基础设施发展计划，打造平台、提升服务，并成立数字贸易促进委员会，加强部门间的联系与合作。

二、发达国家和地区数字服务贸易发展经验

（一）重视国家层面战略引领

数字服务贸易具备相当大的发展潜力、经济潜力和技术潜力，对于提高国家综合竞争力能起到关键作用，因此需要国家层面的支持与引导。发达国家和地区一般相当重视

数字贸易和数字服务贸易的发展动向，早在本国数字贸易发展初期就开始制定国家级发展战略，为数字服务贸易提供战略支撑。

英国政府在 2015 年 2 月发布了《数字经济战略（2015—2018）》，其中一是大力支持所有进行数字化创新的企业；二是努力打造以市民为中心的信息化社会；三是为一般个人数字化创新者提供支持；四是促进数字基础设施和生态系统的发展；五是确保数字经济的可持续发展。

随后英国政府又在 2017 年 3 月发布了《数字化战略（2017）》，包括数字连接战略，即加快推进网络全覆盖、全光纤和 5G 建设，将宽带接入变成一项公民权利，使公众能获得更快的网络连接；数字技能和包容性战略，即为每个人提供所需的数字技能；数字经济战略，即政府将大力投入资金及政策支持，通过多种方式支持数字创新和数字创业，制定适应技术发展的监管政策，并在全国范围内促进数字经济增长和发展；数字化转型战略，即要想在数字经济领域赢得全球竞争力，不仅要在数字部门有所建树，所有其他行业的相关企业也要能借助数据和数字科技推动创新和生产力发展；网络安全战略，即英国要持续增强网络安全能力，投资和鼓励网络安全行业发展及人才培养，关注儿童网络安全；数字政府战略，即要积极深入推进政府数字化转型；数据战略，即通过支持发展数据经济、提升公信力和提高政府数据使用效率等多种举措释放英国经济的数据潜力，确保企业和政府能以创新性、高效的方式使用数据，提高公众对数据使用的信心，同时在加强数据保护的前提下，大力推进政府数据开放共享。

（二）制定完善数字服务贸易规则

数字服务贸易的国际市场刚刚建立时，国际规则还不完善，对贸易的保障和推动作用还不明显，不利于国家建设外向型数字市场。发达国家和地区重视制定和完善国内市场的规则，并尽力推动国际规则的统一，为本国数字服务贸易主体争取更多话语权和发展优势。

在数据跨境流动规则制定方面，欧盟现已形成较为完善的数据跨境流动法律制度体系。例如，1981 年欧洲理事会成员国在斯特拉斯堡签署了旨在保护个人隐私权的《有关个人数据自动化处理中的个人保护公约》；2018 年欧盟出台的《通用数据保护条例》，为欧盟数据处理设置了最低标准，同时强化了对个人数据信息的保护，并且首次规定监管机构可以在欧盟范围内跨域协作，以适应数据信息跨境流动的特点。自此，欧盟各成员国对于数据案件的司法管辖权不再局限于本国国内，而是更加强调跨境交流与合作。

美国政府注重数据跨境流动的区域合作与安全监管，在国际社会上推行较为宽松的数据跨境流动政策。另外，美国政府也十分注重对本国数据信息安全的保护，并在 2018 年颁布实施《澄清境外数据合法使用法案》（又被称为《云法案》），这一法案不仅为本国执法机关调取储存在他国境内的数据提供了法律依据，可有效维护本国数据主权和利益，同时也为科技行业捍卫全球用户隐私给予了相应的法制保障。而在区域性数据流动规则制定方面，美国政府目前正在联手日本和欧盟共同制定数据跨境流动规则，在彼此之间积极构建数据流通圈。美国、日本、欧盟从 2019 年开始启动数据跨境流动规则制定计划，其主要内容包括：限制与信息保护制度不完善的国家交换数据，加强对个人数据跨境流动的保护，在安全前提下允许个人或企业数据跨境流动等。

（三）注重市场营商环境建设

数字服务贸易发展的基本单位是以企业、自然人为主的市场主体，市场主体越成熟、活力越充足，数字服务贸易的发展动力就越持久。发达国家和地区致力于打造良好营商环境，注重在市场垄断和竞争中寻求平衡，通过培育优质市场主体来实现数字服务贸易发展。

目前，位列全球排名前几位的互联网商业巨头不仅是美国数字经济领域的领先企业，同样也深度参与着全球数字经济发展，甚至在一定程度上影响到电子商务、人工智能、移动支付、互联网汽车等领域的国际规则制定。虽然这些大型互联网公司的市场竞争领域不尽相同，目前还未形成独一无二的市场垄断，但是这些企业的存在已经在全球范围内对数字经济公平竞争，尤其是市场新进入者形成了相当高的壁垒。为了营造稳定、公平、透明、可预期的良好数字经济营商环境，鼓励和支持中小企业和市场新进入者积极参与数字产业创新发展，多数发达国家和地区都明确反对数字经济领域的垄断行为，并通过完善立法、反垄断审查、司法判例等多种方式禁止商业巨头滥用市场支配地位影响用户购买行为，或者通过不正当手段打压竞争对手，以此加强对数字经济领域垄断行为的监管。例如，2015 年美国司法部对亚马逊公司与其他商业竞争对手通过计算机算法达成价格垄断协议的行为进行了查处；2017 年欧盟对谷歌公司滥用其市场支配地位故意打压竞争对手的垄断行为开出了高额罚单。

（四）强化数字产权保护

数字服务贸易的商品一般都具有较高的知识附加值和技术附加值，高度凝聚人类智力劳动成果，其知识产权被侵害的损失难以估计。发达国家和地区重视完善本国和推动全球的数字产权保护体系，最大程度为企业和个人的数字产权提供保障，以维持数字产品生产和创新活力。

美国《国家网络战略》认为："数字经济时代下，强大的知识产权保护体系能够确保经济的持续增长和创新。"为加强知识产权保护，美国先后颁布实施了《专利法》《版权法》《商标法》《反不正当竞争法》《互联网法》等法律法规，并紧跟数字经济发展新趋势，通过修订相关法律法规不断完善知识产权法律体系。而在行政执法方面，美国商务部、著作权局、专利商标局等机构负责对国内市场中的数字盗版行为进行监管，多个部门之间各司其职，现已初步形成了数字知识产权管理体系。日本已建立起较为完善的知识产权侵权应对机制，能够通过强有力的行政执法制度有效应对各类数字网络侵权行为，对包括数字盗版行为在内的各类网络侵权案件予以严厉打击，同时通过加强知识产权立法，构筑起较为完备的知识产权法律体系，使数字知识产权能够得到充分的法律保护。

第三节　我国数字服务贸易发展

一、我国数字服务贸易的发展状况

与大多数发展中国家和地区相比，中国经济基础较为扎实，信息通信技术创新能力较强，市场增值空间较大，比其他发展中国家和地区更早建立起数字贸易和数字服务贸易发展体系。目前中国已经拥有较大的数字服务贸易规模，在国际贸易和技术创新层面走在世界前列。

据商务部统计，2020 年，中国服务出口 19 356.7 亿元，下降 1.1%；进口 26 286 亿元，下降 24%。服务出口降幅低于进口 22.9 个百分点，带动服务贸易逆差下降 53.9% 至 6 929.3 亿元，比 2019 年减少 8 095.6 亿元。在整体下降的趋势中，知识密集型服务进出口 20 331.2 亿元，增长 8.3%，占服务进出口总额的比重达 44.5%，提升 9.9 个百分点。其中，知识密集型服务出口 10 701.4 亿元，增长 7.9%，占比达 55.3%，提升 4.6 个百分点；出口增长较快的领域是知识产权使用费、电信计算机和信息服务、保险服务。知识密集型服务进口 9 629.8 亿元，同比增长 8.7%，占比 36.6%，提升 11 个百分点；进口增长较快的领域是金融服务、电信计算机和信息服务。

目前，中国的数字贸易正处于高速发展期。2021 年 9 月发布的《数字贸易发展与合作报告》显示，2020 年中国数字服务贸易规模达 2 947.6 亿美元，占服务贸易总额的 44.5%，数字贸易指数居全球第 9，年平均增长率达 6.7%，高于同期服务贸易和货物贸易的增长速度。商务部预测，到 2025 年，中国可数字化的服务贸易进出口总额将超过 4 000 亿美元，占服务贸易总额的比重可达到 50%左右。

中国目前拥有巨大的数据资源优势，不断发展的数字基础设施、移动互联网与不断提升的收入水平将超大规模的市场优势和人口红利转化成了数据红利。截至 2020 年 12 月，中国网民规模达 9.89 亿，互联网普及率达 70.4%，用户规模的不断扩大为数字服务贸易在中国的发展奠定了坚实的基础。此外，用户增速虽然会放缓，但随着数字经济与移动互联网的深入普及，用户将会创造出海量数据，成为数字经贸发展的新一期红利。中国数据圈规模在 2018 年时约为 7.6ZB，占全球总量的 23.4%；预计到 2025 年时可达 48.6ZB，成为全球最大数据圈，占全球总量的 27.8%，年复合增速达 30%。

快速发展的数字技术与传统贸易产业深层融合，发展出了大数据分析、云服务、互联网平台等新的市场模式。2020 年 1—11 月，中国有关互联网企业业务收入近 1.14 万亿元，相对增长了 12.7%。2020 年全年，中国排名前 30 的大型上市互联网企业总市值增长了 63.8%，增速远高于 2019 年的 38.2%和 2018 年的－21.5%。电子信息制造业保持增长态势，但增幅有所回落。2020 年 1—11 月，中国电子信息制造业增加值同比增长 7.2%，增幅回落了 1.7 个百分点。由以上数据可以看出，中国数字技术产业保持着较快的增速，具有很大的发展潜能。

近五年来中国跨境电商的交易额在逐年稳步增加，2020 年中国跨境电商交易额占中国货物进出口总额的 38%，比 2019 年提升了 5%。2020 年中国跨境电商交易总额达 32.1 万亿元，对外贸易信息网络化的趋势愈加明显。数字贸易的崛起为跨境电商行业的新旧模式交替和相关企业的发展带来了难得一遇的机会，崭新的经济社会变革也在加速演化。如今，跨境电商已经成为中国对外贸易的重要动力之一。

根据联合国贸易和发展会议（UNCTAD）的数据，2016—2018 年中国数字化交付服务出口总额从 933 亿美元增长到 1 314 亿美元，在服务出口总额中的占比从 44.5%提高到 49.3%，且 2019 年这一比重已提高到 50.7%。2010—2019 年，中国软件和信息技术服务业出口规模从 97.30 亿美元上涨至 434.81 亿美元，年均复合增速超过 18%。2019 年出口规模较 2018 年同比增长 5.47%，整体规模较 2016 年增长 1.27 倍。2019 年中国软件和信息技术服务业出口合同数 57 945 个，同比下降 6.33%，说明单笔合同执行额有所上升。

中国数字内容服务出口能力逐年提高，以游戏行业为例，据中国音数协游戏工委（GPC）和国际数据公司（IDC）联合发布的《2019 年中国游戏产业报告》，2019 年中国自主研发游戏海外市场实际销售收入达 115.9 亿美元，增长 21.0%（见图 4-1）。

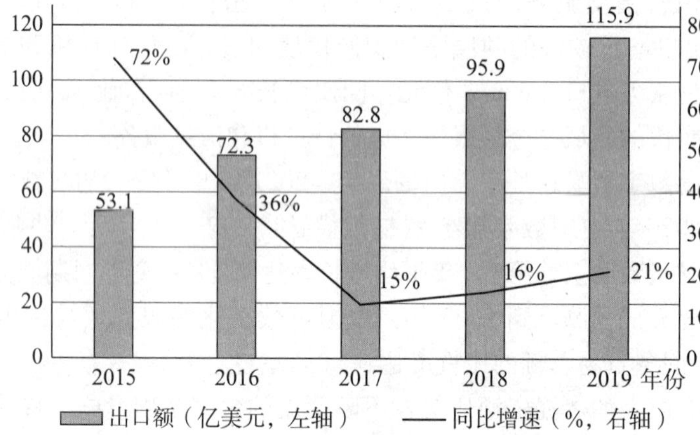

图 4-1 2015—2019 年中国自主研发游戏海外市场实际销售收入及增速

资料来源：中国音数协游戏工委（GPC）。

2019 年中国自主研发游戏海外市场销售收入地区中，来自美、日、韩市场的收入占比分别为 30.9%、22.4%和 14.3%，三国合计占比达到 67.6%。此外，东南亚、俄罗斯、中东等地区都取得了不同程度的突破，实现了“多点开花”。

二、我国数字服务贸易的发展政策

（一）我国数字服务贸易相关政策梳理

从 2013 年“大数据元年”开始，中国针对数字经济、数字贸易、数字服务贸易陆续出台了一系列政策，为数字领域发展提供了基础支撑。2017 年 10 月，“数字经济”首次写入党的十九大报告，并提出“推动互联网、大数据、人工智能和实体经济深度融合”的发展理念，数字贸易作为数字经济的主要组成部分，是推动传统贸易变革的关键力量。2019 年政府工作报告中，两次提及跨境电子商务（数字贸易）发展，并将跨境电商作为对外贸易发展新的增长点，数字贸易再次受到高度关注。同时，近年来中国“一带一路”倡议、自由贸易试验区建设等重大措施的实施，使中国与各国之间的联系进一步加强，这将进一步带动中国与沿线国家之间数字贸易持续增长（见表 4-4）。

表 4-4　中国数字服务贸易部分相关政策汇总

时间	政策名称	内容摘要
2015.11	《中华人民共和国国民经济和社会发展第十三个五年规划纲要》	实施国家大数据战略，推进数据资源开放共享。
2017.10	《决胜全面建成小康社会 夺取新时代中国特色社会主义伟大胜利——中国共产党第十九次全国代表大会上的报告》	加强应用基础研究……为建设科技强国、质量强国、航天强国、网络强国、交通强国、数字中国、智慧社会提供有力支撑。
2017.12	中共中央政治局第二次集体学习	推动实施国家大数据战略，加快完善数字基础设施，推进数据资源整合和开放共享，保障数据安全，加快建设数字中国。
2019.08	《国务院办公厅关于促进平台经济规范健康发展的指导意见》	大力发展"互联网+生产"。适应产业升级需要，推动互联网平台与工业、农业生产深度融合，提升生产技术，提高创新服务能力，在实体经济中大力推广应用物联网、大数据，促进数字经济和数字产业发展，深入推进智能制造和服务型制造。
2019.10	《国家数字经济创新发展试验区实施方案》	在河北省（雄安新区）、浙江省、福建省、广东省、重庆市、四川省等启动国家数字经济创新发展试验区创建工作。通过3年左右探索，数字产业化和产业数字化取得显著成效。
2020.03	《中小企业数字化赋能专项行动方案》	加快发展在线办公、在线教育等新模式，培育壮大共享制造、个性化定制等服务型制造新业态，推动生产性服务水平；搭建供应链、产融对接等数字化平台，帮助企业打通供应链，对接融资链；强化网络、计算和安全等数字资源服务支撑，加强数据资源共享和开发利用；推动中小企业实现数字化管理和运营，提升智能制造和上云用云水平，促进产业集群数字化发展。
2020.04	《关于推进"上云用数赋智"行动 培育新经济发展实施方案》	大力培育数字经济新业态，深入推进企业数字化转型，打造数据供应链，以数据流引领物资流、人才流、技术流、资金流，形成产业链上下游和跨行业融合的数字化生态体系。
2020.07	《关于支持新业态新模式健康发展 激活消费市场带动扩大就业的意见》	积极探索线上服务新模式，激活消费新市场；加快推进产业数字化转型，壮大实体经济新动能；鼓励发展新个体经济，开辟消费和就业新空间；培育发展共享经济新业态，创造生产要素供给新方式。
2021.01	《工业互联网创新发展行动计划（2021—2023年）》	指出2021—2023年是中国工业互联网的快速成长期，并提出了工业互联网创新发展目标，其中包括新型基础设施进一步完善、融合应用成效进一步彰显、技术创新能力进一步提升、产业发展生态进一步健全和安全保障能力进一步增强。着力解决工业互联网发展中的深层次难点、痛点问题，推动产业数字化，带动数字产业化。

续表

时间	政策名称	内容摘要
2021.11	《“十四五”大数据产业发展规划》	提出“十四五”时期，大数据产业发展要以推动高质量发展为主题，以供给侧结构性改革为主线，以释放数据要素价值为导向，围绕夯实产业发展基础，着力推动数据资源高质量、技术创新高水平、基础设施高效能，围绕构建稳定高效产业链，着力提升产业供给能力和行业赋能效应，统筹发展和安全，培育自主可控和开放合作的产业生态，打造数字经济发展新优势。到 2025 年，中国大数据产业测算规模突破 3 万亿元，创新力强、附加值高、自主可控的现代化大数据产业体系基本形成。
2022.01	《“十四五”数字经济发展规划》	提出建设高速泛在、天地一体、云网融合、智能敏捷、绿色低碳、安全可控的智能化综合性数字信息基础设施。有序推进骨干网扩容，协同推进千兆光纤网络和 5G 网络基础设施建设，推动 5G 商用部署和规模应用，前瞻布局第六代移动通信（6G）网络技术储备，加大 6G 技术研发支持力度，积极参与推动 6G 国际标准化工作。到 2025 年，数字经济核心产业增加值占国内生产总值比重达到 10%，数据要素市场体系初步建立，产业数字化转型迈上新台阶，数字产业化水平显著提升，数字化公共服务更加普惠均等，数字经济治理体系更加完善。

资料来源：观研报告网、中商研究院整理。

2021 年 3 月，《中华人民共和国国民经济和社会发展第十四个五年规划和 2035 年远景目标纲要》提出要迎接数字时代，激活数据要素潜能，推进网络强国建设，加快建设数字经济、数字社会、数字政府，以数字化转型整体驱动生产方式、生活方式和治理方式变革，充分发挥海量数据和丰富应用场景优势，促进数字技术与实体经济深度融合，赋能传统产业转型升级，催生新产业新业态新模式，壮大经济发展新引擎。党的二十大报告强调，“加快发展数字经济，促进数字经济和实体经济深度融合，打造具有国际竞争力的数字产业集群。”“十四五”规划纲要以及二十大报告为数字服务贸易发展做出了新指示和新安排。

（二）我国数字服务贸易政策指导方向

一是依托政府政策法令全面改善数字贸易环境。2017 年颁布的《中华人民共和国网络安全法》指出，“对常态化跨境信息流动实施禁止或限制”“‘关键部门’的公司强制要求数据本地化”。2018 年，全国人大常委会通过的《电子商务法》中，就“消费者保护”“电商平台审核”等问题进一步做了明确规定。2019 年 3 月的政府工作报告就跨境电子商务（数字贸易）发展释放了数字贸易相关政策红利，同时将跨境电商确定为中国外贸发展新的增长点。

二是在全球数字贸易规则谈判中所提出的焦点议题上，中国持相对谨慎态度。出于对国家安全以及本国数字贸易发展的考虑，面对不同层面全球数字贸易规则谈判中的焦点议题，中国采取相对谨慎态度。在“跨境数据和信息自由流动”“网络审查”议题上，中国政府规定对跨境数据流进行相对严格的安全监管，对所涉及的网络内容以及网站进行安全审查。在“数据强制本地化”要求上，对于涉及“关键”企业的数据实施相对的本地化存储要求。

三是借助电子商务来带动中国数字贸易发展。中国的数字贸易发展起步较晚，但中国是电子商务发展大国，电商发展比较成熟，并已形成一套完整的电子商务运营体系。电商发展中已搭建的互联网电商企业平台完全可为发展数字贸易而服务，而已有的电子商务规则制度也可以作为今后中国数字贸易规则制定的一个参考。

三、我国数字服务贸易的实践创新

（一）跨境金融业务

我国跨境金融业务领域主要有两处重点建设领域：一是跨境电子商务业务，二是人民币跨境支付体系。

受政策利好及行业发展的推动，跨境电商在中国进出口贸易领域展现出巨大的发展潜力，成为推动中国外贸发展的重要力量。2020 年，中国跨境出口电商交易规模约为 9.7 万亿元，同比增长 20.79%。在目前国内外经济整体下行的情况下，跨境电商通过形成更加虚拟数字化的销售网络，大大降低了生产者与全球消费者的交易成本，使得更多企业享受到全球化红利。从战略层面而言，跨境电商的发展不仅有利于中国制造业的升级，也与国家稳定外贸的重要战略紧密相关，是中国外贸增长的有力支撑点。

跨境电商 B2B 业务凭借单笔金额大、长期订单稳定等优势，在中国跨境电商结构发展中仍占据主导地位。与跨境电商 B2B 模式相比，中国跨境电商 B2C 模式在资金运转、企业运营效率及财务表现等方面具有明显优势，跨境电商 B2C 业务依托互联网、物流、支付等电商各环节的不断完善，促使多批次、小批量的外贸订单需求不断增长，给国内跨境电商企业带来了更多的发展机遇。2020 年中国跨境电商的交易模式中 B2B 交易占比达 77.30%，B2C 交易占比为 22.7%。从跨境电商交易模式结构趋势上来看，B2C 交易模式呈现继续扩大的态势。

从 21 世纪初开始，中国一直努力推动人民币跨境支付系统，陆续在上海、广东等地开展跨境贸易人民币结算试点工作。2015 年 10 月，人民币跨境支付系统（Cross-border Interbank Payment System，CIPS）正式启动，用于进一步整合现有人民币跨境支付结算渠道和资源，提高跨境清算效率，满足各主要时区的人民币业务发展需要，提高交易的安全性，构建公平的市场竞争环境。2018 年 3 月 26 日，CIPS 系统（二期）成功投产试运行，实现对全球各时区金融市场的全覆盖，支持全球的支付与金融市场业务，满足全球用户的人民币业务需求。截至 2019 年末，CIPS 系统共有 33 家直接参与者、903 家间接参与者，分别较上线初期增长 74%和 413%，覆盖全球 6 大洲 94 个国家和地区，CIPS 系统业务实际覆盖 167 个国家和地区的 3 000 多家银行法人机构。

2022 年，数字人民币跨境支付系统亮相北京冬奥会，用于围绕北京冬奥会食、住、行、游、购、娱、医七大重点领域的支付服务需求打造试点场景和产品，便利境内外消费者使用数字人民币支付服务。随着数字人民币使用场景向境外人群延伸，人民币的使用将更加便利，人民币国际化前景更广阔。

（二）数字文化服务

依托数字技术而供给的文化服务贸易近年来不断创新，产生了众多新业态，如云旅游、云游戏、数字展览等。

“云旅游”主要指利用云计算技术，将旅游全过程资源、服务等数据化、在线化、智能化，将导览、导购、导游和导航功能整合到一个平台中，为游客随时随地提供互动式、多媒体、全资讯的智慧旅游实现模式。随着互联网技术快速发展，直播平台与OTA平台合作打造“旅游＋直播”新业态，推动旅游业回暖，结合直播与私域流量推广，完善旅游行业产业链，景区也纷纷借助“云旅游”模式进行自救。从2020年中国消费者云旅游观看景点分布数据来看，54.3％的消费者云端观看武汉大学赏樱，34.3％的消费者云端观看杭州西湖，而北京故宫、博物馆、苏杭乌镇等也是消费者云端观看的重要景点，占比分别为32.9％、30.0％、24.3％。

作为国内首批5G技术重点探索研究业务之一，云游戏的免下载、免安装、不吃配置、低延迟、高画质、跨终端的优势，使其发展得如火如荼，如华为在2017年发布云游戏解决方案，腾讯在2019年宣布建立腾讯START、腾讯先游、腾讯即玩；同年，以三大运营商——金山云、阿里云、盛趣网络等为代表的互联网企业逐渐加入云游戏的建设中，并从通信技术、云服务、游戏终端、开发平台、应用等全链路布局生态，云游戏产业发展迅速。

相关数据显示，2020年中国云游戏市场规模大约为68亿元，未来三年预计年复合增长率超过100％，到2023年云游戏市场规模预计将增至近千亿元，达到986.4亿元，同比增加129.6％，发展已经进入快车道。云游戏快速发展，也给关联的智能硬件设备产业带来了发展机会，主要是客厅场景的电视大屏。相比PC、移动端，电视大屏无疑是最适合云游戏发挥的“主场”，电视大屏能给游戏玩家带来更大的视觉呈现，以及沉浸式游戏体验，必将成为云游戏时代主要的入口。

（三）远程企业服务

传统制造业外网络主要提供商业信息的沟通，企业的信息系统也都部署在内网络上，企业外网络连接对象少、服务单一，这是工业互联网要解决的首要问题。随着云技术的快速发展，企业信息系统正在外网化，越来越多IT软件也都基于互联网上云提供服务，未来海量设备的远程监控、维修、管理、优化等业务都将基于制造业外网络开展。

从全球视角来看，随着新一代信息技术的加速普及，服务外包产业数字化、智能化转型已成为大势所趋。中国新兴数字化服务外包发展起步较早、发展速度较快，准确抓住了未来发展趋势。当前，中国已是全球数字经济第二大国，各行业正加速数字化转型，“数字＋”发展迹象明显。

2021年上半年，中国企业承接离岸信息技术外包、业务流程外包和知识流程外包执行额分别为1 481亿元、545亿元和1 255亿元，同比分别增长26.5％、15.5％和21.2％。线上业务需求大幅增加，特别是离岸信息技术外包增速比去年同期提高23个百分点。其中，信息技术解决方案服务、电子商务平台服务、信息技术运营和维护服务、集成电路和电子电路设计服务离岸执行额同比分别增长 137.1%、54.7%、33.1% 和 32.7%。

“一带一路”市场表现亮眼是近两年来中国服务外包发展的主要特点之一。一方面，随着共建“一带一路”国际合作不断推进，中国与沿线国家（地区）在服务外包领域的合作潜力不断释放，未来仍有很大上升空间；另一方面，中国在知识技术密集型服务外包领域相较于大部分“一带一路”沿线国家（地区）具有一定的比较优势，因此，承接业务的技术含量和附加值水平更高，更有利于中国企业以技术优势开拓国际市场。

（四）数字服务平台

数字服务平台是以实现产品及服务交易为目的，利用互联网、物联网、大数据等信息技术构建的一体化、网络化、智能化平台，具有生态化、高效化、灵活化特征。数字服务平台作为以数字技术为支撑的新经济模式，在拉动中国数字经济增长的同时，越来越多地承担起社会及行业管理责任。特别是在抗击新冠疫情过程中，数字服务平台在保障居民生活、支持疫情防控方面发挥了巨大作用。

数字服务平台包括技术赋能、信息撮合、交易结算、物流配送、融资服务等多种类型的平台，具有广阔的市场空间，不断为经济增长和产业发展注入活力。其中，交易结算、物流配送类平台规模最大，以服务于产业发展的 B2B 电子商务平台为例，2018 年交易规模已达 19.5 万亿元。信息撮合类平台起步最早，融资服务类平台伴随着传统产业发展不断焕发生机，两类平台的商业模式逐步成型，据统计，2019 年网贷平台成交量达到了 9 649.11 亿元。技术赋能平台起步较晚，但对于产业发展的支撑作用明显，近年来也得到各行业企业的关注，成为行业投资和发展的重点，以工业互联网平台为例，据工信部统计测算，2019 年中国相关产业的经济增加值规模达到 2.13 万亿元。

本章小结

数字科技的创新为数字服务贸易注入了强劲的发展动力，不仅使数据成为数字服务贸易的要素，而且对服务贸易的不可贸易性、贸易模式的创新等各方面都产生了重大影响，也为发展中国家发挥后发优势，实现弯道超车，赶超发达国家提供了历史性机遇。与此同时，数字服务贸易也面临或带来了各种新问题和新挑战，如数字标准、数字规则、数据信息安全、知识产权保护等。我国数字服务贸易正处于创新发展的关键阶段，在推进“数字中国”建设过程中具有重要的地位和作用。牢牢立足于我国国情和实际，以更大的自信促进数字服务贸易的发展，必将推动我国对外贸易在百年未有之大变局下迎来更广阔的发展前景。

概念和术语

数字贸易；数字服务贸易

复习思考题

1. 什么是数字贸易？数字贸易有哪些特征？
2. 什么是数字服务贸易？数字服务贸易有哪些特征？
3. 发达国家和地区的数字服务贸易发展状况和经验有哪些？
4. 我国数字服务贸易发展的现状如何？
5. 我国数字服务贸易发展的创新实践有哪些？

延伸阅读

数字服务贸易
迎发展关键期

政策篇

第五章
国际服务贸易协议

学习目标

1. 了解《服务贸易总协定》产生的背景和谈判历程。
2. 了解《服务贸易总协定》的框架结构、主要内容和重要意义。
3. 了解国际服务贸易谈判及其进展。
4. 理解服务贸易多边体制的完善。

素养目标

1. 通过《服务贸易总协定》产生背景、谈判历程，协定的结构、内容和意义的学习，深化读者对国际协定和规则的了解，增强深化我国在相关领域话语权的紧迫感。

2. 通过世界贸易组织体制下的国际服务贸易、国际服务贸易谈判及其进展和服务贸易多边体制完善的学习，加深读者对国际经贸秩序变革的理解，增强百年未有之大变局下的使命和担当。

案例导引

践行真正多边主义，RCEP 扬帆起航

2022 年 1 月 1 日，《区域全面经济伙伴关系协定》（RCEP）正式实施，从酝酿到生效历时 10 年，成为新世纪国际经贸合作最重要的里程碑。作为全球经济体量和发展潜力最大的自贸区，RCEP 正式树立了一面真正践行多边主义的大旗，给蓄势待发的区域经济一体化、艰难复苏的世界经济以及处于低潮的经济全球化注入了强劲动力。

风雨无阻，RCEP如期生效展现了各成员国推进区域经济一体化的决心。世界由此看到了亚太区域众多国家对促进贸易与投资自由化的坚持，并愿以实际行动促进区域经济整合。亚太地区供应链体系在疫情后原本就显现出高于其他地区的效率和活力，RCEP生效后不仅锁定了这种优势，而且所提供的即时市场连接效应将会陆续显现，更有力地促进区域经济要素自由流动、推动贸易投资扩容升级、维护产业链供应链安全稳定。《纽约时报》对此不无担忧地指出，RCEP能降低贸易壁垒，鼓励跨国公司将工作岗位留在亚洲，而不是转移到北美。英国广播公司（BBC）认为，RCEP是对区域内现有各种贸易协议的集体升级，亚太区域统一的贸易规则体系将有助于降低进出口企业的经营成本，减少经营风险。中国和亚太国家一起打造的“超级经济圈”正在形成。摩根大通发布报告指出，RCEP为深化东亚经济合作提供新起点，将重塑区域产业链和供应链，电子、工业机械和汽车等制造业将成最大受益者，而中国巨大的消费市场将是亚洲供应链未来发展的重要塑造因素。

资料来源：张运成. 践行真正多边主义，RCEP扬帆起航. 光明日报，2022-01-21（12）.

第一节　《服务贸易总协定》的产生

一、《服务贸易总协定》的产生背景

二战以后，随着世界经济结构的调整、产业结构的升级和新技术革命的兴起，20世纪70年代以来服务业迅速发展。同时经济全球化也推动着世界服务贸易的繁荣发展。而自1947年《关税与贸易总协定》（GATT）签订以来，多边贸易谈判逐步深入，GATT面临着新的问题。其中包括长期游离于GATT之外的农产品贸易和纺织品贸易亟须纳入谈判范围，以及快速增长的服务贸易为多边谈判提供了新的议题。

对于发达国家来说，在服务贸易领域强有力的国际竞争力使其更希望拓展全球市场，因而积极倡导服务贸易自由化。就美国来看，在经历了1979—1982年经济危机后，美国经济增长缓慢，在国际货物贸易中赤字日增，而在服务贸易领域却占据明显优势，连年顺差。作为世界最大的服务贸易出口国，美国急切地希望打开其他国家的服务贸易市场，通过大量的服务贸易出口来弥补贸易逆差，推动经济增长；而各国对服务贸易的不同程度的限制，成为美国利益最大化的障碍，因而美国积极倡导实行全球服务贸易自由化。

早在东京回合谈判中，美国政府就根据《1974年贸易法》的授权，试图把服务贸易作为该回合谈判的议题之一，因为当时有更加迫切的问题需要解决，美国没有提出服务贸易的减让谈判，但在东京回合中所达成的海关估价、政府采购协议中写入了一些服务贸易的内容。美国国会在《1984年贸易与关税法》中授权政府就服务贸易等进行谈判，并授权对不在这些问题上妥协的国家进行报复。发展中国家和一些发达国家抵制美国的提议，欧盟起初对美国的提议有疑虑，但经过调查发现欧共体的服务贸易出口量要高于美国，转而坚决地支持美国。日本虽然是服务贸易的最大进口国，呈逆差形势，但由于在国际贸易中呈现顺差，加之为调和与美国之间日益尖锐的贸易摩擦，也始终支持美国。

相对于发达国家，发展中国家在服务贸易领域处于弱势地位，对服务贸易自由化由坚决抵制到逐步接受。当美国开始提出服务贸易问题时，绝大多数发展中国家都坚决反对服务贸易自由化，理由如下：第一，服务业中的许多部门，如银行、保险、证券、通信、信息、咨询、专业服务（如法律、会计等），都是一些资本—知识密集型行业，在发展中国家这些行业是很薄弱的，不具备竞争优势；第二，发展中国家的服务部门尚未成熟，经不起发达国家激烈竞争的冲击，过早地实行服务贸易自由化会挤垮这些尚处于幼稚阶段的民族服务业，因此，在这些行业获得竞争力以前，不会实施开放；第三，有些服务行业还涉及国家主权、机密和安全。随着发达国家在服务贸易谈判问题上的认识逐步统一，发展中国家坚决抵制的立场有所改变。首先，一些新兴的发展中国家和地区的某些服务业已取得相当的优势，如韩国的建筑工程承包就具有一定的国际竞争力，新加坡的航空运输业在资本、成本和服务质量上也具有明显的优势，这些国家希望通过谈判扩大本国优势服务的出口。其次，大部分发展中国家一方面迫于来自发达国家的压力，另一方面也认识到如果不积极地参与服务贸易的谈判，将会由发达国家制定服务贸易的规则，而自己只能成为被动的接受者，其利益将会受到更大的损害。因此，许多发展中国家也先后表示愿意参加服务贸易谈判。1994 年 4 月 15 日，各成员方在摩洛哥马拉喀什正式签署了《服务贸易总协定》。

二、《服务贸易总协定》的谈判历程

1986 年，埃斯特角城部长宣言将服务贸易作为三项新议题，列入乌拉圭回合的多边贸易谈判议程，由此拉开了服务贸易多边谈判的序幕。

具体来说，乌拉圭回合服务贸易谈判大体可分为四个阶段。

（一）第一阶段：从 1986 年 10 月 27 日正式开始到 1988 年 11 月

谈判的主要内容包括服务贸易定义；适用服务贸易的一般原则、规则；服务贸易协定的范围；现行国际规则、协定的规定；服务贸易的发展及壁垒等。这一阶段各国的分歧很大，主要集中在对国际服务贸易如何界定问题上，发展中国家要求对国际服务贸易做比较狭窄的定义，将跨国公司内部交易和诸如金融、保险、咨询、法律规范服务等不必跨越国境的交易排除在外，而美国等发达国家主张较为广泛的定义，将所有涉及不同国民或国土的服务贸易均归为国际服务贸易一类。多边谈判最终基本采取了欧共体的折中意见，即不预先确定谈判的范围，根据谈判需要对国际服务贸易采取不同定义。

（二）第二阶段：从 1988 年 12 月到 1990 年 6 月

在加拿大蒙特利尔举行的中期部长级会议上，谈判的重点集中在透明度、逐步自由化、国民待遇、最惠国待遇、市场准入、发展中国家更多参与、保障条款和例外等服务贸易的基本原则，此后的工作主要集中于通信、建筑、交通运输、旅游、金融和专业服务各具体部门的谈判。与此同时，各国代表同意采纳一套服务贸易的准则，以消除服务贸易中的诸多障碍。各国分别提出自己的方案，阐述了各自的立场和观点，其中 1990 年

5月4日，中国、印度、喀麦隆、埃及、肯尼亚、尼日利亚和坦桑尼亚几个亚非国家向服务贸易谈判组联合提交了“服务贸易多边框架原则与规则”提案，对最惠国待遇、透明度、发展中国家更多参与等一般义务及市场准入、国民待遇等特定义务作了区分。后来，《服务贸易总协定》的文本结构采纳了“亚非提案”的主张，并承认成员方发展水平的差异，对发展中国家作出了很多保留和例外，这在相当程度上反映了发展中国家的利益和要求。

（三）第三阶段：从1990年7月到1990年12月

1990年7月，服务贸易谈判组举行高级官员会议，各方代表对于国民待遇、最惠国待遇等原则在服务贸易的适用领域已达成共识，但在各国开放和不开放服务部门的列举方式上，出现了“肯定式列表”（意思是减让表对所包含的部门列出各成员愿意接受的实际市场准入和国民待遇承诺）和“否定式列表”（意思是减让表包括的措施是各成员想保持的与共同规则不一致的例外）之争。美、加等发达国家提出“否定式列表”方式，要求各国将目前无法实施自由化原则的部门清单列在框架协议的附录中作为保留，部门清单一经提出，便不能再增加，承诺在一定期限内逐步减少不予开放的部门。

发展中国家则提出“肯定式列表”方式，即各国列出能够开放的部门清单，之后可随时增加开放的部门数量。这对于服务业相对落后的国家来说较为灵活。因为服务贸易范围广泛且不断扩大，发展中国家难以预先将本国不能开放的部门全部列举出来，如果采用“否定式列表”方式将会带来难以预料的后果。后来GATS文本采纳了发展中国家的主张，对市场准入和国民待遇等特定义务按“肯定式列表”方式加以确定，从而使发展中国家的利益有了一定程度的保障。

毫无疑问，由于各国之间，特别是发达国家与发展中国家之间利益上的矛盾与冲突，谈判的艰难程度可想而知。然而，各方经过妥协和让步，谈判最终还是进行下去了，并且取得了一定的成果。在1990年12月3—7日的布鲁塞尔部长级会议上，服务贸易谈判组修订了“服务贸易总协定多边框架协议草案”文本。1991年4月8日开始的讨论着重围绕3个重点进行：协定的框架、初步承诺表和部门附件。有关协定的谈判主要集中于最惠国待遇条款，最终确定了各缔约方可将选择的部门从最惠国待遇适用范围中免除的程度。

（四）第四阶段：从1991年1月到1994年4月

1991年6月28日，服务贸易谈判组达成一项《关于最初承担义务谈判准则》的协议，对初步承诺的时间进行了安排。依据该准则，各承诺方要在1991年7月13日之前提交有条件的各项承诺，并详细说明将承担草案文本第三部分、第四部分中所陈述的义务，同时对影响国际贸易的规则做出解释。各承诺方要求在当年9月20日之前提交最初要求。然而，承诺安排并未如期进行。到1991年11月大多数国家仍没有提交其承诺表。在附件方面，只有海运服务、电信、金融服务和劳工流动等取得了一些进展。

经过进一步谈判，1991年12月20日《关贸总协定》总干事提交了一份《实施乌拉圭回合多边贸易谈判成果的最终方案（草案）》，即著名的《邓克尔方案》，从而形成了

GATS 草案。该草案包括 6 个部分、35 个条款和 5 个附录，基本确定了该协定的结构。草案由参加谈判的代表团带回各自国内进行讨论。如果各国认为基本可以接受，就将该草案作为进一步谈判的基础；如果各国不同意该草案的主要规定，那么谈判就此结束。倘若如此，将意味着“乌拉圭回合”整体谈判的完结，建立新的多边贸易体系的努力化为乌有。

事实证明，尽管各国都对 GATS 草案存有或多或少的不同意见，但都不愿承担“乌拉圭回合”失败的责任，因此都表示可以进一步考虑，于是各国进入了关于开放服务市场具体承诺的双边谈判阶段。经过各国继续磋商、谈判，协议草案根据各国的要求又进行了进一步修改。最后，各谈判方终于在 1994 年 4 月 15 日于摩洛哥马拉喀什正式签署了 GATS。该文本在总体结构和主要内容上对框架协议草案并无重大变更，只在部分具体规范上有所调整。该协定作为“乌拉圭回合”一揽子协议的组成部分和世界贸易组织对国际贸易秩序的管辖依据之一，于 1995 年 1 月 1 日与世界贸易组织同时生效。

“乌拉圭回合”之后，有关服务贸易的后续谈判主要包括两方面内容：一是部门谈判，即各谈判方根据 GATS 的要求继续就“自然人跨国流动”、“金融服务”、“基础电信服务”和“海运服务”进行互相开放市场的谈判；二是完善 GATS 有关条款的谈判，主要是就“服务业紧急保障问题”、“服务业补贴问题”和“政府服务采购”等进行谈判，以便确立完善的规则。

第二节　《服务贸易总协定》的结构、内容与意义

一、《服务贸易总协定》的框架结构

《服务贸易总协定》是在多边贸易体制下第一个有关国际服务贸易的框架性法律文件，旨在使世界服务业市场的开放进一步扩大和国际服务贸易在透明和渐进自由化条件下取得新发展。

《服务贸易总协定》文本由三方面内容组成：一是《服务贸易总协定》条款；二是《服务贸易总协定》附件；三是各成员方的具体承诺（市场准入减让表）。这些内容除序言外，由正文六个部分（共 29 个条款）、8 个附件和 9 个部长级会议决定，以及各成员方的承诺表组成（见表 5－1）。

表 5－1　《服务贸易总协定》的主要组成部分

第一方面	《服务贸易总协定》条款（共 29 个具体条款）
第二方面	附件（共 8 个），包括：豁免附件；根据本协议自然人移动提供服务的附件；航运服务的附件；金融服务附件 1；金融服务附件 2；海运服务谈判附件；电信服务附件；基础电信谈判附件。部长级会议决定（共 9 个），包括：关于制度安排的决议、关于争端解决程序的决议、关于第 14 条（6）款“安全例外”的决议、关于服务贸易与环境的决议，以及有关基础电信、金融服务、专家服务、自然人流动和海运的谈判决议等。
第三方面	各成员方提交的具体承诺表（共 94 个）

（一）条款

条款部分包括一个序言和六个部分共29条。其中序言确定了各成员参加及缔结《服务贸易总协定》的目标、宗旨及总原则。六个部分具体包括：

第一部分（第1条）确定了《服务贸易总协定》的适用范围及服务贸易的定义；

第二部分（第2条至第15条）规定了各成员的一般义务和纪律；

第三部分（第16条至第18条）规定了各成员服务部门开放的具体承诺义务；

第四部分（第19条至第21条）规定了各成员，尤其是发展中国家服务贸易逐步自由化的原则及权力；

第五部分（第22条至第26条）是制度（机构）条款；

第六部分（第27条至第29条）是最后条款。

（二）附件

附件是《服务贸易总协定》不可分割的部分。这些附件包括：（1）关于最惠国待遇豁免的附件；（2）关于根据本协定自然人移动提供服务的附件；（3）关于航运服务的附件；（4）关于金融服务的附件1；（5）关于金融服务的附件2；（6）关于海运服务谈判的附件；（7）关于电信服务的附件；（8）关于基础电信谈判的附件。

此外，"乌拉圭回合"一揽子协议中与《服务贸易总协定》有关的文件还包括9个部长级会议决定，如关于制度安排的决议、关于争端解决程序的决议、关于第14条"安全例外"的决议、关于服务贸易与环境的决议，以及有关基础电信、金融服务、专家服务、自然人流动和海运的谈判决议等。

二、《服务贸易总协定》的主要内容

针对条款部分，涉及六个部分，包括适用范围和定义、一般义务和纪律、承担特定义务（具体承诺义务）、逐步自由化、制度（机构）条款、最后条款。

（一）适用范围和定义（第1条）

1. 本协定适用于各成员影响服务贸易的措施，就本协定而言

（1）"成员的措施"指：中央、地区或地方政府和主管机关所采取的措施；及由中央、地区或地方政府或主管机关授权行使权力的非政府机构所采取的措施。在履行本协定项下的义务和承诺时，每一成员应采取其所能采取的合理措施，以保证其领土内的地区、地方政府和主管机关以及非政府机构遵守这些义务和承诺。

（2）"服务"包括任何部门的任何服务，但在行使政府职权时提供的服务除外。

（3）"行使政府职权时提供的服务"指既不依据商业基础提供，也不与一个或多个服务提供者竞争的任何服务。

2. 就本协定而言，服务贸易定义为

（1）自一成员领土向任何其他成员领土提供服务，即跨境交付；

（2）在一成员领土内向任何其他成员的服务消费者提供服务，即境外消费；

（3）一成员的服务提供者通过在任何其他成员领土内的商业存在提供服务，即商业存在；

（4）一成员的服务提供者通过在任何其他成员领土内的自然人存在提供服务，即自然人流动。

（二）一般义务和纪律（第 2 条至第 15 条）

一般义务和纪律适用于所有部门，是 GATS 的核心内容，是成员各项权利和义务的基础；各成员在各服务部门均应统一实施。具体包括：

1. 最惠国待遇（第 2 条）

（1）关于本协定涵盖的任何措施，每一成员对于任何其他成员的服务和服务提供者，应立即和无条件地给予不低于其给予任何其他国家同类服务和服务提供者的待遇。

（2）一成员可以维持不一致的措施，只要该措施已列入第二条豁免附件并符合该附件的条件。

（3）本协定的规定不得解释为阻止任何成员对相邻国家授予或给予优惠，以便利仅限于毗连边境地区的当地生产和消费的服务的交换。

2. 透明度原则（第 3 条）

（1）除非在紧急情况下，各成员应迅速并最迟于其生效之时，宣布所有普遍适用的有关或影响本协定实施的措施。一成员为签字方的涉及或影响服务贸易的国际协定也应予以公布。

（2）如第（1）款所指的公布不可行，则此类信息应以其他方式公之于众。

（3）各成员应立即或至少每年一次向服务贸易理事会通报其显著影响在本协定下已作具体承诺的服务贸易的新的法律、规章或行政指示或对现行法律、规章或行政指示的任何修改。

（4）各成员应对任何其他成员就其普遍适用的任何措施或第 1 款意义内的国际协定所提出的所有具体资料要求予以迅速答复。各成员还应设立一个或多个咨询点，以便应请求，就所有这类事项及第（3）款要求通知的事项向其他成员提供具体资料。这些咨询点应在关于建立世界贸易组织的协议（本协定中称为“WTO 协议”）生效后的 2 年内建立。在建立咨询点的时限方面，经同意可以给予个别发展中国家成员适当的灵活性。咨询点不必是法律和法规的保管处。

（5）任何成员可将其认为影响本协定运用的、其他成员采取的任何措施通知服务贸易理事会。但本协定的任何规定不得要求任何成员提供一经披露即妨碍执法或违背公共利益或损害特定公私企业合法商业利益的机密信息。

3. 发展中国家的更多参与（第 4 条）

（1）按照本协定第（三）和第（四）部分的规定，不同成员应通过谈判达成的以下方面的具体承诺来促进发展中国家成员更多地参与世界贸易：

a. 加强其国内服务能力、效率和竞争力，特别是通过在商业基础上获得技术；

b. 改善对分销渠道和信息网络的利用；和

c. 在它们有出口利益的部门及提供方式上实现市场准入的自由化。

（2）发达国家成员和在可能的程度上的其他成员，应在世界贸易组织协议生效后的2年内建立联系点，以便利发展中国家成员的服务提供者获得与其相应市场有关的资料，包括：

a. 有关服务提供的商业和技术方面的资料；

b. 有关登记、认可和获得专业资格方面的资料；和

c. 服务技术可获得性的资料。

（3）在履行第（1）和第（2）款的义务时，应特别优先考虑最不发达国家成员。由于它们的特殊经济状况以及它们的发展、贸易和财政需要，对它们在接受谈判达成的具体承诺方面存在的严重困难应给予特殊的考虑。

4.（区域）经济一体化（第5条）

（1）本协定不应阻止任何成员参加或达成在参加方之间实现服务贸易自由化协议，只要这种协议：

a. 包括众多的服务部门，并且

b. 在a项所说的部门中，两个或多个参加方之间通过以下方式不存在取消第17条意义上的所有歧视：

（i）取消现有的歧视性措施，和/或

（ii）禁止新的或更多的歧视性措施。

或者在那一协议生效时，或者在一个合理的时间框架基础上，第11条、第12条、第14条及第14条第（2）款允许的措施除外。

（2）在评估第（1）款b项的条件是否满足时，可考虑本协议与有关国家间更广泛的经济一体化或贸易自由化进程之间的关系。

（3）a. 如果发展中国家是第（1）款所述类型的协议的参加方，则应根据这些国家所有的和单个服务部门及分支部门的发展水平，在第（1）款，特别是b项所列条件方面，显示灵活性。b. 虽有第（6）款的规定，当第（1）款所述类型的协议只有发展中国家参加时，可对该协议参加方的自然人所拥有或控制的法人给予更加优惠的待遇。

（4）第（1）款所提到的任何协议应促进该协议参加方之间的贸易，对该协议外的任何成员，不应提高在相应服务部门或分部门中在该协议之前已适用的服务贸易壁垒的总体水平。

（5）如果在任何第（1）款所述协议的达成、扩大或作任何重大修改时，一成员打算撤销或修改具体承诺因而违背其在承诺表中所列规定和条件，则它应提前90天通告上述修改或撤销，并应适用第21条第（2）款、第（3）款及第（4）款所规定的程序。

（6）任何其他成员的服务提供者，如是根据第（1）款所述协议的参加方的法律组建的法人，则只要它在该协议参加方境内从事实质性的商业经营，就有权享受该协议给予的待遇。

（7）a. 各成员如系任何第（1）款所述协议的参加方，应立即将这类协议及对该协议的任何扩大或重大修改通知服务贸易理事会。它们也应向理事会提供其要求的其他这类有关资料。理事会可设立一工作组以审查此类协议或其扩大和修改，并就其与本条规

定的一致性向理事会报告。

b. 各成员如系第（1）款所述的根据一时间表而实施的协议的参加方，则应定期向服务贸易理事会报告协议实施情况。理事会如认为必要可设立一工作组以审查此类报告。

c. 根据本款 a、b 两项所指的工作组的报告，理事会认为适当时可向参加方提出建议。

（8）参加任何第（1）款所述协议的成员，对任何其他成员从该协议中可能获取的贸易利益不得谋求补偿。

（9）关于劳动力市场一体化协议，本协议不应阻止任何成员成为在两个或多个参加方之间建立的劳动力市场完全一体化协议的成员，如果这项协议：

a. 免除协议参加方的公民有关居留和工作许可的要求；

b. 通知服务贸易理事会。

5. 国内法规（国内规章合理性义务，第 6 条）

（1）在已作出具体承诺的部门，每个成员应确保所有普遍适用的影响服务贸易的措施，以合理、客观和公正的方式予以实施。

（2）a. 每个成员应维持或尽快地建立司法、仲裁或行政法庭或程序，在受影响的服务提供者的请求下，对影响服务贸易的行政决定作出迅速审查，并在请求被证明合理时给予适当的补救。在这些程序不独立于受委托作出有关行政决定的机构时，该成员应确保这些程序实际上会作出客观和公正的审议。

b. 以上 a 项的规定不能解释为要求一成员建立与其宪法结构或法律制度的性质不一致的法庭或程序。

（3）在提供一项已作具体承诺的服务需要得到批准时，成员的主管当局应在一项符合国内法律和规章的完整的申请提出后的一段合理时间内，将有关该项申请的决定通知申请人。应申请人的请求，该成员的主管当局应毫不迟延地告知其有关申请的批准情况。

（4）为了确保有关资格要求和程序、技术标准和许可要求的措施不致构成不必要的服务贸易壁垒，服务贸易理事会应通过其建立的适当机构，制定任何必要的纪律。这些纪律应旨在确保这些要求，特别是：

a. 基于客观和透明的标准，诸如提供服务的资格和能力；

b. 除为保证服务质量所必需以外，不应成为负担；

c. 如为许可程序，则其本身不应成为提供服务的限制。

（5）a. 在各成员已作出具体承诺的部门，在按照第（4）款为这些部门制定的纪律尚未生效前，成员不能以以下方式使用损害或阻碍具体承诺的许可和资格要求及技术标准：与第（4）款 a、b 或 c 项所列标准不符；且在对那些部门作具体承诺时，不能合理地预想到该成员会采取这种做法。

b. 在确定一成员是否符合上述第（5）款 a 项所确定的义务时，对该成员所实施的有关国际组织的国际标准应加以考虑。

（6）在对专业服务已作具体承诺的部门，各成员应提供充分的程序以验证任何其他成员的专业人员的资格。

6. 承认（提供服务者任职资格相互承认的义务，第7条）

（1）为全部或部分地实行对服务提供者的有关批准、许可或证明所规定的标准，并依照第（3）款的要求，成员可承认在一特定国家获得的教育或经验、已满足的要求以及所颁发的许可证和证明。这种通过协调或其他办法实现的承认，可基于与有关国家签订的协议或安排，也可自动给予。

（2）一成员如系第（1）款中所说的这类协议或安排的参加方，不管是现在或将来，应为其他有关的成员提供充分的机会，谈判加入这类协议或安排或与其谈判类似的协议或安排。当成员自动给予承认时，则它应给予任何其他成员充分的机会来证明在那一其他成员获得的教育程度、经验、许可证或证明以及已满足的资格条件等应得到承认。

（3）成员在实施其对服务提供者的批准、许可或证明的标准时，其给予承认的方式不得成为国家间实行歧视的手段，或对服务贸易构成隐蔽的限制。

（4）每个成员应：

a. 在WTO协议对其生效之日起的12个月内，将其现行的承认措施通知服务贸易理事会，并说明这些措施是否基于第（1）款所说的那类协议或安排；

b. 在第（1）款所述的协议或安排开始谈判前，尽可能提前迅速通知服务贸易理事会，以便为任何其他成员提供足够的机会，在谈判进入实质性阶段之前表明其参加谈判的兴趣；

c. 当采取新的承认措施或对现有的措施作重大修改时，应迅速通知服务贸易理事会，并说明这些措施是否基于第（1）款所说的那类协议或安排。

（5）只要合适，承认应基于多边同意的标准。在适当情况下，各成员应与有关的政府间或非政府组织进行合作，以建立和采用有关承认的共同国际标准及从事有关服务贸易和专业的共同的国际标准。

7. 垄断和专营服务提供者（反竞争行为约束的义务，第8条）

（1）每个成员应确保在其境内的任何垄断服务提供者，在相关市场上提供垄断服务方面，不得违反该成员在第2条下的义务和具体承诺。

（2）当一成员的垄断提供者，不论是直接或通过一附属企业参与在其垄断权范围之外且该成员已作出具体承诺的服务提供的竞争，该成员应确保该提供者在其境内不滥用其垄断地位，从而违反其承诺。

（3）当一成员有理由相信任何其他成员的垄断服务提供者的行为不符合第（1）款和第（2）款的规定而向服务贸易理事会提出请求时，理事会可要求建立、维持或批准上述服务提供者的成员提交有关经营的具体资料。

（4）在WTO协议生效后，如果一成员在其已作具体承诺的服务的提供方面授予垄断权时，在给予的垄断权即将实施前不晚于3个月，该成员应通知服务贸易理事会，并适用第21条第（2）款、第（3）款和第（4）款的规定。

（5）本条规定也同样适用于专营服务提供者，如果一成员正式或实际上，a. 批准或建立少数几个服务提供者，和b. 实质上阻止这些服务提供者之间在其境内竞争。

8. 商业惯例（反竞争行为约束的义务，第9条）

（1）各成员承认除属于第8条的以外，服务提供者的某些商业惯例会抑制竞争，从而限制服务贸易。

（2）每一成员应任何其他成员的请求，应就取消第（1）款所述的商业惯例与其进行磋商。被要求的成员对此类请求应给予充分和同情的考虑，并通过提供与该事项有关的、公开的非机密性资料予以合作。在不违反国内法并就请求方保障其机密性达成满意协议的情况下，被请求的成员也应向请求方提供其他资料。

9. 紧急保障措施（第10条）

（1）应在非歧视原则基础上就紧急保障措施问题进行多边谈判。谈判结果应不迟于WTO协议生效之日起3年内付诸实施。

（2）在第（1）款所说的谈判结果开始生效前的一段时期，尽管有第21条第（1）款的规定，任何成员在其承诺生效之日起1年，可以将修改或撤销一具体承诺的意愿通知服务贸易理事会；前提是该成员向理事会说明此修改或撤销不能等待第21条第（1）款规定的3年期限的理由。

（3）第（2）款的规定，应在WTO协议生效3年后停止适用。

10. 支付和转移（第11条）

（1）除非在第12条所说的情况下，任何成员不得对与其具体承诺有关的经常交易实施国际转移和支付方面的限制。

（2）本协定的任何规定不得影响国际货币基金组织成员在基金组织协议下的权利和义务，包括使用符合协议条款的外汇措施，前提是该成员对任何资本交易，除非按第12条规定或应国际货币基金组织的要求，不得实施与其有关该交易的具体承诺不一致的限制。

11. 保障收支平衡的限制（第12条）

（1）出现严重的收支平衡和对外财政困难或其威胁时，一成员可以对其已作具体承诺的服务贸易，包括与该承诺有关交易的支付和转移，采取或维持限制。各成员承认处于经济发展或经济过渡过程中的成员，其收支平衡会受到特殊压力，因此该成员会有必要使用限制以确保维持足以实施其经济发展或经济过渡计划的财政储备水平。

（2）第（1）款所说的限制：

a. 不应在各成员之间造成歧视；

b. 应符合国际货币基金组织协议的条款；

c. 应避免对任何其他成员的商业、经济和财政利益造成不必要的损害；

d. 不应超出为应付第（1）款所述情形所需要的限制；

e. 应是暂时的并随着第（1）款所述情形的改善而逐步取消。

（3）在确定使用此类限制的范围时，成员可优先考虑对它们的经济或发展计划更为重要的服务的提供。然而采用或维持这类限制不应是为了保护某一特定服务部门。

（4）根据第（1）款规定所采用或维持的任何限制，或对此类限制的任何变更，都应迅速通知总理事会。

（5）a. 实施本条规定的成员，应就本条下采取的限制，迅速与收支平衡限制委员会进行磋商；

b. 部长级会议应建立定期协商的程序，以便能够向有关成员作出适当建议。

此类磋商应对有关成员的收支状况及根据本条所采用或维持的限制进行评估，特别要考虑下列因素：

(i) 收支平衡的性质和程度及对外财政的困难；

(ii) 参与磋商的成员外部经济和贸易环境；

(iii) 其他可选择的纠正措施。

磋商应考虑限制与第（2）款的一致性，尤其是根据第（2）款e项逐步取消的情况。

在此类磋商中，应接受国际货币基金组织所提供的有关外汇、货币储备和收支平衡方面的统计及其他因素的调查结果与其他事实，并应以国际货币基金组织对磋商成员的收支平衡及其对外财政状况的评估作为所有裁决结论的基础。

（6）如果不是国际货币基金组织成员的成员愿意适用本条规定，部长级会议应建立审议程序和其他必要的程序。

12. 政府采购（第13条）

（1）第2条、第16条和第17条不应适用于关于政府机构为政府目的而采购服务的法律、法规或要求，而不是为商业转售或为商业销售提供服务之目的。

（2）在WTO协议生效后2年内，应就本协定下服务的政府采购问题进行多边谈判。

13. 一般例外（和安全例外，第14条）

（1）只要这类措施的实施不在情况相同的国家间构成武断的或不公正的歧视，或构成对服务贸易的变相限制，则本协定的规定不得解释为阻止任何成员采用或实施以下措施：

a. 为保护公共道德或维护公共秩序而必需的。

b. 为保护人类、动物或植物的生命或健康而必需的。

c. 为确保服从与本协定规定不相抵触的包括与下述有关的法律和法规所必需的：

(i) 防止欺诈和欺骗做法的或处理服务合同违约情事的；

(ii) 保护与个人资料的处理和散播有关的个人隐私以及保护个人记录和账户秘密的；

(iii) 安全问题。

d. 与第17条不一致的，只要待遇方面的差别旨在保证对其他成员的服务或服务提供者公平或有效地课征或收取直接税。

e. 与第2条不一致的，只要待遇方面的差别是约束该成员的避免双重征税的协定或任何其他国际协定或安排中关于避免双重征税的规定的结果。

第14条第（2）款安全例外：

①本协定不得解释为：

a. 要求任何成员提供其认为如披露则会违背其根本安全利益的任何信息；或

b. 阻止任何成员采取其认为对保护其根本安全利益所必需的任何行动：

(i) 与直接或间接为军事机关提供给养的服务有关的行动；

(ii) 与裂变和聚变物质或衍生此类物质的物质有关的行动；

(iii) 在战时或国际关系中的其他紧急情况下采取的行动；或

c. 阻止任何成员为履行其在《联合国宪章》项下的维护国际和平与安全的义务而采取的任何行动。

②根据第①款 b、c 两项规定所采取的措施及其终止，应尽可能充分地通知服务贸易理事会。

14. 补贴（第 15 条）

旨在保证平等或有效地课征或收取直接税的措施包括一成员根据其税收制度采取的以下措施：

（1）各成员承认，在某些情况下，补贴对服务贸易可能会产生扭曲影响。各成员应进行多边谈判以制定必要的多边纪律来避免这类贸易扭曲的影响。谈判也应讨论反补贴程序的适当性。谈判应承认补贴对发展中国家发展计划的作用，并考虑到各成员，尤其是发展中国家成员在这一领域中所需的灵活性。为进行谈判，成员应交换其提供给该国服务提供者的与服务贸易有关的补贴的所有资料。

（2）任何成员如认为另一成员的补贴使其受到负面影响时，可就此事要求与该成员进行磋商。对这种要求应给予同情的考虑。

（三）具体承诺义务（第 16 条至第 18 条）

1. 市场准入（第 16 条）

（1）在第 1 条所确定的服务提供方式的市场准入方面，每个成员给予其他任何成员的服务和服务提供者的待遇，不得低于其承诺表中所同意和明确的规定、限制和条件。

（2）在承担市场准入承诺的部门中，一成员除非在其承诺表中明确规定，既不得在某一区域内，也不得在其全境内维持或采取以下措施：

a. 限制服务提供者的数量，不论是以数量配额、垄断、专营服务提供者的方式，还是以要求经济需求测试的方式；

b. 以数量配额或要求经济需求测试的方式，限制服务交易或资产的总金额；

c. 以配额或要求经济需求测试的方式，限制服务业务的总量；

d. 以数量配额或要求经济需求测试的方式，限制某一特定服务部门可雇佣的或一服务提供者可雇佣的、对一具体服务的提供所必需或直接有关的自然人的总数；

e. 限制或要求一服务提供者通过特定类型的法律实体或合营企业提供服务的措施；

f. 通过对外国持股的最高比例或单个或总体外国投资总额的限制来限制外国资本的参与。

2. 国民待遇（第 17 条）

（1）在列入其承诺表的部门中，在遵照其中所列条件和资格的前提下，每个成员在所有影响服务提供的措施方面，给予任何其他成员的服务和服务提供者的待遇不得低于其给予该国相同服务和服务提供者的待遇。

（2）一成员给予其他任何成员的服务或服务提供者的待遇，与给予该国相同服务或服务提供者的待遇不论在形式上相同或不同，都可满足第（1）款的要求。

（3）形式上相同或不同的待遇，如果改变了竞争条件从而使该成员的服务或服务提供者与任何其他成员的相同服务或服务提供者相比处于有利地位，这种待遇应被认为是较低的待遇。

3. 附加承诺（第 18 条）

各成员可就不在第 16 条或第 17 条的列表要求内，但影响服务贸易的措施，包括有关资格、标准或许可事宜的措施，进行谈判并作出承诺。这种承诺应列入一成员的承诺表中。

（四）逐步自由化（第 19 条至第 21 条）

1. 具体承诺谈判（第 19 条）

（1）为实现本协定的目标，自 WTO 协议生效之日起不迟于 5 年，为逐步实现更高水平的自由化，各成员应进行连续回合的谈判，并在以后定期举行。这种谈判的方向是减少或取消各项对服务贸易产生不利影响的措施，以此作为提供有效市场准入的一种方式。该过程应在互利的基础上促进所有成员的利益，并保证权利和义务的总体平衡。

（2）自由化的过程应对各成员的国家政策目标以及每个成员的整体和个别服务部门的发展水平给予应有的尊重。应给予个别发展中国家成员适当的灵活性，开放较少的部门，开放较少类型的交易，根据它们的发展状况，逐步扩大市场准入，并且当允许外国服务提供者进入其市场时，对该准入附加条件，以实现第 4 条所述的目标。

（3）对每一回合应建立谈判的指导原则和程序。为确立指导原则，服务贸易理事会应根据本协定的目标，包括第 4 条第（1）款规定的目标，对服务贸易进行全面和在部门基础上的评估。谈判指导原则应为如何对待成员自先前谈判以来自主进行的自由化，以及为根据第 4 条第（3）款规定给予最不发达国家成员特殊待遇确立模式。

（4）在每一回合中通过双边、诸边或多边谈判，逐步自由化的进程都应向提高本协定项下成员所承担具体义务的整体水平的方向推进。

2. 具体承诺减让表（第 20 条）

（1）每个成员都应在承诺表中列明其根据本协定第（三）部分而承担的具体承诺。在承担该承诺的部门，每个成员应明确列出：

a. 市场准入的规定、限制和条件；

b. 国民待遇的条件和资格；

c. 有关附加承诺的义务；

d. 适当情况下，实施这类承诺的时间表；

e. 这类承诺的生效日期。

（2）与第 16 条和第 17 条都不符的措施，应列入与第 16 条有关的栏目中。在这种情况下，列入的内容也将被视为对第 17 条规定了一项条件或资格。

（3）具体承诺表应作为本协定的附件，并应作为本协定的整体组成部分。

3. 承诺表的修改（第 21 条）

（1）a. 根据本条规定，在一承诺生效之日的 3 年以后，成员（本条称“修改成员”）可在任何时候修改或撤销承诺表中的任何承诺。

b. 修改成员应将其根据本条修改或撤销某一项承诺的意向，至迟在其准备实施该修改或撤销承诺之日的 3 个月前通知服务贸易理事会。

（2）a. 根据第（1）款 b 项通知的修改或撤销建议如影响了任何成员在本协议下的利益（本条中称为“受影响成员”），则应其请求，修改成员应进行谈判，以就必要的补偿调整达成协议。在这种谈判和协议中，有关成员应尽力维持互利的承诺总体水平，使其不低于谈判前具体承诺表中对贸易提供的有利条件。

b. 补偿调整应在最惠国基础上作出。

（3）a. 如在谈判期结束前，修改成员和任一受影响成员之间未达成协议，则该受影响成员可将该事项提交仲裁。希望实施它所具有的补偿权利的任何受影响成员必须参加仲裁。

b. 如果受影响成员不要求仲裁，则修改成员可自由实施其提出的修改或撤销。

（4）a. 修改成员在依照仲裁结果作出补偿调整前不可以修改或撤销其承诺。

b. 如修改成员实施了其建议的修改或撤销而未遵照仲裁结果，则任何参加了仲裁的受影响成员可依照仲裁结果修改或撤销实质上相当的利益。尽管有第 2 条的规定，但这样的修改或撤销只可对修改成员实施。

（5）服务贸易理事会应为承诺表的调整或修改设立程序。任何在本协定下修改或撤销承诺的成员应根据这些程序修改其承诺表。

（五）制度（机构）条款（第 22 条至第 26 条）

1. 磋商（第 22 条）

（1）各成员对任何其他成员就影响本协定运行的任何事项可能提出的磋商请求应予以同情考虑，并应给予充分的磋商机会；争端解决谅解（DSU）应适用于这种磋商。

（2）服务贸易理事会或争端解决机构（DSB）应一成员的要求，可就通过第（1）款下的磋商仍未能找到满意解决办法的任何事项与任何成员进行磋商。

（3）一成员不可根据本条或第 23 条就另一成员的属于它们间有关避免双重征税的国际协议范围的措施引用第 27 条。如果成员间就一项措施是否属于它们之间的这种协议范围一事达不成一致，则应允许其中任一成员将该事项提交服务贸易理事会。理事会应将此事项提交仲裁。仲裁人的决定是最终的并对各成员具有约束力。

2. 争端解决和实施（第 23 条）

（1）任何成员如果认为任何其他成员未履行本协定下的义务或具体承诺，为就该事项达成相互满意的解决办法，它可以诉诸争端对在 WTO 协议生效之日前存在的避免双重征税协定，有关事项只有在经过该协定双方同意的情况下才能提交服务贸易理事会，解决谅解。

（2）如果争端解决机构认为情形严重到足以有理由采取这种行动，它可以授权一成员或多个成员依照争端解决谅解的第 22 条对任何其他成员或各成员中止义务和具体承诺的适用。

（3）如果任何成员认为根据另一成员在本协定第（三）部分下的具体承诺给予它的

能够合理预见的利益由于实施与本协议条款并不冲突的任何措施而正在丧失或受到损害，它可以诉诸争端解决谅解。如果该措施被争端解决机构裁定为丧失或损害了这样一种利益，则受影响成员应有权在第 21 条第（2）款的基础上作相互满意的调整，可包括该措施的修改或撤销。如果有关成员间不能达成协定，则争端解决谅解第 22 条应适用。

3. 服务贸易理事会（第 24 条）

（1）服务贸易理事会应履行委派给它的职能以便利本协定的运行并实现其目标。为了有效地履行其职能，理事会在认为合适的时候可以设立附属机构。

（2）除非理事会另有决定，理事会及其附属机构应向所有成员的代表开放。

（3）理事会主席应由各成员选举产生。

4. 技术合作（第 25 条）

（1）各成员的服务提供者在需要帮助时应能利用第 4 条第（2）款中提及的咨询点的服务。

（2）对发展中国家的技术援助应在多边层次由秘书处提供并由服务贸易理事会决定。

5. 与其他国际组织的关系（第 26 条）

总理事会应就与联合国及其专门机构和其他政府间组织进行与服务有关的协商和合作作出适当安排。

（六）最后条款（第 27 条至第 29 条）

1. 利益的拒给（第 27 条）

成员在下述情况下可拒绝给予本协定的利益：

a. 对于一项服务的提供，如果确认该服务是从或在一非成员或该拒给成员不与其适用 WTO 协议的成员境内提供的；

b. 在提供海运服务的情况下，如果它确认该服务的提供是：

（i）由一般依照一非成员或该拒给成员不与其适用 WTO 的成员的法律注册的船只进行的，和

（ii）由一个经营和/或使用整个或部分船只的人进行的，但该人属于一非成员或该拒给成员不与其适用 WTO 协议的成员。

c. 对于一个法人服务提供者，如果确认它不是另一成员的服务提供者，或它是一个该拒给成员不与其适用 WTO 协议的成员的服务提供者。

2. 定义（第 28 条）

为本协定之目的：

a. “措施”是指一成员的任何措施，不论是以法律、法规、规章、程序、决定、行政行为的形式，或任何其他形式。

b. “一项服务的提供”包括一项服务的生产、分配、营销、销售和交付。

c. “各成员影响服务贸易的措施”包括以下方面的措施：

（i）服务的采购、支付或使用；

(ii) 与服务的提供相关联的获得和使用那些成员要求向公众普遍提供的服务；

(iii) 一成员的人为在另一成员境内提供服务而存在，包括商业存在。

d. “商业存在”是指任何形式的商业或专业机构，包括通过：

(i) 组建、获得或维持一个法人；

(ii) 创立或维持一分支机构或代表处，以在一成员境内提供服务。

e. 一服务“部门”是指：

(i) 在一成员的减让表中明确规定的，有关一具体承诺的那项服务的一个或一个以上，或全部的分部门；

(ii) 如未规定，则指那项服务部门的全部，包括其所有分部门。

f. “另一成员的服务”是指，

(i) 从或在那一其他成员境内提供的服务，或在海运服务的情况下，由一般依那一其他成员的法律注册，或由通过经营整个和/或部分船只提供服务的那一其他成员的人提供的服务；

(ii) 在通过商业存在或通过自然人存在的情况下，由那一其他成员的服务提供者提供的服务。

g. “服务提供者”是指提供服务的任何人。

h. “垄断服务提供者”是指在一成员境内的相关市场上那一成员正式或实际上被授权或确定为那一服务的独家提供者的任何公共人或私人。

i. “服务消费者”是指得到或使用服务的任何人。

j. “人”是指自然人或者法人。

k. “另一成员的自然人”是指任何居住在那一其他成员或任何其他成员境内的自然人并根据那一其他成员的法律：

(i) 是那一其他成员的国民；

(ii) 在那一其他成员有永久居留权，如果一成员没有国民的话；如果该服务不是直接由一法人提供，而是通过其他方式的商业存在，如一分支机构或一代表处提供，则该服务提供者（即该法人）仍应通过这种商业存在被给予根据本协定给予服务提供者的待遇。这种待遇应扩大至该服务所来源的商业存在，但不必扩大至该服务提供者设在提供的该服务的领土以外的任何其他部分的商业存在。依照其在接受或加入 WTO 协议时所通知的，在影响服务贸易的措施方面给予其永久居民的待遇与它给予其国民的待遇实质上相同，只要没有成员有义务给予这些永久居民比那一其他成员给予这些永久居民更优惠的待遇。这种通知应包括根据其法律和法规对那些永久居民承担与那一其他成员对其国民承担的同样责任的保证。

l. “法人”是指根据所适用法律正当组建或以其他方式组织的任何法人实体，不管是为了盈利或其他目的，也不管是私人所有还是政府所有，包括任何公司、信托、合伙、合营、独家所有或联合所有的形式。

m. “另一成员的法人”是指这样的法人，它或者：

(i) 依那一其他成员的法律组建或以其他方式组织，并在那一成员或任何其他成员境内从事实质性业务活动；或者

（ii）在通过商业存在提供服务的情况下，由那一成员的自然人拥有或控制；或由（i）项所述的那一其他成员法人所有或控制。

n. 法人：

（i）为一成员的人所“拥有”，如果50%以上的股权为那一成员的人有偿所有；

（ii）为一成员的人所“控制”，如果此人有权指定其大部分董事或以其他方式合法地指导其活动；

（iii）“附属”于另一人，如果它控制其他人，或被其他人控制；或者它和其他那个人都由同一人所控制。

o. “直接税”包括对总收入、总资本或对收入或资本构成项目征收的所有税收，包括财产转让收益税、不动产税、遗产和赠与税、企业支付的工资或薪金税，以及资本增值税。

3. 附件（第29条）

附件略。

三、《服务贸易总协定》的重要意义

（一）提供了共同遵守的国际规则

尽管国际服务贸易比国际货物贸易发展迅速，但它却缺乏一套像货物贸易那样由《关税与贸易总协定》所提供的参与国际服务贸易的国家或地区共同遵守的国际规则，同时也缺乏针对性的约束机制。在《服务贸易总协定》正式形成之前，各国服务贸易政策和规则的协调主要通过两种形式进行：第一，以双边或区域协调为主。许多国家之间订立双边贸易协定，在服务贸易上相互给予互惠待遇。第二，以行业协调为主。这一形式的服务贸易规则的谈判以往都是在国际电讯协会、国际民航组织、国际清算银行、国际海事咨询组织等国际性行业组织的主持下进行的。这些协调方式显然不能够适应国际服务贸易发展的现实，妨碍了国际服务贸易的全面自由化并减缓了服务贸易流量的增长。

在“乌拉圭回合”多边贸易谈判中产生的《服务贸易总协定》就为国际服务贸易的发展创立了各缔约国必须共同遵守的国际准则。《服务贸易总协定》的目的在于制定处理服务贸易的多边原则和规则的框架，包括对各个服务部门制定可能需要的守则，以便在透明度和逐步自由化的条件下扩大服务贸易，并以此作为促进所有贸易伙伴经济增长和发展中国家发展的一种手段。

《服务贸易总协定》在提供各成员方可以共同遵守的国际规则背景下，显然有利于促进各国在服务贸易方面的合作与交流。其不仅对国际服务贸易的扩大和发展起到巨大的推动作用，而且使各成员方从对服务市场的保护和对立转向逐步开放和对话，倾向于不断加强合作与交流。特别是在透明度条款和发展中国家更多参与条款中关于提供信息、建立联系点的规定，更有利于各成员方在服务贸易领域的信息交流和技术转让。另外，定期谈判制度的建立，也为成员方提供了不断磋商和对话的机制和机会。

（二）促进了国际服务贸易的自由化

各国在国际服务贸易领域的竞争力差异、差别以及对市场保护的措施使国际服务贸易虽然不存在关税壁垒，却存在着各种各样、名目繁多的非关税垒，并对国际服务贸易的发展形成重大障碍。而《服务贸易总协定》的基本精神是服务贸易自由化，即提请各国在遵守一般义务和原则的前提下，做出开放本国各个服务部门的具体承诺，然后在框架协议生效后，就上述的具体承诺举行多边谈判，以逐步实现服务贸易的自由化，使服务业在各国或地区间无阻碍地自由流动。因此，《服务贸易总协定》像关贸总协定那样，通过最惠国待遇、各国服务贸易政策透明度、市场准入和国民待遇、发展中国家更多的参与、逐步自由化，以及各成员所制定的一系列义务、原则等在最大程度上促进其自由化，第一次提供了体制上的安排与保障，对于建立和发展服务贸易多边规范是一项重大突破。它确立了通过各成员方连续不断的多边谈判，促进各国服务市场开放和发展中国家服务贸易增长的宗旨，使各成员方有了进一步谈判的基础，得以向服务贸易自由化方向不断迈进。

（三）增强了服务与货物贸易的协同发展

在经济全球化以及全球价值链加强深化的趋势下，产业融合、协同发展已经成为重要的发展动力来源和有效路径。服务贸易与货物贸易的相互促进是必然选择。因此，服务贸易的自由化在促进服务贸易发展的同时，必将会推动与服务贸易相关的货物贸易的发展，特别是资本、技术密集型服务的贸易，往往伴随着相应的硬件设备的有形商品贸易（如数据处理服务、远距离通信服务等）的扩大而促使通信类的各种硬件设备的发展；航空运输服务的扩大会促进飞机制造业的发展；陆路、水运服务的发展必然引起相关产业的发展；银行金融服务的发展也必将使银行系统的传真通信及资金调拨网络的硬件贸易增长。

《服务贸易总协定》的实施，虽然要求发展中国家为服务贸易的逐步自由化作出贡献，对本国服务业市场作适度开放，但也允许发展中国家在特定条件下采取适当的措施保护其落后的服务业。如此发展中国家既可以为保护国内幼稚服务业或民族服务业的发展而采取很多限制服务进口的措施和规定，也可以在适度的开放过程中，学到发达国家在服务业方面的先进技术和经营管理方式，并可以在开放过程中，使本国相应的服务业与发达国家进行竞争，使其在竞争中得到发展。然而在关注《服务贸易总协定》的重要意义和积极作用的同时，也要高度重视可能产生的消极影响。由于各国经济发展程度不同，各国服务业发展亦参差不齐，各国所拥有的优势也各不相同，因此《服务贸易总协定》的签署和实施可能会使不同国家、不同类型的服务贸易产生不均衡性增长，也可能加剧发达国家与发展中国家服务业、服务贸易发展的不平衡。

第三节　世界贸易组织体制与国际服务贸易

一、世界贸易组织多边贸易体制

（一）多边贸易体制的形成与发展

随着国际货币基金组织和世界银行的成立，联合国经济及社会理事会于 1946 年 2 月接受了美国提出的成立联合国贸易组织的建议。1947 年 4—10 月在日内瓦召开了第二届筹备委员会，包括中国在内的 23 个国家进行了关税减让谈判并讨论了《国际贸易组织宪章》草案，并将关税减让协议与《国际贸易组织宪章》第四部分“贸易政策”等有关条文合并，构成《关税与贸易总协定》（GATT）。此后，为建立和发展多边贸易体制进行了八轮多边贸易谈判，逐渐发展成为由 100 多个主权国家和单独关税区参加的、进行多边贸易谈判、制定多边贸易规则和解决国际贸易争端的场所。

按照关贸总协定“乌拉圭回合”多边贸易谈判《马拉喀什建立世界贸易组织协定》（以下简称《世界贸易组织协定》）的规定，总部设在日内瓦的世界贸易组织于 1995 年 1 月 1 日正式成立运行，从而世界贸易组织就取代《关税与贸易总协定》成为管理国际贸易的正式组织，《服务贸易总协定》及其附属协议也就成为该组织管辖的条约之一。

多边贸易体制是以多边议定的规则为基础的开放贸易体制。多边贸易体制的建立最直接的好处是简化了多国之间的贸易行为。而这一体制的宗旨就在于通过组织多边贸易谈判来增加国与国之间的贸易、规范贸易行为和解决贸易纠纷，从而使国际贸易更加自由，资源得到更有效的配置。因此，在多边贸易体制下，需要与多国发生贸易关系的国家可同时与多个贸易伙伴进行谈判，达成适用于各伙伴国的统一协议，而不用与各国分别达成不同协议，从而大大简化了国际贸易谈判，促进了国际贸易的繁荣发展。

从《关税与贸易总协定》到世界贸易组织，多边贸易体制一如既往以贸易自由化为宗旨。《关税与贸易总协定》（GATT 1947）在序言中指出：“期望通过达成互惠互利安排，实质性削减关税和其他贸易壁垒，消除国际贸易中的歧视待遇，从而为实现这些目标作出贡献。”《世界贸易组织协定》在保留这一论述的同时，进一步指出，“决定建立一个完整的、更可行的和持久的多边贸易体制，以包含《关税与贸易总协定》、以往贸易自由化努力的结果以及乌拉圭回合多边贸易谈判的全部结果。”

从世界贸易组织的法律框架看，《世界贸易组织协定》构成世界贸易组织体制的基本内容。《世界贸易组织协定》包括其本身文本 16 项条款和四大附件。四大附件则涉及有关多边贸易关系的协调和贸易争端的解决以及贸易竞争规则的规范等实质性规定，具体包括：

（1）附件 1：涉及 13 个多边货物贸易协定；《服务贸易总协定》；《与贸易有关的知识产权协定》。

（2）附件 2：关于争端解决规则和程序谅解；

（3）附件 3：贸易政策审议机制；

（4）附件 4：4 个单项贸易协定，包括《民用航空器贸易协定》、《国际奶制品协定》（1997 年底终止）、《政府采购协定》、《国际牛肉协定》（1997 年底终止）。

通常把四大附件所包括的 21 个协定分成两大类。一类称为“多边贸易协定”（multilateral trade agreement），包括附件 1、2、3 的全部内容。它们是经“乌拉圭回合”谈判修订、制定的多边贸易新体制的主体，各成员方只能一揽子签署参加，不能选择参加。这体现了 WTO 体制的统一性。另一类协定称为“诸边贸易协定”（plurilateral trade agreement），指的是未经“乌拉圭回合”谈判的 GATT 体制中的四个“东京回合”守则，即附件 4 的内容，这些协定可以由各成员方或非成员方选择参加。

从世界贸易组织机构框架看，包括四个层次：

第一层次，成员方部长级大会。它是世界贸易组织的最高决策机构，由世界贸易组织的所有成员组成，每两年召开一次。部长级会议全权履行世界贸易组织的职能，并可以为此采取任何必要的行动。

第二层，各成员方代表组成的总理事会。在部长级大会闭会期间，行使部长级大会职权和世界贸易组织协定规定的其他职权，包括履行争端解决机构和贸易政策审议机构的职责等。总理事会酌情召开会议，通常每年召开 6 次左右。

第三层，包括三个专门理事会即货物贸易理事会、服务贸易理事会和与贸易有关的知识产权理事会，以及总理事会下设的五个委员会，即贸易与环境委员会，贸易与发展委员会，预算、财务和行政委员会，国际收支限制措施委员会，区域贸易协议委员会。三个专门理事会分别负责监督相应协议的实施，并在总理事会的指导下开展工作，行使相应协议规定的职能以及总理事会赋予的其他职能。上述理事会的下设委员会分别向相应的理事会负责。

第四层，上述三个专门理事会下设的专门小组和专门委员会。

此外，世界贸易组织还设立了一个由总干事领导的秘书处，总干事由部长大会任命并确定其责任、服务条件和任期。总干事任命秘书处职员，并依据部长大会的规定确定他们的责任与服务条件。总干事和秘书处的职责具有国际性，他们在履行职责时，不寻求或接受除世界贸易组织以外的任何政府或当局的指示，他们被要求制止任何可能影响其作为国际官员地位的行为。

（二）多边贸易体制的特点

与《关税与贸易总协定》相比，世界贸易组织不再仅仅是一个条约性组织，而是有着更完善的组织结构和管理机制，因此它更有能力管理比商品贸易更为复杂的服务贸易。世界贸易组织多边贸易体制有如下特点：

1. 制度安排的正式性

世界贸易组织确定的多边贸易体制相对稳定，以强有力的组织机构为依托。世界贸易组织不仅在法律上实现了临时适用性向正式适用性的转变，而且在《世界贸易组织协定》的基础上建立起一整套组织机构。世界贸易组织是根据《维也纳条约法公约》正式批准生效并成立的国际组织，具有独立的国际法人资格，是一个常设性、永久性存在的国际组织。

2. 协定内容的广泛性

世界贸易组织管辖范围广泛，不仅包括货物贸易，还包括服务贸易和与贸易有关的知识产权。而《与贸易有关的投资措施协议》第一次将与货物贸易有关的投资措施纳入多边贸易体制的管辖范围。世界贸易组织还努力通过加强贸易与环境保护的政策对话，强化各成员对经济发展中的环境保护和资源的合理利用。因此，世界贸易组织将货物、服务、知识产权融为一体，置于其管辖范围之内。

3. 承担义务的统一性

世界贸易组织成员不分大小，对世界贸易组织所管辖的多边协议一律必须遵守，以“一揽子”方式接受世界贸易组织的协定、协议，不能选择性地参加某一个或某几个协议，不能对其管辖的协定、协议提出保留。

（三）多边贸易体制的职能

1. 制定和规范国际多边贸易规则

世界贸易组织制定和实施的一整套多边贸易规则涵盖面非常广泛，几乎涉及当今世界经济贸易的各个方面，从原先纯粹的货物贸易到后来的服务贸易、与贸易有关的知识产权、投资措施，一直延伸到新一轮多边贸易谈判可能要讨论的一系列新议题，如贸易与环境、竞争政策、贸易与劳工标准以及电子贸易等。

2. 组织多边贸易谈判

世界贸易组织及其前身《关税与贸易总协定》通过八轮回合的多边谈判，各成员大幅度削减了关税和非关税壁垒，极大地促进了国际贸易的发展。不仅如此，多边贸易体制扩大了全球市场的参与者，推动着国际贸易在更广范围内多边参与和协调。

3. 解决成员之间的贸易争端

世界贸易组织争端解决机制在保障世界贸易组织各协议有效实施以及解决成员间贸易争端方面发挥了重要的作用，为国际贸易的顺利发展创造了稳定的环境。越来越多的 WTO 成员，特别是发展中成员开始利用争端解决机制。

（四）多边贸易体制的基本原则

世界贸易组织建立的法律体系是执行和管理多边贸易体制的保障，贯穿这一体系的基本法律原则则是多边贸易体制得以形成和发展的依据。这些原则构成了多边贸易体制的核心。

1. 非歧视性原则

即一国不应在其贸易伙伴之间造成歧视，它们都被平等地给予“最惠国待遇”；也不应在本国和外国的产品、服务或人员之间造成歧视，要给予其“国民待遇”。

2. 市场开放，权利与义务平衡

也称透明度原则，世界贸易组织倡导成员在权利与义务平衡的基础上，依其自身的经济状况及竞争力，通过谈判不断降低关税和非关税壁垒，逐步开放市场，实行贸易自由化。世界贸易组织成员要履行义务，如遵守世界贸易组织的基本规则，履行承诺的减让义务，确保贸易政策法规的统一性和透明度。与此同时，WTO 成员也享受一系列 WTO 赋予的权利。

3. 公平贸易原则

世界贸易组织禁止成员采用倾销或补贴等不公平贸易手段扰乱正常贸易的行为，并允许采取反倾销和反补贴的贸易补救措施，保证国际贸易在公平的基础上进行。

二、国际服务贸易谈判

从 1995 年 1 月开始的服务贸易谈判主要集中在两个领域：金融服务等领域的市场准入谈判；通过在保障措施等方面的谈判及对国内管制约束进行适时解释等完善框架协议。

（一）改善市场准入的谈判

1. 金融服务谈判

第一阶段：1986 年 10 月 27 日乌拉圭回合谈判开始至 1995 年 1 月 1 日 WTO 协议生效。主要成果是在《服务贸易总协定》框架下，产生了金融服务附件 1 和金融服务附件 2。前者对金融服务的范围和定义、有关金融服务的国内法规、认可以及争端解决等实质性的内容作了规定，后者对后续金融服务贸易谈判作了时间的安排。

第二阶段：1995 年 1 月 1 日 WTO 协议生效至 1995 年 7 月 28 日达成《临时金融服务协议》。该协议美国没有参加。

第三阶段：1995 年 7 月 28 日至 1999 年 1 月 1 日《世界贸易组织金融服务协议》生效。主要成果是修改了 1995 年临时协议承诺表并于 1997 年 12 月 13 日各成员方达成《世界贸易组织金融服务协议》。占世界金融服务贸易份额 95%的 70 个成员方同意开放银行、保险、证券和金融信息市场。

2. 基础电信服务谈判

谈判于 1994 年 5 月启动，到 1997 年 2 月结束，达成了定于 1998 年 1 月生效的《全球基础电信协议》。谈判目标不仅要扩大国际电信市场的竞争，而且要制定统一的竞争规则，以保证各国相关政策的透明度和防止不公平竞争行为。

《全球基础电信协议》的主要内容有协议及所附各方的承诺表。协议的关键条款是市场准入，它包括以下规定：最惠国待遇；允许建立经营实体或商业机构；允许拥有和经营独立的电信网络基础设施。

3. 海运服务谈判

1994 年 4 月至 1996 年 6 月 28 日期间，各成员就国际海运、海运辅助服务、港口设施使用、在约定期间取消限制等进行谈判，谈判最终未能取得成功。

谈判失败的原因主要是美国以各方的承诺未能体现最起码的自由度为由拒绝作出任何承诺。

4. 自然人流动谈判

谈判的目的是改进有关承诺，使独立的访问供应商在没有商业存在的前提下能够在海外工作。奥地利等六成员方提交了有关自然人流动的更高水平的承诺。

（二）完善服务框架的谈判

1. 服务业紧急保障问题

对于保障条款的确立问题，争议颇多。持肯定态度的人认为制定保障条款将会激励有关各方作出更积极、更务实的有关服务贸易自由化的承诺。对保障条款的确立持怀疑观点的人认为确立保障条款纯属多此一举，因为各方对《服务贸易总协定》所作出的具体承诺中都已含有保障因素，只就有限的服务部门作出承诺、限制性的服务市场准入等。此外，确立保障条款不仅不利于服务贸易自由化，相反，将为贸易保护主义提供契机和借口，因为保障条款的引入意味着承诺的可变性和贸易政策的不确定性。

下一步有关紧急保障问题谈判的重点将是对可以实施保障措施的各种情况加以具体界定。缺乏全面、系统、准确的有关服务的生产、贸易和投资方面的统计数据，是造成《服务贸易总协定》未能确立紧急保障机制的一个主因。

2. 服务业补贴问题

在“乌拉圭回合”服务贸易谈判过程中，各国对补贴措施的实施以及对补贴的约束问题争论不休。一些发展中国家和地区要求发达国家在服务业补贴方面“维持现状”“逐步退回”。美国和欧盟则要求取消所有对别国的服务贸易利益构成严重损害或损害威胁的补贴措施。对于服务业补贴的约束，发展中国家要求参照商品贸易的做法，即发展中国家以较大的灵活性来使用补贴，提高其国内服务供应能力，对发达国家的服务业补贴措施则应给予严格的纪律约束；发达国家则强调服务业补贴问题的复杂性，特别是反映在补贴的界定和补贴量的衡量方面，从而使对服务业补贴的约束变得极为困难。

而解决服务业补贴也面临技术上的困难，不仅因为缺乏分类统计数据，而且服务行业繁多，服务贸易方式多样化，这就意味着同样的补贴措施会因服务贸易方式的不同而出现差异，或出现不同的解释。针对计算因补贴而产生的价格差异和认定国服务业损害方面的困难，一些国家和地区建议运用争端解决程序或竞争法规来制约服务贸易倾销，不赞成采取单方面的反补贴行动。在存在贸易扭曲性补贴的情况下，多边监督机构应根据有关各方的可比数据和有关补贴的公认定义，运用统一的计算标准来审议服务业补贴与反补贴问题。

3. 政府采购谈判

国际服务贸易中政府采购问题的焦点在于各方为攫取一己之利都倾向于保留并利用《服务贸易总协定》第 13 条第（1）款的规定。发达国家主张应该确立同时适用于货物贸易和服务贸易的政府采购的多边协议，确立政府采购方面的程序性规则和强有力的实施机制。主张政府采购自由化者则建议对各种服务类政府采购的经济影响和现行的政府采购法规进行审议，以解决为实现市场开放应确立什么样的要求、如何简化程序、什么样的规则才能适应市场竞争等问题。

三、服务贸易多边体制的完善

《服务贸易总协定》作为基础性的多边贸易协定在促进成员服务业市场的开放，推动全球服务贸易快速发展方面发挥了重要作用。而在世界贸易组织多边贸易体制下，服务贸易依然面临诸多亟待谈判协商解决的问题。然而随着国际经济形势的变化，在世界贸易组织多边平台上推动成员继续开放服务市场的难度越来越大。原定于 2004 年年底全面结束的世界贸易组织多哈回合谈判屡屡受挫，尽管 2013 年 12 月 WTO 第九届部长级会议终于达成了《巴厘一揽子协定》，谈判取得了巨大突破，但在服务贸易、争端解决、知识产权等领域并未达成一致。绕开陷入锁定状态的多哈谈判，发挥发达经济体自身的优势，针对服务贸易进行选择性谈判，为本国服务提供者创造优势条件，成为美欧两大主导方力推《服务贸易总协定》的重要动因。

《服务贸易总协定》谈判是服务贸易在特定国际政治形势以及多边贸易体制存在不足和困难情况下的产物。它一方面为服务贸易谈判和国际合作寻求出路，但另一方面对现存世界贸易组织多边贸易体制也提出了挑战。然而在经济全球化背景下，维护、加强并完善多边贸易体制，加强服务贸易的全球治理符合大多数国家的利益。

本章小结

虽然经历了艰苦的谈判过程，但《服务贸易总协定》的生效对于国际服务贸易的发展无疑是一件具有里程碑意义的重大事件。它为国际服务贸易参与各方提供了共同遵守的国际规则，促进了国际服务贸易的自由化，同时增强了服务与货物贸易的协同发展。在国际经贸秩序变革的背景下，要坚定维护世界贸易组织多边贸易体制，推动服务贸易多边体制完善，为国际服务贸易的繁荣发展创造更为公平、合理、有利的发展环境。我国国际服务贸易要顺应变革趋势，在构建“双循环”发展新格局中统筹服务市场开放和国家安全，不断增强我国服务贸易的国际影响力和竞争力。

概念和术语

最惠国待遇；国民待遇；非歧视原则；市场准入

复习思考题

1. 《服务贸易总协定》的颁布经历了哪几个阶段？
2. 简述《服务贸易总协定》的框架结构。
3. 试述《服务贸易总协定》的重要意义。
4. 试述多边贸易体制的职能和特点。
5. 查阅相关资料，追踪服务贸易谈判的最新进展。

延伸阅读

是起点，非终点

第六章
区域性服务贸易规则

学习目标

1. 理解区域经济一体化中的服务贸易秩序。
2. 了解区域性服务贸易规则的制定与实施。
3. 理解区域性服务贸易规则与多边贸易规则的联系和差异。
4. 了解区域性服务贸易规则状况。

素养目标

1. 通过区域经济一体化中的服务贸易秩序，区域服务贸易规则的制定与实施的学习，加强读者对区域服务贸易规则的理解，增强提升我国话语权的自信心。
2. 通过区域性服务贸易规则影响的学习，引导读者增强应对能力和应变意识。

案例导引

RCEP 对地区及世界经济的积极意义

RCEP 的生效实施标志着世界上最大的自由贸易区正式扬帆起航，将推动区域一体化向更高水平迈进。

首先，RCEP 的生效实施将有助于打造地区经贸合作新增长点，深化东亚区域经济开放融合。从经贸合作角度看，RCEP 的生效实施提高了地区贸易投资自由化和便利化程度，密切了域内国家的经贸投资往来，为扩大区域贸易投资规模按下了“加速键”。具体来说，在贸易领域，一方面，RCEP 正式生效后，已核准成员国间 90%以上货物贸易的关税将最终变成零，这为地区货物贸易的繁荣发展注入了正能量；另一方面，RCEP现有的15个成员国均在服务贸易上作出了高于原有“10+1”自贸协定水平的开放承诺，有力地带动了区域内服务贸易的提质升级。在投资领域，RCEP明晰了禁止业绩要求的内容，采用负面清单模式对非服务业投资作出了相关承诺，并加大了投资保护的力度，有利于推动地区投资不断取得丰硕成果。

从产业链供应链运行来看，RCEP的生效实施增加了产业链供应链黏性，拓展了区域产业链供应链网络，为维护区域产业链供应链的畅通稳定作出了积极贡献。当下，百年未有之大变局与世纪疫情相互交织，地区乃至全球的产业链供应链面临着前所未有的挑战。在如此严峻的情势下，RCEP的生效、全球最大自由贸易区的正式启航将促进各类经济要素，如人员、货物等的顺利有序流通，加强域内国家间的生产分工合作，有效地助力了区域产业链供应链的安全稳定与加速融合。

其次，RCEP的生效实施将有助于增进亚太经济互联互通，开启亚太区域一体化发展新阶段。作为全球规模最大的自由贸易协定，RCEP的如期生效将加快中日韩自贸区谈判进程，提振中日韩自由贸易协定最终达成的信心。通过RCEP，中国和日本、中国和韩国首次建立起了自贸伙伴关系。这将激发三国间务实合作的潜能，拓宽互利合作的空间，为中日韩自贸协定的最终顺利缔结创造良好条件。同时，RCEP还是一份由亚太地区15国签署的现代、全面、高质量、互惠的新型自由贸易协定，涵盖了全球约三分之一的经济体量，被视为引领亚太区域一体化朝着更高质量、更深层次方向前进的重要力量。RCEP实施后，将有益于亚太经合组织互联互通蓝图的落实、亚太区域合作水平的提升以及亚太自由贸易区的建设，为构建开放包容、创新增长、互联互通、合作共赢的亚太命运共同体提供有力支撑。

资料来源：黄大慧，沈传新. RCEP对地区及世界经济的积极意义. 光明日报，2022-01-16（08）.

第一节　区域经济一体化与区域贸易安排

一、区域经济一体化与服务贸易自由化

（一）区域经济一体化

区域经济一体化始于20世纪50年代，以欧洲经济共同体的建立为标志，是指地理位置相邻、经济发展水平相当的两个或两个以上国家（地区），为取得区域内国家（地区）间的经济集聚效应和互补效应，实行统一的经济政策，实现商品、劳务和生产要素在区域内自由流动和重新配置而实行的某种形式的经济联合，或组成的区域经济组织。区域经济一体化以贸易自由化和促进多边合作为共同目标，但形式却多种多样，按照其一体化程度差异，可分为自由贸易区、关税同盟、共同市场、经济同盟及完全经济一体化等五种。从世界贸易组织关于区域贸易协定的规定来看，可分为关税同盟、自由贸易区以及为成立关税同盟与自由贸易区所缔结的“临时协定”等三类。

作为多边贸易体制最惠国待遇的最大例外，区域经济一体化在多边贸易体制中具有合法地位，其法律依据就是1947年《关税与贸易总协定》第1条所规定的历史性优惠安排，1994年《关税与贸易总协定》第24条与第24条的谅解，世界贸易组织《服务贸易总协定》的第5条以及1979年东京回合期间达成的《关于发展中国家差别、更优惠、互惠和较全面参与的决定》（简称《授权条款》）。

就《服务贸易总协定》第5条“经济一体化”条款而言，《服务贸易总协定》并不阻止其成员之间加入或成立服务贸易自由化的集团，但是这种服务贸易自由化的协定必须涵盖相当范围的服务部门，必须消除其成员之间就所涵盖的服务部门的“绝大多数”不符合国民待遇原则的歧视措施，包括消除既有的歧视措施或禁止新的歧视措施。《服务贸易总协定》也规定服务贸易一体化的目的，必须在于促进成员之间的贸易，而非提高对外服务贸易的整体障碍。

为了维护以世界贸易组织为核心的多边贸易体制，防止以“区域经济一体化”为合法外衣的贸易保护主义泛滥，世界贸易组织加强了对区域贸易协定的监督与审查。其中《服务贸易总协定》第5条第7款对服务贸易领域的区域一体化协定明确规定了审查程序。这是世界贸易组织对区域经济一体化协定进行审查的法律依据。世界贸易组织总理事会还于1996年2月成立了区域贸易协定委员会对各种区域贸易协定集中进行审议。其宗旨就是审查区域集团及评估它们是否与WTO规则相符，该委员会同时审查区域安排将如何影响多边贸易体制，以及区域安排之间的关系如何。

在贸易争端解决的实践中，世界贸易组织端解决机制中专家组与上诉机构认为区域经济一体化必须在最大程度上符合世界贸易组织的宗旨与目标，贸易体制是有等级的，世界贸易组织多边贸易体制优于区域贸易体制，即区域贸易体制是属于从属与次级地位的。[①] 虽然区域贸易安排与多边贸易体制具有较强的互补性，但是区域贸易安排在短期或者一定程度上侵蚀了多边贸易体制的基础。区域贸易安排的迅猛发展及其在世界范围内的蔓延，是对最惠国待遇原则的一种削弱，从而损害多边贸易体制的根基。区域贸易协定数量众多，规则烦冗复杂，对世界贸易组织构成了威胁，也使各国难以招架。特别是在贸易保护主义以及单边主义的影响下，多边贸易体制受到了前所未有的挑战。

（二）服务贸易自由化

贸易自由化指各成员方通过多边贸易谈判，降低和约束关税，取消其他贸易壁垒，消除国际贸易中的歧视待遇，扩大本国市场准入度。而实现上述目标的途径是以市场经济为基础，进行贸易自由化。服务贸易自由化是在经济全球化的基础上发展起来的，是贸易自由化在服务领域的具体表现。当今世界任何一个国家的经济发展都离不开世界上的其他国家。服务贸易自由化已经成为经济全球化和一体化趋势下国际贸易发展中的重要趋势和现象。

服务贸易自由化的趋势最早可以追溯到20世纪50年代，欧洲经合组织在成员国内

① 徐建平. 论区域经济一体化与多边贸易体制的关系. 西安政治学院学报，2006（5）：74-77.

部推行并完善了《无形贸易自由化法案》。20 世纪 70 年代起，面对巨额的货物贸易逆差和同样巨额的服务贸易顺差，美国开始积极推进服务贸易的自由化。1986 年，服务贸易被正式列为新一轮乌拉圭回合的谈判议题，1993 年《服务贸易总协定》终于达成，1995 年该协定正式投入运作。《服务贸易总协定》的签署和实施是国际多边贸易体制推动服务贸易自由化的一个重大突破，它为参与服务贸易的国家提供了服务贸易国际管理和监督的约束机制，为服务贸易的发展创造了一个稳定的、具有预见性的、自由贸易的法律框架。在这样的多边贸易体制下，各国做出服务市场准入的承诺，服务贸易壁垒有所降低，服务业国际化程度逐渐提高，服务贸易逐步自由化的原则为世界各国所接受。

与货物贸易自由化相比，服务贸易自由化涉及的范围更广，所涉领域很多为一个国家的敏感性行业和意识形态领域，开放难度更大，加之服务贸易自由化对发达国家和发展中国家产生的影响存在差异，自由化不确定因素更多，这些特点导致达成统一规则困难大、所花费时间长。

随着服务贸易的不断发展，服务贸易自由化的路径也在不断发展变化，从最初的区域一体化发展演变至多边谈判，再回归于区域内部的一体化。目前越来越多的区域贸易安排将服务贸易纳入其管辖范畴，区域经济一体化成为服务贸易自由化的重要路径和推动力。

二、区域贸易安排与区域服务贸易自由化

（一）区域贸易安排

区域贸易安排（regional trade arrangements，RTA）是指区域内国家和地区之间通过签订区域贸易协定等方式，使得在区域内进行的贸易比在区域外的自由化程度更高。简言之就是特定国家或地区之间的优惠贸易安排。根据成员之间贸易自由化程度的不同，区域贸易安排可以采取多种形式。安排水平的不同也决定了其可以依次构成区域经济一体化的不同阶段。随着世界经济的发展，区域性贸易协定数量日益增多。

区域贸易安排是对世界贸易组织最惠国待遇原则的例外。签订协定的成员彼此给予的优惠待遇不必按照世界贸易组织最惠国待遇原则给予区外的世界贸易组织成员。也就是说，协定成员之间的排他性安排并不违背世界贸易组织的规则。

区域贸易安排具有贸易创造效应。贸易创造效应是指由于国际经济一体化组织成员之间相互取消了关税和与关税具有同等效力的其他措施，造成了它们相互之间贸易规模的扩大和福利水平的提高。这是各国（地区）积极签订区域贸易协定的主要动机之一。

此外，区域贸易安排还存在贸易转移效应。贸易转移效应是指由于关税同盟对内取消关税，对外实行统一的保护关税，关税同盟国把原来从同盟外非成员国低成本生产的产品进口，转换为从同盟内成员国高成本生产的产品进口，从而发生了贸易转移。在贸易创造和贸易转移两种效应的同时作用下，形成了参与区域贸易安排受益、被排斥在外受损的局面。

在新一轮多边贸易谈判举步维艰、困难重重的背景下，加之贸易保护主义的盛行，使许多国家和地区争相通过商签区域贸易安排来规避贸易壁垒、拓展外部市场、促进自由贸易。但是由于区域贸易安排对内实行优惠贸易待遇，对外则具有明显的排他性和歧视性，

为抵消或减弱这些不利影响，各国和地区也不得不谋求参与到一个或多个区域贸易安排之中。区域贸易安排实际上已经成为各国和地区政府推行经济外交的行之有效的手段。

20 世纪 90 年代以来，区域贸易安排迅速发展。据统计，在《关税与贸易总协定》时期，每年向其通报的区域贸易协定平均不足 3 项，而世界贸易组织成立以来，年均向其通报的区域贸易协定达到 15 项以上。其中自由贸易区由于其灵活性和针对性，日益成为区域贸易安排的主要类型。然而需要注意的是，区域贸易安排更加复杂化，成员间经济一体化程度逐步深化。新签订的区域贸易安排除了扩展到服务贸易自由化之外，正在向投资规则、知识产权、环境政策和劳工条款等与贸易直接或间接相关的领域迈进，其贸易管理框架大多超出多边谈判达成的贸易规范，合作伙伴也不仅仅局限于地域上邻近国家或地区，而且呈现出扩展和联合的发展态势，越来越多样化。

（二）区域服务贸易自由化

早在 1957 年《罗马条约》中，区域服务贸易自由化就已初现，然而在《服务贸易总协定》签订之前的各相关服务贸易的协定还不足以推动当今区域服务贸易自由化的发展。直到《服务贸易总协定》达成，服务贸易被正式纳入国际多边贸易体制的框架，其自由化进程才开始正式起步。然而由于多边贸易体制谈判的高成本、存在的问题以及服务贸易自身特征等原因，在短时间内达成新的更加自由的服务贸易协定相当困难。因此，在多边贸易体制的指引下，推动区域服务贸易自由化成为一个选择。

从区域服务贸易安排的总体情况看，更多地倾向于以“否定式列表”的形式作出。基于“否定式列表”的服务贸易自由化承诺并非针对特定的服务部门或特定的服务提供模式作出的，它能“自上而下”地覆盖整个服务贸易活动，能适用于除列表中列出的例外情形以外的所有服务部门和所有服务提供模式。同时区域服务贸易自由化所覆盖的部门数量更加广泛，一般远远多于《服务贸易总协定》涉及的服务部门。随着发展中国家服务贸易的发展，服务业发展水平不断提高，越来越多的发展中国家开始推动服务贸易自由化，特别是区域服务贸易自由化。

区域性服务贸易规则规范了国际服务贸易，促使各国加快服务业发展，为服务业国际化创造条件。作为国内服务交换的扩大和延伸，只有国内服务贸易达到一定水平，在国际上才有竞争力。在推动区域服务贸易自由化的过程中，国内服务业与进入本国境内的外国服务业平等竞争、优胜劣汰。发展中国家应利用协定的优惠规定，大力发展服务业，增强其竞争能力，为发展对外服务贸易创造条件。

第二节　区域性服务贸易规则与多边贸易规则

一、区域性服务贸易规则与多边贸易规则的联系

（一）多边贸易规则是区域性服务贸易规则的重要指引

多边贸易规则是多边贸易体制的重要组成部分。在经济全球化不断深化的趋势和背

景下，特别是在贸易保护主义抬头的形势下，维护多边贸易体制，促进开放型世界经济，推动经济全球化向纵深发展不仅是大势所趋，而且对大多数国家是有利的，对于打造人类命运共同体具有重要意义。而区域性服务贸易安排促进服务贸易自由化快速发展也是在《服务贸易总协定》产生之后。多边贸易规则是区域性服务贸易安排和规则的重要基础。在世界贸易组织多边贸易体制的指引下，区域性服务贸易规则的谈判可以更有据可依且可以获得更大的规则的相容性。

（二）区域性服务贸易规则是多边贸易规则的一定补充

在世界贸易组织多边贸易体制框架下，区域经济一体化是其中的内容。其在多边贸易体制中具有合法地位。面对多边贸易体制下在服务贸易谈判的困境以及区域经济一体化的态势，区域性服务贸易规则的形成不仅在更广阔领域涉及区域服务贸易安排，而且通过区域性服务贸易规则，在一定程度上锁定了区域内成员国已经采取的服务贸易自由化政策，并且能借由区域经济体内部的条约抵制某些成员国贸易保护主义抬头，使多边贸易规则的内容更加完善。

（三）区域性服务贸易规则为多边贸易规则提供发展动力

在《服务贸易总协定》产生之前，欧盟、北美自由贸易区、澳新自由贸易区等区域性经济一体化组织已就服务贸易自由化进行了大量细致的规定。区域性服务贸易规则的制定和实施进一步拓宽了人们对服务贸易规则的认识，是多边贸易规则的启蒙。服务贸易理事会十分重视区域性协定项下相关规则的研究以资借鉴。区域性服务贸易规则不仅仅是多边贸易规则的重要补充，而且其成为多边贸易体制和规则进一步完善发展的重要推动力，成为未来多边贸易规则引入前的“试验田”。

二、区域性服务贸易规则与多边贸易规则的差异

（一）区域性服务贸易规则与多边贸易规则的形成过程不同

在世界贸易组织成立前，区域性服务贸易规则和多边贸易规则已经存在。《关税与贸易总协定》不仅形成时间更早，签订于 1947 年，而且有更多的经济体参与并推动，其宗旨是“提高生活水平、保证充分就业、保障实际收入和有效需求的巨大持续增长、扩大世界资源的充分利用以及发展商品的生产与交换”。实现上述宗旨的途径是各缔约方达成互惠互利协议，导致大幅度地削减关税和其他贸易障碍，取消国际贸易中的歧视待遇。相比来看，区域性服务贸易规则产生稍晚，参与并推动的国家是区域内的。它是区域经济一体化的重要贸易制度安排和成果。而在世界贸易组织成立后，多边贸易规则得到了更广泛、更有力的加强，形成了基于世界贸易组织的稳定的多边贸易体系。而区域性服务贸易规则则在区域经济一体化的推动下继续发展。

（二）区域性服务贸易规则与多边贸易规则规范的范围机制不同

区域性服务贸易规则是在区域经济一体化的基础上由相关国家实施谈判而缔结有关

协定，从而形成规范区域内部服务贸易的制度安排。它并不是面向区域外其他国家或更广阔的区域范围。而世界贸易组织下的多边贸易体制则不同。在世界贸易组织成立后，多边贸易谈判有相应的机制和组织保障，其成果对于世界贸易组织成员具有普遍的约束力，并且在世界贸易组织多边体制下也存在关于区域经济一体化的内容和制度安排。当发生贸易争端时，多边贸易体制有相应的争端解决机制和程序，用以解决贸易争端、协调贸易成员的关系，这与区域性服务贸易规则的安排存在不同。

（三）区域性服务贸易规则与多边贸易规则的实施效果存在差异

区域经济一体化由于对非成员国实行贸易保护主义，其带来的贸易创造效应在一定程度上被贸易转移效应所抵消。而区域性集团内部取消贸易壁垒，对外实行贸易保护主义，会使原来从区域外国家进口的服务转由区域内成员国进口，产生了贸易转移。这就无法实现资源的最优配置，给世界经济造成了一定的损失。而多边贸易规则的基本原则和对成员的普遍约束力推动贸易国从贸易中均能获益。这是多边贸易体制的一大特点。

三、区域性服务贸易规则对多边贸易规则的影响

（一）积极影响

1. 促进多边贸易体制的改革和发展

区域性服务贸易规则与多边贸易规则均在推动服务贸易的自由化。自由贸易可以使全世界的经济福利达到最大化，而区域经济一体化至少在区域成员国之间取消彼此间的贸易限制。区域性服务贸易规则一定程度上能对多边贸易体制起到补充作用，且可以推动多边贸易体制的完善与发展，使多边贸易体制尚未涉及的领域得到涉及或谈判中的困难得到一定程度的缓解，并为发展、完善多边贸易体制提供经验和基础。

2. 突破多边贸易体制的局限和不足

多边贸易体制下服务贸易谈判议题扩展存在一定的障碍，重大利益分歧大且难以消除，谈判效率低。由于服务贸易的迅速发展及其多元化、国际化的趋势加强，市场竞争加剧，贸易保护主义盛行。国际服务贸易规则大量存在于各国国内法层面，对国际服务贸易提供者及其所提供的服务产生了最直接、最广泛的影响。国内立法者的贸易政策取向较易受相关利益集团的影响，其摇摆不定阻碍了国际服务贸易自由化的发展。而区域服务贸易规则可以实现将已取得的区域内服务贸易自由安排制度化，抵制区域内某些成员内部利益集团的贸易保护主义，促进服务贸易自由化的发展。

（二）消极影响

1. 对多边贸易体制形成挑战

经济全球化趋势势不可挡，经济一体化程度加深，“块状”的区域性市场及相应的一体化规则人为地将无边界的技术区域化，对全球及各国的经济发展都将带来消极影响。在区域主义下，域内国家为实现本地区的贸易利益最大化，采取贸易保护主义，对多边

贸易体制造成了一定的损害。例如服务原产地规则容易被区域经济一体化成员利用，作为一种贸易保护工具，背离了多边贸易体制下的最惠国待遇原则。另外，区域性经济一体化协定中的争端解决条款可能与世界贸易组织的管辖权发生冲突。

2. 有可能形成更大的分化和不平衡

区域性经济一体化协议数量剧增的原因是为了提高地区经济效益与加强合作，但更重要的原因在于在竞争日益剧烈的国际市场上发挥地区优势，保证地区利益。经过多边贸易体制下多个回合的谈判，全球关税税率已大为降低，然而，各区域间各不相同的规则、标准及原产地规则构成了新的区域间壁垒。区域性服务贸易自由化有可能拉大发展中国家与发达国家在世界服务贸易格局中的差距，对多边贸易体制产生分化的消极影响。

第三节　区域性服务贸易规则状况

一、《美墨加协定》中的服务贸易规则

《美墨加协定》(the United States-Mexico-Canada Agreement，USMCA) 的前身是《北美自由贸易协定》(North American Free Trade Agreement，NAFTA)。NAFTA 由美国、加拿大和墨西哥组成，1992 年 8 月 12 日三国就《北美自由贸易协定》达成一致意见，并于同年 12 月 17 日由三国领导人正式签署，自 1994 年 1 月 1 日开始实施。自美国总统特朗普上任以来，多次批评《北美自由贸易协定》造成美国制造业岗位流失，要求重新谈判。经过一年多马拉松式的谈判后，美墨加三国于 2018 年 9 月就更新《北美自由贸易协定》达成一致，新协定更名为《美墨加协定》。2020 年 1 月，美国国会最终批准修订后的《美墨加协定》，并递交特朗普签署成法。协定于 2020 年 7 月 1 日开始实施。

USMCA 正文文本为 900 页，加上附录长达 1 812 页，正文页数大体上为 NAFTA 的 3 倍、《跨太平洋伙伴关系协定》(TPP) 的 1.5 倍。由 250 人、耗时 14 个月、谈判 11 个回合达成，协定有效期为 16 年，每 6 年审议一次。该协定与 TPP 的绝大多数文本一致，但在延续 TPP 高水平的基础上进行了实质性调整。主要体现在以下三方面：一是推动了更加严格的原产地标准、劳工标准、环境保护标准。二是修订了药品的知识产权标准，限制了药品的某些专利保护，更好地平衡了创新和竞争之间的关系。三是进一步丰富和完善了知识产权、劳动等章节的程序性规则，填补了 NAFTA 与 TPP 在执行方面的漏洞。

USMCA 在绝大部分继承 TPP 的基础上对部分议题进行了调整，例如 NAFTA 没有涉及数字贸易议题；TPP 中则设置了电子商务专章，而在 USMCA 中则演进为数字贸易专章（见表 6-1)。

表 6-1　NAFTA、TPP、USMCA 的服务贸易相关议题对比

NAFTA	TPP	USMCA
跨境服务贸易	跨境服务贸易	跨境服务贸易
商务人员临时入境	商务人员临时入境	商务人员临时入境

续表

NAFTA	TPP	USMCA
金融服务	金融服务	金融服务
电信	电信	通信
无	电子商务	数字贸易
知识产权	知识产权	知识产权

资料来源：笔者根据相关协定整理。

（一）《美墨加协定》关于服务贸易的主要内容

《美墨加协定》对于《北美自由贸易协定》服务贸易章节中的电信服务和商务人员临时入境等条款没有进行实质性的修改，但是针对跨境服务贸易和金融服务条款，协定进行了改进。

1. 跨境服务贸易

对于跨境服务贸易的定义，《美墨加协定》以注释的形式明确了跨境服务贸易章的纪律也适用于“采用电子手段”生产、分销、营销、销售或交付的服务，实现已有规则的数字化升级。尽管美国的专家组早已支持了这一观点，但这是第一次以文字的形式在协定中予以明确，同样也是对《北美自由贸易协定》跨境服务贸易定义的补充和改进。

2. 金融服务

《美墨加协定》在《北美自由贸易协定》第 14 章的基础上强调了金融业的开放。更新后的金融服务章节包括对金融服务市场自由化的承诺：（1）为美国金融机构、投资者以及金融服务跨境贸易提供公平的竞争环境。（2）强调美国金融服务商获得国民待遇和最惠国待遇；限制金融监管者以访问数据为由要求数据本地存储。（3）更新了允许跨境转移数据和更新市场准入义务的规定。（4）规定了有史以来最严格的透明度义务。（5）增加了关于跨境贸易承诺的单独附件，包括将国民待遇和市场准入义务应用于扩大的跨境服务清单。（6）为美国在墨投资设立特别争端解决机制。①

（二）《美墨加协定》关于知识产权和数字贸易的主要内容

《美墨加协定》在知识产权和数字贸易方面加强了对生产者的保护。其中第十九章“数字贸易”以《跨太平洋伙伴关系协定》规则作为基础。除直接承袭 TPP 中的部分条款外，USMCA 对 TPP 中的数字贸易规则进行了一系列升级。

1. 知识产权

《美墨加协定》就知识产权达成了一系列现代化、高标准的要求，旨在为知识产权提供强大、有效的保护。有关知识产权保护，协定在三个大类上进行了修改：（1）执法机关能够在出入境的所有区域截获涉嫌盗版或伪造的货物；（2）对卫星和有线信号窃取行为进行民事和刑事处罚；（3）反对商业机密盗取，尤其是国有企业的盗取行为。

---

① 李馥伊. 美墨加贸易协定（USMCA）内容及特点分析. 中国经贸导刊，2018（34）：26－28.

具体内容包括：

（1）为生物药和范围广泛的产品提供为期 10 年的数据保护；

（2）版权及相关权利享有完整的国民待遇；

（3）更强的专利保护（尤其是针对医药和农业）；

（4）最低版权保护期为作者寿终后 70 年（诸如版权人组等不以寿命为基础的作品，为首次授权出版后 75 年）；

（5）提高标准打击规避技术保护措施的行为；

（6）建立版权安全港来保护 IP 并为不直接受益于版权侵害行为的合法企业提供可预见性；

（7）为新地理标识的确认提供程序保障；

（8）加强商标保护；

（9）迄今为止最广泛的执法合作条款［强化执法人员法定职权，可在任何时候取缔涉嫌盗版或走私的货物；对窃取卫星与线缆信号实施民事与刑事处罚；针对窃取商业机密（包括国有企业）的行为制定广泛的保护措施］。

2. 数字贸易

USMCA 设立数字贸易章节，旨在保护数字供应商的竞争力，减少数字贸易限制，新增禁止将关税和其他歧视性措施应用于以电子方式分发的数字产品；确保数据可以跨境传输，并最大限度地减少数据存储和处理的限制；保护消费者在数字贸易中的隐私权；限制政府要求披露源代码和算法的能力；加强应对网络安全挑战的应对合作；促进对政府生成的公共数据的开放访问等。除此之外，USMCA 首次以“数字贸易”取代“电子商务”作为数字贸易相关章节的标题，进一步明确了数字贸易的内涵，避免陷入“以网络交易平台为支撑的在线交易”的误解。同时，以数字贸易为核心，在与服务贸易相关的章节中设定纪律或条款，改善了原有规则无法适应数字贸易的现状。

（1）范围。

第 1 款：缔约方认识到数字贸易提供的经济增长和机会，以及促进消费者对数字贸易的信心和避免数字贸易使用和发展的不必要障碍的框架的重要性。

第 2 款：本章适用于一方采取或维持的影响通过电子方式进行贸易的措施。

第 3 款：本章不适用于：①政府采购；②一方或其代表持有或处理的信息，或与该信息相关的措施，包括与该信息收集相关的措施，但第 18 条（政府公开数据）的规定除外。

第 4 款：为了更大的确定性，影响以电子方式提供或执行的服务的供应的措施受第 14 章（投资）、第 15 章（跨境服务贸易）和第 17 章（金融服务）的约束，包括本协定中规定的适用于上述各章所载义务的任何例外或不符合措施。

（2）关税。

第 1 款：任何一方不得就一方人员与另一方人员之间通过电子方式传输的数字产品的进口或出口或与之相关的进口或出口征收关税、费用或其他费用。

第 2 款：为了更大的确定性，第 1 款并不排除一方对电子传输的数字产品征收内部税收、费用或其他费用，只要这些税收、费用是以与本协议一致的方式征收的。

（3）数字产品的非歧视待遇。

第 1 款：对于在另一方领土上创建、制作、出版、签约、委托或首次以商业条款提供的数字产品，或作者、表演者、制作人、开发者或所有者为另一方人士的数字产品，任何一方不得给予更优惠的待遇。

第 2 款：本条不适用于一方提供的补贴或赠款，包括政府支持的贷款、担保或保险。

（4）合作事宜。

第 1 款：数字贸易具有全球性，因此各方应努力做到：①就与数字贸易相关的法律法规、依法执法等进行信息交流与经验分享；②就促进和发展包括亚太经合组织跨境商业个人数据隐私保护规则在内的机制开展合作并保持对话，以促进隐私机制的全球互通；③积极参与区域和多边论坛，以促进数字贸易的发展；④鼓励私营部门创造促进数字贸易发展的自我监管办法，包括行为准则、示范合同、指导方针和执行机制等；⑤为残疾人打造窗口以获取信息并接触通信科技；⑥通过国际跨界合作倡议，促进相关机制的建立，协助用户就个人信息保护提出跨界投诉。

第 2 款：各方应考虑设立一个论坛，以处理上述问题或与本条款操作有关的任何其他问题。

二、欧盟服务贸易规则

1957 年 3 月 25 日，在欧洲煤钢共同体的基础上，法国、联邦德国、意大利、荷兰、比利时、卢森堡 6 国政府首脑和外长在罗马签署《欧洲经济共同体条约》和《欧洲原子能共同体条约》，这两个条约被称为《罗马条约》。该条约于 1958 年 1 月 1 日生效。1958 年 1 月 1 日，法国、德国、意大利、荷兰、比利时、卢森堡 6 国根据《罗马条约》正式组建欧洲经济共同体和欧洲原子能共同体；1967 年 7 月 1 日生效的《布鲁塞尔条约》将上述两个共同体和 1951 年由上述 6 国组建的欧洲煤钢共同体合并，统称为欧洲共同体。随后，先后经过 6 次扩大，欧盟已成为一个涵盖 27 个国家、一体化程度最高的国家联合体。欧盟在服务领域的自由化进程主要是随着一系列法律措施的实施而逐步推进的。

（一）《罗马条约》关于服务贸易的主要内容

《罗马条约》是服务贸易规则的基础，其涉及的内容极其广泛，其中新内容是建立关税同盟和共同市场，逐步协调经济和社会政策，实现商品、人员、服务和资本的自由流通，同时确立了“在过渡时期内，对于居住在劳务提供对象国以外的共同体国家的成员国公民在共同体内部自由提供服务的限制，必须予以逐步消除”的目标。此后欧共体服务一体化的一系列贸易规则都是在此基础上产生的。欧盟服务贸易规则遵循内部贸易自由化优先原则，同时注意，对外服务贸易规则应遵循世界贸易组织原则。

1. 服务的定义

通常以取得报酬为条件而提供的服务被认为是服务，但不能以商品、资本和人员流动所规定的管辖者为限。

2. 非歧视性原则

非歧视性原则适用于内部成员国贸易，包含市场准入和国民待遇概念。欧盟的市场准入和国民待遇制度与北美自由贸易区的规定大致相同。

3. 专业资格的相互承认

《罗马条约》第 57 条规定，共同体部长理事会应该根据规定程序发布指令，相互承认文凭、证书以及其他正式的资格证明，便于有关人员作为自雇职业人员从事或继续活动。

4. 透明度原则

《罗马条约》第 64 条规定，在一个成员国整体经济情况和有关部门情况许可的范围内，成员国除了应解除有关服务限制措施外，还应该将其余拟解除的服务限制公布。

5. 服务原产地原则

欧盟服务原产地原则与一般服务原产地原则基本一致，即只有原产于成员国内部的服务和产品才能享受区域贸易优惠政策。

6. 补贴和政府援助

《罗马条约》第 29 条规定，由一成员国发放或经由不论任何形式的国家援助，凡是以优待某些企业造成竞争扭曲的，均与共同市场相抵触。

7. 政府采购

（1）政府采购须在整个欧盟范围内招标，使所有成员国企业均有机会投标；（2）禁止为歧视潜在外国投资者而规定的特定技术要求；（3）在招标和评标时须采用客观标准。

8. 争端解决机制

服务提供者与某一成员国或成员国之间的诉讼可以在成员国法院、欧盟初审法院和欧洲法院进行。

（二）具体行业的服务贸易规则

1. 对外金融服务协议

（1）对外银行业。

第三国信贷机构设立于共同体成员国的子公司，取得该成员国的营业执照，就可与其他共同体信贷机构一样，从“单一银行执照”制度获得在共同体范围内设立分公司和提供服务的好处，否则无此权利。第三国信贷机构能否在共同体内设立子公司或取得共同体信贷机构的股权，适用“互惠原则”。此外，第三国对共同体信贷机构存在的歧视待遇，委员会可发起谈判和进行补救，理事会不直接参与。

（2）对外保险业。

成员国可根据其批准程序同意第三国保险企业在共同体内部设立分公司。共同体可根据互惠条件向第三国开放有关的保险服务，使其保险机构可取得共同体内部保险机构的同等待遇，但其应保持自己的偿付准备金，还应通过证券资产形式保持保证基金。欧盟承诺给予第三国保险机构全面最惠国待遇基础上的国民待遇。

（3）对外证券业。

欧盟承诺给予第三国证券机构在全面最惠国待遇基础上的国民待遇，承认根据第三国法规规定和审查的公开发行证券说明书。

2. 对外运输服务协议

（1）海运服务。

协定制定了关于价格承诺或补偿税款的有约束力的程序，规定在共同体船东和共同体利益受到重大损害或损害威胁时，可采取必要的保障行动。当其他国家用货载分摊方式限制或威胁共同体运输货物进入该国时，共同体可采取协调行为，若协调不成，可采取外交措施或诸如配额、税收方面的约束措施。

（2）航空运输服务。

按照《服务贸易总协定》，欧盟承诺，对计算机订票和空运服务列出了最惠国待遇例外，涉及计算机守则中规定的互惠条款。如果第三国对欧盟航空公司不提供同等待遇，欧盟将解除对该国航空公司自动订票的义务。

3. 对外电信服务协议

欧盟电信业对外开放一直有所保留。在进行电信服务谈判时，承诺开放各种先进的电信服务。此外，欧盟电信自由化计划要求各成员国开放诸如有线网络等“另类基础建设”市场，自 1998 年 1 月 1 日起开放基本电话服务市场，从而结束了欧盟各国营电信事业垄断的历史。

4. 对外视听服务协议

在乌拉圭回合谈判中，欧盟就视听业的市场准入和国民待遇没有做出任何承诺，将其列入最惠国待遇例外，以保护欧洲视听产品对本地市场的占领。欧盟承认《服务贸易总协定》中透明度、逐步自由化等原则适用于视听服务业。

三、东盟自由贸易区服务贸易规则

东南亚国家联盟的前身是由马来西亚、菲律宾和泰国 3 国于 1961 年 7 月 31 日在曼谷成立的东南亚联盟。1967 年 8 月 7—8 日，印度尼西亚、新加坡、泰国、菲律宾四国外长和马来西亚副总理在泰国首都曼谷举行会议，发表了《东南亚国家联盟成立宣言》，即《曼谷宣言》，正式宣告东南亚国家联盟［简称东盟，Association of Southeast Asian Nations（ASEAN）］的成立。

（一）《东盟服务贸易框架协定》

东盟区域服务贸易自由化始于 20 世纪 90 年代中期。此后东盟在《服务贸易总协定》框架下开启了本区域服务贸易自由化的进程，并于 1995 年 12 月签署《东盟服务贸易框架协定》，作为指导成员国之间服务部门开放和服务贸易自由化的专门性文件。

1. 宗旨

协定提出，为了加强成员国之间的服务合作以增强本区域服务提供者在本区域内外的经营效率、竞争力以及多样化产品的供应能力，在成员国之间消除服务贸易实质性限制；除了在《服务贸易总协定》中承诺的自由化措施外，各成员国应进一步采取扩大和加深自由化的举措，以实现服务贸易自由化的目标。

2. 合作领域

第 1 款，所有成员国应根据本框架协定参加合作安排。如果其他成员国还未准备好履行这些安排，则两个或以上的成员国可首先起步。

第 2 款，成员国应在各服务部门努力加强现有的合作，进一步开展那些还没被包括在现有合作安排内的服务领域合作。合作应包括建立或改善基础设施；达成联合生产、营销或购买的安排；共同研究和发展；信息交换。

第 3 款，成员国应确认合作的部门，提出包含详细合作措施及力度的行动计划、进度安排、谅解书。

3. 自由化

在成员国之间实质性消除所有现存的歧视性措施和市场准入限制；禁止新的和更多的歧视性措施和市场准入限制。

4. 具体承诺的谈判

第 1 款，规定成员国应该在具体服务部门就影响服务贸易自由化的措施进行谈判。这类谈判应促使各成员国在《服务贸易总协定》已有承诺的基础上进一步做出具体承诺，并根据最惠国待遇在区域内部实施。

第 2 款，规定每一成员国应在承诺表中列明其具体承诺事项。

第 3 款，规定该框架协定并不阻碍任何成员国基于边境地区内的服务流动而给予邻国的优惠。

5. 互相承认

第 1 款，规定就服务提供者的执照和证书而言，每一成员国可承认在另一成员国获得的学历和从业经验、已满足的条件及所颁发的许可证或证明。

第 2 款，上述规定并非要求各成员国承担接受或达成此类相互承认协定或安排的义务。

6. 利益的拒给

协定的特惠不必给予非成员国国民的自然人服务提供者，或者属于或者受制于非成员国居民的法人。

7. 争端的解决

成员国因协定或者相关安排的解释或适用而产生的分歧，应依《东盟争端解决机制议定书》的规定解决。

（二）《中国-东盟全面经济合作框架协议服务贸易协议》

2002 年 11 月 4 日，中国与东盟签署了《中国-东盟全面经济合作框架协议》，决定到 2010 年建成中国-东盟自由贸易区。该框架协议是中国-东盟自由贸易区的法律基础，共有 16 项条款，规定了自由贸易区的目标、范围、措施、起止时间，先期实现自由贸易的“早期收获”方案，经济技术合作安排，给予越南、老挝、柬埔寨 3 个非世界贸易组织成员以多边最惠国待遇的承诺以及在货物、服务和投资等领域的未来谈判安排等内容，总体确定了中国-东盟自由贸易区的基本架构。

根据协议，中国-东盟自由贸易区将包括货物贸易、服务贸易、投资和经济合作等内容。其中货物贸易是自由贸易区的核心内容，除涉及国家安全、人类健康、公共道德、文化艺术保护等世界贸易组织允许例外的产品以及少数敏感产品外，其他全部产品的关税和贸易限制措施都应逐步取消。

《中国-东盟全面经济合作框架协议服务贸易协议》由中国和东盟于 2007 年 1 月 14 日签署，于当年 7 月 1 日生效。该协议放宽了双方建筑、运输、金融、旅游等多个行业准入标准，使中国与东盟国家在旅游、文化、教育、管理咨询、运输等方面，在世界贸易组织的基础上进一步开放。根据该协议，自由贸易区内允许外国独资设厂，放宽设立公司的股权比限制，还促进了资本、信息、人员等要素流动，使各国消费者享受到更多的优质服务，尤其是服务行业可从中获得更大的商机。

四、亚太经济合作组织服务贸易规则

亚洲太平洋经济合作组织，简称亚太经合组织（Asia-Pacific Economic Cooperation，APEC），是亚太地区最具影响的经济合作官方论坛。1989 年 11 月 5—7 日，亚太经济合作会议首届部长级会议举行，1993 年 6 月改名为亚太经合组织。亚太经合组织贸易投资自由化目标包括了服务贸易自由化。

亚太经合组织服务贸易规则主要朝向贸易投资自由化和便利化发展，相关内容主要涉及：（1）通过建立关税数据库交换信息，提高关税透明度，逐步消减关税。（2）逐步减少服务贸易市场准入限制，首批在电信、交通、旅游和能源四个部门开展工作；逐步向投资者提供最惠国待遇和国民待遇，提高投资透明度，促进投资制度和投资环境自由化，通过技术援助和合作活动促进投资。（3）保证成员之间标准评定的透明度，并且实现相互认可，促进技术发展合作。（4）增强对政府采购制度与实践的共同理解，实现政府采购市场自由化。（5）提高成员管理自由化与透明度，消除由于国内规章引起的贸易与投资扭曲。（6）保证原产地规则和国际规则统一，确保各成员原产地规则的中立性、透明度和公正性。（7）促进及时采用有效程序解决本地区企业和政府、企业间争端，提高法律、法规透明度，减少和避免有关贸易与投资争端，形成一个稳定的商业环境。

（一）《大阪行动议程》中的服务贸易规则

《大阪行动议程》确定在电信、交通、能源、旅游四个服务部门开展工作，成员可在自愿基础上在其他部门采取行动。亚太经合组织经济体根据服务业领域工作政策构架逐步减少服务贸易市场准入的限制，逐步提供服务贸易的最惠国待遇及国民待遇，在受规范部门提供服务贸易法规及管制程序等信息的公平、透明度发展、确认与适用达到区域内自由及开放的贸易与投资。

该议程的指导原则是：（1）对在服务贸易方面进行的世界贸易组织谈判作出积极的贡献；（2）在《服务贸易总协定》框架下增加对市场准入和国民待遇方面的承诺，在适当的方面取消最惠国待遇例外；（3）在适当的方面采取进一步行动执行亚太经济合作组织在服务贸易和投资领域自由化、便利化和促进经济技术合作的自愿性菜单；（4）促使有关团体加入规则和法规进程，促使其迅速考虑和认可规则，促使其公平而透明地执行规则；(5) 为了提供服务，应支持亚太经合组织能力建设，其方式是改善基础设施、促进先进技术应用和人力资源开发。

（二）《马尼拉行动计划》中的服务贸易规则

《马尼拉行动计划》包含根据《大阪行动议程》循序渐进、逐步和全面实现贸易和投资自由化，以便到2010年和2020年实现贸易目标进程的头几步措施。该计划决心通过审议和协商的持续进程保持该计划的活力，改进单边行动计划。

《马尼拉行动计划》的目标是各成员逐步取消服务领域限制市场准入的措施，实施国民待遇和最惠国待遇原则，以实现亚太地区开放性的贸易和投资自由化。为此，各成员须遵循如下指导原则：积极参与世界贸易组织服务贸易领域的相关谈判，适当扩大《服务贸易总协定》中有关市场准入和国民待遇的具体承诺，削减对最惠国待遇原则提出的保留，进一步采取服务便利化措施。

五、区域全面经济伙伴关系中的服务贸易规则

区域全面经济伙伴关系（Regional Comprehensive Economic Partnership，RCEP)，是由东盟十国发起，邀请中国、日本、韩国、澳大利亚、新西兰、印度共同参加（“10+6”），通过削减关税及非关税壁垒，建立16国统一市场的自由贸易协定。它是由东盟国家首次提出，并以东盟为主导的区域经济一体化合作，是成员国间相互开放市场、实施区域经济一体化的组织形式。

2017年以来，始自2012年的RCEP谈判进程开始全面“提速”。16国已完成了7个章节的磋商，谈判任务完成度提升到接近80%。一些基于规则的章节取得了突破性进展。在2018年11月14日的会议上，李克强总理表示，RCEP是基于WTO规则的更高水平自贸协定的区域合作协议，在当前贸易保护主义、单边主义抬头的背景下，这一协定的达成有利于区域各国向世界发出积极信号。2020年11月15日，《区域全面经济伙伴关系协定》在东亚合作领导人系列会议期间正式签署。经过8年谈判，世界上人口数量最多、成员结构最多元、发展潜力最大的自贸区就此诞生，意味着全球约三分之一的经济体量形成了一体化大市场。

表6-2为中国参与的主要区域贸易协定中各成员方所做的服务开放承诺的部门数量。

表6-2　中国参与的主要区域贸易协定中各成员方所做服务开放承诺的部门数量

RCEP	中国-东盟	中国-韩国	中国-澳大利亚	中国-新西兰
中国：122个	中国：112个	中国：114个	中国：120个	中国：106个
东盟：整体100个；澳大利亚：约137个；日本：约148个；韩国：约111个；新西兰：约110个	东盟：低于100个（其中文莱、印度尼西亚、老挝、缅甸不超过50个）	韩国：106个	澳大利亚：137个	新西兰：110个

资料来源：《区域全面经济伙伴关系协定》。

表6-3为RCEP框架下成员所做的值得关注的服务贸易承诺。

表 6-3 RCEP 框架下成员所做的值得关注的服务贸易承诺

	中国	日本	韩国	澳大利亚	新西兰
金融	—	人寿险、意外险、健康保险等；除存款保险外的银行服务	—	保险	—
健康	—	医院、健康服务	医院	联邦血清实验室之外的医院、人类健康服务	—
旅游	—	整体上全面开放	整体上全面开放	整体上全面开放	饭店和餐饮、导游
娱乐	体育和其他娱乐	整体上全面开放	图书馆、档案馆、博物馆、体育馆和其他	整体上全面开放	—
运输	海运代理、公路卡车、汽车货物运输	大部分海洋运输、管道运输	海运客运、其他运输	国际班轮外的海运、铁路运输、公路运输、管道运输	机场运输、机场管理、铁路运输、公路运输、管道运输
其他	专业设计、理发、美容	—	—	整体上全面开放	洗涤、清洗和染色

资料来源：《区域全面经济伙伴关系协定》。

（一）RCEP 关于服务贸易的主要内容

在服务贸易领域，日本、韩国、澳大利亚、新加坡、文莱、马来西亚、印度尼西亚等 7 个成员采用负面清单方式承诺，我国等其余 8 个成员采用正面清单承诺，并将于协定生效后 6 年内转化为负面清单。就开放水平而言，15 方均作出了高于各自“10＋1”自贸协定水平的开放承诺。中方服务贸易开放承诺达到了已有自贸协定的最高水平，承诺服务部门数量在我国入世承诺约 100 个部门的基础上，新增了研发、管理咨询、制造业相关服务、空运等 22 个部门，并提高了金融、法律、建筑、海运等 37 个部门的承诺水平。其他成员在中方重点关注的建筑、医疗、房地产、金融、运输等服务部门都作出了高水平的开放承诺。

RCEP 的第八章“服务贸易”章节除市场开放及相关规则外，还包含了金融服务、电信服务和专业服务三个附件，对金融、电信等领域作出了更全面和高水平的承诺，对专业资质互认作出了合作安排。

1. 金融服务附件代表了我国金融领域的最高承诺水平

首次引入了新金融服务、自律组织、金融信息转移和处理等规则，就金融监管透明度作出了高水平承诺，在预留监管空间维护金融体系稳定、防范金融风险的前提下，为各方金融服务提供者创造了更加公平、开放、稳定和透明的竞争环境。这些规则将不仅有助于我国金融企业更好地拓展海外市场，还将吸引更多境外金融机构来华经营，为国内金融市场注入活力。

2. 电信附件制定了一套与电信服务贸易相关的规则框架

在现有的“10＋1”协定电信附件的基础上，RCEP 还包括了监管方法、国际海底电缆系统、网络元素非捆绑、电杆、管线和管网的接入、国际移动漫游、技术选择的灵活性等规则。这将推动区域内信息通信产业的协调发展，带动区域投资和发展重心向技术前沿领域转移，促进区域内产业创新融合，带动产业链价值链的提升和重构。

3. 专业服务附件对 RCEP 成员就专业资质问题开展交流作出了一系列安排

主要包括加强有关承认专业资格机构之间的对话，鼓励各方就共同关心的专业服务的资质、许可或注册进行磋商，鼓励各方在教育、考试、经验、行为和道德规范、专业发展及再认证、执业范围、消费者保护等领域制定互相接受的专业标准和准则。

（二）RCEP 关于知识产权的主要内容

在知识产权领域，RCEP 的第十一章“知识产权”涵盖著作权、商标、地理标志、专利、外观设计、遗传资源、传统知识和民间文艺等广泛内容，在兼顾各国不同发展水平的同时，显著提高了区域知识产权保护水平。

1. 目标

本章旨在通过有效和充分地创造、运用、保护和实施知识产权权利来深化经济一体化和合作，以减少对贸易和投资的扭曲和阻碍，同时认识到：

第一款：缔约方间不同的经济发展水平和能力，以及各国法律制度的差异；

第二款：促进创新和创造的需要；

第三款：维持知识产权权利持有人的权利、知识产权使用者的合法权益，以及公共利益之间适当平衡的需要；

第四款：便利信息、知识、内容、文化和艺术传播的重要性；

第五款：制定和维持透明的知识产权制度，并推动和维持充分和有效的知识产权权利的保护和实施，为权利持有人和使用者提供信心。

第六款：知识产权权利的保护和实施应该有助于促进技术创新和技术转让及传播，以利于社会和经济福利的方式推动技术知识的创造者和使用者的共同利益，并且有助于权利与义务的平衡。

2. 范围

知识产权指《与贸易有关的知识产权协定》第二部分第一至七节所指的著作权和相关权利，商标、地理标志、工业设计和专利、集成电路布图设计（拓扑图）、保护植物品种，以及对未披露信息的保护。

3. 原则

第一款：一缔约方在制定或修订法律法规时，可以在对其社会经济和技术发展至关重要的领域采取必要措施，以保护公众健康与营养和促进公共利益，前提是相关措施与本章一致。

第二款：可能需要采取与本章一致的适当措施，以防止权利人滥用知识产权权利或采取不合理地限制贸易或对国际技术转让产生不利影响的做法。

第三款：除第二款外，缔约方认识到促进竞争的需要。

4. 义务

每一缔约方应当执行本章的规定。一缔约方可以在其法律中执行比本章要求更广泛的保护，只要此类保护不违反本章的规定，但并无强制性义务。每一缔约方应当自由决定在其法律制度和实践中执行本章规定的适当方法。

本章小结

区域一体化的发展为服务贸易提供了新的动力和路径，也推动了服务贸易自由化的深入发展。事实上，区域性服务贸易规则与多边贸易规则既有联系，也有区别。联系表现在多边贸易规则是区域性服务贸易规则的重要指引，区域性服务贸易规则是多边贸易规则的补充，也为多边贸易规则提供发展动力；差异表现在区域性服务贸易规则与多边贸易规则形成过程不同，范围机制不同，效果也存在差异。要高度重视区域性服务贸易规则对多边贸易规则的影响，同时紧密跟踪区域性服务贸易规则状况，从而为我国服务贸易发展提供全面、及时的规则和政策信息，促进服务企业“走出去”。

概念和术语

区域经济一体化；服务贸易自由化；区域贸易安排；RCEP

复习思考题

1. 简述区域性服务贸易规则与多边贸易规则的联系和差异。
2. 简述区域性服务贸易规则对多边贸易规则的影响。
3. 查阅相关资料，跟踪《美墨加协定》关于服务贸易规则的最新状况。
4. 查阅相关资料，跟踪欧盟服务贸易规则最新状况。
5. 查阅相关资料，跟踪亚太经合组织服务贸易规则最新状况。

延伸阅读

《美墨加协定》：美国重塑国际贸易规则？

第七章
国际服务贸易政策

学习目标

1. 掌握国际服务贸易政策的概念和类型。
2. 理解国际服务贸易政策演变的影响因素。
3. 了解国际服务贸易政策演变的历程。
4. 理解自由服务贸易政策的效应及相应的政策选择。
5. 掌握国际服务贸易壁垒。
6. 了解国际服务贸易保护程度的衡量和保护政策的效应。

素养目标

1. 通过国际服务贸易政策概念、类型、演变历程以及影响因素和历程的学习，引导读者运用历史的观点分析问题。

2. 通过自由服务贸易政策和保护服务贸易政策的学习，厘清国际服务贸易政策自由与保护的两条线索，引导读者进行科学合理的政策分析和选择，坚定政策制定实施的国家立场和人民情怀。

案例导引

探索服务贸易制度型开放路径

当前，我国服务贸易面临前所未有的发展机遇。服务业新动能逐步激发，新业态新模式不断涌现；制造业与服务业持续融合，服务供给的质量、效率明显提升。

近年来，我国企业的科技创新能力不断提升，效果也越来越显著。随着我国知识、技术密集型服务业国际竞争力的增强，知识密集型服务贸易呈现迅猛发展之势。商务部新闻发言人高峰此前表示，疫情深刻影响了人们的生产生活方式，视听服务、医疗、教育、网上零售等在线提供与线上消费大幅增长，数字支付手段大量运用，为知识密集型服务贸易快速增长拓展了空间。2021 年，我国知识密集型服务出口增长 18%；其中，个人文化和娱乐服务、知识产权使用费、电信计算机和信息服务出口分别增长 35%、26.9%、22.3%，显示出较强的出口竞争力。从 2022 年一季度数据看，这一势头得以延续。

进一步看，据国家统计局数据，2021 年我国服务业增加值同比增长 8.2%，占国内生产总值比重为 53.3%。服务业新动能逐步激发，新业态新模式不断涌现；与此同时，新一代信息技术大大提高了服务的可贸易性，制造业与服务业持续融合，服务供给的质量、效率明显提升，我国服务业快速增长为 2022 年以来我国服务贸易协调发展更进一步奠定了坚实基础。

当前我国已进入高质量发展阶段，服务贸易面临前所未有的发展机遇。同时，我国服务贸易发展也面临新的挑战。从国际看，全球产业链供应链面临重塑，区域化、本土化趋势明显。服务贸易复苏在疫情影响下仍具有不确定性、不稳定性。从国内看，部分服务领域国际竞争力有待提高，服务供给不能充分满足消费升级和产业转型的需要，服务贸易发展不平衡不充分问题仍然突出。

为积极应对挑战，以更加开放的姿态推动中国服务贸易高质量发展，应努力从以下几个方面发力。

进一步支持服务贸易发展，要扎实推进实施《“十四五”服务贸易发展规划》，各地应落实好各项任务举措。同时，要研究推动出台一批新的政策措施，大力促进数字贸易、技术贸易、对外文化贸易高质量发展。

进一步支持服务贸易发展，要不断探索服务贸易制度型开放路径，推动出台全国版跨境服务贸易负面清单。持续推进服务贸易创新发展试点各项政策举措落地见效，总结推广更多制度创新成果。遴选试点成效显著的地区，升级建设国家服务贸易创新发展示范区。

进一步支持服务贸易发展，要推进特色服务出口基地提质升级扩围，完善基地管理制度和促进体系，落实支持基地发展的各项政策措施。不断促进服务贸易在构建新发展格局、培育国际合作和竞争新优势中发挥更大的推动作用。

资料来源：改编自冯其予. 探索服务贸易制度型开放路径. 经济日报，2022-05-16（006）.

第一节 国际服务贸易政策演变

一、国际服务贸易政策的概念与类型

（一）国际服务贸易政策的概念

国际服务贸易政策是国家、国家集团或国际组织出于既定目的，而采取的针对服务贸易的各种措施，通常借助并表现为特定的政府行为。

贸易政策包含的基本要素包括政策主体、政策客体、政策目标、政策内容、政策手段或工具。政策主体是指政策行为者，即政策的制定者和实施者，一般来说主要是各国的政府。政策客体或政策对象是贸易政策所规划、指导、调整的贸易活动以及从事贸易活动的企业、机构或个人。政策目标是制定和调整政策内容的依据。确定贸易政策目标本身是一件复杂的事情，既存在多元政策目标之间的协调问题，又存在目标与手段的搭配（组合）等问题。政策内容既指实行什么政策，又反映了贸易政策的倾向、性质、种类、结构等。政策手段或政策工具即为了实现既定的政策目标，实施政策内容所采取的对外贸易管理措施，如关税措施、非关税措施、汇率措施、利率措施、税收措施等，还包括建立某种贸易制度。

（二）国际服务贸易政策的类型

国际服务贸易政策主要分为三种类型，包括积极开放型政策，即自由贸易政策；保守开放型政策；限制开放型政策，即保护贸易政策。

采取自由服务贸易政策主要是在服务业、服务贸易发展和竞争中具有比较优势或竞争优势的国家，其主张服务贸易自由化，有向外拓展市场的倾向。

采取保守开放型服务贸易政策主要是在服务业、服务贸易发展中初步具有国际竞争力的国家，其希望进一步提升国际竞争力，逐步扩大服务贸易开放，最终参与国际市场竞争。

采取保护服务贸易政策主要是在服务业、服务贸易发展和竞争中不具备优势的国家，其出于国家经济利益等各方面的考虑，在国际谈判中把开放服务贸易作为一种筹码。

伴随着国际服务贸易的繁荣发展，世界各国都非常重视本国对外服务贸易的政策取向，服务贸易政策已经成为各国对外经济政策的重要组成部分。与国际货物贸易类似，国际服务贸易领域也存在着自由和保护两种基本观点，反映在政策层面上，主要表现为自由贸易政策和保护贸易政策两个方面。然而，由于服务贸易与货物贸易标的不同，服务贸易领域的自由与保护有着自身的特殊性，且在实际操作层面，比货物贸易更加复杂。

二、国际服务贸易政策演变的影响因素

国际服务贸易政策的演变与国际服务贸易的产生和发展是分不开的。同时，服务业作为服务贸易的产业基础，其在各国经济中地位的变化对国际服务贸易政策的制定也有着不可忽视的影响。此外，科技创新发展、经济全球化、区域经济一体化等趋势以及地区国家发展差异和不平衡都成为影响国际服务贸易政策演变的重要因素。

（一）世界产业结构的变迁推动国际服务贸易政策变革

按照发展经济学的经济增长阶段论，随着国家经济能力的增长，该国的产业结构将依次提升，逐步由农业经济过渡到工业经济，再由工业经济发展到服务经济。20 世纪 60 年代初，主要西方国家都已完成了本国的工业化进程，开始步入后工业化的发展阶段，

即国内经济重心向服务业转移。由各国经济增长所带动的产业升级使得世界产业结构发生了大规模的调整，以及对服务的需求快速增长，从而国际服务贸易领域面临政策制定、合作等客观需要和必然要求，同时调整已有的政策，或是保护，或是促进自由贸易以深度参与产业结构的升级和世界转移，更好地实现国家利益和目标。

（二）世界货物贸易的发展促进国际服务贸易政策的调整

世界货物贸易与服务贸易繁荣发展紧密相随，特别是在货物贸易高速增长的带动下，同货物进出口直接关联的传统服务贸易项目，如运输、货物保险等，都相应地在规模上、数量上成倍增长。而国际投资的迅速扩大和向服务业的倾斜，带动了国际服务贸易的迅猛增长，由此使各国在制定货物贸易政策时高度重视服务贸易相关政策，不仅政策目标更加多元、政策内容更加丰富，同时政策客体更加广泛，以便适应货物贸易与服务贸易快速发展的形势，适应服务贸易新业态、新模式的兴起和发展，同时有利于货物贸易的进一步增长。

（三）世界科技的创新发展丰富了国际服务贸易政策的内涵

科技既是服务贸易指向的重要领域，也是推动服务贸易繁荣发展的重要动力。科技的应用不仅使原先“不可贸易”的服务转化成“可贸易”的服务，从而使新兴服务行业，如金融、信息、专利许可等，不断涌现，服务贸易结构进一步调整，同时加快了劳动力、资本、信息等要素的国际流动。特别是互联网等科技的发展，极大改变了服务贸易模式，拓宽了服务贸易的时空范围，形成了更广泛的贸易联系，从而为国际服务贸易管理和相关政策的出台提出了新的要求，丰富了政策的内涵。

（四）经济全球化、区域化发展助力国际服务贸易政策的协调

经济全球化的趋势不仅推动了服务业的国际化和服务贸易的全球发展，而且也在强化国际组织在服务贸易领域的政策制定、协调，尤其是在促进多边贸易体制的发展方面发挥着重要作用，成为二战后国际服务贸易政策演变的基本动力。同时区域一体化的发展也促进了不同区域国家之间在服务贸易领域的谈判和国际合作，由此使国际服务贸易政策呈现区域协调的特点，也成为服务贸易政策发展的重要推动力。

（五）地区国家发展差异和不平衡影响国际服务贸易政策的制定、实施

全球范围内国际服务贸易政策的制定和实施受到国家发展差异和不平衡的重要影响。发展中经济体、欠发达经济体与发达经济体之间的发展差异和不平衡成为国际服务贸易政策全球协调和制定的难点，也影响着政策目标以及政策内容的确定。而在自由服务贸易政策与保护服务贸易政策交织演变的过程中，贸易竞争力越强，越主张市场开放，且在贸易政策的谈判和协调中拥有更多的话语权。如何能在服务贸易繁荣中弥合和缩小差距已经成为国际服务贸易政策制定和国际合作的重要指向，自然也影响着国际服务贸易政策演进的具体路径。

三、国际服务贸易政策演变的历程

（一）二战前的国际服务贸易政策

早期国际服务贸易规模较小，对整个经济影响有限，其地位也难以与货物贸易相比，因而即便当时没有刻意去追求服务贸易自由化，各国对服务贸易的限制仍然不多。同时服务贸易所涉行业部门主要集中在几个传统服务贸易领域。在全部服务贸易收入中，传统服务贸易占绝对优势地位，如运输服务和侨汇等相关的金融服务占了一半以上。而像电信、计算机软件，信息服务、知识产权类等服务基本上都是后来才出现。因此，其相关政策内容相对简单，在全球范围内基本上采取的是服务贸易自由化政策。

（二）二战后初期的国际服务贸易政策

二战后世界各国在谋求和平和发展，世界经济也进入了快速发展时期。货物输出的增加对服务及其相关要素提出了新的要求，客观上需要资金、人员、技术等在国与国之间流动。在此阶段发达国家总体上对服务贸易的限制较少。然而发展中国家由于自身经济发展进程的制约以及在服务贸易领域竞争力薄弱的状况，对服务贸易采取了回避和限制的态度。由于其服务贸易在世界服务贸易中并不占重要地位，其服务贸易政策取向对国际服务贸易的影响并不大。

（三）20 世纪 70 年代后的国际服务贸易政策

20 世纪 60 年代以后，尤其是 70 年代以来，世界经济迅速发展，各国日益重视服务外汇收入。同时，基于对国家安全、领土完整、民族文化与信仰、社会稳定等非经济因素的考虑，各国开始对服务贸易给予重视，制定了各种干预政策，其中许多措施对服务贸易起到了限制作用。此后很长的一段时期内，各国对服务贸易基本上是各行其是，服务贸易自由化进程严重滞后于货物贸易。

20 世纪 80 年代以后，现代服务业部门纷纷出现，服务贸易得到迅速发展。而相比发达国家，发展中国家服务业总体发展较慢，且主要集中在传统服务行业，因此对服务贸易保护依然严格。然而在贸易谈判的进程中，服务贸易被纳入谈判的议题。特别是在世界贸易组织多边贸易体制和《服务贸易总协定》引领下，服务贸易政策总体上进入各国推动、自由化主导的发展阶段。

第二节　自由服务贸易政策

在经济全球化的推动下，自由服务贸易政策逐渐成为各国的倾向和选择，其促进了要素跨国流动，扩大了市场，提升了竞争力，满足了更广阔的生产生活需要，因而成为贸易政策的主流。各国尤其是发达国家普遍在自己国家具有竞争优势的服务贸易领域推行自由贸易政策，希冀在服务贸易中获得更大更多的利益。

一、自由贸易与经济效率

服务贸易自由化是指一国政府在对外贸易中，通过立法和国际协议，对服务和与服务有关的人、资本、货物、信息等在国家间的流动，逐渐减少政府的行政干预，放松对外贸易管制的过程。按照《服务贸易总协定》对服务贸易自由化的确定，服务贸易自由化应该是有效、自由和公平的市场进入，并且在互利合作的基础上达到权利和义务全面平衡，从而实现更加广泛和全面的市场开放以及发展中国家更广泛的参与和发展。

服务贸易自由化是国际服务贸易繁荣发展以及世界各国，特别是国际组织推动和加强服务贸易领域国际合作的反映。从 20 世纪 50 年代欧洲经济合作组织在成员国内部推行的《无形贸易自由化法案》，70 年代美国积极推行服务贸易自由化，到 1986 年服务贸易被列入乌拉圭回合谈判议题，1994 年《服务贸易总协定》达成，服务贸易总体上经历了放松管制、降低壁垒、强化国际合作协调的历程。而在此过程中，发达国家是自由化的积极倡导者和推动者。

二、国际服务贸易自由化的经济效应

（一）服务贸易自由化的正效应

1. 经济增长效应

服务贸易自由化减少了政府的行政干预，放松了贸易管制，降低了贸易壁垒，因而不仅推动了人员、资本、信息等要素在国家间的流动，而且促进了服务生产的国际专业分工，拓宽了海外市场，使相关要素资源得到了更高效的配置。同时服务贸易自由化还能改变厂商经营的市场条件，促进创新和技术变革，激励服务贸易企业“走出去”，加速对外直接投资，并且能够拉动服务消费，在为经济效率不断提升创造条件的同时也促进服务消费和投资的繁荣，成为服务贸易自由化经济增长效应的重要来源。此外，服务贸易自由化还推动了服务行业内部以及服务业与其他产业的融合，进一步优化了贸易结构，因而在经济全球化背景下对经济增长的促进作用在不断加强。

2. 规模经济效应

伴随着服务贸易的自由化，国际服务贸易领域的规模经济效应更加明显。首先，服务贸易自由化不断拓展服务产品的国际市场空间，不仅有实体空间，还有虚拟空间，不仅涉及线上空间，还有线下空间，并且使国内市场和国际市场连为一体，突破了地理空间乃至时间的限制。可以说，贸易自由化加之科技的促进使服务贸易市场空间空前扩大，为规模经济效应的实现创造了极为有利的条件。其次，服务贸易自由化进一步消除了壁垒，促进了消费，从需求层面为规模经济提供了可能，由此从生产规模化、产品多样化中可以获得更多服务贸易利益。

3. 竞争促进效应

服务贸易自由化在降低甚至消除贸易壁垒的过程中使服务企业直接暴露在竞争的环

境中，生存压力将迫使其更加努力地提高劳动生产率，更广泛地参与国际市场竞争，从而能够进一步降低生产成本，提高利润水平。不仅如此，在国际竞争环境中，企业将更加主动改善经营管理，加快技术进步和技术创新，加强市场开拓，强化企业竞争观念、市场观念和人才观念，使企业更加重视人才和人力资本投资，推动服务部门专业化程度的提高，导致服务部门技术标准化和服务综合化程度的提高，提升厂商甚至贸易国的竞争力。

4. 学习效应

服务贸易自由化在拓宽市场、带来更多市场机遇的同时，也促使服务企业学习和引进国外先进的技术、经验和管理方法。同时会推动强烈竞争压力和优胜劣汰机制的形成，强化学习动机，有助于国内的服务业学习效应的发挥。

（二）服务贸易自由化的负效应

1. 危害国家安全效应

服务贸易所涉行业与国家安全密切相关，不仅关系到国家社会经济文化的安全，而且与意识形态紧密联系，还可能涉及大量国家机密，因而其贸易自由化及开放所带来的安全威胁与危害受到各国高度重视。例如金融、交通运输、邮电等部门关系到国家的经济命脉；教育、娱乐、文化等部门涉及社会公共利益和民族文化的传承和安全；医疗、公共、事业部门与人民的生活密切相关等等。不仅如此，服务贸易自由化使一些发展中国家被迫对外开放一些服务领域的市场，发达国家凭借自己技术和资金的优势，很快能进入甚至操纵这些国家的这些服务行业，这样等于国民经济的命脉掌握在了发达国家手中，对这些发展中国家的国家安全十分不利。因此，各国在服务市场准入的承诺上，都持比较谨慎的态度。国家安全也成为服务贸易自由化进程中最为敏感的问题之一。

2. 阻碍产业发展效应

服务贸易自由化为发达国家积极倡导，是因为基于高水平服务贸易竞争力，发达国家往往在服务贸易过程中处于优势地位，通过服务贸易带动服务业的繁荣发展。然而对于发展中国家来说，过度开放以及缺乏应有的风险应对和竞争能力，不仅不会有助于服务业的成长，反而可能会打击其发育不成熟的幼稚服务业，不利于保护本国民族服务业，从而导致社会福利的损失和产业发展的损害，动摇国家经济独立的基础。

3. 恶化国际收支效应

服务贸易自由化可能导致发展中国家进口服务替代国内服务的局面。服务的大量进口将使发展中国家外汇外流，不利于国际收支平衡目标的实现，也将弱化发展中国家的总体经济目标，从而形成国际收支的负担加重甚而恶化的负效应。

上述是自由服务贸易政策主要的正效应和负效应。在经济全球化的背景和趋势下，各国在多边贸易体制下的合作和努力不仅推动服务贸易自由化向更高水平发展，而且也在最大程度上降低了服务贸易自由化带来的负效应，使各国能在贸易中实现多赢和共益。因而积极参与全球贸易治理，更好促进服务贸易自由化成为一种理性选择。

三、服务贸易自由化的政策选择

无论是发达国家还是发展中国家，服务贸易自由化都是一把双刃剑。它既可能通过借助对外开放提升国家竞争力，最终维护国家安全，也可能会危及国家的主权和安全。尤其对于发展水平不同、发展阶段不同的国家和地区，其服务贸易自由化的政策选择也有差异。

（一）发达国家的政策选择

在服务贸易自由化的过程中，发达国家是积极的倡导者和推动者。为了能够更大范围拓宽服务贸易市场，对于同等发达国家和地区，在政策上提出要互相开放本国、本地区服务市场，即服务贸易补偿论。对于发展中国家和地区，则以开放本国商品市场为条件要求发展中国家对其开放本国服务市场。而对于本国服务出口，以维护国家安全和竞争优势为理由，采取管制措施。

发达国家的上述政策选择是以自身利益最大化为目标，采取差别化的政策，以使服务贸易的发展更符合其国内社会经济发展的需要以及在国际上持久的竞争优势。而在此过程中，贸易秩序的改变、贸易利益的协调对其服务贸易政策选择将产生重要影响。

（二）发展中国家的政策选择

在经济全球化的趋势和背景下，发展中国家不能置身其外，既不能选择传统的保护战略，在封闭经济状态下获得社会经济的全面发展，也不能无视自身在服务贸易领域竞争力弱、差距大的现实而采取完全自由化战略，由此放大强化服务贸易自由化的负效应，对自身发展造成阻碍和伤害。因而发展中国家采取混合型、逐步自由化的服务贸易发展战略。通常情况下，发展中国家开放本国服务市场是分阶段进行的。

逐步放松国内服务市场的管制是第一步。在该阶段，发展中国家面临的主要贸易政策问题是：如何在放松管制和允许外国服务厂商进入之间作出有利于提高本国福利的选择？

逐步放开本国货物贸易市场是第二步。这一阶段对服务贸易自由化而言非常重要。货物贸易与服务贸易紧密相连，特别是货物贸易市场开放往往成为服务贸易市场开放的基础和先决条件。通过货物贸易市场开放，不仅为服务贸易市场开放积累了经验、创造了条件，而且也带动了服务贸易开放的顺利进行。

逐步放开本国服务产品市场是第三步。服务产品的自由贸易离不开贸易壁垒的降低甚至消除。这一阶段是发展中国家将服务贸易自由化实施直接指向服务产品的阶段。然而正是因为服务产品本身的复杂性和对国家安全的重要性，完全开放本国服务产品市场无论对于发展中国家还是发达国家都是相当困难的选择。

逐步放开本国服务要素市场是第四步。服务要素市场的开放意味着更大的开放性和自由度，说明发展中国家在服务贸易领域的开放程度进一步深化、自由化程度进一步提升。开放服务要素市场意味着国内服务竞争力的增强。目前即使发达国家也没有完全开放本国服务要素市场，限制劳动力跨国提供服务的措施依然大量存在。

实现服务贸易自由化是第五步。从理论上而言，服务贸易自由化是可行的。然而现实中却存在诸多困难和制约条件。因而对于渐进推进的服务贸易自由化，发展中国家在此进程中享有较大的政策操作空间。只要政策得当，在服务贸易自由化中获取的收益就有可能超过损失。

第三节　保护服务贸易政策

一、国际服务贸易壁垒

（一）国际服务贸易壁垒的含义

自由贸易政策与保护贸易政策始终交织在一起。而在服务贸易领域中，从贸易壁垒的角度看，贸易保护呈现诸多有别于货物贸易的方面。

国际服务贸易壁垒是指一国政府对国外服务生产者或提供者向本国提供或销售服务所设置的各种障碍的总称。由于服务贸易产品自身的独特性以及服务市场的特殊性等原因，服务贸易壁垒不仅是对服务产品本身进行管制，而且涉及对服务生产者和消费者以及相关投资进行的管制，因而更加复杂多样。这些壁垒或采取禁止限制措施，或通过增加成本等手段和途径达到贸易保护的目的。

（二）国际服务贸易壁垒的形成原因

1. 根源于服务贸易产品的特征和市场的特殊性

服务产品的无形性、差异性以及生产与消费的同时性等特征所引致的信息不对称成为服务贸易过程中必须关注的问题，政府也有必要对服务供给方采取适当的管制措施，以避免因信息不对称而造成对消费者利益的损害以及道德风险和逆向选择的发生。然而对于政府而言，监管服务投入要素的质量要比监管服务产出的质量更加方便。因为在不降低管制总体目标的条件下，对服务生产者的投入要素进行监管这种政策选择能够较大幅度地减少政府管制付出的信息成本，由此可能形成阻碍竞争者自由进入的更强的壁垒。

此外，对于许多服务行业部门，其服务供给的管网特征以及需要高额的原始投资和高技术知识保障所形成的自然垄断客观上对其他竞争者的自由进入构成了阻碍。政府的必要管制或在市场失灵状况下介入和采取的措施如果明显歧视外国服务厂商，就构成了服务贸易壁垒。

2. 出于对国内幼稚服务行业部门保护的考虑

无论服务业还是服务贸易，发达国家都具有绝对优势和竞争力，特别是在高端服务领域的优势和竞争力更为突出。相比而言，大多数发展中国家服务业以及服务贸易尚处于发展初期甚至起步阶段，不仅规模小、竞争力弱，难以与发达国家进行竞争，而且在国际服务贸易争端解决和话语权方面也处于弱势地位。面对幼稚服务行业部门，在国际服务贸易竞争日趋激烈的环境下，若双方按照自由开放的原则进行贸易，势必导致发达国家从中获取大部分利益，而发展中国家的服务产业将受到巨大冲击。因此，发展中国家不得不采取相应的保护政策，尤其是对新兴的、幼稚服务行业部门进行保护。

3. 从维护国家安全和重大利益出发的措施安排

服务行业涉及大量与国家社会经济文化安全相关的部门和领域，直接关系到国家的政治经济稳定、文化传承和繁荣发展。同时与国家发展的重要利益也有密切的关系。如何维护国家安全，尤其是在全球化背景下，如何保障独立性和国家重大利益就成为国际服务贸易发展过程中必须高度关注的问题。为此，各国采取了保护限制的措施安排，形成了国际服务贸易壁垒。

（三）国际服务贸易壁垒的特点

1. 隐蔽性特征突出

由于服务产品的无形性、差异性等特征，不仅对服务业的保护无法采取关税壁垒的方式，而且即便采取非关税壁垒的形式，也由于服务产品的复杂性，特别是倾向于对要素进行管制，对提供服务主体的资格和活动予以限制，决定了非关税壁垒的多样性、不透明性和隐蔽性，由此很难在带有歧视性的贸易壁垒和对服务业的正常管理措施之间做出明确认定。

2. 保护措施复杂灵活

服务行业部门繁多、差异性大，一方面隐含在进口国国内繁杂的法律法规中，缺乏应有的透明度，另一方面以国内政策为主，且由国内各个不同部门掌握制定，缺乏统一协调，因而服务贸易壁垒的相关保护措施显得复杂，同时保护政策与措施多种多样，涉及服务的提供者、消费者和其他利益相关者。这些措施既可以针对外国服务对本国的市场准入，也可以针对外国服务进入本国市场后应采取的经营管理方式，因而呈现出选择性和灵活性强的特点。

3. 保护目标多元且力度大

国际服务贸易涉及的行业范围广、安全性和敏感性强，因而在保护目标上不仅仅是产业发展本身，还涉及国家安全和重大利益等目标，故各国设置服务贸易壁垒的保护性普遍较强，更强调行业型保护和限入式防御性保护，特别是只要对其中一种要素设置障碍，就可能会影响其他要素的流动，进而影响整个服务贸易。此外，服务贸易与投资密不可分，因此，服务贸易壁垒也往往与投资壁垒交织在一起。无论是发达国家还是发展中国家，服务业的投资活动都受到比其他产业更严格的限制，也因此在一定程度上构成了服务贸易壁垒。

（四）国际服务贸易壁垒的分类

国际服务贸易壁垒一般有两种分类：一种是按照乌拉圭回合谈判采纳的方案进行分

类，服务贸易壁垒可分为影响市场准入的措施与影响国民待遇的措施；另一种是把服务贸易模式与影响服务提供和消费的壁垒结合起来。

1. 按照乌拉圭回合谈判采纳的方案分类

（1）影响市场准入的措施。

影响市场准入的措施包括禁止或限制外国商人进入本国市场从而抑制国内市场竞争的措施。这些措施主要包括：a. 完全禁止外国直接投资的进入；b. 有倾向性地限制某类投资方式；c. 对服务业外来投资规定其在企业中的最高所有权比例；d. 对服务业投资地域和企业数量的限制。

（2）影响国民待遇的措施。

影响国民待遇的措施是指有利于本国企业，但歧视外国企业的措施，包括为国内生产者提供成本优势，或增加外国生产者进入本国市场的成本。

各国在国际服务贸易中的国民待遇原则方面存在的主要限制措施有：a. 对经营范围的限制；b. 对雇员结构的限制；c. 对利润汇出和投资返还的限制；d. 对服务提供者人事资格的限制。

2. 按照服务贸易模式与影响服务提供和消费的壁垒相结合的分类

可以将国际服务贸易壁垒分为产品移动壁垒、资本移动壁垒、人员移动壁垒和开业权壁垒。

（1）产品移动壁垒。

即限制服务产品移动，包括：数量限制、政府补贴、国家垄断、歧视性政府采购、技术标准、税收歧视与不完善的知识产权保护等。产品移动壁垒主要涉及跨境交付模式。

a. 数量限制：即采用数量配额、垄断和专营方式，或要求测定经济需求的方式，限制外国服务者的数量、限制服务交易的数量、限制雇佣外国自然人的数量、限制外商股权参与的比例等服务贸易壁垒。

b. 政府补贴：即国家通过直接拨款或税收优惠等手段，对本国某些服务行业进行补贴，鼓励其发展，增强其国际竞争力。服务贸易的补贴措施较货物贸易形式更多样、更复杂、更隐蔽，金额更大，并且许多涉及国内立法及政策措施。

c. 国家垄断：垄断主要是指市场主体通过自身的力量设置市场进入障碍，达到控制和支配市场、限制和排斥竞争的目的的行为和状态。国家垄断并不一定须由国家或政府垄断，例如在美国等发达资本主义国家，电信、民航、铁路等服务行业就被一些实力雄厚的私人垄断公司所操纵，而且有效地阻碍了外国服务业的渗透和进入。

d. 歧视性政府采购：指政府机构为保护国内产业而对外国厂商进行歧视性采购服务的行为。

e. 技术标准：是指经过某一认证机构批准的文件，包括通过多次使用的、非强制执行的关于产品或有关加工生产方法的规则、准则或特性等。

f. 税收歧视：对外来的经济组织或个人所提供的服务或购买的服务征收较高或额外的税。

g. 不完善的知识产权保护：缺乏保护知识产权的法规也会有效阻止外国服务输入。

（2）资本移动壁垒。

主要形式有外汇管制、浮动汇率以及对投资收益汇出的限制等。资本移动壁垒主要涉及境外消费模式。

a. 外汇管制：指政府对外汇在本国境内的持有、流通和兑换以及外汇的出入境所采取的各种控制措施。

b. 浮动汇率：指一国的货币汇价不规定上下波动的幅度，外汇汇率主要由供给和需求的市场力量决定。

c. 对投资收益汇出的限制：指东道国对外国投资者的投资收益汇回母国进行限制。

（3）人员移动壁垒。

包括各种形式的移民限制与烦琐的出入境手续，以及由此造成的长时间等待、增加相关费用等。人员移动壁垒主要涉及自然人流动模式。在人员流动日益频繁的当下，特别是服务生产与消费的同时性要求贸易提供者和消费者面对面，而人员移动壁垒则限制甚至阻碍了服务的发生。

（4）开业权壁垒。

即禁止外国服务提供商进入某些行业或地区设立机构或提供服务，或者政府对某些行业实行政府垄断，或者禁止外国服务人员进入本国从事职业服务工作，或者对外商进入部门、使用雇员和投资比例规定诸多限制等。开业权壁垒主要涉及商业存在模式，表现为资格限制、股权限制、经营业务限制及许可证制度四个方面。

a. 资格限制：指对外国个人或组织在本国经营某种服务业的权利进行限制。

b. 股权限制：虽然允许外国服务者在本国开业，但东道国要求必须参股，并通常要求控股，以此维持本国对该行业的控制。

c. 经营业务限制：对外国服务实体在本国的活动权限进行规定，如限制其经营范围、经营方式等，甚至干预其具体经营决策。

d. 许可证制度：指东道国的行政主管部门对外国服务经审批而给予的许可经营或许可从事某项业务的制度。

如果从国际服务贸易壁垒限制的对象看，既有限制贸易过程的壁垒，如税收歧视、补贴、国家垄断、政府购买、外汇管制、人员国际流动的限制、冗长的审批程序，也有限制主体资格的壁垒，如资格、股权、经营、信息、职业资格、投资退出等方面的限制以及制造不公平的竞争环境等。

从国际服务贸易限制的主要手段看，2016 年经济合作与发展组织（OECD）发布的服务贸易限制指数显示，在 18 个行业中，外资所有权和其他市场准入限制是各国实行服务贸易限制的主要手段，主要分布在电视广播、海运、公路运输、保险、分销、电影、快递、商业银行、会计、空运等行业；人员流动限制是法律、工程和设计三大行业服务贸易限制的主要手段；其他歧视性措施和国际标准是建筑服务贸易限制的主要手段；竞争和国有化要求是音像、电信、铁路运输三大行业服务贸易限制的主要手段；监管透明度和管理要求是计算机行业服务贸易限制的主要手段。

二、国际服务贸易保护程度的衡量

服务贸易保护程度的衡量，就是对一项或一揽子保护政策的水平、影响及有效性的数量评估。目前，衡量贸易政策保护程度的指标主要有三种：名义保护率、实际保护率和生产者补贴等值。

（一）名义保护率

名义保护率（nominal rate of protection，NRP）是衡量贸易保护程度最普遍使用的指标。世界银行将其定义为：由于保护引起的国内市场价格超过国际市场价格的部分占国际市场价格的百分比。公式为：

$$NRP=\frac{国内市场价格-国际市场价格}{国际市场价格}\times 100\%$$

这是衡量贸易保护程度最普遍使用的指标。在仅使用关税的情况下，可以通过名义保护率衡量有关商品的关税等值。然而，并不是所有的政策效果都可以通过价格差异来测度。在服务贸易领域，各国服务价格的差异往往不仅由关税壁垒引起，还与要素禀赋、技术差异、规模经济和不完全竞争等因素密切相关。服务贸易也大多难以使用关税手段进行保护，这就限制了名义保护率在衡量服务贸易保护程度方面的作用。

（二）有效保护率

有效保护率（effective rate of protection，ERP）反映了各种保护措施对某类产品生产过程中净增值的影响。该指标反映了一个产业所面对的实际保护程度，是用来衡量投入和产出政策对价值增值的共同影响的指标，其大小由中间产品即投入品与最终产品即产出品所受的保护程度共同决定。公式为：

$$ERP=\frac{国内加工增值-国外加工增值}{国外加工增值}\times 100\%$$

或

$$ERP=\frac{最终品名义保护率-\dfrac{中间品价格}{最终品价格}\times 中间品名义保护率}{1-\dfrac{中间品价格}{最终品价格}}\times 100\%$$

式中，国内加工增值为最终品国内市场价格减去投入品费用；国外加工增值为自由贸易条件下的国外最终品价格减去投入品费用。

计算该结果所需要的服务业投入-产出系数等信息资料往往难以获得，同时有效保护率并没有反映导致产出扭曲的所有政策的效果。

（三）生产者补贴等值

生产者补贴等值（producer subsidy equivalent，PSE）方法最早被经济合作与发展组织用于对其成员国农业政策和农产品贸易的分析报告。随着这一衡量方法被许多国家运用并改进和提高，尤其是在乌拉圭回合多边贸易谈判中被政治决策者们广泛接受之后，这一指标日益受到重视，并不断完善。

生产者补贴等值是用来测算关税和非关税壁垒以及其他与分析相关的政策变量的保护程度的一种衡量指标。它是对政府的各种政策，包括支持、税收和补贴等的总体效应进行评估。可以通过观察政策措施引起的国内外价格的变动获得生产者补贴等值。

在图 7－1 中，世界价格 P_w 低于国内供给线 S 与需求线 D 的交点，故将从价格更低的世界市场上进口服务。对国内服务业的生产者补贴等与进口关税限制具有等值效应的措施的实施，使国内价格上升至 P_t，从而使服务进口减少 $Q_aQ_b+Q_cQ_d$。国内生产者福利增加部分可用四边形 P_tP_wab 表示。生产者补贴等值的关税影响体现在价格差（P_t-P_w）和生产数量增加 Q_aQ_b 两个方面。同样，消费者因服务产品价格上升而导致的福利损失由四边形 P_tP_wdc 表示，消费者补贴等值（consumer subsidy equivalent，CSE）表现在价格差（P_t-P_w）的负数和现有价格水平下的消费量下降 Q_cQ_d 两个方面。由此可分别得出作为生产价值比率的生产者补贴等值（PSE）和作为消费价值比率的消费者补贴等值（CSE）：

$$\text{PSE}=\frac{(P_t-P_w)\times OQ_b}{P_t\times OQ_b}=\frac{P_t-P_w}{P_t}$$

$$\text{CSE}=\frac{(P_w-P_t)\times OQ_d}{P_t\times OQ_d}=\frac{P_w-P_t}{P_t}$$

可用类似的方法分析进口配额对国内服务的影响，其结果与非关税壁垒效果相似。生产者补贴等值方法是通过比较国内价格与国际价格的差异来考虑一揽子政策的净效果，而非单个政策的影响，其测算的是政府转移给生产者的利益。生产者补贴因国家、时期、领域不同而各有不同。

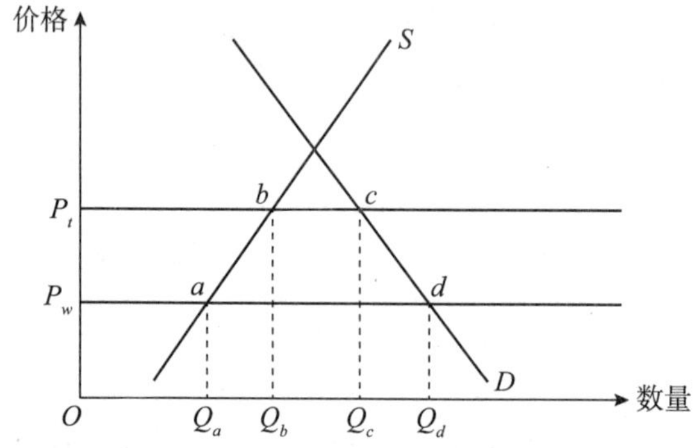

图 7－1　补贴等值下的关税影响

三、国际服务贸易保护政策的效应

国际服务贸易壁垒种类繁多，然而产生的总体效应则基本相仿。下面讨论政府管制、补贴、配额和许可证四种常见的国际服务贸易壁垒的经济效应。

（一）政府管制

下面以保险市场为例来分析政府管制的经济效应。在图 7－2 中，假定该服务市场是受政府保护的，P_E 和 I_E 分别是在没有政府管制时保险市场的供给和需求决定的均衡价格和均衡数量。P_C 和 I_C 则分别代表政府管制下的保险费率和保险服务销售量。从图中可以看出，政府管制之后，价格从 P_E 上升至 Pc，对保险服务的需求减少至 Ic，这一过程使消费者剩余减少了（$W+X+Y$），而生产者剩余增加了（$W+X-T$），三角形（$Y+T$）为福利损失。如果允许外国保险公司进入并分享一定的市场份额 I_A，而不放松对保险服务市场的管制，那么该国的福利损失将变为（$Y+T+X$），其中 X 为外国保险公司获得。因此，当既允许外国服务厂商进入，又对本国服务市场价格进行管制时，该国的福利可能变得更差。

与此同时，在竞争性的保险市场上，国内保险公司有机会向外国同行业厂商学习，从而使得国内保险公司不断提升业务水平，进行制度创新和管理创新。这些方面的学习将使国内外总供给曲线 S 向外移动至 S_1，此时的消费者剩余和生产者剩余之和可能大于没有外商进入时国内消费者和生产者剩余之和。总体来说，只要竞争性保险市场能在一定程度上降低国内保险成本，就能使国内整体福利水平提高。同时政府管制虽然保护了国内市场，但抑制竞争可能会导致福利水平的下降。

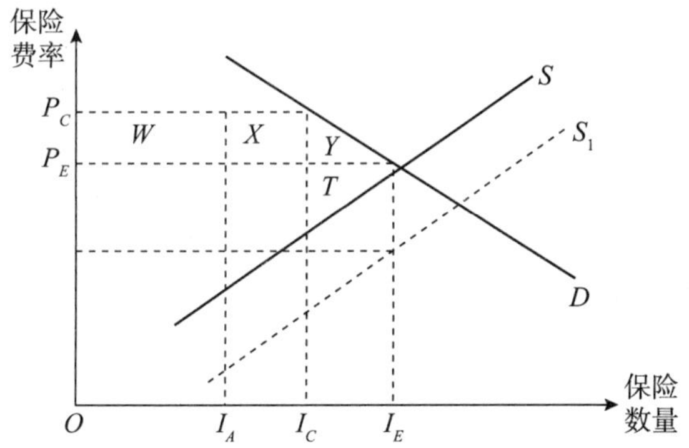

图 7－2　保险市场管制政策选择的福利效应

（二）补贴

借助生产者补贴等值（PSE）可较好地评价国际服务贸易领域政府补贴的效果。生产者补贴等值方法是通过比较国内价格与国外价格的差异来考察一揽子政策的净效果。在国际服务贸易中，它可被定义为政府的各种政策转移给服务提供者的总价值与服务总价值之比，服务总价值等于服务的市场价值加上政府的直接支付，即：

$$\text{PSE}=\frac{\text{政府政策转移的总价值}}{\text{服务的总价值}}=\frac{Q\times(P_d-P_w\times X)+D+I}{Q\times P_d+D}$$

式中，Q 为服务供给量；P_d 为以国内货币表示的服务价格；P_w 为以世界货币表示的服务价格；X 为汇率换算系数；D 为政府的直接支付；I 为政府通过补贴投入、市场支持、汇率扭曲等方式给予服务提供者的间接转移。PSE 的大小取决于上述若干变量。政府政策的变化可改变 PSE 的大小；政府政策不变，只要世界市场参考价格、汇率和服务供给量任何一个变量改变，PSE 值就会改变。一个国家可通过将政府间接转移变成直接支付来降低 PSE 值，也可以通过将直接支付变成间接转移来提高 PSE 值。

（三）配额

国际服务贸易领域中的配额主要是政府对服务进口数量的控制，其初衷是为国内服务厂商保留市场份额而对其提供有效保护，以替代作为竞争的外国厂商。

图 7-3 中，S、D 分别为国内供给曲线和国内需求曲线，世界价格低于国内供需线交点，需求量大于供给量，需求缺口为 Q_aQ_d。为了满足国内的需求，从国外的进口量将为 Q_aQ_d，总的供给曲线为 S_2。若外国厂商的竞争受到出口配额的限制（此处外国进口配额为 Q_bQ_c），将有效地减少对外国服务的进口量。即由于配额的限制，总的供给曲线不会到达 S_2，而只能是 S_1，因此国内市场价格将上升到 P 点，高于世界市场价格。这样因为价格上升，国内服务业生产将增加到 OQ_b，国内消费将下降到 OQ_c，国内生产者因市场保护份额而增加了福利，由四边形 $abPP_w$ 表示，更高的价格带来的消费者剩余减少，由四边形 $dcPP_w$ 表示。配额的最终结果是使福利从消费者流向了国内生产者和国外生产者手中，最终损害的是消费者利益，表现为国家整体福利水平的下降。

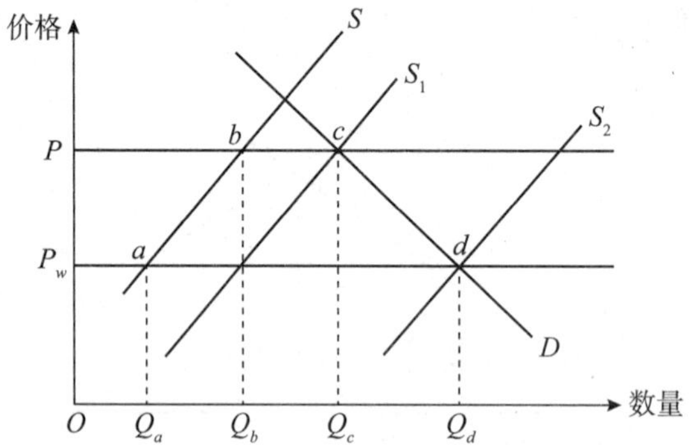

图 7-3　配额保护对国内服务生产者和消费者福利的影响

（四）许可证

与货物贸易领域的许可证制度一样，服务贸易中的许可证制度同样构成各国限制其他国家服务提供者进入本国市场的常见非关税壁垒之一。国际服务贸易中的许可证大多出现在生产者服务领域或专业服务领域，如金融、运输、电信、教育、医疗、会计、法律、咨询、娱乐、数据处理和专业服务等部门。然而，服务贸易中的许可证制度含义比货物贸易中的许可证制度更加多样和复杂，对于服务贸易许可证制度的范围难以达成共识。在国际服务贸易中，尽管有关开业权或建立权是否属于许可证制度范围的问题仍在争论之中，但从实际效果看，开业权或建立权与许可证制度的效果大致相同。就金融服务贸易来说，开业权或建立权是目前许可证制度下或类似规则下最重要的贸易制度安排，如东道国对外国金融机构提出创建代表或代办处、代理人、分支机构和附属机构的开业权限制等措施。在劳动力流动与投资活动中的开业权，几乎发挥着与商品贸易中许可证相同的作用和影响。

本章小结

国际服务贸易政策是国家贸易经济政策体系的重要组成部分。伴随着贸易经济的发展和内外部环境的变化，国际服务贸易政策也在经历演变。自由与保护同样是国际服务贸易政策的两条重要线索。要深入认识服务贸易自由化的趋势以及国际服务贸易壁垒的形成和可能带来的影响，既要促进我国服务贸易健康快速发展，又要积极维护我国服务贸易利益。推动我国服务贸易在新时代实现更高水平发展，必须进一步建立健全主导政策和配套措施，大力促进政策创新，为国际服务贸易的繁荣发展提供良好的政策环境和有力的政策支撑。

概念和术语

服务贸易自由化；服务贸易壁垒；非关税壁垒；产品移动壁垒；资本移动壁垒；人员移动壁垒；开业权壁垒；名义保护率；有效保护率；生产者补贴等值

复习思考题

1. 国际服务贸易政策演变的动因、特点和趋势各是什么？
2. 简述国际服务贸易自由化与经济效率的关系。
3. 分析服务贸易自由化对发达国家和发展中国家的影响。
4. 简述发达国家与发展中国家国际服务贸易自由化各自的政策取向。
5. 什么是服务贸易壁垒？它产生的原因和特点各有哪些？
6. 试述衡量服务贸易保护程度的主要指标。
7. 试析常见的服务贸易非关税壁垒对一国福利效应的影响。

延伸阅读

加快推进服务
贸易高质量发展

行业篇

第八章
国际旅游服务贸易

学习目标

1. 掌握国际旅游服务贸易的相关概念。
2. 了解国际旅游服务市场状况以及国际旅游服务贸易发展。
3. 了解国际旅游服务贸易政策、实务和经验。
4. 了解我国旅游服务贸易发展状况和实践创新。

素养目标

1. 通过国际旅游服务贸易相关概念、市场状况以及发展的学习，加强读者对人类生产方式和生活方式转变的认识，增强读者对人类生产方式和生活方式的理解。

2. 通过国际旅游服务贸易政策、实务和经验的学习，增强读者对国际旅游服务贸易发展形势的了解，通过采用讲授、调研和分组讨论相结合的方式，提升读者的资料搜集、课件制作、口头表达、团队合作等能力，培养读者诚信、团结、精益求精等品质。

3. 通过我国旅游服务贸易发展状况和实践创新，增强读者对我国旅游服务贸易发展的信心。

案例导引

释放旅游消费潜力 需从短期和中长期考量

国务院办公厅日前印发《关于进一步释放消费潜力 促进消费持续恢复的意见》，提出持续拓展文化和旅游消费的一系列举措，包括大力发展全域旅游，推动红色旅游、休闲度假旅游、工业旅游、旅游演艺等创新发展，优化完善疫情防控措施，深入推进文化和旅游消费试点示范等。

结合政策文件，笔者认为，释放旅游消费潜力，需要从短期、中长期两个层面来考量。短期要做好局部创新，在疫情防控常态化下实现旅游活动管控政策的动态调整；中长期要在走出疫情影响后，依托消费中心城市等载体，利用好税费减免等刺激政策措施，打造以旅游消费为重点的国内消费主战场。

短期看，旅游消费大幅承压。针对当前疫情防控形势，重振旅游消费，需要在符合疫情防控总体要求的情况下，尝试做好局部创新和旅游活动管控政策的动态调整：

一是创新产品及服务模式，加大适应疫情防控形势需要的旅游新供给。例如，常态化疫情防控下，原有的旅游模式处于相对低迷的状态，而开发露营等周边游市场成为从业者努力“自救”、寻求突围的新路径。

对于旅游从业主体而言，适应疫情防控阶段要求，有必要将露营等作为突破点，将其与传统、主流文旅业态，包括大型度假区、主题公园等结合起来，创造新供给。

旅游景区景点还可以借助云端，开展“云旅游”等新模式，鼓励导游群体加入景区直播行业维持运营和创收。《2022 新旅游消费趋势报告》显示，“直播云旅游”已经被超过一半的 Z 世代年轻人所接受，11%的人表示“经常看”。“云旅游”这种方式一定程度上可以弥补人们无法出行的遗憾，实现众多网友足不出户、尽览大好河山的愿望，同时也为疫情防控期间旅游行业留住人才打开了一扇窗户。

二是要持续调整旅游活动管控政策，坚决防止和避免放松防控和过度防控两种倾向，在条件允许的情况下，尽量放开对室外旅游目的地旅游活动的限制，适度管控室内旅游活动场所，让更多希望去旅游的人放下心理包袱。

当然，旅游活动归根到底要建立在一定人流的基础上。旅游活动的开展需要畅通、便捷的跨区域人员流动条件支撑。促进旅游消费，最重要的还是要打通交通梗阻，放松人员跨区流动限制，让游客流动起来，低风险地区应率先行动等。交通出行方面，要制定明晰的出行标准，让游客有相对明确的心理预期。

此外，旅游目的地也应探索适应防疫要求的旅游模式，将各种旅游服务设施在符合防疫要求的前提下利用起来。通过建立闭环、做好监测等，消除政府、游客等的顾虑，让旅游消费在条件相对成熟的地区启动起来。

从长期看，旅游消费潜力的释放需要大量培育中等收入群体，创造更加优质、多元的产品服务供给，同时发挥消费中心城市等载体形式，利用好税收减免等刺激政策措施，打造以旅游消费为重点的国内消费的主战场。

实践表明，消费中心城市对旅游消费有着天然的需求；旅游消费发展状况对一个城市的消费能力提升具有巨大的推动作用。以重庆市为例，尽管 GDP 排名居全国城市第五位，城镇人均可支配收入排名全国 30 名之外，但城市的社会消费品零售总额却仅次于上海和北京，居全国第三位。

重庆之所以能成为消费第三城，除了庞大的人口规模之外，旅游城市的支撑作用也不容小觑。作为网红城市，重庆庞大的旅游消费助力了消费崛起。有数据显示，2021 年重庆市旅游总人次和总收入居全国首位，旅游综合排名仅次于北京，位列全国旅游第二城。这充分表明了旅游消费对促进地方消费的重要作用。

资料来源：改编自马振涛．释放旅游消费潜力 需从短期和中长期考量．中国旅游报，2022-05-19（03）．

第一节　国际旅游服务贸易概述

一、国际旅游服务贸易的相关概念、特点与作用

（一）国际旅游服务贸易的相关概念

1. 旅游服务的定义

旅游服务是指为了实现一次旅游活动所需要的各种产品与服务的组合。这些服务包括咨询服务、交通服务、住宿服务、餐饮服务、导游服务、购物服务、文体娱乐服务、手续服务、专项服务以及零星委托服务等。

2. 国际旅游服务贸易的定义

国际旅游服务贸易是国际服务贸易的一种，是指一国或地区旅游从业人员运用可控制的旅游资源向其他国家或地区的旅游服务消费者提供旅游服务并获得报酬的活动。旅游服务贸易既包括外国旅游者的入境游，即国际收入游，也包括本国旅游者的出境游，即国际支出游。旅游服务贸易不仅包括个人的旅游活动，也包括旅游企业的活动，其范围涉及旅行社和各种旅游设施及客运、餐饮供应、食品等，与建筑工程承包、保险、金融和数据处理等服务有直接的联系，与国际空运的联系也极其密切，在整个国际服务贸易中的比重很大，基本占到了其总量的 1/4 。按世界贸易组织服务贸易理事会国际服务贸易分类表，旅游及相关服务包括宾馆与饭店、旅行社及旅游经纪人服务社、导游服务等。另外，服务贸易中的自然人提供服务附件也涉及旅游服务。

根据世界贸易组织关于服务贸易形式的定义，可以从以下四个方面对旅游服务贸易的形式和内容加以理解：

（1）跨境交付。

跨境交付是指一成员服务提供者在其境内向在任何其他成员境内的服务消费者提供旅游服务，以获取报酬。这种方式是典型的“跨国界贸易型服务”，其特点是：服务的提供者和消费者分处不同国家，在提供服务的过程中，就服务内容本身而言已跨越了国境。它可以没有人员、物资和资本的流动，而是通过电信、计算机联网实现，如一国咨询公司在本国向另一成员客户提供旅游及其相关的咨询服务；也可以有人员或物资或资金的流动，如一国旅行类公司承接并代理另一国旅行类公司的业务。

（2）境外消费。

境外消费是指一成员的服务提供者在其境内向来自任何其他成员的服务消费者提供旅游服务，以获取报酬。它的特点是：消费者跨国移动而服务提供者不移动。通常传统意义上的旅游服务贸易都是以境外消费为主要形式，如本国服务行业向外国游客提供旅

游交通、住宿餐饮、观光游览、娱乐休闲、旅游购物等多方面的服务。随着国际旅游的稳步增长，以境外消费方式为主的旅游服务贸易将不断扩大和发展。

（3）商业存在。

商业存在是指一成员的服务提供者在任何其他成员境内建立商业机构（附属企业或分支机构），为所在国和其他成员的服务消费者提供服务，以获取报酬。这种服务贸易往往与对外直接投资联系在一起，其特点是：服务提供者跨国移动而消费者一般不移动，并且规模较大、范围较广、发展潜力巨大。外国投资者到一国境内建立旅游饭店、旅行社、航空公司，开发旅游景区景点等直接提供旅游服务，或者设立银行、保险公司、律师事务所等间接提供旅游服务都属于这类旅游服务贸易的内容。随着经济全球化和区域经济一体化的发展，以商业存在为基础的旅游服务贸易将进一步得到发展。

（4）自然人流动。

自然人流动是由一成员的自然人在另一成员境内提供旅游及相关服务，一般规模较小、时间有限。其特点是：服务提供者和服务消费者均可能跨国移动，比如从事旅游规划开发、旅游饭店管理、旅行社经营和导游的本国服务人员，到其他国家的有关旅游机构向消费者提供旅游服务。

（二）国际旅游服务贸易的特点

1. 旅游服务的特点

旅游服务产品和一般服务产品既存在共同点，也有自身的特殊之处，具体表现在：

（1）无形性。

和一般服务产品类似，旅游者向旅游商购买的旅游服务产品具有不可触摸、不可视见的特殊性。旅游商通过借助其拥有的设施、团队或资源信息，向旅游客户提供完成旅游所需要的支持服务。旅游者不是从旅行商的预约和安排中取得旅游服务产品的消费效用，而是在真正旅游的时候才能体会。

（2）综合性。

不同于一般服务行业，旅游服务贯穿于消费者旅行的全过程，涉及衣、食、住、行等各个方面，这必然使旅游产品具有综合性特征。一般来说，旅游产品是由多种多样的资源、设施和服务构成，是物质和非物质的多种产品组合。为了完成旅游服务，旅游部门必须和其他的相关部门、行业相互协调发展，紧密配合。

（3）时间性。

和一般服务产业类似，旅游服务一般是在旅游者来到旅游目的地的时候才被生产和提供出来，其生产和消费发生在同一个地点和同一个时间点上，因此，和一般服务产品类似，旅游产品不能储存，只能即时消费。同时旅游产品的需求具有季节性，不同季节旅游产品的需求是有很大差异的，旅行商在不同季节主打的旅游路线也不一样，比如夏天主打海滩路线，冬天主打冰雪路线。

（4）不可转移性。

不可转移性指的是旅游产品无法运输，旅游服务的消费依靠旅游者在旅游目的地的消费，当旅游活动结束，旅游服务产品的所有权不会随之转移，而且旅游产品的价值也会随之消失。

2. 国际旅游服务贸易的特点

旅游服务贸易与传统货物贸易相比，其最大特点是服务提供者通过广告、自我推销等形式“引导”消费者到自己所在地来购买（或消费）服务，就地商品出口、就地服务出口，其运行具有综合性和整体性。同时旅游服务贸易所涉及的国际旅游与国内旅游相比较，具有跨国性、高收益性等特点。

（1）就地商品出口。

旅游者到旅游产品生产地进行消费，出口方就地输出旅游产品，即东道国旅游商通过提供旅游服务而获得外汇收入。与传统的货物贸易不同，这种出口不存在商品的包装、运输、仓储、保险以及关税等开支，也不存在外贸出口业务中有关手续费、换汇的冗杂程序。此外，旅游服务产品基本以自然资源为主，几乎不存在传统商品贸易需要生产和运输等成本问题。旅游接待国或地区通过其本身的地理和文化等因素吸引旅游者，引导境外旅游者在本地区或本国消费。

（2）就地服务出口。

就地商品出口要求就地服务出口，旅行商通过提供支持服务来帮助旅游者完成在旅游接待国消费旅游产品的整个过程，同时旅游者在旅游接待国支付相应的服务费用，通过这种方式能换取大量服务费外汇收入，这也与传统商品出口不同。

（3）综合性和整体性。

旅游服务贸易的运行具有综合性和整体性。综合性是指旅游者在旅游过程中，支付外币购买旅游商品及服务，以满足旅游消费的需要。旅游消费包括住宿、饮食、交通、游览、娱乐等，是物质和非物质的多种产品的组合，是综合性的消费。整体性是指尽管旅游经济部门和行业提供的服务内容各不相同，但提供服务的过程却是整体性的。旅店、饮食店提供膳食服务，交通运输部门提供地区转移服务，旅行社提供信息和组织旅游等服务，商店为旅游者提供购物服务等。这些不同性质的服务必须从质量和内容上满足旅游者的需要，因此，必须在地区和时间上做出统筹安排，以便从总体上向旅游者提供优质的、统一的旅游服务。

（三）国际旅游服务贸易的作用

1. 具有天然的创汇优势

不同于一般的货物贸易，旅游服务贸易的产品具有空间上的不可转移性，因此，不同于出售矿产等自然资源，异国旅游者最终获得的并非价值重大的物质收获，只是特定时间段内的旅游经历和体会，即他们为使用这些资源作了支付，却不会拥有其所有权，在国际资产负债表上不会呈现负数。虽然从长期来看旅游景点也会出现损耗，但是这种损耗不是严重和毁灭性的，并且可以通过有效的管理控制和返修使得影响大大削弱。旅游者在旅游地支付一定费用，以此来接受旅游服务、消费旅游商品，旅游接待国即可增加外汇收入。此外，经旅游服务贸易出口的产品无须包装、储运、办理保险，也不涉及办理烦琐的进出口手续，创汇简单快捷。改革开放以来，通过大力发展入境旅游，为增加我国外汇储备、支援国家经济建设发挥了重要作用。

2. 促进经济快速发展

首先，由于游客消费的商品和服务的广泛性，旅游业对服务业几乎所有行业都有不同程度的关联拉动作用，是名副其实的服务业龙头产业。据有关方面统计，旅游消费对住宿业的贡献率超过90%，对民航和铁路的贡献率超过80%，对文化娱乐业的贡献率超过50%，对餐饮和零售业的贡献率超过40%，旅游业增加值占服务业增加值的比重约为10%，而旅游服务贸易约占服务业进出口贸易的25%。旅游服务贸易的带动功能直接给交通、饭店、餐饮服务、景点等带来了客源和市场，同时也会使旅游商本身不断提高自身的竞争力和服务质量来面对日益增多的旅游者，从而会提高整个经济市场的效率和活力，促使旅游业和服务业升级换代。其次，由于旅游服务业是举世公认的“无烟产业”，是天然的可持续发展产业，不同于目前给我国带来高污染、高耗能、高浪费的加工贸易，旅游服务贸易依托于保护环境改善生态，依靠天然和文化因素来吸引境外游客，在本质上最符合转变经济发展方式、推进生态文明建设和建立环境友好型、资源节约型社会的内核要求。

3. 推进就业和城镇化进程

旅游服务业是服务业的重要组成部分，是劳动密集型行业，在创造就业机会方面比其他行业更具优越性。旅游服务贸易要满足旅游者在旅游活动中的多方面需要，需容纳大批具有各种技能和水平的劳动力，其发展有助于实现高质量的就业。此外，旅游服务贸易的发展可以带动为旅游服务贸易直接、间接提供服务的各行各业的发展，从而提供大量的就业机会。同时由于我国很多自然景观和人文景观在农村和偏远山区，通过大力发展旅游服务业，可以增加农民收入，使农民收入水平城镇化；可以改变农民传统的农耕播种工作方式，使农民的工作方式城镇化；可以改变农民传统的思想观念和生活方式，实现城市文明和城市生活方式的传播和普及。

4. 增进国家间交流与合作

通过积极发展旅游服务贸易出口，可以增进外国旅游者对旅游服务贸易出口国的认识和了解，提高出口国在国际上的地位、知名度及影响力；可以加强旅游服务贸易出口国与世界各国的广泛联系，从而增进国家之间、人民之间的友谊，有助于推进与世界各国之间的经济、文化、科技方面的广泛交流与合作；可以促进各国之间社会信息得到充分的交流和传播，促进人们的思想观念和生活方式发生变化；可以带动旅游服务贸易出口国接待设施和社会综合环境的改善和提高。因此，旅游服务贸易在促进世界各国人民的相互了解，协调国家关系和维护世界和平，促进国家和地区经济发展等方面都发挥着积极的作用。

二、国际旅游服务市场状况

（一）国际旅游市场进一步扩大并细分

世界旅游组织秘书处的研究报告表明，假定价格不变，如果实际私人总消费的增长率为1%或低于1%，旅游的增长率为零或为负数；私人消费的增长率为2.5%，旅游消费的增长率为4%；私人消费的增长率为5%，旅游消费的增长率为10%。可自由支配收入额度增加越多，旅游消费的比例就越大。随着人们收入水平不断提高，每次出国旅游的必需支出占人们收入的比例会趋于降低，国际旅游越来越具备充裕的支付能力。而受惠于经济的持续高速增长，新兴经济体消费水平提升显著，特别是中等收入群体迅速扩大，产生了巨大的出境旅游需求，国际旅游市场进一步扩大。而观光旅游这种传统的旅游方式正在发生改变，能够满足特殊需求且富于刺激性的旅游方式日益受到青睐。现代旅游市场出现了市场细分化趋势。每一种细分市场都有其独特之处，能够满足某一类型旅游者的特殊需求。旅游组织者将注重从更深层次来开发人们的旅游需求，根据人们的年龄、职业、爱好等不同情况组织各具特色的旅游产品来面向不同的细分市场。目前比较盛行的旅游类型包括宗教游、探险游、考古游、修学游、蜜月游、购物游、奖励游、民族风俗游等。每一种旅游分类又可以进一步细分。如针对老年人客源市场，西方主要客源国大都进入老年型国家，其中英国、德国、瑞士等国老年人比例已超过总人口的14%。目前老年人占人口总数的比例仍在增加，所谓“银色市场”有不断扩大的趋势。

（二）旅游需求新模式涌现

消费新群体催化了旅游新需求、新模式。这些年轻的消费群体其消费特征更多地体现为“生活式激发、多元式决策、智能式前行、分享式评价”，他们对旅游的向往除了受传统的电视、广播等媒体影响外，可能更容易被生活中的某一场景所激发，如一首歌、一部电影、一场赛事、一个网红，甚而一声感叹、一句流行语。这就需要旅游供给者加快从传统的行业营销向全域整体营销转变，由此将催生一系列新产品供给和新消费模式，包括定制旅游、体验旅游、房车旅游、共享旅游（如共享公寓、共享民宿、共享汽车、共享单车等）。

随着5G技术的普及应用，旅游直播将突破网络局限，以更快的传输速率提升画质，美景传递不再打折。配合航拍、移动拍摄、VR沉浸体验等全新手法，让人更加身临其境。同时视频观赏者和直播参与者一边“游览”，一边了解在线优质产品，这也将带来旅游业的新一轮变革。

（三）旅游服务品质不断提升

旅游服务品质的提升不仅是市场竞争激烈、供给水平提高的必然要求，同时也是顺应消费者消费偏好多元化、个性化、高品质化趋势的理性选择。为了应对国际旅游市场的竞争，各国不断创新旅游服务模式，提升旅游服务标准，在旅游产品设计开发中注重安排多样化的娱乐活动，探索丰富旅游服务的新内涵，改变旅游方式，提升游客的参与感，尽可能满足旅游者的各种消费需求，以品质提升赢得市场的认可。

（四）旅游方式更加灵活多变

交通通信的发展、对个性化差异化的追求正在推动旅游方式发生深度变革。除了旅行社固定包价为主的旅游方式外，散客旅游、家庭旅游等各种旅游方式日渐增多。其中散客旅游的盛行在于它比包价旅游自由随意，可以按照个人兴趣来调整旅游计划。随着世界各地旅游设施的建立健全，世界性预订服务网络的普及完善，使散客旅游越来越方便，目前世界上散客旅游人数已超过包价旅游人数。非包价式的家庭旅游兴起则在于私人交通工具的普及化。人们可以利用私人拥有的现代交通工具合家出游。目前家庭旅游还主要集中于中短距离和区域内。旅行社在组织团体包价旅游过程中也改变了过去单纯集中统一的做法，而采取能满足游客个性需求的灵活多变的组团方式，从而为国际旅游服务贸易中的旅行者提供了更加多样化的旅游方式选择。

（五）旅游收益更加可观

国际旅游服务贸易规模不断扩大的同时，旅游收益也不断增加。2017 年国际旅游收益按实际价值（按不变价格计算）增长 5%，达到 13.320 亿美元，比 2016 年增长约 940 亿美元。这一结果与 2017 年国际游客人数增长 7%的强劲趋势一致。中东地区的旅游业收入在 2017 年增长了 13%，其次是非洲和欧洲，两者均实现了 8%的增长。亚洲及太平洋地区的收益增长 3%，美洲地区的收益增长 1%。欧洲的绝对增长率最高，增长 500 亿美元，达到 5 120 亿美元，占世界国际旅游收入的 38%。

2020 年出现的新冠疫情对全球旅游服务贸易产生了空前的影响，由于世界各国通过封锁国境和提高出入境门槛的方式控制人群流动，以降低病毒传播风险，因此各地的旅游服务市场都遭受了不同程度的打击。

世界旅游城市联合会（WTCF）与中国社会科学院旅游研究中心在线发布的《世界旅游经济趋势报告（2022）》显示，2021 年全球旅游总人次和全球旅游总收入恢复至疫情前的不足 60%。具体而言，2021 年全球旅游总人次和总收入分别恢复至 2019 年的 53.7%和 55.9%。其中，全球旅游总人次达到 66.0 亿人次；全球旅游总收入达到 3.3 万亿美元。世界旅游组织表示，2020 年 1—12 月间，国际游客数量较 2019 年下降近 10 亿人，降幅达 73%，2022 年第一季度的降幅更是进一步扩大至 84%。数据显示，国际旅游业在 2020 年所产生的直接和间接经济损失约为 2.4 万亿美元。疫情对于旅游业的打击在发展中国家表现得尤其严重，前往这些国家的国际游客人数预计减少了 60%～80%。法国、德国、瑞士、英国和美国等新冠疫苗接种率较高的国家，其旅游业的复苏速度相对较快，但由于旅行限制、对病毒传播的遏制不力、游客信心不足以及经济疲软等原因，国际旅游业可能要等到 2023 年或更晚才能恢复到疫情前的水平。

从旅游消费上看，2021 年全球旅游消费总额为 1.9 万亿美元，较 2020 年增长了 3 000 亿美元，但仅为疫情前全球旅游消费水平的一半。2021 年，国际旅游出口收入超 7 000 亿美元，较 2019 年降幅近 59%。受储蓄额增长、旅行时长增加、交通及住宿费用上涨等因素影响，2021 年旅游人均收入为 1 500 美元，较 2020 年增长了 200 美元。

（六）国际市场竞争激烈

全球旅游市场的拓展和一体化正促使各国在将旅游发展作为国家战略的同时更加关注从国际视野推动旅游经济的发展。旅游饭店连锁集团、航空公司都在世界五大洲寻找自己企业的目标，建立全球性销售网络。任何一个国家的旅游市场都不可避免地有外国资本渗透进来。大的旅游跨国企业都力图在北美、西欧、东亚建立自己稳固的阵地，这三个地区已成为国际竞争的战略要地。当前世界各国都在对经济结构进行调整优化，控制污染产业、重型产业，注重发展服务业是发展的大趋势。在服务业中，旅游是具有牵引性、带动性的产业，受到各国和地区更多的重视。美国、俄罗斯、法国、德国、日本等世界主要国家纷纷将旅游业作为国家战略加以优先发展，提升旅游发展质量，塑造国际旅游品牌，各新兴经济体也加大了旅游质量发展步伐，全球旅游业竞争格局日趋激烈。

三、国际旅游服务贸易发展

（一）旅游产业链不断拓展

旅游产业链是为了获得经济、社会、生态效益，旅游产业内部的不同企业承担不同的价值创造职能，共同向消费者提供产品和服务时形成的分工合作关系。旅游产业链是以旅游产品为纽带实现链接的。从整个旅游过程来看，提供旅游产品的不同行业组成了一个链状结构，游客从旅游过程的始端到终端，需要众多的产业部门向其提供产品和服务来满足他的各种需求。其中，不仅包括旅行社、交通部门、餐饮、酒店、景区景点、旅游商店、旅游车船以及休闲娱乐设施等旅游核心企业，还关联到农业、园林、建筑、金融、保险、通信、广告媒体以及政府和协会组织等辅助产业和部门。前者构成了产业链的链上要素，后者为产业链的动态链接与正常运营提供必要的保障和支持。随着经济全球化的发展和国际分工的进一步深化，特别是产业融合的深度发展，推动旅游产业链在国际范围内延伸，并在产业关联上不断拓展，形成具有更加广泛影响力的产业链，从而使国际旅游服务贸易的产业链基础更加坚实。

（二）贸易规模发展迅猛

旅游服务贸易与社会经济发展形势紧密相关。2017 年，在全球主要国家经济形势逐步趋好的情况下，各国消费者信心指数持续提高，各主要经济体旅游需求稳步增长，跨国旅游基础设施不断完善，旅行成本持续降低，各国签证便利化程度日益提高。在此背景下，全球旅游总人次和全球旅游总收入保持强劲增长势头，成为全球经济增长的重要动力。

这一势头主要表现在四个方面：一是全球旅游总人次快速增长，达到全球人口总规模的 1.6 倍。全球范围内，参与旅游的群体不断扩大，旅游消费已然成为全球民众的重要生活方式。二是 2017 年全球旅游总收入超过 5 万亿美元，相当于全球 GDP 的 6.7%。旅游对推动全球经济增长的作用更加明显。三是全球旅游总人次和旅游总收入的增速均超过 2016 年，分别增长 6.8%和 4.3%，全球旅游经济进入快速增长期，且旅游消费水平不断提高。四是 2017 年全球旅游总收入和旅游总人次增速持续高于 GDP 增速。

然而新冠疫情的暴发使旅游服务贸易遭受重创，其增长势头受到了严重影响。我们必须看到的是，疫情在带来重大挑战的同时，也为旅游服务贸易创新发展提供了契机。全球化的趋势不可逆转，各国各地区之间的依赖更加紧密，伴随着生产力的发展，包括消费结构在内的经济结构总体持续优化升级，旅游服务消费韧性强、恢复快，因而旅游服务贸易规模总体快速发展的态势并没有改变。

（三）新型旅游业态加速涌现

业态创新不仅是旅游产业发展的必然趋势，也是适应发展方式转变、生活方式变革、国际化日益深化以及竞争日趋激烈化的客观要求。科技助力是业态创新加速的重要因素。随着科技和智能手机的发展，每一个旅游环节均能实现行进中瞬间智能优化选择，可谓“说走就走、说游就游”。而瞬间做出选择的决定因素，很大程度上将取决于网络大数据基础上的推荐指数和口碑排名。“互联网＋”旅游已经催生出众多新型旅游业态。此外，绿色旅游等旅游新业态也备受青睐。目前生态旅游发展较好的西方发达国家首推美国、加拿大、澳大利亚等国家，它们在生态旅游开发中，避免大兴土木等有损自然景观的做法，旅游交通以步行为主，旅游接待设施小巧玲珑，并与自然融为一体，住宿多为帐篷露营，尽一切可能将旅游对旅游环境的影响降至最低。再如，韩国观光公社近年出台了绿色旅游方案，开发出多种绿色旅游产品。

（四）国际旅游方式趋向多样化

旅游方式更加灵活多变是当今世界旅游服务贸易发展的重要特征。这一特征在旅游服务不断创新以及国际旅游服务贸易繁荣发展中将更加突出。当下国际旅游消费动向的重大变化是消费由“目的”变为“手段”，人们消费是为了实现自我爱好、自由娱乐，表现丰富的情感，追求现代生活方式等，因而多样化的旅游方式恰恰在提升旅游服务品质的同时不断满足旅游消费者的需求。而在国际旅游环境中，旅游方式多样化的空间将更加广阔。

（五）区域贸易不平衡明显

按照国际旅游组织划分的旅游区域，欧洲和美洲是传统的国际旅游发达地区，目前这两个地区的国际旅游者人数和国际旅游总收入合计占世界的80％左右。然而由于这两个地区经济增长速度趋缓，国际旅游的发展速度也相对缓慢，在全世界国际旅游中的比重有逐年下跌的趋势。东亚、太平洋地区由于经济迅猛发展，其国际旅游业也成为世界上增长最快的地区，在世界旅游中占据的比重不断上升。由于具有巨大的人口基数，东亚、太平洋地区有潜力在未来成为世界上最大的客源输出地区。非洲和中东地区由于经济发展水平不平衡且经济发展起伏较大，所以在世界旅游业中的地位不够稳定。

就全球旅游发展格局而言，全球旅游三足鼎立的格局更趋明显，亚太板块增势显著。从各大板块旅游总人次和旅游总收入在全球所占份额来看，欧洲板块比例持续下降；美洲板块旅游人次份额有所下降，旅游收入所占份额略有上升；亚太板块份额继续显著上升。

（六）旅游服务贸易国际合作加强

旅游服务贸易规模的扩大、全球旅游市场的拓展要求各国在旅游服务贸易领域要进一步加强国际合作，以深入推动国际旅游市场的繁荣，并能够积极应对影响旅游服务贸易发展的各种问题和风险，包括旅游服务贸易人员移动、资本移动等各种壁垒的限制以及疾病、局部战争和冲突、社会治安状况恶化等。特别是为了推动国际服务贸易的繁荣发展，在多边贸易体制下各国正在促进旅游服务贸易领域的深度合作。

第二节　国际旅游服务贸易实践

一、国际旅游服务贸易政策

（一）旅游服务贸易政策的概念及属性

旅游服务贸易政策是一个国家或地区在一定时期内，开展旅游服务贸易所遵循的国际规则、国际惯例和所实行的法规、制度和措施的总和。它既是一个国家或地区开展旅游服务贸易的政策依据和准则，又是开拓国际旅游市场和促进旅游服务贸易发展的重要措施和手段。国际旅游服务贸易政策是在国际视野和开放条件下观察和研究旅游服务贸易的政策，一方面是国内旅游服务贸易政策的国际延伸，另一方面涉及旅游服务贸易政策的国际合作和协调。

旅游服务贸易政策是一个广义概念，它不仅内容广泛，而且形式多样。从各国所制定的旅游服务贸易政策看，其主要形式包括有关旅游服务贸易的法律、法令、规章、制度、外汇管制、海关程序及有关措施等。旅游服务贸易政策一般包括旅游服务贸易总政策、入出境旅游政策、旅游要素进出口政策和旅游服务贸易国别政策等。

国际旅游服务贸易政策既具有经济属性，也具有政治属性。政策的制定能够引导、支持旅游服务贸易各相关利益主体积极参与国际分工，进行对外贸易，获得更多经济利益，促进本国或本地区经济的发展和消费的升级。与此同时，国际旅游服务贸易政策要以国家安全、稳定和发展为重要目标，要服从国家战略和政治需要，体现出其政治属性特征。不仅如此，国际旅游服务贸易政策也是国家之间开展旅游服务贸易的依据，是规范国家之间进行旅游服务贸易的重要准则，具有鲜明的国际属性。

（二）国际旅游服务贸易政策的国别概况

发达国家极为重视对外旅游服务贸易的发展，高度重视市场和法治建设。美国在1979年制定了《全国旅游政策法》。该法从国家发展旅游业的作用、设立全国旅游政策委员会政策、旅游资源的保护、旅行游览发展公司的政策、旅游者的政策五个方面做出了规定。美国是典型的普通法系国家，遵循先例是其基本的法律制度。然而为了促进其旅游业的健康发展，美国这样的判例法国家颁布了规范旅游业方面的法规。美国《全国旅游政策法》对成立美国“全国旅游政策委员会”做出了规定，由全国旅游政策委员会来协调全国旅游业的发展，解决旅游业发展中存在的种种问题，包括法律问题。此外，美国政府还制定了各种关于旅游的单行法规、法案，从多方面保证了旅游事业的健康发展。这些法规、法案，有的是关于保护公园和游览地的法律，对旅游资源的开发、利用和游览地的环境保护做了具体规定；有的是关于食宿业方面的法律，对旅馆、餐馆的开业、经营做了具体规定；有的是关于旅行社行业的法律，对旅行社的经营、开办等做了规定。此外，对于旅游相关行业也有单行法规，如运输业法、商业法等，它们从不同侧面保证了美国旅游业的健康发展。

加拿大全国性的法案中，与旅游相关的最主要的有《加拿大旅游委员会法案》。该法案规定了在国家一级成立加拿大旅游委员会，并对它的地位、权限、职能、人员组成、资金来源等都做出了详细的规定。日本政府则制定了包括旅游行业法、与旅游相关的法律和旅游基本法在内的一系列法律，形成了一套完整的旅游法律法规体系。日本的旅游法律分为旅游基本法、旅游行业法以及与旅游相关的法律三类。

欧洲各国对旅游服务贸易相当重视，各国相关政策具有高度相似性。总体而言，欧洲国家重视从国家层面推动旅游服务可持续发展。意大利政府鼓励旅游企业升级服务，以适应旅游者不断变化的可持续发展的旅游需求。西班牙则起草了《可持续旅游业纲要》，实施“旅游与环境管理”、“可持续旅游业的培训”及“可持续旅游城市”项目，在多个目的地严格执行“欧盟环境管理与认证体系”，积极开展“知识、技能与旅游创新中心”计划，强化创新与技术转让，促进与鼓励旅游企业的技术发展与最佳实践活动。英国旅游局先后筹集巨资执行“来自大不列颠的邀请”计划，并在关键客源市场的相关城市开展“伟大形象运动”。如意大利积极实施数字化战略、成立智库即数字旅游实验室、支持数字旅游投资、制订国家数字通信及营销计划，通过技术创新来提高旅游服务贸易的竞争力。

欧洲国家的旅游服务贸易政策因国情不同，也保有较强的特殊性。法国政府通过完善带薪年休假制度、设立国家度假支票管理局、推广度假支票的使用及援助特殊群体休假等途径促进国民休闲度假。德国国内并没有专门的旅游法规，导游上岗也不需要导游证。德国将旅游方面的法律法规融入了包括民法、税法、环境法和交通法等在内的具体法律法规的范围之内。德国各联邦州是负责当地旅游的主管部门，主要负责如何加强人员培训、优化旅游服务、扩大对旅游业重要性的认知等。意大利颁布旅游法典促进旅游业发展，签署“假日支票”法令，使低收入家庭受益，同时在机构、立法、资金及公众参与方面为文化遗产保护做出了许多努力。为了支持青年企业家旅游创新项目的发展，西班牙政府提供优于市场利率的信贷，提供新的融资工具便利中小旅游企业融资，提出“研究、发展与创新计划”（R+D+I）扶持旅游人才发展。

《中华人民共和国旅游法》自 2013 年 10 月 1 日起施行，2016 年和 2018 年做了两次修正，为保障旅游者和旅游经营者的合法权益，规范旅游市场秩序，保护和合理利用旅游资源，促进旅游业持续健康发展发挥了积极作用。

二、国际旅游服务贸易实务

国际旅游服务贸易实务主要涉及相关利益主体在进行国际旅游服务贸易实践过程中的行动、流程以及管理等。旅游产业涉及吃、住、行、游、购、娱等众多环节，产业链长。下面重点介绍旅行社业以及旅游业务流程管理。

（一）旅行社业

旅行社业是为人们旅行提供服务的专门机构的行业。旅行社业的产生是商品经济、科学技术和社会分工的直接结果，同时也是旅行长期发展成为大众经常性活动的必然产物。旅行社业是旅游业的集中代表，是经济性和服务性的充分体现，其中介性为其他企业所不具有。它将原来分散的、个别进行的旅游活动进一步社会化，把旅游产生地同目的地连接起来，在不同的国家和地区的旅游者和旅游经营者之间架起了一座桥梁，而且把各有关旅游企业联系在一起，创造了一种新的信息传递方式和资源组合方式。因此，旅行社不仅是旅游者与旅游对象的中介体，而且在不同旅游企业之间起着联络和协调作用。

旅行社在自己的经营活动中，从分属于不同部门的企业购买各种旅游服务产品，再把这些产品组合起来系统地提供给旅游者，使旅游者的旅游活动得以顺利地开展。旅游企业之间的相互联系和衔接，有赖于旅行社的组织和协调。旅行社既是旅游客源的组织者，也是旅游市场的开拓者，通过其产品的生产将其他相关的行业和部门的产品也销售给旅游者，成为这些企业的旅游产品的销售渠道。

（二）旅游业务流程管理

旅游业务是各旅游企业的经营重点，通过下属员工对外提供引导参观、对外联络、预定餐宿等相关服务，形成旅游业务的基本内容，而如何有效管理各类型旅游业务则是企业生存的关键。相比于国内旅游业务，国际旅游业务所面临的环境更加复杂，所考虑的因素和相关风险更多。旅游业务流程管理的重点主要包括：（1）基本业务操作，如编制团队计划、填写旅行社内部业务计调操作表、提前规划旅游线路并联系餐饮住所、管理每日游览行程、引导游客参观并保证监管、与联络方进行资金结算等；（2）导游的管理，包括导游培养、素质考察、在岗行为监控、绩效考核、工资发放、奖惩裁定等；（3）与有关部门机构签订协议，旅行社主要与航空公司、酒店、餐厅、景点、游乐场所、商店、客车队及火车站、保险公司有着长期的密切联系，为了与这些部门在业务上有所遵循，双方要签订相关协议，以便双方遵守并互相监督；（4）业务推广，推广工作是工作重心，旅行社除了门市柜台组织散客外，主要靠推广部去开拓客源市场，只有推广部的劳动付出直接与利润挂钩；（5）流程交叉管理，由于旅游业务流程并非单独进行，只有同时运作才能创造利润，因此对于旅游企业而言，如何同时处理上述不同事务，保证各环节正常运作是实现创收的绝对保障。

旅游业务流程管理对于规范企业管理，提高企业的整体效率和顾客满意度，提升人力资源效用等方面具有重要意义。在国际旅游服务贸易中，不仅要开拓国际旅游客源市场，为国际旅行者提供一揽子服务，加强服务的特色化、个性化，提升服务的品质，还要优化旅游业务流程管理、提升效率，与国际旅游服务组织者、提供者和其他利益相关者密切合作，规避风险，创造更大的经济效益和社会效益。

三、国际旅游服务贸易经验

（一）加强法治建设

从旅游强国实践经验看，在推动国际旅游服务贸易发展过程中，法治建设具有极为重要的意义。推动国际旅游服务贸易，要运用法治思维，促进旅游市场的建设和开拓，引导、约束和规范旅游服务贸易相关利益主体的行为，使国际旅游服务贸易的开展和旅游市场的拓展拥有坚实的法治基础。

（二）优化营商环境

旅游产业链长，涉及方方面面，影响因素多且复杂，需要有良好的营商环境，以便更好提升旅游消费者的消费体验和旅游服务品质，培育品牌。从旅游强国发展看，在丰富特色旅游资源的基础上，充分发挥市场机制，提供便利高效的旅游服务，持续优化营商环境是其推动旅游服务贸易的重要成功经验。

（三）提升供给水平

旅游强国在旅游服务供给能力和水平提升方面积累了丰富的经验。在旅游产业链开发，旅游产业与其他产业融合，科技促进旅游业和旅游服务贸易发展等方面具有明显的竞争优势。将旅游业置于国家战略位置，以系统化的思维利用经济、法治等各种途径促进旅游服务贸易的发展是国际旅游服务贸易发展的重要经验。

（四）促进旅游消费

旅游消费是旅游市场开拓和旅游服务贸易发展的重要方面。旅游强国重视游客消费对旅游服务贸易的拉动作用，资源和设施的规划首先要满足本国游客需求，增加本国消费新的增长点，使国内需求对旅游服务贸易的拉动作用发挥到最大，扩大国内需求成为促进旅游服务贸易发展的重要因素。不仅如此，还要开发多元化的旅游主题，通过各种旅游活动提高游客的消费档次，从而为国际旅游服务贸易打下坚实的消费基础。

（五）优化旅游管理

优化旅游管理对旅游服务贸易有着巨大的推动作用。旅游强国重视旅游管理，积极探索符合自身的管理规则和流程，充分考虑当代年轻人的需要，将线上和线下结合，通过互联网的经营模式时刻捕捉客户的售后评价并对此进行不断的改善。这些做法无疑能够提升旅游服务贸易的竞争力。

（六）重视人才培养

旅游服务贸易需要大量的技能型人才和战略型人才。国际旅游服务贸易对人才要求较高，不仅要求从业人员具备较好的沟通表达能力，还需要具备较强的专业技能。通过加强人才的培养，不仅可以提高服务质量，提升获利水平，还可以树立良好的国家形象，更好地促进国际旅游服务贸易的发展。旅游强国不仅自己培养了大量的高素质国际化人才，而且从全球范围内吸引人才。汇天下人才而用之是决定旅游服务贸易发展的关键因素。

第三节　我国旅游服务贸易发展

一、我国旅游服务贸易发展状况

我国服务贸易正处于发展的上升期，发展动力强劲。在服务贸易大发展的背景下，以旅游为代表的我国传统服务贸易将具有广阔的发展空间。此外，经济发展方式的转变、科技创新能力的增强以及管理经验的提升将推动我国旅游服务贸易迈上发展新台阶。

根据《“十四五”旅游业发展规划》，预计到2025年，我国旅游业发展水平不断提升，现代旅游业体系更加健全，旅游有效供给、优质供给、弹性供给更为丰富，大众旅游消费需求得到更好满足。疫情防控基础更加牢固，科学精准防控要求在旅游业得到全面落实。国内旅游蓬勃发展，出入境旅游有序推进，旅游业国际影响力、竞争力明显增强，旅游强国建设取得重大进展。展望2035年，旅游需求多元化、供给品质化、区域协调化、成果共享化特征更加明显，以国家文化公园、世界级旅游景区和度假区、国家级旅游休闲城市和街区、红色旅游融合发展示范区、乡村旅游重点村镇等为代表的优质旅游供给更加丰富，旅游业综合功能全面发挥，整体实力和竞争力大幅提升，基本建成世界旅游强国。

国家旅游局数据中心发布的统计数据显示，2021年，国内旅游市场受疫情影响依旧明显，但相比于2020年已经有了明显恢复；对外旅游服务贸易仍然不容乐观。2021年，国内旅游总人次32.46亿，比上年同期增加3.67亿，增长12.7%，恢复到2019年的54.0%。其中，城镇居民23.42亿人次，增长13.4%；农村居民9.04亿人次，增长11.1%。国内旅游收入（旅游总消费）2.92万亿元，比上年同期增加0.69万亿元，增长30.9%，恢复到2019年的51.0%。2021年1—12月我国国际收支口径的旅行服务贸易收入733亿元，支出7 161亿元，逆差6 428亿元，进出口总额同比下降22.6%（见表8-1）。

表8-1　2017—2021年我国旅游服务贸易进出口情况

年份	服务贸易总额（亿元）	旅游服务贸易总额（亿元）	旅游服务贸易总额占总服务贸易总额的比率（%）	旅游服务贸易出口（亿元）	旅游服务贸易进口（亿元）	差额（亿元）
2017	46 991	19 831	42.2	2 621	17 210	−14 589
2018	52 402	20 931	39.9	2 611	18 320	−15 709
2019	54 153	19 703	36.4	2 381	17 322	−14 941
2020	45 643	10 193	22.3	1 141	9 052	−7 911
2021	52 983	7 894	14.9	733	7 161	−6 428

资料来源：依据商务部商务数据中心相关资料整理。

（一）入境游

入境游是国际旅游服务贸易的重要组成部分，对旅游目的国而言属于旅游服务出口贸易。它是衡量一个国家旅游业综合实力与国际竞争水平的基础指标。1949年11月，中国第一家旅行社诞生，标志着我国旅游业的起步。改革开放前，我国旅游业发展规模小、结构单一。1978年，我国入境旅游总人数仅为180.9万人次，旅游外汇收入为2.63亿美元，居世界第41位。1978年以后，旅游业作为我国改革开放的标志性产业，进入了新的发展时期，入境旅游无论是在规模上还是增长速度上都有了重大发展。

新冠疫情发生前，全球国际旅游保持稳步增长态势，亚太地区继续引领国际旅游发展。而我国入境旅游市场规模与消费近年来均持续增长，离境退税政策对入境旅游消费的提升效果明显，特别是外国客源市场增幅显著。从入境客源市场的结构特征来看，港澳台客源市场主力地位依然稳固，“一带一路”沿线国家活跃度上升，即使是疫情期间，接待入境游客数量降幅也相对较小。入境旅游市场需求方面，游客消费水平依然偏低，主要旅行目的是游览观光以及休闲度假。对国内 10 个入境旅游典型城市的调研结果显示，入境游客中首次到访中国的游客居大多数，游览观光和休闲度假是入境游客访华的主要目的，网站论坛和亲友介绍是入境游客访华的主要信息来源，旅游交通与天气状况等生活信息、旅游产品和服务介绍等是入境游客最为关注的出行决策参考要素，山水风光、文物古迹、美食烹调是入境游客最为喜爱的旅游项目。入境游客的消费水平依然偏低，超过 60%的入境游客消费集中在 1 001～5 000 美元。入境游客的消费评价整体较好，但仍有部分服务短板存在。

新冠疫情暴发对我国入境游造成了严重冲击。根据《中国入境旅游发展报告 2021》，受疫情影响，我国入境旅游市场从 2020 年春节后出现断崖式下跌。根据文化和旅游部发布的统计数据，2020 年，我国共接待入境游客 2 747 万人次，同比下降 81%。其中，入境过夜游客 797 万人次、外国游客 412 万人次、外国过夜游客 184 万人次，分别下降 88%、87%和 93%。入境旅游经历了过去 40 年从未有过的下降。

仅有的市场存量主要来自周边国家和地区，排名前 15 的入境旅游客源市场为中国澳门、中国香港、缅甸、越南、中国台湾、菲律宾、蒙古、韩国、俄罗斯、日本、美国、印度、印度尼西亚、马来西亚和加拿大。更具需求刚性的留学和商务旅行成为当前入境旅游的基础需求。在中菲两国更加密切的经贸往来背景下，菲律宾一跃成为我国 2020 年第三大外国客源市场。

（二）出境游

出境游同样在国际旅游服务贸易中占有重要地位，对旅游客源国而言属于旅游服务进口贸易。20 世纪 80 年代中期，港澳探亲游启动，我国的出境旅游发展初现端倪。1988 年，除港澳地区外，泰国成为我国出境旅游的第一个目的地国家，我国出境旅游自此起步。1990 年起，我国政府陆续允许新加坡、马来西亚、泰国、菲律宾为中国公民探亲旅游的目的地国家。1997 年，我国发布了《中国公民自费出国旅游管理暂行办法》，这是我国第一部关于出境旅游管理的法规，标志着出境探亲旅游正式转变为公民自费出国旅游。

在新冠疫情的冲击下，2020 年全年出境旅游人数为 2 033.4 万人次，同比减少 86.9%。2021 年，预测出境旅游人数为 2 562 万人次，与 2019 年相比恢复 17%，与 2020 年相比增长 27%。相比疫情前过亿人次的出游规模，出境旅游依然基本处于停滞状态。安全、近程和陪伴成为未来出境旅游的关注重点。在全球新冠疫情防控过程中，不平衡性依然突出。出境旅游发展存在很大的不确定性。

从 2020 年 1 月 24 日开始，我国的出境旅游供给和需求两侧、产业和市场两侧都出现了断崖式下降。2020 年 2 月我国出境旅游人次从 1 月的上千万人次骤降至不足 60 万人次。由于团队出境旅游完全停止，随后各月只有零散游客出游，整体出境旅游人次始终在极低水平徘徊。

从出境目的地结构上看，亚洲继续在洲际目的地上占据首位，占比为95.45%。之后依次为欧洲、美洲、大洋洲和非洲。总体上看，较近程目的地受疫情冲击的影响较小。赴亚洲、欧洲、大洋洲、美洲和非洲等地区游客同比减幅在70%和95%之间。其中亚洲减幅最小，大洋洲减幅最大。港澳台地区依然是出境旅游最主要的目的地，占据8成以上的份额。

排名前15的出境旅游目的地依次是中国澳门、中国香港、越南、韩国、日本、泰国、柬埔寨、美国、新加坡、中国台湾、马来西亚、英国、澳大利亚、加拿大和印度尼西亚，与疫情发生前相比已经有了明显改变，且游客下降幅度在66%和98%之间。前往中国澳门的内地游客市场出现了明显的复苏迹象。①

二、我国旅游服务贸易实践创新

（一）推动贸易结构优化升级

伴随着旅游服务贸易的转型升级，其相关结构也正在发生积极的变化。从旅游产品结构看，随着旅游需求的多样化、个性化发展，传统旅游产品结构已经无法对旅游者产生持续的吸引力，旅游产品开发应根据市场需求变化的特点，开发出更多的新品种，满足多样化的需要。从旅游市场结构看，我国推动了入境游、国内游、出境游三大板块结构更加合理、完善，使旅游服务贸易健康可持续发展。从旅游投资结构看，旅游投资的主体出现多元化趋势，国有投资、外商投资、私人投资等并存的局面进一步巩固，旅游服务贸易多种模式进一步加强。

随着我国人均可支配收入的不断增加、公民旅游休闲意识的增强以及我国对出境旅游限制的逐步放松，公民出境旅游渐成时尚，出境旅游消费规模不断扩大、增长速度不断提高。作为一个国家旅游业国际化的重要标志，出境旅游的快速增长对于促进国家外交关系融洽、拓宽国民的国际视野、提升国家软实力等方面的作用凸显。同时，随着我国出境旅游目的地的拓展，我国旅游企业为我国公民出境旅游提供服务的空间范围和总量规模不断扩大，加快了我国旅游企业跨国经营的步伐。未来我国旅游服务贸易结构仍然将发展变化，并逐步向更加有序平衡、相互促进的方向发展。

（二）促进更加丰富的提供模式

从服务贸易的四种贸易模式看，我国旅游服务贸易从境外消费贸易单一的提供模式逐步转变为跨境交付、商业存在等多种服务贸易模式并存的发展局面。改革开放之初，入境旅游在我国旅游服务贸易结构中占主导地位，旅游服务贸易一度以国内相关事业单位和国有企业为国外旅游者提供住宿、餐饮等相关服务的境外消费模式为主。1984年，在国家政策方针的指导下，我国旅游业开始引进外资，旅游服务贸易的商业存在模式由此发展并逐步壮大。从20世纪80年代单方面倚重“引进来”战略模式发展到目前的

---

① 参见中国旅游研究院. 中国出境旅游发展年度报告2021.

“引进来”和“走出去”相结合的战略模式，鼓励我国旅游企业深入学习国外旅游企业先进的管理经验、管理模式和技术，积极拓展国外市场，参与国际竞争。外商和港澳台兴建的星级饭店以及外商投资旅行社逐步增加。同时在科技助力的情况下，旅游服务贸易提供方式更加多元、高效。

（三）推动更加集约的发展方式

经济发展方式转变和结构升级转型也推动旅游服务贸易发展方式朝更加集约和内含式方向转变。从政府主导到政府引导、让位于市场，政府的角色转变使得旅游服务贸易的发展更加高效；从简单关注入境旅游人次数和旅游外汇收支，到更加关注旅游者的满意度，更加关注以人为本、出境游和入境游的相互促进以及旅游服务贸易更广泛的作用功能；从对资源的掠夺性、破坏性开发和利用，到更加注重旅游资源的综合利用和开发，旅游服务贸易可持续发展的优势逐渐强化。

（四）加强产业业态融合发展

在融合发展不断深化的背景下，旅游与其他行业的结合愈加紧密。“旅游＋”成为旅游服务贸易发展的重要推动力。“旅游＋”是指充分发挥旅游业的拉动力、融合能力，及催化、集成作用，为相关产业和领域发展提供旅游平台，插上“旅游”翅膀，形成新业态，提升其发展水平和综合价值。在此过程中，“旅游＋”也有效地拓展了旅游自身的发展空间，推进了旅游转型升级。“旅游＋”与“互联网＋”一样，具有“搭建平台、促进共享、提升价值”之功能。旅游融合发展是我国旅游服务贸易创新的重要途径，对于未来我国旅游服务贸易竞争力的提升具有重要的意义。

（五）强化企业组织集团化

集团化发展有利于实现规模效益，有助于产业结构优化和增强企业的国际竞争力，因而旅游企业集团化成为世界旅游企业发展的趋势。面对旅游市场对外开放带来的外部压力以及旅游企业为了实现利润最大化的内部动力，我国旅游产业组织集团化势在必行。通过并购和控股等手段，实现旅游企业集团化经营战略，提升企业的资产质量，强化企业的抗风险能力，降低成本从而获得规模效益，是我国旅游企业发展壮大、增强市场竞争力、更好走向国际旅游市场的必然选择。

（六）推进更加紧密的国际合作

在多边贸易体制下，伴随着全球化的深入发展，各国和地区之间在旅游服务贸易领域的合作将更加紧密，利益协调将更加广泛。因此根据旅游产品、旅游区域、旅游特色来整合旅游资源，避免过度竞争，树立自身独特的旅游整体形象，实行双赢和多赢的策略，加强地区间、国家间的旅游经济合作，是今后旅游经济发展的趋势之一。未来 30 年，依旧是中国旅游业保持快速发展的黄金期。随着“旅游＋”战略、“全域旅游”战略、“一带一路”旅游合作的进一步实施，我国旅游服务贸易在不断向提质增效和广泛高水平国际合作的新阶段迈进。

本章小结

旅游服务行业作为服务业以及服务贸易的重要行业部门，在国际服务贸易创新发展中占据十分重要的地位。“旅游＋科技”、“旅游＋文化”、旅游与其他行业的深度融合等促进了旅游服务新业态、新模式层出不穷。在促进我国旅游服务贸易发展过程中，既要有国际视野，学习借鉴其他国家和地区的有益经验和成功实践，又要立足我国实际，推动中国旅游服务贸易的创新进步，促进我国旅游强国目标的实现。

概念和术语

旅游服务；国际旅游服务贸易

复习思考题

1. 什么是国际旅游服务贸易？
2. 简述世界旅游服务贸易的发展特征和趋势。
3. 简述各国旅游服务贸易的政策。
4. 国际旅游服务贸易实务包含哪些部分？
5. 简述国际旅游服务贸易的发展经验。
6. 我国旅游服务贸易的发展状况如何？
7. 阐述我国旅游服务贸易发展的实践创新状况。

延伸阅读

把握旅游发展新趋势
加快行业数字化转型

第九章 国际运输服务贸易

学习目标

1. 掌握国际运输服务贸易的相关概念。
2. 了解国际运输服务市场状况。
3. 了解国际运输服务贸易政策、实务和经验。
4. 了解我国运输服务贸易发展状况和实践创新。

素养目标

1. 通过国际运输服务贸易相关概念、市场状况以及发展的学习，加强读者对人类生产方式转变和运输方式变革的认识，增强读者对高度联通社会和普遍联系的观点的理解。

2. 通过国际运输服务贸易政策、实务和经验的学习，以多元化的学习方式，培养读者的团队协作、互助友爱的品格。

3. 通过我国运输服务贸易发展状况和实践创新的学习，增强读者对我国运输服务贸易发展的信心。

案例导引

在全球航运服务业领域注入更多“中国元素”

我国是海洋大国，但航运服务业的全球竞争力却与我国的航运体量不相匹配。全国政协委员周春玲建议，应利用香港航运服务业的优势，加强我国在全球航运服务业的竞争力，在全球航运服务业领域注入更多“中国元素”。

可以从两个方面入手，利用香港加强我国在全球航运服务业的竞争力。

第一，大型国企部门优先采用香港的海事法律、仲裁、金融、保险服务。香港的航运服务业可与我国庞大的航运货贸需求优势互补，吸引国际市场使用中国的航运服务，抢占更大的市场份额，争取国家在航运领域的国际话语权。

第二，深化粤港航运合作，提升内地航运服务业水平。利用粤港澳大湾区粤港重大合作平台，以香港高水平航运服务业辐射内地市场，提升内地航运业与国际标准对接的水平。深圳前海与广州南沙拥有较佳的港口与航运产业基础，也是四个粤港重大合作平台其中之二。通过政策创新和制度突破，争取在两地指定区域设立“国际航运服务中心”，船东、货主在当地能使用香港（国际标准）的海事服务，包括仲裁、船舶融资和租赁等。通过内地与香港的这两个合作平台，发展出新的高水平的具有国际竞争力的国际航运服务产业门类，服务全国，辐射全球；同时借助香港在金融、法律和专业服务等领域的传统优势，加快培养内地的航运服务业人才，促进我国航运服务业高质量发展，加速国内商业文化和管理规范对接国际水平。

资料来源：周春玲. 在全球航运服务业领域注入更多“中国元素”. 黑龙江日报，2022-03-11.

第一节　国际运输服务贸易概述

一、国际运输服务贸易的相关概念、特点和作用

（一）国际运输服务贸易的相关概念

1. 运输服务贸易

运输服务在人类生产和生活中发挥着重要作用。它是个人或社会组织为消费者凭借某种工具、设施等实现货物或人在空间上的位移所进行的一种经济活动，以及以此表现的使用价值或效用。

运输服务贸易是指以运输服务为交易对象的贸易活动，即贸易的一方为另一方提供运输服务，以实现货物或人在空间上的位移。

从广义上讲，运输服务贸易已不仅仅局限于人员或货物在一定空间内转移的服务，还包括与该服务相关的各项辅助性、支持性服务，如港口服务贸易、船舶租赁服务贸易、飞机修理与维护服务贸易、火车牵引服务贸易等。因此，广义的运输服务贸易既包括核心服务，也包括追加性服务。

2. 国际运输服务贸易

国际运输服务贸易主要是指以国际运输服务为交易对象的贸易活动，是不同国家的当事人之间所进行的，由一方向另一方提供运输服务，以实现货物或旅客在空间上的跨国境位移，由另一方支付约定的报酬的交易活动。

国际运输服务贸易属于国际服务贸易，因此它有和服务贸易提供模式相一致的表现形式。

（1）跨境支付模式。在国际运输服务贸易中，从事国际货运代理业务的服务提供者可以通过电信、邮电和计算机网络来对另一国的服务消费者提供货物运输代理服务，而不需要通过双方的空间位移来实现。

（2）境外消费模式。在运输服务贸易中，通过国际领航服务、岸上船只补给服务和提供泊位服务等港口服务形式向另一国服务消费者提供的服务都是境外消费方式。

（3）商业存在模式。该种方式是指一国航运公司通过在另一国设立办事处、子公司或合资船运公司来提供运输服务的形式。这种方式是四种运输服务提供方式中最为重要的一种。在这种服务提供方式下，外国运输企业会直接参与本国服务市场的竞争。

（4）自然人流动模式。指一国运输服务提供者到另一国境内以自然人方式提供服务的形式。在运输服务贸易中，一国的船舶维修专家到另一国境内为其船舶提供维修服务就属于自然人流动形式，在这种方式下运输服务的提供者必须通过人员进入的方式移动到东道国提供服务。

运输服务的对象主要包括货物和人，因此按照运输对象的不同可以将国际运输服务贸易分为货物运输服务贸易和旅客运输服务贸易两种。而在国际贸易中，货物的跨境移动和交付是国际货物贸易必需的过程和环节。对于国际服务贸易而言，则涉及人员的跨境移动问题。

在《服务贸易总协定》对国际服务贸易的分类中，将运输服务贸易分为 9 个大类 33 个小项，主要包括：海运服务、内河航运、空运服务、外层空间运输、铁路运输服务、公路运输服务、管道运输、所有运输方式的辅助性服务（主要包括理货、仓储服务、货运代理服务）和其他服务。

（二）国际运输服务贸易的特点

1. 国际运输服务贸易派生于货物贸易

作为国际服务贸易的传统部门，运输服务贸易派生于货物贸易，因而国际货物贸易成为影响国际运输服务贸易的主要因素。当国际货物贸易繁荣发展时，对运输服务的派生需求持续增长，由此推动国际运输服务贸易的发展；反之，当世界经济衰退时，国际货物贸易萎缩，国际运输服务贸易也随之下降，在国际海上运输中表现为船舶吨位的大量过剩。国际运输服务贸易的发展对一国在国际贸易市场中的地位有重要的影响和作用，因而与国际货物贸易有着极为紧密联系的国际运输服务贸易成为推动国际贸易繁荣发展的重要力量。

2. 国际运输服务贸易提供可替代性较强的无形运输服务

运输服务贸易作为一个独立的服务部门，其提供的是无形的运输服务，而不是有形的产品，并且运输服务生产过程和消费过程是同时进行的，一般不改变服务对象的属性或形态。运输服务的主体、客体、对象和工具有着独特的组合方式，其能够贮存的只有运输能力。而对于公路、水路、铁路、航空、管道等多种运输方式来说，运输服务可替代性较强。

3. 国际运输服务贸易中介或代理作用较为突出、重要

运输服务的需求者是托运货物的贸易商、其他托运人或运输服务需求人，运输服务

的提供者是拥有船舶、火车、汽车、飞机等运输工具，按客户的要求将货物从起运地运至目的地的承运人。在运输服务贸易中，中介人或代理人的活动非常活跃。货运中介是介于车主和货主之间的中介组织或个人，其经营活动就是为车主配货，为货主找车，从中收取中介费。而货运代理是为运输公司（海、陆、空）代理收运货物、揽货，从而在完成货主与客商之间的贸易中起到重要的连接作用的公司。它们对运输服务贸易的开展起着很重要的作用，对运输服务贸易来说必不可少。

（三）国际运输服务贸易的作用

1. 国际运输服务贸易有利于改善国际收支

国际运输服务贸易中，为本国进出口贸易提供运输服务可以改善国际收支，为其他国家之间的贸易提供运输服务对于改善国际收支的作用更为明显。货物如果由我国船运公司承运，就能获得一笔外汇收入或运费在国内企业之间转移，可以节省向外国船运公司支付运费的外汇支出，从而对改善我国国际收支发挥积极作用。

2. 国际运输服务贸易推动了货物贸易的开展

国际运输服务贸易对于国际货物贸易的顺利开展具有极为重要的作用。货物跨境交付以及价值和使用价值的实现离不开空间位移。而运输服务则成为国际货物贸易的桥梁和纽带，确保货物从一国或一地区向另一国或地区实现移动。运输的快速性、准确性、安全性、可靠性以及运价的高低，都会对货物贸易的范围与规模产生影响。

3. 国际运输服务贸易促进了要素的国际流动

国际运输服务贸易不仅促进了货物跨境交付和空间位移，对于其他服务行业国际贸易的开展同样具有重要作用，在劳动力等相关要素国际流动方面扮演着极为重要的角色。特别是在境外消费、商业存在和自然人流动模式方面，涉及大量的人员移动问题。国际运输服务贸易的发展无疑成为促进要素国际流动的重要因素。

二、国际运输服务市场状况

（一）国际运输服务市场变动性增强

在高度联通的社会经济中，全球价值链分工的深化以及各国各地区之间依赖的加强需要国际运输服务的有力保障，因而包括海运、航空、铁路、集装箱、管道等方式在内的运输市场伴随贸易经济的发展以及联系的增强而有扩大的潜力和趋势。然而影响国际运输服务市场的相关因素愈趋复杂。百年未有之大变局下，国际政治经济秩序的变革、贸易保护主义的抬头、公共突发卫生事件的发生、科技的应用等对国际运输服务市场产生了重要影响，使市场变动性增强。

（二）运输服务对象发生了变化

伴随着社会经济的发展、国际分工合作的深化以及科技的进步，国际运输服务贸易中的运输对象也发生了变化。一方面，专业化分工与协作范围的扩大使各个国家的生产活动进一步纳入国际范围的再生产过程，许多发展中国家成为工业化国家大公司的半成品制造基地，从而使从发展中国家运往发达国家的初级产品的运量比重逐渐下降，而批量小、价值更高的半成品的运量比重上升；另一方面，在经济结构转型升级以及绿色发展、内含式发展的推动下，节能技术、节约措施的广泛采用减少了世界原料的运输比重。此外，国际服务贸易的繁荣也在推动运输对象的变化，从而不仅使人员移动的运输服务不断增长，而且大大促进了为服务贸易提供支持的货物运输需求的增长。

（三）运输方式和组织形式进行了变革

运输方式是运输业中由于使用不同的运输工具、设备线路，通过不同的组织管理形成的运输形式。现代化的运输方式以铁路、公路、水路、航空和管道运输为主，同时形成了多种运输方式综合利用、相互协调、均衡衔接的运输组织形式。随着运输经济、科技的发展还将出现新的运输方式，运输组织形式也在不断创新，从而推动国际运输服务贸易的发展。

集装箱运输是运输方式重大变革的产物。它是将一定数量的单件货物装入标准规格的集装箱内，以此作为运送单位所进行的运输。这种承租运输因其装载量大，往往又能使船舶、火车、汽车、飞机等各种运输方式衔接在一起，从而成为一种新型的现代化运输方式。

同时国际多式联运的地位也更加重要。根据 1980 年 5 月联合国贸易和发展会议通过的《联合国国际货物多式联运公约》，国际多式联合运输的定义是指：按照多式联运合同，使用至少两种不同的运输方式，由多式联运经营人将货物从一国境内接管货物的地点运至另一国境内指定交付货物的地点。国际多式联运的发展成为运输组织形式的重要创新，对于国际运输服务贸易的开展发挥了积极的推动作用。

（四）区域市场合作加强

区域经济一体化推动区域内国家或地区在运输服务贸易领域进一步加强合作。一方面，区域内部向自由贸易迈出了一步；另一方面，区域集团对外的贸易壁垒可能强化。这种双重性促使区域内部商品贸易和货物运输比重加大，而使区域与外部的商品贸易和货物运输比重降低。国际运输服务贸易总体处于经济全球化与区域一体化共同推动的贸易合作与发展过程之中。

三、国际运输服务贸易发展

（一）运输服务贸易在服务贸易中的比重稳中有降

自 20 世纪末以来，全球运输服务贸易呈现稳步发展的态势。1995 年全球运输服务贸易出口总额为 3 080 亿美元，2005 年为 5 700 亿美元。从 2006—2013 年的世界运输服务贸易情况来看，年均增长 11%，其在服务贸易中占比均在 20%以上，且比较稳定，是服务贸易中重要的类别，在服务贸易中占有举足轻重的地位，其地位仅次于旅游服务贸易，居第二位。随着全球科技产业化浪潮的不断发展，世界服务贸易正逐渐由以自然资源或劳动密集型为基础的传统服务贸易向以知识密集型或资本密集型为基础的现代服务贸易转化，这使得运输这一传统服务贸易在世界服务贸易出口总额的比重不断下降，从1995年的25.9%下降到2012年的20.5%。而随着全球服务贸易结构的不断优化以及新兴服务贸易的发展，运输服务贸易在服务贸易中的比重稳中有降。

（二）发达国家和地区是国际运输服务贸易的主体

发达国家和地区运输服务贸易仍占绝对优势。2012年，发达国家和地区运输服务贸易出口额占全球运输服务贸易出口额的25.5%。表9-1显示的是2017年国际运输服务贸易进出口量前10名国家和地区，从中不难看出，发达国家和地区仍是国际运输服务贸易的主体。

表9-1　2017年国际运输服务贸易进出口量前10名国家和地区　单位：十亿美元

国家和地区	出口量	进口量
美国	86.5	101.2
德国	62.0	92.9
法国	45.8	66.3
新加坡	45.7	57.1
英国	37.7	47.7
荷兰	37.3	47.2
中国	37.1	39.9
丹麦	36.0	30.0
日本	34.0	29.9
中国香港	30.1	28.6

资料来源：基于ITC，UNCTAD，WTO的服务贸易数据库，以及Eurostat，International Monetary Fund，Organisation for Economic Cooperation and Development (OECD)，相关国家或地区的官方统计数据。

（三）国际运输服务贸易结构持续变化

在海上、航空、公路、铁路、管道运输和国际多式联运服务等各种运输服务方式中，海上货物运输服务是最重要的方式，它占整个国际货物运输量的三分之二以上。全球民航旅客运输量在新冠疫情之前也呈增长之势。铁路运输中，全球高速铁路里程稳步增长。21世纪初，世界高铁总公里数尚不足3 000公里，然而根据世界铁路联盟统计，截至2017年4月，全球已投入运营和在建高铁总里程已达5.32万公里，欧、亚国家高铁里程占比超过98.1%，其中在建里程达1.59万公里。截至2017年底全球已投入运营的高速铁路里程达3.77万公里，较2016年同比增长10.9%。至2020年，分洲际看，亚洲、欧洲垄断现有高铁市场。亚太地区拥有世界上最多的高速铁路线路，总数接近4万条，而欧洲的数量排名第二，为10 576条。新冠疫情的暴发则进一步使国际运输服务贸易结构发生了变动。

图9-1为2015—2017年各种形式的运输服务贸易出口年平均变化率情况。

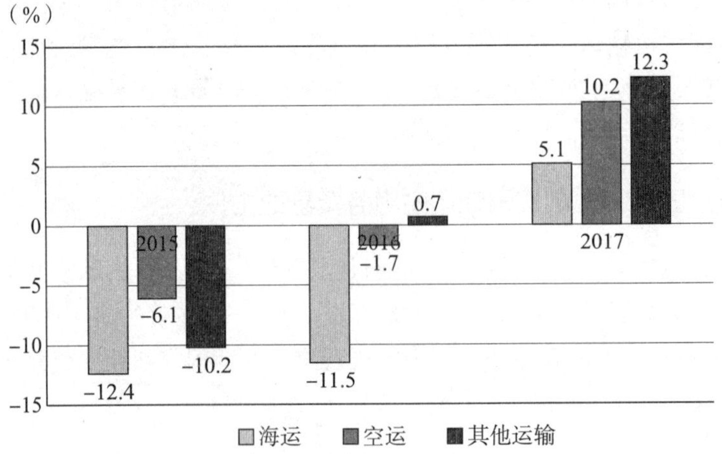

图 9-1 2015—2017 年各种形式的运输服务贸易出口年平均变化率情况

资料来源：WTO 的国际贸易统计数据。

第二节 国际运输服务贸易实践

一、国际运输服务贸易政策

从广义上讲，运输服务贸易政策是开展运输服务贸易的国际规则、国际惯例和所实行的法规、制度和措施的总和。多样化的运输方式使国际运输服务贸易政策涉及的内容广泛而庞杂。

（一）国际海上运输相关法律法规

海上运输相关法律法规主要涉及《统一提单的若干法律规则的国际公约》（《海牙规则》）、《修改统一提单的若干法律规则的国际公约的议定书》（《维斯比规则》）《联合国海上货物运输公约》（《汉堡规则》）。

《海牙规则》是关于提单法律规定的第一部国际公约。1924 年 8 月 25 日在比利时首都布鲁塞尔签订，1931 年 6 月 2 日起生效，是为统一世界各国关于提单的不同法律规定，并确定承运人与托运人在海上货物运输中的权利和义务而制定的国际协议。

《海牙规则》无论是对承运人义务的规定，还是关于免责事项、索赔诉讼、责任限制等条款，均体现着承运方的利益。而对货主的保护则相对较少。这也是船货双方力量不均衡的体现，也不可避免存在各种缺点和不足，比如期限过短、限额过低等。同时随着国际经贸的发展，《海牙规则》的部分内容已经显得落后，不适应新的需要。对其修改已成为必然趋势。从 20 世纪 60 年代开始，国际海事委员会着手修改《海牙规则》，于 1968 年 2 月通过了《修改统一提单的若干法律规则的国际公约的议定书》，并于 1977 年 6 月生效，这就是《维斯比规则》。

1978 年 3 月 6—31 日在德国汉堡举行的由联合国主持的由 78 国代表参加的海上货物

运输大会又通过了《汉堡规则》，即《联合国海上货物运输公约》，于 1992 年 11 月 1 日生效，进一步完善了海上货物运输规则。

2008 年 7 月 3 日，联合国国际贸易法委员会（UNCITRAL）在维也纳第 41 届大会上制定了《联合国全程或者部分国际海上货物运输合同公约》草案，并经 2008 年 12 月 11 日联合国大会第 63 届大会第 67 次全体会议审议通过，即《鹿特丹规则》，它创新了承运人责任制度，使海运的责任阶段延伸至国际多式联运的适用范围。《鹿特丹规则》是当前国际海上货物运输规则之集大成者，不仅涉及包括海运在内的多式联运、在船货两方的权利义务之间寻求新的平衡点，而且引入了如电子运输单据、批量合同、控制权等新的内容。此外，公约还特别增设了管辖权和仲裁的内容。从公约条文数量上看，公约共有 96 条，实质性条文为 88 条，是《海牙规则》的 9 倍、《汉堡规则》的 3.5 倍。因此，该公约被称为一部“教科书”式的国际公约。《鹿特丹规则》的目标是取代现有的海上货物运输领域的三大国际公约，即《海牙规则》、《维斯比规则》和《汉堡规则》，以统一国际海上货物运输法律制度。

（二）国际航空运输相关法律法规

《关于统一国际航空运输某些规则的公约》（《华沙公约》）于 1929 年制定，是国际空运的一项基本公约，规定了以航空运输承运人为一方和以旅客及货物托运人与收货人为另一方的法律义务和相互关系，共分 5 章 41 条。对空中承运人应负的责任确立了三个原则：第一，负过失责任；第二，限定赔偿责任的最高限额；第三，加重空中承运人的责任，禁止滥用免责条款。中国于 1958 年正式加入。

《海牙议定书》，全称为《修改 1929 年 10 月 12 日在华沙签订的统一国际航空运输某些规则的公约的议定书》，是指关于国际航空运输凭证和承运人责任的协议，是对《华沙公约》的修改和补充。1955 年 9 月 28 日在海牙订立，1963 年 8 月 1 日生效，共 3 章 27 条，其主要内容是对《华沙公约》进行了修改，简化了运输凭证；依然对承运人采取过失的责任制；将《华沙公约》中对每名旅客的赔偿责任限额提高了一倍，即由 12.5 万金法郎提高为 25 万金法郎；延长了旅客提出异议的期限；删除了航空运输发展初期一些不合理的技术规定。该议定书不能脱离《华沙公约》而独立存在。1975 年 8 月 20 日中华人民共和国政府向荷兰政府交存批准书，同年 11 月 8 日对中国生效。

《统一国际航空运输某些规则的公约》（《蒙特利尔公约》）的目的在于确保国际航空运输消费者的利益，对在国际航空运输中旅客的人身伤亡或行李损失，或者运输货物的损失，在恢复性赔偿原则基础上建立公平赔偿的规范体系。中国政府于 1980 年 9 月 10 日向公约存档国之一的美国政府交存了中国加入该公约的加入书。

（三）国际运输服务贸易政策国别概况

美国的运输政策与其社会经济及战略密切相关。伴随着经济发展和全球战略的需要，美国大力推动运输基础设施建设，早在 20 世纪初就已经发展起初具雏形的国内陆运、水运和国际海运服务市场。美国运输政策总体可以划分为扩大运输能力、调整运输结构、促进运输业可持续发展等发展阶段。

2000 年 9 月美国制定并颁布了《2000—2005 年交通运输战略规划》，明确制定了交通运输发展战略目标包括安全战略目标、畅通战略目标、经济增长战略目标、环境战略目标、国家安全战略目标，强调要减少运输贸易壁垒，提升货运服务国际竞争力和运输生产能力等。在《2025 年国家运输科技发展战略》中规定，近期目标是改进运输系统结构的完善性，使国家运输基础设施新增通行能力与其运营效率保持平衡等；远景目标是适应经济增长和贸易发展的需要，通过建立高效和灵活的运输系统，促进美国经济增长及其在本地区和国际上的竞争力，改进机动性和通达性，确保运输系统的畅达、综合、高效和灵活等，总目标是建立能力充足、安全可靠、智能高效和环境友善的运输系统。

美国运输政策成为其开展国际运输服务贸易的重要政策基础。不同的政策对交通运输业发展速度、发展质量的影响不同。美国交通运输依靠市场和政府“两只手”，采用的是“大交通”管理体制，铁路、公路、水运、航空、管道等各种运输方式统一由美国联邦运输部进行综合管理。通过政策的导向调整各种运输方式的运力，大力发展综合运输。

加拿大第一个运输政策于 1967 年制定，包含在当年加拿大制定的国家运输法中，这是加拿大议会对运输业市场所制定的第一部运输法。此后加拿大对国家运输法进行了修订，提出了运输政策的目标是建立安全、经济、高效、良好的运输网络，提供可行、有效的运输服务，恰当、合理地利用所有可获得的运输方式，以求低成本、高效率地获取最佳效益，满足货主和旅客的需求，并保持国家与地区经济的持续稳定增长。随着加拿大运输业走向成熟，从依赖法规保护到参与市场公平竞争，不再限制竞争只存在于运输方式之间，而且也鼓励同一运输方式中不同承运公司的竞争，以促使它们为货主和旅客提供更好的服务和更合理的价格。

各国运输政策的主要形式有白皮书、法律法规、战略规划等。英国政府《综合运输白皮书》为贯彻其综合运输政策，以及评估地方政府的规划，制定了涉及保护环境、提高安全、促进经济可持续增长等战略目标。英国运输政策的制定主体包括政府决策机构和拥有决策权的政府官员等。英国各大城市在不同时期经历了不同类型的运输组织体制改革。《英国交通运输业的未来》对 2030 年的运输网络提出期望，包括建设环境达标、畅通的运输网络，为旅客提供可靠、自由畅通的服务，提供符合地方需求的公交运输服务等。交通运输总政策为在满足运输需求和提高生活质量之间取得平衡，满足经济、社会和环境的长期目标，促进英国可持续发展而长时期持续投资，改进运输管理，提前做好规划。具体政策涉及缓解拥堵政策、控制交通污染政策、加强交通安全政策以及促进平衡发展政策。这些政策对英国运输服务贸易的发展发挥了积极的促进作用。

德国运输政策从经济、社会和生态三方面进行综合考虑，增强贯彻落实欧洲交通运输政策的力度，建立安全、与环境协调、在欧洲范围内有互操作性的交通运输系统，创造公平、公正的竞争条件，促进运输服务业和对外运输服务贸易的发展。

自 1992 年起欧盟每隔 10 年发布一期关于交通运输政策的白皮书。白皮书的编制以国民经济发展阶段为依据，引导欧盟在未来一段时间内公路、铁路、水运、航空、管道运输的发展方向。欧盟国家重点构建跨国运输服务贸易体系，致力于推动成员国之间的交通运输网络建设与优化，以支撑成员国资源流动和经济发展。2014 年 1 月，经欧盟议会和欧盟理事会批准，全欧交通运输网络以空间布局的方式规划了到 2050 年，着重打通

9 条贯穿全欧洲的“核心通道”，解决欧洲交通运输基础设施发展不平衡和技术标准不兼容的问题。这些政策措施对于促进欧盟运输服务贸易的发展是有利的。

二、国际运输服务贸易实务

（一）运输合同

国际运输服务所涉及的利益主体和环节多，相关实务内容广泛、复杂，主要是以运输合同的签订、执行为主线。运输合同依据不同的标准可以划分为不同的种类。以运输的客体为划分标准，可以分为货物运输合同和旅客运输合同；以运输工具为划分标准，可以分为铁路运输合同、公路运输合同、水路运输合同、航空运输合同及管道运输合同；以运输方式为划分标准，可以分为单一运输合同和联合运输合同。

运输合同是双务有偿合同。承运人提供运输服务，帮助旅客或货物到达其目的地；旅客、托运人或收货人则为此支付运费。运输合同一般为诺成合同，旅客购买了客票或托运人领取了托运单即认为运输合同成立。通常情况下，运输合同为格式合同。运输合同的主要内容和条款一般是由国家授权的交通运输部门统一制定，有关当事人的权利义务和责任一般由专门法规规定，并统一印制在客票、货运单或提单上，当事人一般无权自行变更。当然，在实践中也存在运输合同不是格式合同的情况。

运输合同的标的不是被运输的旅客和货物，也不是一般劳务，而是运输行为。就承运人的一般法定义务来说，承运人应当在约定期间或者合理期间内将旅客、货物安全运输到约定地点；应当按照约定的或者通常的运输路线将旅客、货物运输到约定地点；从事公共运输的承运人不得拒绝旅客、托运人通常、合理的运输要求。

国际运输服务合同较国内运输服务合同考虑的方面和因素更多、更为复杂。国际运输服务合同的签订和执行需要涉及不同国家或地区的多重相关利益主体，同时在运输服务的提供、货物或人的空间位移过程中将面临更多、更大的风险，在运输服务费用支付方面将面临外汇汇兑和国际金融服务等问题。涉及《国际贸易术语解释通则》《跟单信用证统一惯例》《托收统一规则》以及运输服务领域的相关国际规则等重要惯例、规则，需要加强国际协调和合作。

（二）运输的组织与代理

国际运输服务的组织和代理是合同执行的重要环节和内容。以货物运输为例，国际货物运输组织的机构繁多，基本上可以归纳为三个方面：运输部门，进出口商，货运代理机构。运输部门是专门从事水陆空等货物运输的机构，是国际货物运输工作的承运人，这类机构一般拥有大量的运输工具，为社会提供运输服务。进出口商是货物运输工作中的托运人或者收货人，是签订外贸合同的当事人。为了履行外贸合同，进出口商要就货物运输事宜进行协商，明确双方在运输过程中的责任与义务。货运代理机构是根据委托人的要求，代办货物运输的机构。代理人可以代表承运人向货主承揽货物，也可以代表货主办理托运。

国际货运代理是根据客户的指示，并为客户的利益而揽取货物运输的人，其本身并不是承运人。国际货运代理也可以根据这些条件从事与运输合同有关的活动。从整个国际货物运输的环节来讲，国际货运代理是接受货主委托，办理有关货物报关、交接、仓储、调拨、检验、包装、转运、租船和订舱及其他服务业务的组织。国际货运代理作为货运服务代理人提供服务，主要包括为发货人服务，为收货人服务，为检验检疫机构、海关服务，为承运人如班轮公司、铁路部门、航空公司服务等。

为发货人服务，主要涉及选择运输路线、运输方式和适当的承运人；向选定的承运人提供揽货、订舱；提取货物并签发有关单证；研究信用证条款和所有政府的规定；包装；储存；称重和量尺码；安排保险；货物到港后办理报关及单证手续，并将货物交给承运人；做外汇交易；支付运费及其他费用；收取已签发的正本提单，并付结发货人；安排货物转运；通知收货人货物动态；记录货物灭失情况；协助收货人向有关责任方进行索赔。

为收货人服务，主要涉及报告货物动态；接收和审核所有与运输有关的单据；提货和付运费；安排报关和付税及其他费用；安排运输过程中的存仓；向收货人交付已结关的货物；协助收货人储存或分拨货物。

当国际货运代理作为报检、报关代理，办理有关进出口商品的检验检疫、海关手续时，不仅代表其客户，也代表检验检疫机构、海关。在许多国家，货运代理已取得这些部门的许可，办理检验检疫和海关手续，并对检验检疫机构、海关负责，负责在法定的单证中申报货物确切的金额、数量和品名。

为承运人如班轮公司、铁路部门、航空公司服务，主要涉及国际货运代理向承运人及时地订好足够的舱位，认定对承运人和发货人都公平合理的费率，安排在适当的时间交货，以及以发货人的名义解决与承运人的运费结算等问题。

（三）运输保险

国际运输服务贸易的保险是降低贸易风险的有效途径，在实际操作时，主要分为投保、承保、索赔和理赔四个过程。国际货物运输保险的投保是指投保人向保险人提出申请，表达订立保险合同的意愿，并将自己所面临的风险和投保要求告知保险人。保险单是保险人（承保人）与被保险人（投保人或要保人）之间订立的保险合同的凭证，是当事人索赔、理赔的依据。

保险索赔指当被保险人的货物遭受承保责任范围内的风险损失时，被保险人向保险人提出的索赔要求。在国际贸易中，如由卖方办理投保，卖方在交货后即将保险单背书转让给买方或其收货代理人，当货物抵达目的港（地），发现残损时，买方或其收货代理人作为保险单的合法受让人，应就地向保险人或其代理人要求赔偿。索赔过程中，保险人和被保险人都要实事求是地确认货物的损失情况，被保险人更要根据实际的货物损失提出合理的索赔要求，争取在短时间内获得保险人的赔偿。

保险理赔是指在保险标的发生保险事故而使被保险人财产受到损失或人身生命受到损害时，或保单约定的其他保险事故出现而需要给付保险金时，保险公司根据合同规定，履行赔偿或给付责任的行为，是直接体现保险职能和履行保险责任的工作。简而言之，保险理赔是保险人在保险标的发生风险事故后，对被保险人提出的索赔请求进行处理的行为。在保险经营中，保险理赔是保险补偿职能的具体体现。

三、国际运输服务贸易经验

（一）注重与国家社会经济发展战略相协调

运输服务与国民经济发展密切相关。发达国家在促进运输业以及国际运输服务贸易发展过程中，注重运输政策的制定与国家社会经济发展战略的协调。依据不同发展阶段和形势，及时修订、调整和完善运输政策，发挥市场和政府的作用，使之能够服务国家战略，促进社会经济发展。

（二）加强运输基础设施建设与政策完善

重点加强港口相关基础设施建设与政策完善，充分利用区位优势，发挥规划与协调作用，保证规划过程中充分考虑地区运输设施的协调、相应配套设施以及与城市发展的协调，同时以立法和制度方式落实港港联动发展，减少中间运输环节，提高运输效率，使运输基础设施在运输服务贸易中发挥基础性功能，并使政策、法规产生更大合力。

（三）强化运输服务主体支持与保障

运输服务业产业链长、环节多。发达国家在推动国际运输服务贸易的过程中，极为重视运输服务主体和组织的培育，形成强大的运输服务供给力量和能力，构建遍布全球的运输服务网络，重视法律法规建设，并给予强有力的支持和保障，从而确保长期保持国际运输服务贸易的竞争力。

（四）推动运输技术创新和方式变革

科技创新及其在运输领域的应用始终是国际运输服务贸易发展的重要动力。集装箱的发展、特种船的建造以及运输技术的创新等极大提升了国际运输服务的供给效率和能力。智慧交通的建设和发展，交通装备和关键核心零部件的突破，运输方式的变革等均推动了国际运输服务贸易的发展。国际运输服务贸易强国高度重视运输领域科技创新，持续提升运输服务贸易的国际竞争力，成为国际运输服务贸易发展的重要经验。

第三节　我国运输服务贸易发展

一、我国运输服务贸易发展状况

（一）贸易规模不断扩大

社会经济的发展和国际化水平的提高正在推动我国运输服务贸易的蓬勃发展以及规模不断扩大。《服务贸易总协定》签订以来，我国运输服务贸易保持快速发展态势。在2001年加入世界贸易组织的推动下，对外贸易快速发展，推动运输需求迅猛增长。2001—2005年世界海运需求增长的70%源自中国的进出口，中国成为世界海运发展最主要的推动力。在这一需求拉动下，我国运输服务贸易发生了巨大变化。2008 年发生金融危机前，我国运输服务贸易不管是在贸易总额、出口额还是进口额方面都保持着高速增长的态势。特别是 2007 年，运输服务贸易出口增长 49.1%，出口额居世界第 5 位，占世界运输服务贸易出口总额的 4.1%；进口增长 25.9%，进口额居世界第 4 位，占世界运输服务贸易进口总额的 4.8%。2008—2009 年，受到全球金融危机的影响，我国运输服务贸易进出口增速下降，而在 2009 年运输服务贸易首次出现负增长。但金融危机过后，我国运输服务贸易迅速回升，2011 年运输服务贸易总额首次突破千亿美元，达到1 160.1 亿美元。2017 年，中国运输服务贸易总额达 1 300 亿美元，占服务贸易总额的 18.7%。2021 年，运输服务进出口 16 821.5 亿元，增长 61.2%，其中运输服务出口 8 205.5 亿元，增长 110.2%，运输服务进口 8 616 亿元，增长 31.9%，成为服务贸易十二大领域中增长最快的领域。

（二）贸易逆差开始趋缓

20 世纪 90 年代以来，我国运输服务贸易一直处于逆差状态，并且呈现快速上升趋势，是服务贸易逆差的主要来源之一。20 世纪 90 年代初，我国运输服务贸易逆差额还较小。1995 年以后，进入了一个快速增长阶段，且这一差额不断扩大。2001—2008 年，我国运输服务贸易逆差从 66.8 亿美元上升到 119 亿美元，成为服务贸易存在较大逆差的部门之一。虽然从 2004 年开始，运输服务贸易逆差增长速度有所减弱，但受金融危机影响，自 2009 年开始，我国运输服务贸易逆差又大幅度上升。2017 年贸易逆差达 558 亿美元。2017—2020 年，随着出口额稳步提升和进口额增速放缓，贸易逆差增速逐步放缓。新冠疫情发生后，我国运输服务贸易结构发生了明显改变，国际市场供给能力大幅提升，2021 年运输服务出口额达到 8 206 亿元，同比增长 110.2%，因此贸易逆差同比减少了 84.4%，比 2019 年减少了 89.9%。

（三）贸易结构有待优化

在各种运输方式中，对于我国而言，海运是最重要的运输方式。2015 年海运服务出口额和进口额分别约占运输服务出口额和进口额的 65%和 52%。但我国海运服务业落后，服务水平和技术水平低下，海运服务的国际竞争力较弱，承运比例低下，导致我国海运服务贸易逆差额迅速增大，同时也成为运输服务贸易逆差额的主要来源。2014 年和 2015 年我国海运服务逆差额分别约为 396 亿美元和 204 亿美元，约占运输服务逆差额的 68%和 42%。2020 年上半年，海运服务跨境收支总额 260 亿美元，同比增长 4%，收支逆差 11 亿美元，收窄 57%。其中收入增长 12 亿美元、支出减少 2 亿美元。虽然航空运输快速发展，但海运依然占运输服务跨境收支的 53%，并且是货物贸易的主要运输方式。可见，从运输方式结构或者贸易模式来看，我国运输服务贸易结构还有待进一步优化。

二、我国运输服务贸易实践创新

（一）推动运输服务市场多元化

在构建全方位对外开放新格局的背景下，我国运输服务贸易市场不仅受到贸易规模和体量持续扩大、贸易结构优化的影响，同时在“一带一路”倡议实施的推动下，交通互联互通实现了重大突破，在铁路、公路、海运、民航等领域均取得了实质性进展。铁路方面，建成了蒙内铁路、亚吉铁路等境外铁路，推动实现了中老、中泰等跨境铁路开工建设，启动了中尼铁路前期工作，并建立了双方政府部门间沟通协作机制，“中欧班列”开行突破 9 000列。公路方面，推动中巴经济走廊“两大”公路、中俄黑河公路桥等重大基础设施项目开工建设。在海运方面，中国与 3 个国家签署了海运协定，双边和区域海运协定总数达 38 个，覆盖沿线 47 个国家。参与希腊比雷埃夫斯港、斯里兰卡汉班托塔港、巴基斯坦瓜达尔港等 34 个国家 42 个港口的建设经营。海运服务覆盖沿线所有沿海国家，中国海运互联互通指数保持全球第一。民航方面，与 8 个国家和地区签署航空运输协定，增加国际航线 403 条。与俄罗斯、亚美尼亚、印度尼西亚、柬埔寨、孟加拉国、以色列、蒙古、马来西亚、埃及等沿线国家举行双边航空会谈并扩大了航权安排。同时，我国已与 45 个沿线国家实现直航，每周约 5 100 个航班。运输服务贸易市场不再集中指向发达国家或地区，而是将更加多元。同时我国将更多参与在运输服务领域的国际合作，在促进建立国际政治经济新秩序的过程中为运输服务贸易的健康发展创造更广阔的空间。

（二）促进运输服务能力提升

我国货物贸易数量庞大，需求旺盛，但海运服务业落后，专业化和产业化发展水平较低，运力不足，国际营销网络不健全，同时在国际贸易中的谈判地位不强，缺乏安排运输的主动权，尤其是高端服务业水平与发达国家相比竞争力较弱。面对上述状况，在创新引领、科技推动以及经济结构转型升级的形势下，我国运输服务科技创新变革正在进一步加速，科技与运输更加紧密结合，从而在运输工具、运输方式、运输组织形式、综合运输网络以及专业化、国际化程度等方面加快创新发展。特别是随着移动互联网的普及，新能源技术的成熟，以及物联网、车联网、无人驾驶、无人机等以满足社会生态建设需求为核心的运输装备技术的革新，运输效率和服务水平将不断提高。

（三）加强运输方式变革和能力

依据《中国交通运输发展》白皮书，经过多年改革发展，我国多节点、全覆盖的综合交通运输网络初步形成，“五纵五横”综合运输大通道基本贯通，一大批综合客运、货运枢纽站场（物流园区）投入运营，运输装备发展不断升级，运输服务水平显著提升，科技创新和应用实现重大突破，交通运输市场体系、管理体制和法规体系不断完善。依据《中国交通的可持续发展》白皮书，我国综合交通基础设施基本实现网络化。截至 2019 年底，全国铁路营业里程达到 13.9 万公里，其中高速铁路营业里程超过 3.5 万公里；全国公路里程达到 501.3 万公里，其中高速公路里程 15 万公里；拥有生产性码头泊位 2.3 万个，其中万吨级及以上泊位数量 2 520 个；内河航道通航里程 12.7 万公里；民用航空颁证运输机场 238 个；全国油气长输管道总里程达到 15.6 万公里，互联互通程度明显加强；邮路和快递服务网络总长度（单程）4 085.9 万公里。在有关国家的积极参与和共同努力下，“六廊六路多国多港”的互联互通架构基本形成。以铁路、公路、航运、航空为重点的全方位、多层次基础设施网络正在加快形成，区域间商品交易、流动成本逐渐降低，促进了跨区域资源要素的有序流动和优化配置。

（四）强化运输服务贸易模式协调

伴随着运输服务贸易的发展和国际化水平的持续提升，我国运输服务贸易模式更加协调。跨境交付、境外消费、商业存在等模式将有更大的发展。其中，商业存在模式在运输服务贸易模式中的地位将进一步提升，以进一步吸引外资，同时加大运输服务企业“走出去”的力度。而在经济全球化不断深化的背景下，多边贸易体制和规则的作用将进一步发挥。这些规则对各国运输服务竞争力都将产生较大影响。我国将更加充分利用世界贸易大国和海运大国的优势，政府与大型企业联合互动，在国际组织活动和相关规则制定上发挥更加积极的作用，以利于我国运输企业公平参与国际竞争。

本章小结

货物和人的移动离不开运输。在国际货物贸易发展过程中，运输服务的作用显然不可低估。而作为世界货物贸易大国，我国运输服务贸易的规模、结构和竞争力显然并不相称，因此，促进运输服务贸易成为推动我国对外服务贸易发展的重要任务。在此过程中，要紧密追踪运输技术、方式等创新变革，推动具有国际影响力运输企业的建设，更多参与国际竞争，从而开创我国对外运输服务贸易的新局面。

概念和术语

运输服务；国际运输服务贸易；保险索赔；保险理赔

复习思考题

1. 什么是运输服务？什么是国际运输服务贸易？
2. 查阅资料，谈谈当前国际运输服务贸易状况和发展。
3. 试述国际运输服务贸易政策。
4. 谈谈国际运输服务贸易实践以及其中的成功经验。
5. 谈谈你对中国运输服务贸易实践创新的认识。

延伸阅读

中欧班列的发展现状、问题与应对

第十章 国际金融服务贸易

学习目标

1. 掌握国际金融服务贸易的相关概念。
2. 了解国际金融服务市场状况以及国际金融服务贸易发展。
3. 了解国际金融服务贸易政策、实务和经验。
4. 了解我国金融服务贸易发展状况和实践创新。

素养目标

1. 通过国际金融服务贸易相关概念、市场状况以及发展的学习，培养读者的国际化意识和合作理念。

2. 通过国际金融服务贸易政策、实务和经验的学习，以多元化的学习方式，培养读者的创新意识、风险意识和安全意识。

3. 通过我国金融服务贸易发展状况和实践创新的学习，增强读者发展我国金融服务贸易的自信心，更好服务实体经济的发展，走好中国道路。

案例导引

以数字普惠金融助力经济发展

近年来，数字经济蓬勃发展，推动社会资源配置更加合理、产业结构持续优化升级、就业方式更加灵活多元，数字经济日益成为影响我国国际竞争力的关键力量。“金融是现代经济的血液和核心”，在当前我国经济转向高质量发展的背景下，发展数字普惠金融，提高各类群体的金融可得性，不仅能从整体上促进金融供给侧结构性改革，推动金融业高质量发展，还可通过增加高质量产品供应、激发内需活力来促进数字金融与实体经济的深度融合，助力我国经济高质量健康发展。

发展数字普惠金融，优化金融经济结构

数字普惠金融是数字技术与普惠金融的有机结合，是指在数字技术的支持下通过金融服务促进普惠金融的行动。作为面向社会各阶层提供金融服务的重要形式，普惠金融的成本可负担性一直备受关注，而以大数据、云计算、区块链以及人工智能为主要代表的数字技术，能够有效降低普惠金融的风险识别成本、数据处理成本以及传统经营成本，并经过不断迭代升级最终促成移动支付、网上理财、小微信贷以及互联网保险等一系列数字普惠金融的相关应用。

数字普惠金融是我国金融供给侧结构性改革的重要着力点。当前，我国金融领域面临供需结构失衡问题。一方面，金融市场化日益深入，金融供给规模不断增加；另一方面，中小企业融资难现象普遍存在。这使得我国金融发展陷入困境：如果一味加大金融自由化和市场化的力度，就有可能为非标融资、影子银行以及高利贷融资等表外业务提供空间，引发系统性金融风险，威胁实体经济的健康发展；如果减缓金融市场化进程，又会存在限制金融供给、降低资金配置效率的可能，使得融资水平本就不高的中小企业"雪上加霜"。针对上述问题，中央提出推进金融供给侧结构性改革，强调金融应以服务实体经济、服务人民生活为本，提出要"建设多元化融资体系和多层次资本市场，发展普惠金融，完善金融服务网络"。

资料来源：黄泽清. 以数字普惠金融助力经济发展. 光明日报，2022-02-23（06).

第一节　国际金融服务贸易概述

一、国际金融服务贸易的相关概念与分类

（一）国际金融服务贸易的相关概念

依据《服务贸易总协定》金融附件，国际金融服务贸易是指由一成员方的金融服务提供者向另一方提供任何形式的金融服务。

金融服务提供者是一成员方希望提供或正在提供金融服务的任何自然人和法人。金融服务是一成员方的金融服务提供者所提供的任何有关金融方面的服务，包括所有保险和与保险有关的服务，以及所有银行业和其他金融服务（保险除外）。

保险和与保险有关的服务主要包括：（1）直接保险（又分为人寿险和非人寿险）。（2）再保险和转保险。（3）保险中介（如经纪人和代理机构）。（4）辅助性服务。

银行及其他金融服务主要包括：（1）接受公众储蓄和其他应偿付的资金。（2）各类贷款，包括消费者借贷、抵押贷款、信用贷款、代理和商业交易的资金融通。（3）融资性租赁。（4）所有的支付和货币交换服务，包括信贷、应付项目和借方信用卡、旅行支票和银

行汇票。(5) 担保和委托业务。(6) 参与各类证券的发行。(7) 资产管理，包括现金或有价证券的管理、各种形式的集体投资的管理、年金管理等。(8) 金融资产的清算和结算服务。(9) 以上各项活动方面的咨询、中介和其他辅助性金融服务，以及其他服务。

按照服务贸易的四种贸易模式，国际金融服务贸易主要包括：

1. 跨境交付

跨境交付即从一成员方境内向任何其他成员方境内提供，如一国银行向另一国借款人提供贷款服务。

2. 境外消费

境外消费即在成员方境内向来自任何其他成员方的金融服务消费者提供，如一国银行对外国人的旅行支票进行支付服务。

3. 商业存在

商业存在即一成员方的服务提供者通过在任何其他成员方境内的商业存在提供的服务。它与金融业的对外投资紧密联系，便于金融服务者在消费现场及时、有效地提供金融服务，提高当地金融市场的参与度。

4. 自然人流动

自然人流动即一成员方的服务提供者通过在任何其他成员方境内的自然人提供的服务，例如风险评估、咨询等。

（二）国际金融服务贸易分类

国际金融服务贸易按照不同的分类方法可以进行不同的分类。

1. 按照具体业务部门分类

按照具体业务部门进行划分，国际金融服务贸易可以分为两大类：银行及相关业务服务贸易、保险服务贸易。

2. 按照服务贸易模式分类

按照服务贸易模式进行划分，国际金融服务贸易可以分为四类：跨境交付、境外消费、商业存在和自然人流动。

3. 按照服务提供者和消费者移动方式分类

(1) 分离式国际金融服务贸易。

分离式国际金融服务贸易是指金融服务的提供者和消费者（使用者）不需要在国与国之间移动而实现的金融服务贸易，即一个国家从其境内向另一国境内提供金融服务而产生的金融服务贸易。此类金融服务的跨国境移动主要通过电话、电信、邮电、计算机网络等的传输实现。由于作为贸易对象的金融服务跨越了国界，故也可称为跨境金融服务贸易。

(2) 需求者所在地金融服务贸易。

需求者所在地金融服务贸易是指金融服务的提供者转移到金融服务的需求者所在地而产生的国际金融服务贸易。这种金融服务贸易一般要求金融服务的提供者在需求者所在国拥有商业存在，涉及金融服务业的对外投资。

（3）提供者所在地金融服务贸易。

提供者所在地金融服务贸易是指金融服务的提供者在本国国内为外国居民和法人提供金融服务，一般要求金融服务消费者跨国界接受金融服务。如一国银行向外国人提供旅行支票的金融服务。提供者所在地金融服务贸易的特点是：金融服务的提供者并不跨越国界向服务消费者出口金融服务，对金融服务提供者而言，也不存在生产要素的移动。

（4）流动的国际金融服务贸易。

流动的国际金融服务贸易是指金融服务的提供者和消费者相互移动所产生的金融服务贸易，金融服务的提供者对外进行直接投资，并利用其分支机构向第三国的居民和企业提供金融服务。例如设在法国的一家美国银行在法国向德国的旅游者提供旅行支票的金融服务。流动的国际金融服务贸易的特点是：它要求金融服务的提供者和消费者存在不同程度的资本和劳动力等生产要素的移动。

二、国际金融服务贸易的特点和作用

（一）国际金融服务贸易的特点

1. 知识密集型特征突出

知识密集型服务一般指那些技术及人力资本投入密度较高、附加值较大的服务，它具有高知识度、高技术度、高互动度、高创新度四个特点。而金融保险业以及金融服务贸易在众多服务行业和服务贸易领域中具有突出的知识密集型特征，不仅需要大量专业性、高素质的金融人才，而且创新特征、高附加值特征明显。这也决定了国际金融服务贸易的比较优势和竞争优势一旦形成即具有相对稳定性和一定程度的垄断性。

2. 生产性服务功能显著

生产性服务是市场化的非最终消费服务，是作为其他产品和服务生产的中间投入的服务，是面向生产的服务，具有专业化程度高、知识密集的特点。金融服务在促进要素流动、推动生产发展等方面具有独特的功能和作用，特别是与制造业关系格外紧密，成为现代经济极为重要的部门领域，因而在国际货物贸易和服务贸易发展过程中的地位十分重要。

3. 与经济发展安全密切相关

金融服务不仅可以发挥要素集聚效应、资本积累效应，而且可以通过提高要素生产率、资本配置效率等促进产业发展、结构优化和创新变革，其对于经济发展繁荣具有决定性意义。更重要的是，现代经济中金融安全对于一国经济安全有着直接的影响。防范金融风险，保持金融稳定和安全是开放经济条件下各国必须关注和应对的重大问题，因为国际金融服务贸易对于国际经济发展和安全发挥着重要作用。

（二）国际金融服务贸易的作用

1. 满足国际金融服务需求

全球化的发展、国际贸易和国际投资规模的扩大以及国际合作的深化在推动货物、服务等贸易标的进行国际交易的同时，需要金融服务的跟进，从而创造更加有利的贸易环境，促进贸易的顺利开展。除此之外，国家、相关企业和组织以及个人等国际金融服务的需求也在不断加强，特别是跨国公司在拓宽市场、实现全球经营战略目标过程中对金融服务的需求持续增长，其他金融服务需求者因科技进步、交往频繁、合作密切等而产生更广泛的金融服务需求都需要国际金融服务贸易提供支持和保障。

2. 创新国际金融服务供给

金融在现代经济中处于十分重要的地位，对于社会经济的发展、国家的经济安全发挥着极为重要的作用。尤其是在开放经济条件下，构建国际金融中心、增强金融服务的供给和创新能力已成为建设经济强国的重大战略着力点。目前世界上的经济强国在金融服务供给能力和水平方面都具有明显的竞争和垄断优势。而国际金融中心则聚集了大量金融机构和相关服务产业，全面集中地开展国际资本借贷、债券发行、外汇交易、保险等金融服务。而国际金融服务贸易则在更广阔的时空范围内聚集和分配社会生产所需资金，同时促进金融服务领域的交流创新，并通过多样化的金融服务增强国际金融服务供给能力，促进国际金融中心的建设，推动经济发展。

3. 拓展国际金融服务市场

国际金融服务贸易不仅服务于生产和生活，对拓展国际金融市场同样可以发挥积极的作用。商品与劳务的国际性转移、资本的国际性转移、黄金输出入、外汇的买卖以及国际货币体系运转等各方面的国际经济交往都离不开国际金融市场。国际金融市场是由国际性的资金借贷、结算、汇兑以及有价证券、黄金和外汇的买卖活动所组成的市场。而国际金融服务贸易的繁荣与发展成为国际金融服务市场拓展的重要推动力量。世界各国在经济交往中需要金融服务贸易，而金融服务贸易的发展有助于各国开放国内金融市场，加强金融体制的合作、调整和改革，并在贸易中协调相关利益，形成统一、有序的国际金融市场环境。

4. 促进各国经济发展繁荣

国际金融服务贸易的发展有利于国际资本的跨国移动以及包括资金在内的要素在全球范围内的有效配置，有助于促进国际投资的发展、生产的国际化与资本的国际化。各国参与到国际金融服务贸易中，加剧了国际金融机构的竞争，提高了资金的流通效率，有利于降低筹资成本，提高金融服务质量。不仅如此，国际金融服务贸易对于调节投资方向和产业结构可以发挥重要作用，而其自身也是经济繁荣发展的重要组成部分。

三、国际金融服务贸易的市场状况

（一）发达国家仍占主导地位

由于经济发展水平以及诸多历史原因，国际金融服务大多集中于发达国家。起点的不同步性直接导致了区域的不平衡性，并且发达国家的竞争优势也在一定程度上加剧了不平衡性，使金融服务贸易的区域化差异更加明显。根据美国金融杂志《环球金融》

（*Global Finance*）发布的2020年度全球按总资产排名最大50家银行榜单，全球50大银行的总资产比上一年度增长了14%。其中，欧洲的银行总资产26.6万亿美元，占比32%；中国的13家银行总资产25.3万亿美元，占比31%。以美国为例，银行服务业是美国金融服务跨境贸易的中流砥柱。2015年，美国金融服务跨境出口总额1 196亿美元，进口总额729亿美元，贸易顺差467亿美元。银行服务（包括除了零售银行以外的金融管理、信用卡处理和信用相关服务）共占2015年美国金融服务出口总额的62.1%（743亿美元）和进口总额的24.6%（179亿美元）。证券服务（包括佣金、核保、贷款）共占2015年美国金融服务出口总额的23.6%（282亿美元）和同年进口总额的10%（73亿美元）。保险服务占2015年美国金融服务出口总额的14.3%（171亿美元）和进口总额的65.6%（478亿美元）。2019年，从保费收入规模看，排名前三的国家分别是美国、中国和日本，其中美国保险市场规模高达1.40万亿美元。中国已成长为全球第二大保险市场。2019年中国保险业年保费收入达到0.63万亿美元，超过日本、英国、法国和德国。①

（二）金融服务市场创新突出

一般来说，金融创新主要体现在新的金融工具和交易方式的出现，期货和期权交易的发展以及银行国际业务中货币和利率的互换、票据发行便利和远期利率协议等新的交易技术的引入。早期的金融创新主要是基于逃避金融管制的需要，而近年来的金融创新更多地是为了满足经济发展对金融的多方面需求以及金融业的竞争需要。目前国际上金融衍生产品已超过1 200种，而且仍在新品迭出，并呈现出形式越来越复杂、技术处理越来越超乎想象、组合管理越来越科学的特点。随着微电子技术、计算技术、通信技术和信息技术的更大突破，一批更加安全高效的新型工具将不断出现，为金融变革的发展提供新的物质、技术基础。金融现代化将向电子化、虚拟化、信息化和智能化方向推进。银行在电子商务中扮演重要角色，银行要通过网上银行为从事电子商务的各方提供网上支付服务，是电子商务的有力推动者，要通过网上银行为其客户提供广泛的金融服务。

（三）金融市场科技水平大幅加强

金融与科技的融合空前深化。数字科技的应用、数字金融的发展等使金融市场科技水平大幅加强。依据《2017年全球金融科技普及调查报告》，2017年，全球金融科技平均普及率为33%，和2015年的16%相比增长明显。巴西、中国、印度、墨西哥和南非等新兴国家金融科技普及率为46%，高于全球平均水平。全球50%的消费者使用金融科技完成转账和支付服务，88%的消费者希望未来这么做。64%的金融科技用户更喜欢使用网络渠道管理生活的各个方面，而非金融科技用户仅占38%。科技的应用推动金融市场创新态势空前强劲。

（四）虚拟经济成分持续增大

金融服务贸易的快速发展推动全球经济的虚拟化，特别是金融衍生产品的快速扩张

---

① 参见中国银监会、前瞻产业研究院。

及其结构的迅速变动助推了虚拟经济的发展。而国际金融市场和国际金融服务贸易的迅速发展和结构的巨大变化使其已迅速成长为一个具有自我配套服务、自我支撑和运转能力的庞大体系。一方面，它在对整个经济运行发挥一系列重大功能和作用的同时，自身所创造的产值和财富也开始构成世界国内生产总值和财富的一个越来越重要的部分；另一方面，它加剧了国际社会财富的重新分配效应。此外，国际金融服务贸易和国际金融活动对国际贸易和物质经济的不断背离，加剧了经济的虚拟化和泡沫经济的发展，使整个国际经济体系日益脆弱化，增大了经济和金融危机爆发的可能性。

（五）金融市场国际合作持续加强

随着全球化的发展、国际贸易和国际投资规模的扩大以及国际合作的深化，在推动货物、服务等贸易标的进行国际交易的同时，对国际金融服务贸易的需要不断提升，金融服务的跟进能创造更加有利的贸易环境，促进贸易的顺利开展。除此之外，国家、相关企业和组织以及个人等国际金融服务的需求也在不断加强，特别是跨国公司在拓宽市场、实现全球经营战略目标过程中对金融服务的需求持续增长，其他金融服务需求者因科技进步、交往频繁、合作密切等而产生的更广泛的金融服务需求都需要国际金融服务贸易提供支持和保障。

四、国际金融服务贸易的发展

（一）贸易发展呈加速态势

国际金融服务贸易的迅速发展是在第二次世界大战特别是 20 世纪 70 年代以后。伴随着世界经济的快速发展和国际贸易的大规模扩张，同时在科学技术、跨国公司以及各国政府的大力扶持和推动下，国际金融服务贸易额逐年递增。据 WTO 数据分析，2003 年，世界金融服务贸易出口 1 022 亿美元，占世界服务贸易出口总额的比重为 5.6%。其中，前 20 位国家和地区共出口 934 亿美元，占世界金融服务贸易出口总额的 91.5%。英国、美国、卢森堡金融服务贸易出口分列世界前三名，合计占世界金融服务贸易出口份额的 54.5%。2008 年以来，由美国次贷危机引发的全球金融危机蔓延和深化，对国际金融体系和世界经济造成了巨大冲击。世界各国纷纷推出应对危机和刺激经济政策的方案，改革金融体系，推进国际监管政策协调，加强对系统性风险的监控和处置，以此来遏制危机恶化和再生。总体而言，金融服务贸易在世界服务贸易的地位不断提高，并且在贸易规模扩大、科技助力等因素的推动下呈加速发展的态势。

（二）衍生金融快速扩张

20 世纪 70 年代，汇率制度的变化、国际资本流动、国家政策的放松等为金融衍生工具提供了良好的环境，而科技的发展和银行业的繁荣则助推金融衍生工具的创新发展。国际金融市场的快速发展催生了多种诸如股票、债券等有价金融证券及证券咨询、投资服务、融资顾问等新兴的金融服务形式，而这些金融衍生品的快速扩张直接带动了国际金融服务贸易的增长。许多金融衍生产品一经推出，便得到市场的世界性认同。国际清算银行（BIS）的统计数据表明，在 1991—1998 年间，全球股指期货的未平仓名义余额增长了 4 倍多，达到 3 210 亿美元。全球金融衍生产品的交易额自 20 世纪 80 年代后期增长速度迅猛，其未偿名义合约总值从 1986 年的 1 万亿美元增长到 1998 年的 64 万多亿美元。金融衍生产品的复杂性及创新速度已使得没有良好、广博的知识基础与实务经验以及相当的智力水平的人难以适应和胜任相关工作。

（三）集团化态势明显

20 世纪 90 年代以来，各国纷纷改革原有金融法规，放宽了对金融机构经营业务范围的限制，不同程度允许不同金融机构之间的业务交叉，特别是放宽了对商业银行兼营证券业务的限制。这使得传统的金融机构之间严格而清晰的界限消失了，银行业务开始趋向全能化。在这一背景下，国际金融服务贸易和国际金融业的结构产生了一个非常突出的特征，即国际金融领域兴起了一股“强强联合”型兼并收购的浪潮，金融集团的规模越来越大。此外，金融服务需求多元化也推进了金融服务提供者的集中化，世界各国也都对金融机构的业务范围进行了有效拓展，现在金融服务机构主要集中在银行、证券交易市场等，众多中小银行进行合并组建金融集团以发挥其各自优势，增强其整体竞争力，进而促进了金融服务贸易发展日益集中化和集团化。

（四）区域化差异逐渐扩大

世界经济和金融发展的不平衡决定了金融服务贸易发展的不平衡。由于发达国家在经济和金融发展及其国际竞争力上的巨大优势，使得发达国家不仅在国际货物贸易上处于优势地位，而且在国际服务贸易上，特别是金融服务贸易上居于绝对优势地位。与发达国家相比，发展中国家服务业，特别是金融服务业落后，金融服务业的国际化程度和国际竞争力低，在国际金融服务贸易中处于十分落后和不利的地位。发达国家与发展中国家在金融服务贸易中存在巨大的差距，而且这种差距仍然在继续扩大。

（五）金融服务贸易自由化深化

虽然贸易保护主义时有抬头，然而经济全球化和基于多边贸易体制的贸易自由化是世界经济发展的不可抗拒的历史潮流。金融自由化是相对于 20 世纪 80 年代前的金融管制而言的。金融管制虽然对稳定金融秩序起到一定作用，但跨入 80 年代后，这些早期形成的金融法规已经限制了经济和金融的进一步发展，在此背景下，许多发达国家纷纷掀起了以自由化为特征的金融改革浪潮。国际金融服务贸易自由化是指一国政府在对外金融服务贸易中，通过立法和国际协议来消除或减少对金融服务和与金融服务有关的人员、资本、信息等在国家间流动的行政干预，放松对外管制的过程。金融服务贸易自由化的基本内容包括金融价格的自由化或市场化；扩大各类金融机构的业务范围和经营权利，让其公平竞争，致使金融机构的业务分工模糊化；放松金融机构进入市场的限制，放松金融机构对金融工具和融资技术的选择的限制；实行资本流动自由化，放宽外国资本、外国金融机构进入本国金融市场的限制，以及本国资本、本国金融机构进入外国金融市场的限制。

乌拉圭回合谈判以后，世界贸易组织在《服务贸易总协定》的原则框架下，对金融服务贸易自由化进行了进一步的谈判，于 1997 年 12 月 12 日在日内瓦达成《金融服务协议》(Financial Services Agreement，FSA)，将全球 95%的金融服务贸易纳入逐步自由化的进程中。《金融服务协议》的签订，大大加速了全球金融服务贸易自由化的进程，使全球金融服务贸易自由化进入一个新的阶段。随着各国金融政策倾向一体化，全球金融市场一体化以及资本流动自由化、国际化，国际金融服务贸易自由化必将持续深化。

（六）贸易保护主义盛行

在自由与保护相互交织的贸易金融发展环境中，特别是在贸易保护主义抬头、逆全球化泛起的形势下，国际金融市场面临更多的不确定性因素。而国际金融危机暴露的诸多金融体系弊病仍未找到明确的改革路径。发达国家银行业体系坏账问题仍未完全解决，不良资产损失处置方式仍存在不确定性，从而加剧了保护主义。

就国际金融服务贸易而言，其贸易壁垒主要包括市场准入壁垒和业务经营限制。而对境外金融服务商设立分支机构的市场准入壁垒主要涉及以法律形式禁止其他国家的任何形式金融机构的介入；通过政策和许可证方式禁止境外金融机构的介入；除设立代表处外，通过法律形式禁止外资金融机构的介入，或通过现行的各种行政管理措施限制外国金融机构的介入；以法律形式禁止任何外国银行通过分支机构介入本地市场；禁止外国银行购买本地银行的股权；对外国银行获得本地银行的股权有一定数量的限制。就业务经营限制而言，主要涉及市场服务范围的限制、资产增长及规模的限制、融资限制以及损差措施。损差措施指的是除了对金融服务的主要因素加以限制之外，东道国政府还可以用其他方式限制外国金融机构的竞争，如电信网、电力供应、交通和邮政服务等都可以通过附加限制影响经营。

第二节　国际金融服务贸易实践

一、国际金融服务贸易政策

国际金融服务贸易政策是宏观经济政策的重要组成部分，从广义上讲，是与国际金融服务交易紧密联系的涉及国际收支调节、汇率制度选择、资本流动以及货币危机处理等的法规、制度、措施的统称。

在众多服务门类中，金融服务贸易是最重要的部门，乌拉圭回合谈判中对这个议题的争论最为激烈。在各国关于金融谈判的过程中，形成了以下相关规定，主要包括：

1. 有关承诺时间的宽限规定

各成员在 WTO 协议生效后 6 个月可以自主完善、修改或撤回其对金融服务所作的承诺，同时应完成制定该部门最惠国待遇的例外。

2. 维持现状的义务

《关于金融服务承诺的谅解》对承诺所设定的任何条件、限制和要求仅限于现存的不符措施。

3. 关于垄断权

在其金融服务承诺表中列出现存的垄断权并努力消除或缩小其范围。

4. 公共机构购买的金融服务

要求成员确保在其公共机构获得金融服务方面，给予其他成员在其境内设立的金融服务机构以最惠国待遇和国民待遇。

5. 应允许非居民金融服务提供者根据国民待遇条款提供的服务

包括：(1) 海运和商业性航空航天运输及运费风险的保险；对于运输的货物、运输货物的工具和由此产生的责任保险，以及处于国际运输中的货物的保险；再保险、恢复和咨询、保险统计、风险评估和索赔清算服务等保险辅助性服务。(2) 金融信息和金融数据处理，以及咨询和其他辅助性服务，但不包括与银行和其他金融服务有关的中介服务。

6. 商业存在

(1) 成员境内提供金融服务的企业，包括全资或部分拥有的子公司、合资、合伙、独资经营企业、特许经营企业、分支机构、代理机构、代表处或其他组织。(2) 各成员应允许其他成员的金融服务提供者在其境内设立或扩展商业存在，包括通过收购现有企业等方式。(3) 成员可对核准商业机构的设立和扩展附加条件和程序要求，但不得违背在《服务贸易总协定》项下的义务。

7. 新的金融服务

各成员应允许其他成员在其境内建立的金融服务机构提供新的金融服务。这是指尚未在该成员境内提供但已在另一成员境内提供的具有金融特性的服务及其相关服务。这实际上是要求一成员给予其他成员的金融服务机构比本国金融服务机构更高的待遇。

8. 国民待遇

各成员应根据国民待遇原则，许可其他成员在其境内设立的金融机构使用由公共机构运营的支付和清算系统，以及获取正常业务活动中可得到的官方筹资和再融资便利。

由于乌拉圭回合行将结束之际，各成员对金融服务贸易规则还达不成一致意见，在金融服务贸易领域占据优势的发达国家对政策并不满意，希望进一步扩大金融服务贸易自由化。由于分歧太大，几乎不能达成令人满意的协议。为了给 WTO 成立后继续谈判留下话题，在《服务贸易总协定》的框架下特意拟定了《关于金融服务的附件》和《关于金融服务的决议》。

依据世界贸易组织的相关文件和规则，关于金融服务贸易规则的法律文件包括：《服务贸易总协定》本身；《服务贸易总协定》关于金融服务的附件；《关于金融服务承诺的谅解》；关于金融服务的第二附件；《服务贸易总协定》第二议定书；《服务贸易总协定》第五议定书。其中最重要的是《服务贸易总协定》第五议定书。

《金融服务协议》，即《服务贸易总协定》第五议定书，于 1999 年 3 月生效。《服务贸易总协定》第五议定书本身十分简短，仅规定了生效时间等程序性事项，要求放宽或取消外资参与本地金融机构的股权限制，放宽对商业存在（分支机构、子公司、代理、代表处等形式）的限制，以及对扩展现有业务的限制。

《金融服务协议》有关各方主要就以下几个方面达成了协议：

第一，废除东道国对外国金融机构在其境内建立分支机构的权利所施加的任何限制（如根据外国金融机构的国籍决定是否允许其建立分支机构等）。

第二，提高外国公司对国有银行或其他金融机构的持股比例。

第三，允许本国居民利用本国内外国银行、证券公司和保险公司的业务。

金融领域对于各国，特别是处于弱势地位的发展中经济体和欠发达经济体而言，是敏感度高、专业性强、风险复杂而关系国家经济和金融安全的极为重要的领域。因此，国际金融服务贸易政策的制定需要依据国家经济金融发展具体情况和战略安排，充分考虑国际协定的相关规定，稳妥有序实现金融领域的对外开放和国际合作。

二、国际金融服务贸易实务

国际金融服务属于专业性强、环节多、复杂度高、创新强、风险大的服务部门和领域，因此具体的国际金融服务贸易实务同样复杂、涉及面广，其中尤其以资金汇兑支付为重要业务。

（一）国际货币体系

国际货币体系是指用于控制和调节国际货币流通的一系列规则、制度和安排的总和，它既包括各国独自设立的规章制度，也包括国际金融机构——国际货币基金组织建立的全球性金融调控机制。国际货币体系的主要内容包括：

（1）各国货币比价的确定，包括汇率确定的原则、波动的界限、调整的幅度等。

（2）各国货币的兑换性与对国际收支所采取的措施，如本国货币能否对外兑换以及是否限制对外支付等。

（3）国际储备资产的确定以及储备资产的供应方式。

（4）国际收支的调节方法，包括逆差国和顺差国承担的责任。

（5）国际金融事务的协调、磋商和有关的管理工作。

（二）外汇市场业务

外汇是指以外国货币表示的、用于国际收支清算的资产。外汇市场是指国际进行各国货币买卖行为的市场。外汇市场最初是为国际贸易服务的。由于各国货币不同，如果要将在国外赚得的货币转化成本国货币，必须通过外汇市场中的外汇兑换才能实现；如果需要在特定国家进行资金周转，也需要在外汇市场上进行换汇才能使用。大部分国家都设有外汇市场，以便参与者进行本币和外汇的兑换行为。全球所有的外汇市场相互联系，形成一个整体，即国际外汇市场。

外汇业务主要包括：

1. 即期外汇交易

即期外汇交易又称现汇交易，指外汇买卖双方在交易完成当天或不超过两个营业日内完成交割的业务。交割是指成交后钱货两清的行为，一旦完成交割，交易的整个过程才算完全结束。该业务的作用有：提供快速的资金融通，有利于及时进行资金周转；为保值和投机行为创造条件；调整不同外汇的比例，平衡供求关系。

2. 远期外汇交易

远期外汇交易又称期汇交易，指外汇买卖双方在交易完成超过两个营业日才完成交割的业务。交割日期事先约定，一般为 20 天、1 个月、2 个月、3 个月或 6 个月。到期后，买卖双方使用交易规定的汇率进行换汇，而不是交割当天的汇率。远期外汇交易最重要的目的是规避风险和套利。如果投资者预测远期外汇有升值的倾向即可能升水，则利用远期外汇交易，可以提前将本币兑换成外币，以获得增值的机会；如果投资者预测远期外汇有贬值倾向即可能贴水，则可以提前将外币换成本币，以避免资产缩水。

3. 套利交易

套利交易又称套期图利，指投资者将货币资产通过换汇的方式从利率较低的国家转移到利率较高的国家，从中赚取差额。套利交易是外汇市场中典型的套利行为，虽然有较强的可行性，但由于外汇市场行情瞬息万变，汇率时刻都在变动，因此实际套利数额很可能与预期有较大差距。套利交易又分为无抛补套利和抛补套利，前者指不同时做远期外汇交易的套利交易，后者则同时做远期外汇交易。抛补套利的主要原因是防止套汇的收益在未来被汇率变动所抵消，因此做一笔远期外汇交易进行保值，这笔远期外汇交易大多是掉期交易。具体的操作方式是：用甲国货币购买乙国货币进行套利之后，再卖掉一笔远期乙国货币来规避风险。

4. 掉期交易

掉期交易指在买入一笔数额的外汇时，同时卖出相同数额但交割日期不同的同种外汇的交易行为，例如买入价值 10 万、20 天交割的美元，同时卖出价值 10 万、6 个月交割的美元。掉期交易的主要目的有两个：一是规避风险，投资者如果预测未来汇率下降，则将远期外汇换成即期外汇，避免了财产损失；二是套期保值，例如进行国际贸易时，出口商获得一笔 3 个月后交割的外汇，为了防止因汇率下降造成的损失，出口商通过掉期交易将其换成即期交割的等额外汇，使利润得以保值。

（三）金融服务国别概况

1. 美国硅谷金融服务

美国是全球金融市场和科技创新最为发达的国家，成熟的多层次资本市场是科创企业成果转化最主要的融资路径。美国也拥有十分完善的政策支持体系，通过对中小型企业创新研究和技术转让的专项计划，刺激了技术创新，以满足研发需求和加速成果创新的商业化。

小企业管理局专业化的基金管理和金融服务为科创企业的创新研发活动提供资金支持。美国完善的科创金融环境孕育出了硅谷和硅谷银行这样科技创新和金融创新深度融合的典型。硅谷银行自成立以来专注于服务与高成长性企业，对美国高成长企业的贷款市场份额接近50%。依托硅谷地区独有的高科技产业生态，硅谷银行在基础的信贷业务之外打造了涵盖投贷联动、财务顾问、企业创业平台等创新服务的科创金融生态，并通过对细分领域的专业化管理，为科创企业制定覆盖全生命周期的专属服务方案。这种金融与科技共生共荣的关系帮助硅谷逐步壮大了科技产业集群，使硅谷成为全球科技创新的典范，硅谷银行也成为全球科技银行的典范。

2. 英国金融衍生服务

金融衍生品市场包括场内衍生品市场和场外（over-the-counter，OTC）衍生品市场。英国场外衍生品市场的交易工具可分为场外货币（OTC currency）和利率衍生品，前者由货币互换和货币期权构成，后者由利率远期协议（forward rate agreements，FRA）、利率互换和利率期权构成。同为场外市场，英国场外衍生品市场的交易方式、交易平台、清算方式、市场参与者等和外汇市场相似。

英国是全球最大的场外衍生品业务中心，占有全球场外衍生品市场42.5%的份额，是最大的场外衍生品业务中心。跨境交易占了英国场外衍生品市场约四分之三的份额。非报告类客户约占交易份额的一半。

就交易所衍生品市场而言，英国有五个衍生品交易所，即：伦敦国际金融期货交易所（LIFFE）、伦敦金属交易所（London Metal Exchange，LME）、ICE期货欧洲交易所（ICE Futures Europe）、APX集团、EDX伦敦（EDX London）。它们分别在金融、金属、能源等领域执行衍生品交易职能。

3. 德国银行体系

德国支持科技创新的金融体系以商业银行为主导。随着德国金融深化程度的提高和法律环境的完善，德国商业银行逐渐发展成为全能型银行，能够满足高科技创业企业全面的金融服务需求。德国的担保银行体系通过与商业银行合作放贷，降低了商业银行独自承担贷款损失的风险。同时，相比股权融资，银行贷款可以享受税收优惠，因此，德国的科创企业更容易与商业银行保持长期的合作关系和畅通的沟通机制。通过紧密的合作方式，不仅降低了银行的信贷风险，科创企业也可以在信贷期限和利率方面得到更多优惠。

德国金融体系服务科创企业的经验和做法主要体现为充分发挥担保体系、信贷融资、税收扶持等各项举措的作用，这对于其他国家发展科创金融具有较强的借鉴作用。

4. 日本政策性金融

日本十分重视使用政策性金融来弥补市场机制调节不充分的地方，形成了政策性和市场性科创金融相辅相成、相互促进的模式。日本的政策性科创金融以"政府担保+政策性科技贷款"为主，中小企业信贷担保计划可以为科创企业提供全额担保。日本政策金融公库针对中小科创企业的特点提供政策性贷款以及企业所需的技术开发支持贷款、经营革新支持贷款等，极大激励了企业的技术创新。

除了政策性科创金融外，日本东京证券交易所的场外交易市场是中小科创企业上市融资的主要场所，还有许多定位明确的区域性金融机构，专业服务于中小科创企业。这些区域性金融机构立足熟悉的经营环境，通过与企业频繁的业务往来掌握更多企业信息，进而为不同企业提供多样化的金融产品。它们还与政策性银行合作，既拓展了自身业务，又在一定程度上缓解了政策性银行的资金压力。

三、国际金融服务贸易经验

（一）重视金融市场结构与管理优化

当前金融体系正在发生非常深刻的变化，各级各类金融市场互联互通状况日益加强，金融市场结构也随之发生了重大改变，从过去融资为主逐步过渡到融资和财富管理并重的格局。尽管当前融资结构中银行信贷作为间接融资方式仍占重要地位，但以股票债券为代表的直接融资比重明显逐年显著上升。从社会融资规模存量结构变化趋势来看，直接融资存量的比重在逐年增加；从社会融资规模增量结构变化趋势来看，直接融资增量的比重也在显著增加。因此，在推动国际金融服务贸易过程中，要重视金融市场结构与管理的优化，强化金融监管，矫正金融过度自由化趋势，使强监管、严监管成为常态。

（二）推动国际金融产品创新

推动国际金融产品创新是金融服务贸易发展的重要方面。其中证券化是近几十年来国际金融发展的一个重要特征。金融证券化包括融资证券化和资产证券化。融资证券化指的是资金需求者采取发行证券的方式而不是采取向金融机构借款的方式筹措资金，这也就是所谓资金的“非中介化”或“脱媒”现象。资产证券化是指将缺乏流动性的资产，通过金融技术转化为可以在金融市场上出售的证券的行为。要重视包括金融证券化在内的金融产品创新，同时在创新中要重视金融风险的防范，防止金融泡沫，使金融更好地服务实体经济的发展。

（三）加强金融人才创新能力培养

对于金融服务人才而言，创新能力主要涵盖市场、业务、监管规制和互联网技术的创新。金融服务贸易发展的国际经验表明，一个国家金融服务企业所拥有的自主创新能力直接影响到该国金融服务贸易的发展水平。大力推动金融人才培养模式创新，培养高素质、国际化、复合型金融人才是提升自主创新能力的极为重要的路径。着力培养大批报效国家、专业业务能力强、素质好的金融专门人才是推动国际金融服务贸易、提升其国际竞争力的必然要求。

（四）强化科技在金融领域的应用

当今世界，金融与科技的融合呈现加速之势，其所带来的影响是革命性的。世界金融强国格外重视科技在金融领域的应用以及金融科技的创新发展，大力提升金融服务的效率，创造自身的竞争优势，甚至是垄断优势。当下互联网、大数据、5G、区块链等科技发展对于金融服务创新具有重大影响，需要积极推动，以便能紧抓科技变革所带来的历史性机遇。

第三节　我国金融服务贸易发展

一、我国金融服务贸易发展状况

（一）国家战略与政策促进力度持续加大

我国金融服务贸易要以服务国家战略为导向，认真贯彻落实相关政策，促进金融创新，不断提升金融服务贸易的国际竞争力。党的十八大以来，我国金融理念的发展创新、金融治理的丰富完善和金融经济发展取得了巨大成就。而金融服务贸易服务实体经济、服务国家战略、服务地区发展、服务客户痛点和痒点的金融创新正在得到鼓励和发展。供给侧改革、“一带一路”倡议、三大地区发展战略等国家重大发展布局需要金融体系及金融创新的大力支持，实体经济领域有大量需求需要金融体系来提供高效的供给。此外，新经济要求银行不断创新服务模式。银行业在告别过去普遍性、总量增长机会的同时，也迎来了细分领域、结构性机会的发展商机。在上述背景下，我国金融服务贸易在服务国家战略、落实相关政策中必将迎来更大的发展机遇和契机。

（二）国际金融服务贸易规模持续扩大

随着我国服务贸易规模的不断扩大，金融服务贸易规模也在持续增长，特别是跨境交付总额近十年呈上升发展趋势。从国际市场占有率来看，我国金融服务占世界金融服务贸易份额很低，存在很大的上升空间。我国改革开放初期，金融服务贸易主要是为了吸引更多的外资，而国内金融服务机构数量少且很少开拓国际市场。在我国金融服务贸易对外贸易中，进口贸易占比较大。随着我国金融服务贸易的不断发展，其规模从2000年的1.78亿美元上升到2018年的54亿美元，增长了29倍多，总体呈波动中增长态势。2018年，我国金融服务贸易仅占服务贸易总额的0.70%，但从增长速度而言，2000—2018年间的年均增速达到34.4%。从金融服务贸易规模来看，除2007年、2008年、2011年有所下降以外，整体规模呈不断增长态势。从金融贸易净额来看，2000—2015年期间总体呈贸易逆差状态，2006年贸易净值达到－7.46亿美元的历史峰值。自2015年起，金融服务贸易逆差额呈逐渐缩小态势，随后实现了连续三年的贸易顺差。从金融服务贸易增速来看，2000—2018年期间整体呈现前期平稳增长、后期快速增长态势。其中，进口增速整体同出口增速相似，在2007—2008年出现同时下降态势，而2010—2018年进出口规模呈现出先扩大后缩小态势，而进口增速下降，并逐渐实现贸易净值正增长。虽然新冠疫情对经济发展产生了影响，但这种影响是暂时的，金融服务贸易规模扩大的总体趋势不会改变。

（三）金融组织与机构发展优势逐步彰显

亚洲基础设施投资银行［简称亚投行，Asian Infrastructure Investment Bank (AIIB)］成立于2015年12月25日，2016年1月16日正式开业运营，法定股本为1 000

亿美元，是由我国倡议设立的多边金融机构，旨在满足亚洲地区基础设施和互联互通建设的资金需求。自开业以来，亚投行一直以合作共赢的姿态，积极与其他多边开发银行开展务实合作，先后与世界银行、亚洲开发银行、欧洲复兴开发银行、欧洲投资银行等签署了合作协议。2017 年 5 月，亚投行等五个多边金融开发机构与中国财政部还就参与"一带一路"建设签署了合作备忘录。亚投行的成立与运转对我国金融服务贸易的发展具有极为重要的意义。此外，多元化的小型金融机构将会蓬勃发展。小微企业、创新企业只能由创新型小型金融机构来对接。这些蓬勃发展的小型金融机构完全有可能纳入政府"大监管"的范畴之内。金融回归服务实体经济的初衷，就是要求金融机构能够为各类客户提供多元化、有特色的金融服务，其在金融国际化以及金融服务贸易发展过程中的优势将逐步彰显。

（四）金融业对外开放更加稳健有序

自 2001 年加入世界贸易组织以来，我国履行承诺，稳步推进金融业对外开放，为外资金融机构提供了平等的发展环境。对外开放在推进我国金融业快速与国际接轨的同时，也有效推动了我国金融市场业务的发展。我国逐步扩大了对外资银行的开放力度，积极引进外资银行在我国设立分行。2002 年，我国主动实施了合格境外机构投资者（QFII）制度，允许合格的境外机构投资者进入 A 股市场。2006 年实行的合格境内机构投资者（QDII）制度，允许合格的境内机构投资者到境外投资。2007 年我国又宣布取消了对 QDII 对外投资的限制。在资本项目进一步开放的同时，一系列推动投资贸易便利化、鼓励人民币跨境使用的制度也在紧锣密鼓地制定与实施。2016 年人民币被正式纳入国际货币基金组织特别提款权（SDR）货币篮子，人民币国际化迈出了重要一步。总体来看，我国金融服务贸易开放程度在不断提高，但是我国金融市场开放的自由程度和欧美相比仍然不够充分，虽然已经处于世界服务贸易大国的行列，但开放程度尚待进一步提升。

在构建全方位对外开放新格局、推动国际经济新秩序建立的过程中，我国金融业国际化的步伐必将进一步加快。然而面对复杂的国际形势和各种不确定因素，我国金融业对外开放的步骤和节奏将会根据风险管控的形势变化和国内实体经济发展的需要做适当的调整。人民币国际化也将更加稳健，在注重风险防范和评估的前提下，加快国际化的速度和规模。总之，金融服务贸易发展比以往任何时候都要遵循金融自身的规律和服务实体经济的大逻辑，比以往任何时候都要处理好发展与规范、创新、风险防范的关系，始终坚持在发展中规范、防范风险，从而使我国金融服务贸易更好适应国际市场环境，应对外部各种风险。

（五）金融服务贸易竞争力有待加强

加入世界贸易组织后我国金融服务贸易面临严峻的竞争形势。外资金融机构的进入、资本项目自由兑换的压力、金融监管机制的变革等都对我国金融服务贸易的管理提出了严峻的挑战，迫切需要提升我国金融服务贸易的国际竞争力。虽然我国金融服务贸易规模不断扩大，但是长期以来处于逆差状态。在 2001 年金融服务贸易逆差只有 24.62 亿美元，2014 年这一数值达到近 183 亿美元，这表明我国金融服务贸易总量的增长还是以进口增加为主，出口贡献较少，致使逆差逐步扩大。同时，保险服务贸易逆差几乎占了整个逆差的95%，其他金融服务贸易逆差则相对较小。不仅如此，我国金融服务贸易形式简单，进出口结构单一。金融服务贸易中的保险服务贸易占据着主导地位，以银行服务贸易和证券服务贸易为代表的其他金融服务贸易发展规模较小、所占比重较低。2001年，我国保险服务贸易额占全国金融服务贸易进出口总额的94.36%，2001—2007年这一比例均在90%以上。2011年之后，这一比例开始有所下降。2001—2013年，保险服务贸易与其他金融服务贸易占比的差距一直很大，直到2014年才降低至50%以下。

党的十九大以来，全球经济金融形势发生了深刻变化。从国际看，在新冠疫情的冲击下，国际地缘政治危机加剧，宏观经济环境愈发不稳定，贸易保护主义抬头；从国内看，过去支撑经济高速增长的要素条件和市场环境发生了明显改变，经济潜在增长率趋于下行，趋势性、阶段性、周期性矛盾相互交织，经济进入新常态，结构调整和动能转换任务艰巨，经济金融发展面临全新的问题和挑战。面对新的更加复杂的经济金融环境，我国金融改革发展依然取得了新的成就，金融业保持快速发展，金融产品日益丰富，金融服务普惠性增强，金融改革有序推进，金融体系不断完善，人民币国际化和金融双向开放取得新进展，金融监管得到改进，守住不发生系统性金融风险底线的能力增强，金融治理的效能不断加强、水平不断提高。

二、我国金融服务贸易实践创新

（一）推动“科技＋金融” 深度融合

高新科技发展与应用融合正在推动金融服务贸易的空前繁荣和未来我国金融服务贸易的跨越式大发展。云计算、大数据、区块链、人工智能等新技术快速发展，推动金融科技公司迅速崛起，也为金融带来了重大机遇与挑战。我国正积极推动金融服务贸易与高新科技的深度融合，形成金融体系智能化发展态势，如利用大数据分析技术，更加精准地判断客户需求进而精准营销，有利于充分挖掘客户价值；利用云计算提供更加低成本、高效率的财务和运营支持；推动互联网金融的蓬勃发展等。在金融科技方面，我国近年来的发展可圈可点，尤其是移动支付或第三方支付是世界上发展最快、普及程度最高的。诸多高科技互联网企业开始发展金融业务，在过去若干年里纷纷开设或者投资各种各样的金融公司，如蚂蚁金服从阿里巴巴的支付宝业务开始，逐步扩张版图，业务范围涵盖银行、保险、证券等，腾讯、百度等也开设金融板块并拿到了相关牌照。此外，实体企业也利用产业链的上下游，利用它们在上下游当中的核心地位和资源场景开始做金融，即供应链金融的模式。

（二）大力促进人民币国际化

我国金融发展的两大战略目标，其中一个是让中国金融市场成为国际金融中心；另外一个是人民币国际化，让人民币成为举足轻重的国际性储备货币。人民币国际化是我国金融国际化以及进一步提升金融服务贸易竞争力的重要推动力量和关键环节。依据中国银行发布的2017年度《人民币国际化白皮书》，全世界市场主体对人民币国际地位总体预期乐观向好。76%的受访市场主体（包括工商企业和金融机构）认为人民币的国际地位有希望接近美元、欧元、英镑、日元等国际货币；受访金融机构较企业对人民币国际货币地位预期更高；超六成受访市场主体表示将使用或提升人民币使用比例。同时人民币国际货币职能作用进一步发挥。人民币的国际流通手段职能稳步增强，在面临汇率波动时坚持以人民币计价的受访境内企业比例连续第五年上升；近八成的受访境外大宗商品企业参与中国境内大宗商品交易意愿较强；大部分受访市场主体都在积极考虑将人民币作为国际流动性的重要补充。人民币国际化为我国金融服务贸易的繁荣发展提供了坚实的基础和广阔的发展空间。

（三）支持小微企业金融服务创新

在我国双循环新发展格局下，小微企业在激发市场运行活力、培育经济发展动能、推动产业优化升级、支持保障国计民生方面的重要作用日益凸显，是建设双循环新发展格局、实现经济高质量发展的有力抓手，也是激发市场主体活力、落实“六稳”“六保”[①]要求的重要保障，更是推进金融供给侧改革、加快银行业务战略转型的必由之路。促进中小微企业发展是保持国民经济高质量发展的重要基础，是关系民生和社会稳定的重大战略任务。

近年来，党中央、国务院在多次会议上不断强调要为中小企业健康发展提供支持。国务院金融稳定发展委员会、中国人民银行等机构贯彻中央精神继续实施两项直达实体经济货币政策工具，深入开展商业银行中小微企业金融服务能力提升工程，小微企业融资继续呈现“量增、面扩、价降”的态势，企业融资便利性得到较大幅度提升。各金融机构践行服务中小微企业的初心使命，深化中小微金融服务供给侧改革，中小微企业金融服务质效持续提升。

（四）鼓励知识产权金融创新

在我国推进知识产权金融创新，极大有利于拓宽企业融资渠道，促进知识产权资源价值实现，激发整个市场创新的动能。例如国家知识产权局与中国银行合作成立知识产权融资创新实验室，构建知识产权“政产学研”全面合作机制，试图在价值发现、风险评估、风险处置等全环节打造知识产权金融新模式。

针对传统知识产权融资的三大痛点，我国还研发了很多普惠型知识产权质押融资产品，例如“知惠贷”；有针对性地依据企业整体价值分级匹配不同的信用额度，解决知识产权价值识别困难的痛点；利用大数据技术，解决专利技术评估变现难的问题，并且在加强贷前、贷中、贷后全流程管理，控制金融风险等领域也不断积极创新。

本章小结

金融是现代经济的血液。金融服务业在现代经济发展中居于核心地位。发展对外金

① “六稳”指稳就业、稳金融、稳外贸、稳外资、稳投资、稳预期，“六保”指保居民就业、保基本民生、保市场主体、保粮食能源安全、保产业链供应链稳定、保基层运转。

融服务贸易，不仅是开放经济条件下金融业发展的必然，而且对于国际贸易，乃至整个社会经济的发展都具有十分重要的意义。与发达国家相比，我国金融服务贸易还有很大的发展潜力和空间。而金融创新则成为金融服务贸易发展的重要路径。在此过程中，金融服务不仅要服务实体经济，而且要在开放中发展，在发展中开放，持续增强自身实力和应对复杂风险的能力，全面提升我国对外金融服务贸易的竞争力。

概念和术语

金融服务；国际金融服务贸易

复习思考题

1. 什么是金融服务？什么是国际金融服务贸易？
2. 查阅资料，谈谈当前国际金融服务贸易状况和发展。
3. 试述国际金融服务贸易政策。
4. 谈谈国际金融服务贸易实践以及其中的成功经验。
5. 谈谈你对中国金融服务贸易实践创新的认识。

延伸阅读

“科技+金融”：破解服务“痛点”

第十一章 国际电信服务贸易

学习目标

1. 掌握国际电信服务贸易的相关概念。
2. 了解国际电信服务市场状况以及国际电信服务贸易发展。
3. 了解国际电信服务贸易政策、实务和经验。
4. 了解我国电信服务贸易发展状况和实践创新。

素养目标

1. 通过国际电信服务贸易相关概念、市场状况以及发展的学习，培养读者的互联网思维和创新理念。

2. 通过国际电信服务贸易政策、实务和经验的学习，以多元化学习方式，培养读者诚信、互助的品格以及安全意识。

3. 通过我国电信服务贸易发展状况和实践创新的学习，增强发展我国金融服务贸易的自信心和自豪感，增强在电信服务贸易领域的话语权。

案例导引

电信服务继续薄利多销 央企责任与企业发展两不误

一、“薄利多销”存困境，“降费提速”有挑战

当下，“互联网+”浪潮涌动，数字经济发展对运营商也有了更高的要求。电信业在提速降费的同时，其自身发展也在加速，这样的挑战无疑是巨大的。

一方面，“提速降费”提出后，运营商动作频频。而某些用户会认为“提速降费”只不过是运营商新一轮的营销策略，用“限流”和套餐的方式来降低费用，并非真正意义上的“降费”，给运营商业务推广造成了一定困难。

另一方面，大幅度进行“薄利多销”与资费调整，很大程度上会导致运营商利润下降，使运营商投资“新基建”在资金方面不免受到影响。

既然运营商业务经营薄利多销是社会数字化转型的必经阶段，“提速降费”也要持续推进，运营商就必须更加强调技术升级和产品、业务创新。

二、肩负央企责任，赋能社会发展

工信部数据显示，五年来，固定宽带单位带宽和移动网络单位流量平均资费降幅超过了 95%；企业宽带和专线单位带宽平均资费降幅超过了 70%；各项降费举措年均惠及用户逾 10 亿人次，累计让利超过 7 000 亿元。

多年来，运营商除了紧贴国家政策让利惠民，还在基站建设、乡村振兴、科技创新等方面赋能社会发展。

在基站建设方面，中国电信与中国联通持续开展 5G 网络共建共享，充分利用双方互补的网络资源和 3.5GHz/2.1GHz 的相邻频率，快速提升网络覆盖能力；在乡村振兴方面，运营商不忘央企责任，积极扎根到乡村振兴工作中。如中国电信 2013 年以来在农村地区网络投资超 1 000 亿元，助力通信行业提前完成三个“98%”网络覆盖目标；在科技创新方面，运营商坚持科技创新，赋能、赋智社会发展。如中国移动通过基站节电和节能改造等措施，降低设备能耗，提升设备效能，达到网络的绿色、低碳、节能，以科技创新助力碳达峰、碳中和。

资料来源：卢臻. 电信服务继续薄利多销 央企责任与企业发展两不误. 通信信息报，2021-10-27(004).

第一节　国际电信服务贸易概述

一、国际电信服务贸易的相关概念和分类

（一）依据国际电信联盟的定义

依据国际电信联盟发布的《1996/1997 年世界电信发展报告》，国际电信贸易被定义为跨越国界的电信设备或服务的贸易。

国际电信设备贸易是指世界各国（或地区）之间所进行的以货币为媒介的电信设备的交换活动。这里的电信设备指使用电信服务的用户之间进行某种通信业务的呼叫时，业务信息在整个传递的过程中所经过的交换设备、传输设备以及真正到达被叫端的各种用户终端设备。

电信服务是指通过电信基础设施为客户提供的实时信息（声音、数据、图像等）传递活动。从狭义上讲，国际电信服务贸易指在不同国家或属于不同国家任何性质的电信

局或站之间提供的电信服务活动。从广义上讲，国际电信服务贸易除了指传统观点下的服务贸易，还包括通过国外直接投资进行的贸易，如外国投资者收购电信公司或由国内外双方建立合资企业提供新的电信业务。

（二）依据《服务贸易总协定》的定义

依据《服务贸易总协定》中《关于电信服务的附件》（以下简称《电信附件》）所做的规定，通常情况下，电信服务是指电信业务的经营者向电信用户提供电信业务的过程。按照国际上通行的分类方法，电信服务可分为基础电信业务和增值电信业务两大类。按照我国《电信条例》的规定，基础电信业务是指提供公共网络基础设施、公共数据传送和基本语音通信服务的业务，增值电信业务是指利用公共网络基础设施提供的电信与信息服务的业务。

正确认识电信服务的内涵，需要清楚电信基础设施（工具、设备等）、服务及信息这三个既有联系又有一定区别的概念。

电信基础设施由构成传输系统（网络）的工具及设备组成，如铜导线、同轴光学电缆、卫星、多路传输器、开启系统、电脑终端及其他操作和内部链接设备等。最常见的电信终端设备就是电话，而当代电信基础设施中，最重要的则是电脑。任何通过这些电信设备提供的服务都构成电信服务。

信息也就是通过电信传递的消息内容，传统意义上是不包括电信网络传送功能的。然而随着科学技术的进步，产生和分配消息的信息服务已变得更广泛。商业使用者需要更直接控制内部电信传输和操作。这样的电信与信息服务之间很容易产生混淆，也很难在二者之间划出清晰的界限。因此，明确的数据传输和数据处理服务在贸易谈判中是必需的，即明确数据传输是电信服务，而数据处理服务则为专业经济服务。

总体上，电信基础设施是电信服务提供的基础，而信息则是电信传送的内容，即服务对象，它们都是构成电信服务的要素，是相辅相成的。

按照服务贸易的四种贸易模式，国际电信服务贸易主要包括：

1. 跨境交付

跨境交付即一成员方的电信服务商在其境内向另一成员方境内消费者提供电信类服务。在跨境交付模式中，存在国际电话费用的分摊、对稀有资源进行分配以及与现有网络互联以给现有用户提供服务的问题。

2. 境外消费

境外消费即一成员方的电信服务商在其境内向来自其他成员方的消费者提供电信类服务。境外消费的主要形式涉及呼叫电话卡、移动通信、无线寻呼漫游、移动卫星系统以及更换呼叫程序业务等。

3. 商业存在

商业存在即一成员方的电信服务商在另一成员方境内设立电信公司或分支机构向该成员方或其他成员方的境内消费者提供电信类服务。商业存在的主要形式包括成立海外办事处、结盟、海外投资、多边战略投资者等。

4. 自然人流动

自然人流动即一成员电信公司的工作人员去另一成员方境内提供电信服务（无论是专业人员，还是一般的工作人员）。自然人流动的障碍涉及关键人员签证和工作许可的迅速有效办理。

《服务贸易总协定》电信服务附录以及其后达成的《基础电信协议》，适用于一成员方进入和使用任何公共电信传送网及其服务范围的一切措施，即每个成员方应保证自己承诺的义务适用于有关公共电信传送网及服务供应者的一切必要的措施。但电信服务不适用于以下情况：

（1）有关无线电或电视节目的有线或广播传送的措施；

（2）要求一成员方批准其他成员方的服务提供者，在它规定的承诺表外设立、建设、获取、租赁、经营或提供电信网或服务；

（3）要求一成员方（或在其管辖权范围内）设立、建设、获取、租赁、经营或提供电信网或服务，而这些电信网及其服务又不广泛地向公众提供。

（三）国际电信服务贸易分类

1. 按照服务贸易模式分类

按照服务贸易模式进行划分，国际电信服务贸易可以分为四类：跨境交付、境外消费、商业存在和自然人流动。

2. 按照世界贸易组织所列电信服务项目分类

（1）声话服务（公共长途电话服务、公共本地电话服务）；

（2）分组交换服务（数据网络服务、电子信息服务等）；

（3）数据电路交换服务（数据网络服务、电子信息服务）；

（4）电传服务（数据网络服务、电子信息服务）；

（5）电报服务；

（6）传真和其他电话服务（无线寻呼、视频会议、移动、海洋及空对地电话服务等）；

（7）私人租借电路服务（商业网络服务）；

（8）电子邮件服务（E-mail）；

（9）声邮服务；

（10）线上信息与数据检索；

（11）电子数据交换（EDI）；

（12）增值传真服务（储存与传递、储存与检索）；

（13）编码与协议转换；

（14）线上信息或数据处理；

（15）其他（包括陆地移动电话和卫星移动电话等等）。

其中第（1）～（7）项和第（15）项中的移动电信，提供实时消费者信息传递服务等，一般被定义为基础电信服务。基础电信服务是以电话、电报、电传为主的服务。而第（8）～（14）项和第（15）项中的除去实时传递的电信服务，被称作增值电信服务。增值电信服务是指除基础的以外，以计算机网络为主的电信服务，包括电子商务、电子和语音邮件、互联网业务及短信等。这是世界贸易组织电信服务谈判组依据联合国临时主要产品分类（UNCPC）而列出的。

目前，国际上对此分类认识尚有分歧，具体只是在各自的承诺表中列出。在谈判中，专家们意识到，随着电信服务的迅速发展，现有的服务项目可能很快会过时，所以在基础电信谈判中特别提出服务分类的四个特征：

（1）地理特征（本地、国内长途和国际长途）；

（2）技术手段（有限的或固定网络和无线的或基于无线电波的）；

（3）传递手段（基于再售或基于设施）；

（4）代理（公共使用或非公共使用，如依靠消费者群体的服务销售），以此来弥补上述分类之不足。

二、国际电信服务贸易的特点和作用

（一）国际电信服务贸易的特点

国际电信服务贸易作为国际服务贸易的一种，具有国际服务贸易的相关属性。除此之外，其还具有自身显著的特点。

1. 全程全网和互联互通

国际电信服务贸易主要通过各国电信网络系统的相互连接和交互操作来实现。全程全网和互联互通作为电信服务网络性的主要特征，成为国际电信服务贸易的基本特征。

国家电信经营者拥有并运行着各自的国内电信基础设施，包括用于交互的连接传输设备。而那些远程海底电缆和国际卫星等国际电信基础设施则是通过双边协议或共同所有而由两国共同使用。这些国际设施的特点是各国共担成本风险，共同使用，且只向得到授权的经营者开放，并且在向非所有方提供过境设施服务时，具有极高的互惠性。不同国家的电信经营者间签署的双边协议是依照国际电报电话咨询委员会推荐的多边框架拟定的。

在一国或地区内，在位大型电信运营商担心网间互联为其带来的利益不足以弥补其在网间互联中的成本支出，这反而为一些小型运营商在规模和服务方面的扩张创造了条件。通常情况下，政府在互联互通方面也总是采取向小型运营商倾斜的非对称管理。然而，在国际电信服务贸易中，情况恰恰相反。国家间的互联互通不仅不会使原有业务分流，还会不断提高业务量。当甲、乙两国用户跨境使用电信服务时，甲、乙两国的运营商都只会借助相互的电信网络才能实现用户之间的信息传递。甲、乙两国的运营商为实现国际电信服务贸易，通常要预先协定好价格，即所谓的国际核算费率。当甲、乙两国的信息流量相等时，费用抵消；但通常两国的信息流量是不等的，信息的净流出方须向对方支付费用。

2. 锁定技术标准

电信服务贸易与其他服务贸易或商品贸易最大的不同点在于技术标准的垄断性。电信行业是典型的网络型企业，网络结构的一个基本问题是沟通和协调，而标准则是沟通和协调的基础。在赢者通吃的网络结构下，掌握标准的企业将会成为行业中的主导者和行业利润的主要攫取者。许多电信跨国公司通过创造和制定隐藏着知识产权的技术标准和规则，迫使竞争对手成为追随者，从而控制游戏规则和市场竞争格局。电信技术标准在竞争中很大程度上决定了电信行业领导权的兴衰。在信息社会，电信作为主导性技能产业领域，通过标准竞争获得的产业领导能力可以转化为持久的产业比较优势，进而影响到上下游产业的竞争绩效。而产业的结构和绩效又会影响到国家竞争优势。发达国家跨国公司继续以技术优势控制、支配国际生产体系。在当前全球电信产业新兴的跨国生产体系之中，一条是依靠跨国公司母公司的直接投资和公司内贸易形成企业之间的价值链体系，另一条是通过非股权安排的企业间交易网络形成由核心企业主导的供应链体系。核心企业通过掌握技术、市场标准和销售渠道，便可以控制整个供应链和产品的价值实现，在全球化的过程中获取巨大利益。

（二）国际电信服务贸易的作用

1. 国际电信服务贸易提供多功能服务

电信是一种信息的传递方式或分配系统。电信对广告、银行、保险、数据处理和其他专业服务起着决定性的作用。依据《服务贸易总协定》中《电信附件》的定义，电信则是通过电磁方式传递和接收信号。从技术角度来说，电信实际上是一种电子传导，用于一端到另一端的声音或数据传输，或者进行大众传播，如广播等。电信服务能以最快的速度传递信息，并能提供信息的多功能服务。而作为国际服务贸易重要领域的电信服务贸易，其在全球范围内的电信服务功能更加突出。特别是科技的推动使电信服务面临更多创新，功能更加多样化。

2. 国际电信服务贸易助力信息化建设

在信息化时代，生产生活过程中大量的信息处理技术被引入，计算机、通信和信息资源的结合更加紧密，从而使相关部门自动化达到一个新的水平。电信与计算机系统合二为一，可以在几秒钟内将信息传递到全世界的任何地方，使人类活动各方面都表现出信息活动的特征。而信息和信息机器则成为一切活动的积极参与者。国际电信服务贸易的发展显然有助于信息化基础的建设，有利于从跨国、跨地区范围推动电信服务合作，拓展电信服务的贸易利益，从而为信息化时代的发展发挥积极作用。

3. 国际电信服务贸易促进社会全方面发展

信息社会的发展使国家间电信服务贸易越来越重要，信息以及存取和传播信息的设施已成为与土地、劳动力和资本同样重要的战略资源。电信产业既是可以贸易的产品和服务，又是其他产品和服务贸易的一种促进手段，在国际贸易中肩负着双重角色。而电信服务贸易则是世界贸易组织服务贸易框架下的重要组成部分，是近年来对外贸易中发展较快的领域。在信息社会中，国际电信服务贸易已渗透到国际经济、政治、文化交往的方方面面，成为促进社会全方面发展的重要力量。

三、国际电信服务市场状况

（一）战略转型特征突出

在技术变革、竞争加剧以及内外部挑战增多的背景下，全球主要电信运营商正加紧拓展国际通信和海外运营等增长较快的电信业务领域。全球主要电信运营商60%以上的资产和员工服务于国际和海外市场，国际和海外收入占比超过10%。其中，北美运营商重在拓展国际长途、国际漫游、全球企业组网与解决方案等国际通信业务。西欧运营商重在拓展海外本地运营，如移动业务海外运营、全业务海外运营等。而在无线通信产业居领先地位的国家包括美国、瑞典、芬兰、德国、法国、日本等。在技术发展方面，美国着重发展无线数据通信技术，并处于领先地位。但是在无线通信服务发展上，美国则落后于欧洲。目前全球各国纷纷推出国家宽带战略，推进全球光网络建设。如美国2010年3月启动国家宽带计划，拟投资72亿美元用于宽带补贴和接待计划，到2013年固定宽带普及率增长至35.9%，长期目标要求至少1亿家庭实现宽带接入。欧盟2008年启动的公共宽带服务计划将投入110亿欧元升级互联网基础设施，至2013年整个欧盟地区实现宽带接入，至2020年达到50%的欧盟居民拥有300Mbps宽带的高速宽带网。全球电信运营商正在加速推进战略转型，推动业务运营与创新，打造全球价值链，推动网络转型及以用户和业务为中心调整组织结构的管理转型。

（二）融合特征明显

科技助力和融合发展已经成为世界电信服务贸易的重要特征。面对传统语音业务收入下滑和竞争加剧的趋势，电信运营商开始寻求新的收入来源。通信、互联网、广播电视等技术的发展模糊了电信行业和其他行业间的界限。融合业务的发展经历了长期的演进过程，可以分为业务捆绑、业务互通、终端融合、网络融合及产业融合五个阶段。业务捆绑阶段，固定、移动和宽带业务通过IT支撑实现由简单捆绑向深度捆绑发展。简单捆绑是指电信运营商将固话、手机和宽带业务捆绑销售给用户，向用户提供跨网络业务组合优惠与统一营销的服务。随后，经过对支撑系统的改造，电信运营商推出了固话与手机间的共享时长、群内成员的注册终端间互拨优惠的语音VPN等深度捆绑型业务。在业务互通阶段，通过业务平台的互联实现固定、移动和宽带业务间的互动。以前只能实现固定电话终端间的可视通话，在实现业务平台间的互通后，固定电话终端、移动电话终端、PC等之间都可以实现可视通话。终端融合阶段是指运营商提供的固话、移动和宽带业务可以在复合型终端上实现，只要用户持有这种复合型终端即可完成跨网络的通信服务。在产业融合阶段，电信产业通过与其他产业间的合作实现新的应用。比如，电信业向金融业拓展，发展出固话和手机的小额支付业务；电信业务向广播电信行业拓展，发展出IPTV和手机电视业务等。[①] 总体来看，融合发展主要涉及网络与技术、终端与载体、业务与应用、产业与生态链等多层次的融合。这种融合不仅丰富了电信业务内容和应用，而且提升了电信网络、业务承载能力，为运营商带来了无限商机，使电信服务能够突破瓶颈，创新运营模式，同时也为用户带来了更好的业务体验，推动世界电信市场转型和电信服务贸易的繁荣。

（三）数字产品市场规模不断扩张

伴随着信息化和数字经济的深入发展，世界电信服务贸易数字化趋势愈加明显。

---

① 吴雯漫，陈雅静．全业务背景下电信融合业务发展研究．信息通信技术，2010（5）．

2010 年以来，全球数字产品增长较快，2010 年市场规模为 340 亿元，同比增长 21.86%；2013 年全球数字产品市场规模为 584 亿元，同比增长 14.06%；2017 年，全球数字产品市场规模进一步增长至 978 亿元，同比增长 12.93%。数字技术在语音质量、通信安全、频谱效率、业务功能丰富性等诸多方面相比模拟技术有明显的优势。随着专网通信设备应用的普及，频率资源紧张的问题将更加突出，同时用户的需求也不断提升，行业的中高端客户越来越倾向于使用数字产品。数字产品并不是对模拟产品的简单替代，其数字化加密技术和数据传输能力将帮助用户更有效地提高生产率。目前发达国家政府与公共安全及公用事业部门数字化进程较快，其新增市场已大多开始转为数字产品，这也导致全球数字产品在专网通信产品中的比重不断提高。由于数字专网通信产品受到各国政府的支持与政策引导，未来几年将以较快的速度发展。但一般专网通信设备拥有相对较长的更换期，因而数字产品市场将保持一个相对稳定的增长速度。

（四）电信服务市场发展不平衡

从全球来看，早在 2014 年底，发达地区的移动宽带渗透率为 86.68%，已经达到较高水平，而欠发达地区的渗透率只有 39.06%，同期，欠发达地区的手机渗透率则快速提升，变化幅度显著大于发达地区。从市场集中程度看，美国三大电信运营商——AT&T、Verizon 和 Sprint，欧洲五大电信运营商——西班牙电信（Telefonica）、德国电信（DeutscheTelekom）、Orange、意大利电信（Telecom Italia）和英国电信（BT）的联合收入占比排在前列。发达国家和地区在电信服务贸易领域处于明显的竞争优势地位。

四、国际电信服务贸易发展

（一）贸易规模不断增长

全球化发展以及国际合作和交往的深化正在不断推高国际通信需求。全球国际通信业务市场已超过 1 500 亿美元，年增长率基本维持在电信业务市场总体水平之上。2011 年全球国际通信业务增长 5%以上，明显超过全球电信业 2%左右的增长水平，已占全球电信业规模的 9.2%。国际数据公司（IDC）的全球半年度电信服务跟踪报告显示，2021 年全球电信服务和付费电视服务消费达到 15 660 亿美元（14 900 亿欧元），同比增长 1.6%。在整个新冠疫情期间，电信服务行业一直保持非常稳定的状态。不仅如此，电信服务行业还成为全球经济的支柱，使人们可以在家里进行交流、娱乐和工作。国际电信服务贸易规模增长的态势仍将长期持续。

（二）国际漫游业务快速发展

国际漫游业务快速增长，市场主要集中在欧盟地区。随着全球经济一体化发展和经贸往来的推动，用户在海外的通信需求逐渐增加，国际漫游业务已经在商旅人士中基本普及。2006—2011 年间，全球国际漫游收入年均增长率达到了 10%以上。其中西欧地区由于小国林立、经济发达、内部经贸往来频繁，再加上欧盟对于国际漫游资费的上限管制，其国际漫游收入规模很大，占全球漫游市场的50%以上。而亚太发展中地区凭借庞大的移动电话用户基数，成为全球第二大国际漫游市场。受市场竞争和技术替代的影响，国际长途资费不断下降。随着全球电信市场自由化改革进程的不断推进，各国国际出口和国际长途市场管制也逐渐放开，国际长途市场竞争加剧，除了电信运营商之外，还有很多专门提供国际业务的虚拟电信运营商，比如 Lebara 等专门针对国际长途、国际漫游市场提供低廉的通信服务。另外，通信设备和通信基础设施成本快速下降，使得国家之间国际长途结算费用不断下降，促进了零售资费的降低。不过，随着智能终端的普及，越来越多的用户在海外选择通过 wifi 热点＋移动互联网应用的方式进行国际通信和信息的获取，而不是打开数据漫游功能。一些智能终端由于缺乏安全性保护措施导致后台程序私自访问网络，也是在海外难以打开数据漫游功能的一个原因。

（三）科技创新推动力度持续加大

20 世纪以来，半导体科技的日臻成熟和信息技术革命的爆发，显著改变了人类的生产和生活方式，也对全球电信产业产生了巨大的影响。通信技术在过去 30 年中经历了巨大的技术变革，比如移动通信技术从第一代基于模拟传输的移动通信技术、第二代 GSM/GPRS 技术、第三代移动通信技术（TD-SCDMA，CDMA2000，WCDMA），发展到第四代移动通信技术（TD-LTE、FDD-LTE），移动通信不再只是简单的信息沟通，而是发展到能够处理图像、音乐、视频等多种媒体形式，提供多种信息服务的通信模式。再如光通信领域，随着互联网特别是接入网的发展，PON 技术得到广泛的应用，从 20 世纪 90 年代的 APON/BPON 发展到现在的 EPON、GPON、10GPON、NGPON 等，传输速率也从 155M 提高到现在的 1.25G、2.5G 乃至 100G。通信技术的迅猛发展带动了通信网络建设规模的扩张，为通信行业的发展提供了市场。根据联合国国际电信联盟（ITU）的统计，至 2014 年底，全球网民数量达到 29.37 亿，而手机使用者数量达到 70.85 亿。互联网和手机的高度普及大大提高了现代社会的运作效率，使互联理念深入人心。随着全球互联网技术的发展、终端接入设备价格的降低，全球宽带用户数量保持持续稳定增长。

（四）贸易竞争格局变动加剧

20 世纪 80 年代以前，由于电信服务具有自然垄断行业的基本经济特征，各个国家的经营管理体制基本雷同，所有电信服务、通信网络、通信设备及终端均由国家电信主管部门垄断。随着新技术的不断涌现，特别是长途传输服务成本的大幅度下降，电信服务具有的传统规模效益也在逐渐降低。电信行业结构快速变化，交易量大幅增长，开始出现竞争压力，许多国家也开始推行民营化。而在科技加速变革的推动下，世界电信服务贸易的竞争格局正在被加速打破。越来越多的国家在促进本国电信服务贸易发展的过程中高度重视科技的力量，从而获得后发优势和实现弯道超车。未来世界通信运营商都将面临更加激烈的竞争和挑战。

第二节 国际电信服务贸易实践

一、国际电信服务贸易政策

（一）相关协定与条约

国际电信服务贸易政策是规范指导电信服务交易的法规、制度、措施等的总和。《服务贸易总协定》(GATS) 对电信服务的规定是世界贸易组织成员应该遵循的规范。《服务贸易总协定》的电信服务贸易规则框架由四个部分构成：一是《服务贸易总协定》框架协议，它规定了各成员在包括电信服务在内的所有服务贸易部门中应承担的一般义务和具体承诺的义务；二是乌拉圭回合谈判达成的 GATS 电信附件，它规定了各成员在电信服务贸易方面应承担的基础义务；三是部分成员（55 个）于 1997 年达成的《基础电信协议》，即《服务贸易总协定》第四议定书，它规定了这些成员在基础电信服务市场开放中应承担的具体承诺义务以及政府应遵守的电信服务管理的原则；四是主要成员达成的关于增值电信业务现状约束的具体承诺，已列入 GATS 国家具体承诺表。

在 GATS 文本中，适用于电信服务的贸易规则首先包括框架条款，如最惠国待遇和透明度要求。而电信服务是作为服务贸易的附件出现的，即《电信附件》且仅包含七个条款。另外，1997 年谈判达成了《基础电信协议》即《服务贸易总协定》第四议定书，其所附《各成员承诺减让表》、《最惠国待遇豁免清单》和《参考文件》构成了主要内容，而《参考文件》所列的保护竞争、互联互通、普遍服务、许可证发放保持透明、独立监管和稀缺资源分配与使用公正的六大原则尤为重要。

《电信附件》是 GATS 的 8 个附件之一，它主要就保证成员方使用它国公共电信传输网络及服务的权利作了补充规定。

《电信附件》是专门针对公用电信传输网和规范公用电信传输服务运营者行为的，其中 7 则条款涵盖了目标、范围、定义、透明度、公共电信传输网及其服务的接入使用、技术合作以及有关国际组织和协议等方面，核心内容是要求每一成员应保证任何其他成员的任何服务提供者可按照合理和非歧视的条款与条件接入使用其公共电信传输网络和服务，以提供其电信开放承诺减让表中包括的服务。

《电信附件》平衡了成员平等接入市场与监管机构、基础传输网络运营商维持公众服务之间的要求，保证了电信运营商平等接入使用公共电信传输网络和服务的权利。面对基础传输资源匮乏的现况，目前中国移动、中国联通等国内移动运营商正加紧建设自己的传输网。国内移动通信运营商现阶段作为公共电信传输网络的接入使用者，要充分利用 GATS《电信附件》承诺的法规环境和权利，摆脱基础传输设施构成的隐性壁垒，争取公平的竞争环境。在自建传输网络完善后，国内移动运营商将面临由使用者向提供者的角色转变，也要充分熟悉《电信附件》所规定的约束、义务和限制条件的适用，以保障电信传输网络的普遍服务义务和技术完整性，为电信运营业和其他服务部门使用者提供可平等获得的电信传输平台。

规制电信市场的法律制度主要由两部分组成：一部分是电信立法；另一部分是电信管理机构的管制政策。通常立法具有相对较高的稳定性，而管制政策则应具有较好的灵活性。由于电信市场随时处在变化之中，特别是电信技术日新月异，电信立法不可能制定得很具体，而只能是原则性的，往往将很大的自由裁量权留给电信管理机构。一个公正、高效的监管机构往往能够根据本国的国情，较好地应对电信市场的发展变化，并促进电信市场的健康、有序发展。

此外，2012 年 12 月 14 日，由国际电信联盟主办的国际电信世界大会在阿联酋迪拜闭幕。会议修订了 1988 年制定的《国际电信规则》这项有约束力的全球性条约，以适应信息通信技术飞速发展带来的变化。新规则强调成员国拥有接入国际通信业务的权利，呼吁增加国际通信网络特别是宽带网络的投资和建设，由此推动创建国际通信业务发展新环境。

（二）电信服务贸易政策国别概况

1. 美国政策

美国在 1996 年通过了《1996 年电信法》，这标志着美国电信市场进入全面竞争阶段，由此美国对电信业的规制体系以支持全面竞争为框架。《1996 年电信法》重塑了美国电信市场的结构。此前，法律对市场进入进行了严格限制，美国电信市场高度分割。有线电视与无线通信、长途电信与本地电信，这些市场都相对独立，一个市场的参与者往往不得参与另一个市场的活动，或者只能在规定的条件下参与另一个市场的活动。如有线电视公司不得进入电话市场，电话公司不得进行有线电视分配。

《1996 年电信法》从法律上去除了分割市场的界限，有线电视公司可以参与电话接入服务，电话公司也可以发展视频节目的分配业务。电信规制上的这种变革契合了技术融合的趋势，也促进了产业的融合。也就是在《1996 年电信法》实施之后，美国电信产业的技术创新日新月异，为数字经济的发展和信息社会的到来奠定了坚实的基础。

2. 加拿大政策

加拿大电信产业最大的特点之一是：加拿大政府一直以法律的形式对电信产业进行规范严格的管理和规制。1852 年加拿大通过了第一部《电报法》、1905 年通过了第一部关于无线电报的法律《无线电报法》，1906 年和 1908 年又对铁路法进行了修订，同意铁路委员会作为联邦的权力机关管理加拿大的电话和电报公司。这三部法律为后续立法奠定了基础，时至今日，建立实质规制框架的《电信法》、创造了加拿大广播电视和电信委员会（CRTC）的《广播电视和电信委员会法》和《竞争法》等法律法规，构成了加拿大的电信规制的主要框架。

加拿大电信规制的进程基本与美国类似，电信市场也是从垄断逐渐走向竞争，政府规制也从垄断规制走向放松规制。1997 年，加拿大建立了本地市场竞争框架，随后几年，开始了基础设施的放松规制。从 1990 年开始，加拿大政府允许竞争公司转售长途交换业务，两年以后，允许提供基于设施的长途业务。1998 年，CRTC 结束了它对传统公司长途业务资费的规制政策，从而使加拿大长途市场发生了显著的变化，通信价格下降，长途呼叫增长，市场份额增加，用户反应积极。

加拿大政府的主要规制政策是完全放开资费规制，实行充分竞争。对电信基础设施建设进行扶持，为相关的社区项目提供种子基金，并针对技术创新实行补贴，减免研发方面的税收，资助厂家进行电信技术应用方面的试验。

3. 英国政策

英国是世界电信业规制改革的先锋，也是世界上最早对电信业进行自由化改革的国家。英国电信业从政企不分、行业垄断到“双寡头垄断”，再过渡到全面竞争，电信业改革取得了很大的成功。

在20世纪80年代之前，英国的电信产业和邮政是一家，并且政企不分，属于国家垄断领域。但是进入80年代后，电信技术的创新和英国政府的改革促使英国实行了电信改革，把竞争引入电信产业。20世纪80年代，电信技术和服务发展打破了传统电信业的自然垄断特性，促使英国改革电信业。正是技术的变化和市场的发展，使较小的公司能以较少的投入就轻易进入电信市场，为新电信运营商的加入提供了切实可行的机会，打破了电信行业的垄断局面，引致了电信行业的竞争。1998年，英国电信市场实施全面开放政策。英国1984年的《电信法》产生了一个独立的监管机构——电信管理局（OFTEL），由电信总监领导。OFTEL主要是对英国电信业的市场进入、价格（资费）、互联互通和普遍服务四方面进行规制。

二、国际电信服务贸易实务

国际电信服务贸易要实现全程全网、互联互通，同时要进行相关标准的协调。国际结算费率、互联网对等接入以及数字技术的应用是相关贸易谈判以及发展中的重要问题。

（一）国际结算费率

国际电话结算的双边协定是建立在会计汇率体系基础上的。国际结算体系是根据现有国际电信规则确立的结算费率体系，建立在运营商的双边协议基础上，在不同成员之间有所差别。所谓结算费率是指电话运营商在处理彼此的国际业务时同意双方共享的收入部分。结算费率是以每分钟的话务量来计算的，一般为双方对半分担，每个电话运营商分享到的比例为结算费率。国际结算费率是电信服务贸易谈判中的重要议题。

然而，技术变化正在降低提供业务的成本，网络现代化带来的好处不仅仅部分地反映在汇率削减上，而且也使最终用户付出的价格降低了。由于汇率波动而加剧的成本差异，在国家间汇率水平上产生了明显差异，从而使国家间业务流动量的不平衡性增大。业务流动量的不平衡引起了结算支付的不平衡。①

国际电信联盟的ITU-TD. 271建议书确定了主管部门在标准接口之间通过IP网络传送IP数据包及所支持的业务时应采用的一般原则和条件，即下一代网络计费与结算原则。该建议书涉及有关网络使用计费的单位、要素、参数和概念，对最终用户进行计费，确定主管部门间的结算、计费参数等。

---

① 参见关于WTO新一轮电信服务贸易谈判. 通信人在线，2017-10-30.

（二）互联网对等接入

互联网互联结算中主要涉及互联网业务提供者（ISPs）、骨干网业务提供者（backbone ISPs）和PSTN经营者（公共电话网经营者）三种对象。目前，互联网结算模式是采取由其他成员向美国支付全电路连接费，而美国却无须支付连接费用的类似“转接费”模式。美国认为互联网发源于美国，主要骨干网的提供者都在美国，绝大部分业务量的发生、终结或转接也发生在美国，其他成员要开展业务必须和美国骨干网连接。

在互联网发展初期，由于互联双方的业务流量相差较大，上述结算方式被许多成员普遍接受。随着互联网的爆炸性增长，其他成员与美国间的互联网流量严重不平衡的状况已有了很大改善，在这种情况下仍延续过去的结算方式，对其他成员来说就显得很不合理，使这些成员的ISP经营成本居高不下，造成了发展中国家成员与发达国家成员之间的“数字鸿沟”差距在不断扩大，影响了互联网在全球的发展。对等结算（peer）又称互不结算，就是彼此不结算。这种不结算模式简称SKA（sender keep AII），这是一种非商业性的结算方式，它限于网络容量相等、地理条件差别不大、用户规模相当的网络之间的互联。网络之间可以完全免费传送，不需要按时间或流量来计费。SKA模式可以使流量在一种有效的形式下交换，网络服务的价值可以得到充分体现，最终使用户享受到高质量的服务。也有一些国家提出在互联网结算中应考虑业务流量、路由数、网络的地理覆盖、国际传输成本等因素。①

（三）数字技术的应用

在竞争和技术变革的推动下，新型电信服务不断涌现。云计算、M2M、统一通信等技术业务的发展，为运营商发展全球组网与业务解决提供了更大的创新支持和市场空间。Vodafone（沃达丰）、西班牙电信等运营商正在大力拓展云计算、M2M、统一通信等战略性企业服务。沃达丰立足于自身的移动优势，在德国推行VodafoneZuhause业务，在意大利推行VodafoneCase业务，在西班牙推行OficinaVodafone业务，促使用户在家里或者办公室里能够更多地使用移动电话而不是固定电话。此外，沃达丰加强与互联网企业的合作，推出面向互联网的创新型融合应用。例如，与微软合作实现沃达丰手机版Messenger与微软PC版MSN的互通；在移动广告市场与雅虎合作，利用雅虎在互联网广告领域的经验和资源，拓展沃达丰门户业务；沃达丰通过与eBay合作进军电子商务领域，推出手机eBay在线拍卖业务。西班牙电信提供多种跨国通信解决方案，如云计算、可管理移动和安全服务、外包、统一通信与协作、全球CDN等，并组建了100多人的M2M专家团队，发展可管理M2M连接、智能物流、智能电网、智能城市等业务。

三、国际电信服务贸易经验

（一）良好的政策环境

国际电信服务贸易的发展需要良好的政策环境，不仅仅需要财税、金融、科技等优

① 参见关于WTO新一轮电信服务贸易谈判．通信人在线，2017－10－30.

惠政策的大力支持，而且需要在开放中打破垄断，强化竞争，在竞争中推动电信服务创新、提升效率和服务水平，同时要加强知识产权保护，建立相关标准的协调，推动电信服务贸易领域广泛的国际合作。

（二）完备的支持体系

大力加强在电信服务硬件和软件方面的服务保障和支持，如德国电信建立的服务运营中心，通过运用智能尽可能多地解决软件问题、平台问题、网络问题，利用自动化来保证运营中心高效而灵活。在信息层面，德国电信部署更加复杂的服务和产品包，还对企业提供一系列优惠活动，可购买一套端到端的解决方案，同时赠送一些服务和平台云化方案。此外，对先进电信设备提供商和相关科技型企业给予支持，促进电信产业链、价值链和创新链的构建和拓展，从而取得更大的效益。

（三）国际化、多元化的加快发展

在高度联通的社会经济中，电信服务贸易更需要国际化拓展。如德国电信是欧洲最大的电信运营商，其不仅在欧洲部署电信运营业务，同时在兼顾各国数字隐私方面监管条例的基础上建设电信云，并逐步实现云化。除强化电信运营之外，德国电信还建立了测试中心、服务运营中心等，对其进行多元化经营。例如，德国电信对于测试中心不再局限于测试技术和设备，而是加入测试流程，实现技术和服务的连接，确保敏捷与数字化。

第三节　我国电信服务贸易发展

一、我国电信服务贸易发展状况

（一）贸易市场规模不断扩张

经济全球化的推动、IT 技术的快速发展和广泛应用使通信服务在人类经济和社会发展中的作用日益重要，特别是随着我国参与经济全球化程度的加深，通信服务贸易发展迅速。从电信运营商自身的运营发展来看，业务收入的增长率发展有一个大起伏。2007 年我国电信业务收入增长率开始低于 GDP 增长率，一直持续了 4 年，2011 年我国电信业务收入增长率开始超过 GDP 增长率，表明电信运营业经过调整，重新焕发了活力。按销售收入计算，我国 2015 年电信行业的市场规模达到人民币 1.2 万亿元，自 2010 年以来年复合增长率为 6.1%。据 Frost&Sullivan 预计，由于电信行业的客户层逐渐饱和，再加上其他相关行业如信息技术行业的快速发展，我国电信行业将步入稳定增长阶段。统计显示，2021 年电信业务收入累计完成 1.47 万亿元，比上年增长 8.0%，增速同比提高 4.1 个百分点。按照上年价格计算的电信业务总量达 1.7 万亿元，同比增长 27.8%。

（二）贸易模式更加多样

技术的发展、合作的深化以及“走出去”步伐的加快推动着我国电信服务贸易模式更加多样。除传统的跨境交付和境外消费模式外，直接进入海外市场投标电信业务，通过跨国公司进行直接投资、技术与管理经验的输出成为我国电信服务贸易的重要形式。海外市场业务主要包括与外国公司合作投标电信业务；海外直接投资指的是设立海外子公司或分公司，由国内总部统一规划指导战略方针，或是进行直接绿地投资或并购海外运营商；管理和技术输出模式主要通过提供管理培训、云端交流工程技术等方式实现。为了拓展国外业务，最基础的途径就是与海外相似企业合作，签订双边贸易协议，从事其全球优势行业，从事国际长途电话线路对接、互联网接口完善等业务。除此之外，我国运营商还从战略上深化合作，寻求长远的合作，例如与之进行市场分析、调研，互惠性降低本国壁垒等。这些活动的目的都是打开更大的国际市场，且在业务上不断开拓创新。

（三）整体开放水平稳步提升

伴随着对外开放步伐的加快，我国电信服务贸易整体开放水平也在持续稳步提升。在履行世界贸易组织框架开放承诺的过程中，2010 年离岸呼叫中心试点取消了外资股本限制，2014 年上海自由贸易试验区从地域限制、持股比例、业务范围等方面放松了对增值电信业务的管制。同年，在《内地与香港关于建立更紧密经贸关系的安排》（CEPA）项下开放政策又进一步推进，成为我国电信领域内针对外商投资的典型优惠开放政策。而在“一带一路”倡议背景下，我国电信服务贸易面临重要的发展机遇，不仅市场空间巨大，而且合作潜力强劲。随着世界各国疫情得到有效控制及健康丝绸之路、数字丝绸之路等战略深入推进，电信、公共卫生设施、数字基础设施等领域行业解决方案需求逐渐旺盛。作为高附加值行业中的一员，我国电信服务贸易面临着比原来更严峻的挑战。未来我国电信服务贸易将在新兴业务领域、全球价值链国际合作、外资控股等方面进行有效探索，推动电信服务贸易竞争新格局的形成。

（四）科技变革和助力效果明显

科技变革与助力对我国电信服务贸易的发展产生了深远而重大的影响。当前全球电信行业从传统的有线电话发展到各种先进的技术，包括互联网、无线通信、卫星通信及光纤，正在经历着由消费电子设备日新月异带来的技术的迅速发展。此外，不同行业之间数据交流量的增加，刺激了虚拟网络云储存的发展以及对商业信息与综合解决方案的需求，进而促进了统一通信终端行业的发展。我国电信服务贸易在“互联网+”、大数据等国家战略的推动下正在获得强劲的发展动力。特别是近年来移动通信的发展成为我国电信服务贸易的亮点。与全球相比，我国电信业移动语音向移动流量的转型进程更快。2012 年，移动数据流量占比为 20.6%，这些年以每年 5 个百分点左右的增速迅速上升，到 2015 年年底移动数据流量占比已达 38%，与语音收入占比基本持平。未来 5G 和北斗的应用将为我国电信服务贸易的繁荣打开广阔的空间。

二、我国电信服务贸易发展创新

（一）政策扶持不断加强

为促进电信业以及电信服务贸易的发展，国家强化顶层设计，颁发了一系列相关政策和指导意见。工业和信息化部、发展改革委联合制定并于 2017 年 1 月 16 日发布了《信息产业发展指南》，不仅能加速促进信息技术深度融合应用，推进“互联网+”行动和两化融合战略发展，还将不断完善我国通信行业发展环境，推动通信基础设施建设，激发通信设备市场需求。此外，为加快实施网络强国战略，推动信息通信行业持续健康发展，支撑全面建成小康社会目标如期实现，《“十四五”信息通信行业发展规划》更是提出，到 2025 年，信息通信行业整体规模进一步壮大，发展质量显著提升，基本建成高速泛在、集成互联、智能绿色、安全可靠的新型数字基础设施，创新能力大幅增强，新兴业态蓬勃发展，赋能经济社会数字化转型升级的能力全面提升，成为建设制造强国、网络强国、数字中国的坚强柱石，为我国电信服务贸易的健康快速发展提供了强大的政策支持。

（二）服务创新亮点纷呈

创新是我国电信服务贸易把握机遇、实现跨越式发展的重要着力点和推动力。特别是在科技创新不断加快的背景下，我国电信服务创新亮点纷呈，从而为电信服务贸易的发展注入了生机活力，目前国内运营商积极推动移动数据漫游、企业全球组网与解决方案等新兴业务，降低对传统国际语音业务的依赖，增强国际通信业务的可持续发展能力，大力创新漫游业务类型，挖掘邮件和 IM 漫游、国际旅游资讯、海外位置服务以及国际移动支付等业务的潜力。中国电信则是国内唯一同时拥有地面通信网络和卫星通信网络的企业，不仅拥有全球最大的光网、全球最大的 FDD-LTE4G 网络、全球首个覆盖最广的 NB-IoT 商用网与覆盖全球的卫星网络，还是全国最大的 IDC 基础设施服务提供商。2018 年 6 月 26 日，中国电信在 2018 年上海世界移动大会上发布了《中国电信 5G 技术白皮书》，这是全球运营商首次发布全面阐述 5G 技术观点和总体策略的白皮书。在白皮书中完整地阐述了中国电信首创的 5G“三朵云”目标网络架构，提出了 4G/5G 协同和固移融合的 5G 无线网、核心网、承载网的近期和中远期发展策略。

（三）科技应用持续加快

我国电信服务贸易正处于科技创新推动与应用持续加快，从而实现战略跨越的关键时期。通信行业与人工智能有着天然和本质的联系。随着物联网、5G 等通信技术的应用，连接规模呈指数级增长，智能化的生产和生活将无处不在，全社会正在发生翻天覆地的变化和拥有全新的体验。如中国移动 5G 联创中心已经有 127 家企业加入，包括智能驾驶企业、机器人公司、芯片公司等以人工智能技术为核心的应用和企业占了半壁江山。此外，我国持续加强基础前沿研究，瞄准重大战略需求和未来发展制高点，支持核心技术突破；围绕具有全局影响力、带动性强的关键环节，加强产学研协同创新。重点行业

5G 应用的技术和场景验证已初步完成，形成了多个具备商业价值的典型应用场景，已在国民经济 20 个门类里覆盖了 15 个、97 个大类里覆盖了 39 个，5G 行业虚拟专网业务带动作用开始显现。2021 年以来，5G 行业虚拟专网业务快速发展，在钢铁、港口、矿山、制造、水泥等领域具备规模复制的条件，基本形成了基础功能＋增值应用服务的业务模式和产品体系，对相关 ICT 业务产生了一定的带动作用。

本章小结

电信服务无论对于货物贸易还是其他服务贸易都具有十分重要的意义。而在高度联通的社会中，其特殊性和地位更加突出。我国国际电信服务贸易的发展不仅需要建立在先进的科技和发达的制造业基础之上，更要牢牢把握当下数字科技和数字经济发展的机遇，促进电信服务领域的创新发展。在此过程中，要积极应对各种新问题、新挑战，重视信息安全和知识产权保护，全面开创我国国际电信服务贸易发展的新局面。

概念和术语

电信服务；国际电信服务贸易

复习思考题

1. 什么是电信服务？什么是国际电信服务贸易？
2. 查阅资料，谈谈当前国际电信服务贸易状况和发展。
3. 试述国际电信服务贸易政策。
4. 谈谈国际电信服务贸易实践以及其中的成功经验。
5. 谈谈你对我国电信服务贸易实践创新的认识。

延伸阅读

五方面推进
电信服务贸易发展

第十二章
国际商业性服务贸易

学习目标

1. 掌握国际商业性服务贸易的相关概念。
2. 了解国际商业性服务市场状况以及国际商业性服务贸易发展。
3. 了解国际商业性服务贸易政策、实务和经验。
4. 了解我国商业性服务贸发展状况和实践创新。

素养目标

1. 通过国际商业性服务贸易相关概念、市场状况以及发展的学习，培养读者的专业精神和服务理念。

2. 通过国际商业性服务贸易政策、实务和经验的学习，以多元化学习方式，培养读者诚信协作、互助友爱、谦虚谨慎的品格。

3. 通过我国商业性服务贸易发展状况和实践创新的学习，增强发展我国商业性服务贸易的自信心和自豪感，加强以人民为中心的发展思想。

案例导引

未来已来——咨询服务的数字化重塑

咨询行业是智力行业。这些年出现了很多咨询类型的企业，有人力资源咨询、房地产管理咨询、技术咨询、财务咨询、市场调研咨询、企业培训、绩效咨询、综合咨询、营销咨询等等。

数字化转型的浪潮将给相对稳定的咨询行业带来一次前所未有的变革，咨询公司面对它交出的答卷很可能决定了未来一段时间内咨询行业的运作模式。

随着品牌和消费者之间的互动逐渐数字化，极大地改变市场营销的策略，这是许多品牌面临的数字化挑战，因此，作为为品牌提供营销咨询服务的大型咨询公司，亟须通过拓展数字渠道加速自身的资源整合，获得数字营销公司在数据、创意、技术等方面的优势来弥补自己的短板。只有首先让自己数字化，追上技术发展的脚步，才能在数字时代中给予客户具有时代特征的定制化指导，帮助客户真正解决急需的数字化战略问题，最终使自身的咨询业务实现新的发展。

服务深入化——未来会有更多的咨询管理公司不仅仅局限于股权激励、薪酬绩效、人力资源、市场营销等领域，也会深入企业各核心环节，甚至会提供全权承包服务，作为第三方为企业做代理服务。

服务定制化——现如今更多的咨询管理公司都采取了宣传—授课—咨询模式，不论什么行业，统一授课、统一讲解、统一提供方案，但是实际效果并不是很好，难以满足企业个性化的需求，很多老板不再满足于“照葫芦画瓢”的授课方式及方案，更亟待提供定制化的服务，切实解决公司现存的问题。

服务落地化——现在很多咨询服务公司只授课、只收钱、只卖书、只报班但是不解决问题的情况屡见不鲜，根本无法落地执行。这也成为咨询服务行业被人诟病最多的地方，因此，在未来的发展中，咨询管理行业会朝着落地执行方向迈进，不求多，只求精。政府和社会管理机构发展空间大。现如今，快速发展的咨询服务行业大多数局限在商业领域，但是在未来的发展中，必然会出现很多政府和社会管理服务机构，承担政府以及社会组织很难完成或者需要大量人力财力来完成的调查等服务，更具特色化、专业化。

工具技术化——随着科技的发展，授课方式、客户信息管理、业务信息处理等已经不再局限于传统的方式，而是借助于科技的力量，后台管理软件也应运而生，大数据技术也已经开始运用到咨询管理行业，这将会是未来的必然趋势。

试想一下这样的画面：一方面，数字化高科技在它擅长的领域竭尽所能；另一方面，咨询大师们在艰深的专业洞见及高度的感性咨询方面尽情发挥，达到两者相互交融、相得益彰，直抵咨询的新境界！可以大胆预见，优秀的咨询专家们将得以从烦琐的、重复的工作中解放出来，而选择在一些关键环节发挥点石成金、深化客户关系的点睛作用，就此获得新生的咨询业在劳动生产率方面将会获得十数倍的放大。

站在咨询业发展的趋势看，今后咨询业要想有更好的未来，应不断强化人的竞争力，从而达到人与数字化技术的共生共荣、相得益彰！

资料来源：未来已来——咨询服务的数字化重塑. 中国学习网，2021-09-24.

第一节　国际商业性服务贸易概述

一、国际商业性服务贸易的相关概念、 特点和作用

（一）国际商业性服务贸易的定义

国际商业性服务贸易是国家间涉及商务活动的服务贸易的总称，其内涵十分丰富。商业性服务贸易是世界贸易组织界定的服务贸易十二大领域之一。商业性服务业，又称“商务服务业”，是与上述所界定的商业性服务相对应的一类服务产业。商业性服务业是指那些主要服务于中间需求的部门。具体来说，商业性服务是指为了维护企业的正常运行需要而购买的服务，例如法律服务、会计服务、咨询与调查服务、广告服务等。商业性服务虽与个人消费相连，但占据这一产业绝大部分比重的仍是中间需求。换言之，商业性服务既包括针对个人消费者提供的服务，也包括针对企业和政府消费提供的服务。

（二）国际商业性服务贸易的特点

1. 高成长性

商业性服务作为现代新型服务业，其最突出的特点就是高成长性。高成长性具体表现在商业性服务业是发达国家和地区经济增长最为强劲和活跃的生产性服务部门，在工业化中后期表现出高增长速度。

2. 顾客导向性

商业性服务的提供是需要供给方与需求方经过不断的沟通合作最终确认的专业增值服务。商业性服务企业必须要充分尊重顾客的需求，在这个基础上进行完善，最终使其自身蕴含的价值得到充分的放大和增强。

3. 三高特征

三高特征中的“三高”是指商业性服务具有高知识含量、高技术含量和高附加值。商业性服务是由知识的生产者和高新技术的密集使用者提供的，由于提供主体具有高知识含量和高技术含量，其所创造的附加值远高于一般产业。

4. 强集聚性

商业性服务业多高度集聚于国际大都市，例如，美国纽约曼哈顿地区大量商业性服务公司总部云集，形成了一个影响世界的商业性服务业集聚中心。这种聚集性和辐射力度是有别于其他传统服务业的。

（三）国际商业性服务贸易的作用

1. 提供多样化服务

商业性服务涵盖范围广，不仅能为企业，特别是制造业，提供其本身所不具有的特定知

识资源，也能为消费者提供所需的各种服务，从而满足多样化的服务需求，深化产业分工。

2. 强化发展方式转变

商业性服务的发展可以有效降低商务服务成本，提高商业经营效率，对于扩大商务性服务消费规模、优化产业结构和消费结构具有重要作用。不仅如此，商业性服务还可以有效减少经济增长对资源的消耗及对环境的负面影响，对于节约能源资源、提高资源利用效率、转变经济发展方式具有重要意义。

3. 促进就业增长

商业性服务所包含的行业门类多，涉及生产性服务和消费性服务，不仅与生产生活紧密相关，而且蓬勃发展，能够吸纳大量从业人口，对于促进就业增长作用明显。

4. 推动经济发展

商业性服务业已成为拉动经济发展的重要力量，是服务业产业链中的重要组成部分，更是国民经济的重要组成部分。商业性服务的发展保障了商品流通的顺利进行，保证了广大消费者基本生活需求和高质量生活的需要，对国民经济的健康稳定发展有着重要作用。

二、国际商业性服务市场状况

在国际商业性服务市场中，发达国家如美国、英国、德国、法国一直处于前列。在商业性服务进口方面，美国和德国一直是长期以来的进口大国，而中国也在近几年增长迅速。由于商业服务业所涉及行业众多，下面选取几个具有代表性的细分领域予以介绍。

（一）国际法律服务市场状况

法律服务属于商业性服务中的专业服务类，是国际服务贸易中重要的行业领域。法律服务是指法律行业工作者及相关机构以其法律知识和技能为委托人提供的一切有偿法律帮助活动的总称。从实际情况来看，法律服务一般被限定为律师为委托人提供的服务，包括法律咨询、出庭、仲裁等诉讼和非诉讼服务。

国际法律服务市场状况如下：

（1）国际法律服务市场规模一直在稳步扩大。从 2008 年到 2016 年，国际法律服务市场的年均增速近 2.4%，市场规模由 5 810 亿美元增加到 7 050 亿美元。国际法律服务市场蕴含十分可观的经济价值。

（2）各国法律服务机构和法律行业工作者纷纷投身国际法律服务业。从上述数据可知，国际法律服务市场发展潜力巨大，越来越多的法律服务机构和法律行业工作者希望从这个市场中攫取更多的商业利润。其中，英国、美国等发达国家由于其经济先发优势和长期积累的法制服务传统优势，在国际法律服务市场中具有明显的竞争优势，使其迅速在世界各地扩大了市场份额。根据 The Lawyer 发布的 2018 年全球 200 强律师事务所排名，美国以 171 家的数量位列第一，英国以 126 家的数量位列第二。德国、法国、新加坡、日本也同样位列全球前十。值得注意的是，中国、阿拉伯等新兴经济体也在积极参与推进法律服务全球化。中国内地以 99 家全球顶级律师事务所的数量位列全球第三，中国香港紧随其后，以 78 家的数量位列第四；阿拉伯以 52 家的数量位列全球第八。

(3) 从律所角度来看，大多数国家的法律行业工作者多为个人律师，法律服务机构多为小型律师事务所，大型律师事务所只是少数。但在国际法律服务贸易中，大型律师事务所占据了很大比重。这是由于跨国法律服务涉及不同的法律制度和法律文化背景，很难仅靠个人或少数几个人提供高质量的法律服务。2019 年，全球 100 强律所的总收入增长了 4.7%，其营收总额达到了 1 196 亿美元，营收超过 10 亿美元的有 50 家律所。上榜全球营收 100 强的律所共来自 6 个国家，分别是澳大利亚（1 所）、韩国（1 所）、加拿大（4 所）、中国（5 所）、英国（12 所）、美国（77 所），来自美国的律所仍然在本次榜单中占据着主导地位。总部位于美国芝加哥的凯易（Kirkland & Ellis）凭借着 41.546 亿美元的总营收占据榜首，是唯一营收超过 40 亿美元的律所。

（二）国际会计服务市场状况

会计服务最早诞生于英国，在西方发达国家已有 100 多年的历史，属于商业性服务中的专业服务类，同样是国际商业性服务贸易的重要组成部分。会计服务是注册会计师以会计师事务所为组织形式，向委托人提供审计和会计咨询等服务。国际会计服务贸易是一成员方的会计服务商在另一成员方境内设立会计师、审计师事务所等实体并提供服务，构成商业存在类服务贸易。

2003—2007 年，全球会计服务业年均复合增长率为 5.4%，2007 年的总营业收入为 2 355 亿美元。但受到全球金融危机的影响，全球会计服务业的发展速度开始下滑，直到 2010 年，全球会计服务业开始出现上升态势。

从区域划分来看，美洲地区会计服务业营业收入在全球过半数的占比绝大部分来自美国。加拿大是美洲地区又一会计服务业发达国家。英国是欧洲地区会计服务业发达国家，早在 2007 年，其会计服务业营业收入约为 190 亿美元，占欧洲地区的 21.8%。

从法律服务业务类型来看，若将业务类型简单分成审计、咨询、税务三类，那么普遍是审计服务所占市场份额最大，其次是咨询服务，最后是税务服务。

从会计师事务所方面看，国际会计服务业呈现出寡头垄断的形式，被誉为“四大”的全球四大会计师事务所——普华永道（PwC）、德勤（DTT）、毕马威（KPMG）、安永（EY）——收入之和达 891.6 亿美元，占全球会计师事务所总收入的 68.2%。这是由于四大会计师事务所在长期发展中已积累起了充分的品牌价值和丰富的信息资源。

（三）国际咨询服务市场状况

咨询服务业起源于英国，主要是商业性服务中的其他商业服务类，属于知识密集型服务贸易。咨询服务是指由专业工作人员利用他们的专业知识针对顾客提出的问题给出独立的建议和帮助，提供相应的行动方案，并在必要时就方案实施给予帮助。

根据相关数据，2018 年，全球咨询服务市场规模达 1 880 亿美元，增长 9.0%，全球咨询服务市场规模仍在增加，企业对咨询服务的需求程度也在进一步加深。从区域上看，北美和西欧占据了绝大部分的全球咨询服务市场份额，其中，北美占 45%，西欧占 31%。咨询服务业拥有如此高的地域集中度与这些国家长期积累的经济优势有着密切的关系。虽然其他地区一共占据全球咨询服务业市场份额的24%，但从增长速度来看，新兴亚太地区和拉丁美洲是咨询服务业增长最快的区域，增长幅度达到两位数。与地域集中度相对应的是，全球咨询服务业有着一定的市场集中度，排名前十的咨询公司拥有全球56.6%的市场规模，在这一市场规模占比下，全球前十的咨询公司拥有明显的竞争优势，但整个咨询服务市场还是一个相对多样化的市场。

三、国际商业性服务贸易发展

（一）国际法律服务贸易发展

1. 国际法律服务贸易发展态势迅猛

随着经济全球化的程度进一步加深，各国对法律服务的需求也日益旺盛，国际法律服务贸易也随之拥有着广阔的发展前景，为未来更多的国际贸易参与者提供法律服务支持。

2. 律师事务所向规模化和全球化发展

国际贸易所具有的跨国性和日益丰富的新业态的出现使国际法律服务业务需要在多个国家进行，其所涉及的法律条文的复杂性和各国间法律文化背景的差异都使个人律师和小律所难以负荷，而大型律师事务所就顺应了这种要求。大型律师事务所内部一般分工明确，具有较强的综合性，能够为委托人的不同事项提供专业的、完善的、多方位的国际法律服务。并且大型律师事务所的内部管理也更加科学、规范、严格，为那些初次涉足国际贸易的委托者节省了时间和精力，减少了可能因律所选择不当而造成的损失。此外，现今律师事务所的规模也越来越大，以美国的律师事务所为例，美国中等规模律师事务所里的律师人数约500人，而美国最大的一家律师事务所合伙人有800多名、律师有2 000多名，规模化特征十分明显。

为了更好适应贸易全球化的进一步深化，开拓新的法律服务市场，越来越多的大型律师事务所开始向海外扩张，在国外设立分支机构。例如，凯易作为全球第一个营收超过40亿美元的律所，其在全球设立办事处17个，律师总数量达3 000人。此外，安睿顺德伦国际律师事务所作为全球业务覆盖面最广的前五家国际律师事务所之一，在34个司法管辖区设立69家办事处。

3. 国际法律服务趋于网络化

随着通信技术的不断升级，从事国际法律服务贸易的相关律师事务所也开始改变其原有的经营模式。现今的律师事务所可将位于不同国家的律师事务所进行整合，集中于同一品牌律师事务所名下提供法律服务，或是集中于一体化的国际合伙制律师事务所当中。除此之外，网络化也意味着为委托方提供的服务不再拘泥于面对面进行，而是借助先进的通信技术提供法律服务。

4. 国际法律服务趋向专业化

此处的专业化是针对律师而言的，越来越多的律师将自己的专业限制在一两个领域中，过去涉及多个领域的律师在国际法律服务市场上越来越少。这种专业化的趋势来源于国际贸易所涉法律内容的复杂性和大型律师事务所本身的分工细化。

5. 国际法律服务业竞争强度加大

由于国际法律服务市场利润和市场潜力巨大，法律服务业内部的竞争愈加激烈，但除了律师事务所以外，国际上的一些大型会计师事务所、咨询公司等也参与到国际法律服务市场的竞争中。除了因为这些公司也拥有一定的专业律师外，委托人所需服务也多以咨询为代表的非诉讼业务，这就使得非律师事务所的机构也有参与国际法律服务市场竞争的可能，导致国际法律服务市场的竞争更加激烈。

（二）国际会计服务贸易发展

1. 国际会计服务需求持续增加

全球化带动了资本在全球范围内的流动，越来越多的跨国公司开始在不同的国家和地区进行国际直接投资，设立子公司与分公司，金融机构的全球资本运作、跨国项目投资等都相应增加了对国际会计服务的需求。资本主要是靠会计进行计量，那么国际会计服务对这些跨国公司来说是不可或缺的，甚至国际会计服务贸易的顺利进行会直接影响贸易全球化的进程。

经济规模会决定对会计服务需求的程度。随着以中国为首的新型经济体的快速发展，经济的增长使得这些国家对国际会计服务的需求也随之增加，而这种需求由本国和国外的会计师事务所共同提供，进一步促进了国际会计服务贸易的发展。

2. 大型会计师事务所全球化

世界四大会计师事务所几乎在全球每一国家都在开展会计服务，占据了世界会计服务市场的绝大部分份额。普华永道会计师事务所在 152 个国家设有约 860 家分公司和办事处，拥有超过 15 万名专业人才；德勤会计师事务所在 126 个国家拥有近 6 万名员工；毕马威在全球 156 个国家拥有超过 15 万名员工；安永会计师事务所在全球 140 个国家中的 700 个城市拥有服务网点，共有员工超过 13 万名。

四大会计师事务所在各国业务存在的深度是由其长期经营的品牌可信度来维持的。在企业进行融资时，它们会偏好于选择那些已取得相当国际认可度的会计师事务所来提供会计服务，以期获得多数人的认可。同时，大型会计师事务所经过长期发展都拥有独属于自己的全球信息资料库，这些资料的提前整理和收集使公司能更有效率和质量地为客户提供全球范围的优质服务，而上述情况又加速了四大会计师事务所的全球化进程。

3. 国际会计服务趋向自由化、多元化

1993 年乌拉圭回合谈判时，中国政府就开放会计服务市场作出承诺，将进行逐步的、有条件的开放。1999 年初，由 67 个经济体就会计服务业作出开放承诺。这 67 个经济体由 41 个发展经济体和 26 个发达经济体构成，其中，欧盟作为一个主体。这 67 个经济体占据全球会计服务收入的 90%，其作出的承诺对推动国际会计服务自由化做出了重要贡献。

另外，伴随着各国经济发展的客观需要和客户的现实需求，国际会计服务在更趋向于自由化的同时，也在会计业务的形式与内容上出现了新的变化和发展，不再局限于传统的审计服务，而是力图为顾客提供知识密集型的多元化服务，包括管理咨询等新兴业务。

（三）国际咨询服务贸易发展

1. 咨询服务发展更趋多样化

在咨询服务市场上，针对不同的顾客需求，各种规模、涉及各种领域的咨询公司都能在咨询服务市场上有一席之地。针对巨大工程和复杂课题需求的大型综合咨询机构在蓬勃发展，针对中小企业和个人的小型咨询机构，由于其具备的专业性和更低的价格也在咨询服务市场蓬勃发展。

2. 公司内部人才更趋多元化

对于大中型咨询服务公司来说，为了使公司在市场竞争中更具优势，公司不仅招聘具备专业素质的员工来壮大公司规模，还会和高等院校合作，联合学院内知识渊博、经验丰富的专家学者为顾客提供专业服务，更有甚者还会聘请一些政界要员和社会著名人士，以此来提升公司的知名度和信誉度，提高公司业务水平。

3. 与国际经济技术合作更为紧密

大中型咨询服务公司凭借其雄厚的资本和研究手段，系统地掌握服务领域的即时信息数据，一些大型咨询服务公司还会共同进行基础设施建设（公用数据库、国际情报检索设施），共享情报数据。这种对信息数据的收集导致咨询服务与国际经济技术合作日益紧密。在各国，特别是发达国家扩大咨询服务出口的同时，也直接或间接带动了本国产品和技术的出口，对本国经济的发展起到了良好的促进作用。

第二节　国际商业性服务贸易实践

一、国际商业性服务贸易政策

《服务贸易总协定》中有关非歧视待遇、市场准入、透明度原则等基本原则为包含商业性服务贸易在内的国际服务贸易自由化提供了国际依据。在乌拉圭回合谈判过程中，以美国和欧盟为首的发达国家和地区积极将包含商业性服务贸易在内的服务贸易拉入谈判轨道，以此为它们打开了世界贸易组织各成员商业性服务市场的大门。在商业性服务被纳入国际贸易组织多边贸易规则的管辖之下后，商业性服务的国际化和自由化得到了极大的促进，为商业性服务的发展奠定了良好基础。

发达国家和地区在促进商业性服务业的发展过程中采取了很多积极政策。在此背景下，发达国家和地区商业性服务业开始快速发展。积极政策使商业性服务业的蓬勃发展成为现实。1989 年，美国芝加哥市政府提出“以服务业为中心的多元化经济”发展目标，到 20 世纪 90 年代中后期，芝加哥市政府又作出新的战略决策，以促进包括商业性服务业在内的现代服务业发展。美国为促进商业性服务业的细分部门会计服务业的发展，确立注册会计师的地位，颁布了《管制公共会计师执业法案》，并成立美国注册会计师协会，对注册会计师进行管理和监督。商业性服务业同样发达的新加坡，其政府在 1985 年提出将包括商业性服务业在内的现代服务业与制造业作为经济发展的双引擎，并出台了一系列产业促进政策支持商业性服务业的发展。

中小企业作为商业性服务业的重要市场主体，对商业性服务业的繁荣发展有着绝对贡献。为促进中小商业性服务企业的发展，美国、英国、日本等都设立专门的中小企业管理机构，制定相关政策，开展对中小商业性服务企业的专项支持。例如，新加坡通过建立“瞪羚培育基金”，对具有良好盈利与增长纪录和业务发展规划的成长型企业，组织公共和私人资金注入，并帮助其开拓市场。德国专门设立中小企业局，负责为中小企业提供信息和宣传资料，协助中小企业引进国际技术，为其提供低息贷款等。

对中国而言，自 2001 年入世以来，服务贸易领域的对外开放程度就在逐步加大，甚至中国地方政府对外资企业在税收、市场准入方面给予“超国民待遇”，但 9 年后，中国彻底取消了对外资企业在税收制度上的“超国民待遇”，内外资企业在税收制度方面实现了全面一致。中国按《服务贸易总协定》实施最惠国待遇和有条件的国民待遇，制定了《外商投资法》。2017 年，商务部等 13 部门联合发布了《服务贸易发展“十三五”规划》，提出要重点推动咨询、研发设计、知识产权、会展等服务的出口。商务部等 24 个部门联合发布了《“十四五”服务贸易发展规划》，其中明确提出要进一步放宽服务业市场准入限制，促进服务要素跨境流动便利化，扩大外资准入领域等有利于商业性服务发展的措施。

二、国际商业性服务贸易实务

（一）国际法律服务贸易实务

1. 法律服务内容

因所属法律体系不同，各国对法律服务的范围在规定上存在些许差异。

根据联合国 2015 年修订的《产品总分类》中的规定，法律服务分为四类：第一类是刑法的法律咨询和代理服务；第二类是其他法律领域的法律咨询和代理服务；第三类是法律文件和证明服务，包括有关专利、版权和其他知识产权的咨询、代理、文件起草和证明及其他相关的法律服务，以及有关其他法律文件，如遗嘱、婚约、商事合同、公司章程等的咨询、代理、文件起草和证明及其他相关的法律服务；第四类是其他法律服务。

根据世界贸易组织官方网站对法律服务范围的定义，法律服务是就东道国法律、母国法律或第三国法律、国际法提供咨询和代理服务、法律文件和证明服务，以及其他的法律咨询和信息服务。

《中华人民共和国律师法》第二十八条对法律服务范围作了较为详细的规定。具体包括：第一，接受自然人、法人或者其他组织的委托，担任法律顾问；第二，接受民事案件、行政案件当事人的委托，担任代理人，参加诉讼；第三，接受刑事案件犯罪嫌疑人、被告人的委托或者依法接受法律援助机构的指派，担任辩护人，接受自诉案件自诉人、公诉案件被害人或者其近亲属的委托，担任代理人，参加诉讼；第四，接受委托，代理各类诉讼案件的申诉；第五，接受委托，参加调解、仲裁活动；第六，接受委托，提供非诉讼法律服务；第七，解答有关法律的询问、代写诉讼文书和有关法律事务的其他文书。

2. 法律服务贸易的提供方式

法律服务贸易作为服务贸易的重要组成部分，其提供方式也与服务贸易相同，主要包括：

第一，跨境交付。服务提供者和消费者在各自领土内进行服务提供和获取，主要是通过电信、邮电、计算机网络实现的服务，即外国律师和律师事务所不进入本国，本国律师和律师事务所也不进入外国。例如，国内律师受境外国家当事人的委托，以现代通信方式代理境内诉讼业务。

第二，境外消费，是指本国当事人出国，在境外获得外国律师提供的法律服务，或者是外国当事人入境，由当地律师为其提供法律服务。如中国公民在美国短期居留期间发生诉讼或非诉讼案件，聘请美国律师予以援助的商务行为。

第三，商业存在。即外国律师在东道国设立律师事务所或办事机构，向东道国当事人提供服务，或者本国律师在境外设立律师办事机构，向境外当事人提供法律服务。在法律服务中，通常表现为外国跨国律师机构在某成员国境内设立分支机构。

第四，自然人流动。即外国律师进入东道国为当事人提供现场法律服务，或者本国律师在境外为当事人提供面对面的法律服务。如我国律师到外国提供职业服务；国外律师到我国提供法律服务。

3. 外国律师事务所代表处设立流程

根据《外国律师事务所驻华代表机构管理条例》的规定，外国律师事务所驻华代表机构派驻代表执业审批事项办理流程如图 12－1 所示：

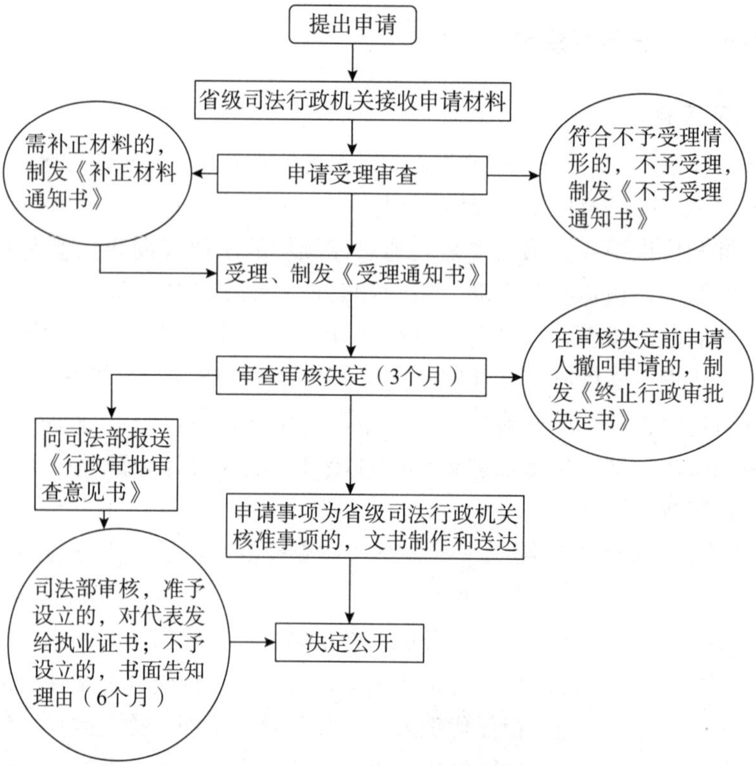

图 12－1　办事流程示意图

资料来源：中华人民共和国司法部。

（二）国际会计服务贸易实务

1. 会计服务内容

会计服务包括两类：会计与审计服务和簿记服务，其中会计与审计服务包括财务报表审计服务、会计账目审阅服务、财务报表编制服务、其他会计服务。但在一些大型会计公司还会提供咨询服务（管理咨询、制定规则咨询、合并或破产咨询等）和税务服务。而大型会计公司的服务范围随着顾客的需要和现实应用场景的变化仍在不断扩大。

联合国对会计服务的分类如表 12-1 所示：

表 12-1　《联合国暂行核心产品分类表》中关于会计、审计和簿记服务的分类

分类		主要内容
会计及审计服务	查核签证服务	对组织的会计记录和相关证据进行验证，对组织的财务报表是否依照一般公认会计原则来表达其财务状况及经营成果表示意见
	审核查阅服务	对年度、期中财务报告或其他会计信息进行审核和查阅
	财务报告编制服务	对当事人提供的信息进行财务报告编制
	其他会计服务	鉴证、鉴价、抑制性财务报表的编制等
记账服务（不包括报税）	对交易进行分类并记载于账册	
报税及税务审核查阅服务	与报税有关的记账服务	

资料来源：陈双喜，魏巍，冯琳. 国际服务贸易. 2 版. 大连：东北财经大学出版社，2009.

2. 会计服务业务流程

（1）审核原始凭证。

①外来原始凭证。由业务经办人员在业务发生或者完成时从外单位取得的凭证，如供应单位发货票、银行收款通知等。

②自制原始凭证。单位自行制定并由有关部门或人员填制的凭证，如收料单、领料单、工资结算单、收款收据、销货发票、成本计算单等。

（2）填制记账凭证。

可以到月底把同类的原始凭证汇总填制记账凭证，也可随时发生随时填，但不要把时间顺序颠倒了。根据“有借必有贷，借贷必相等”的记账规则，编制会计分录。

（3）复核。

查看凭证是否有错误。

（4）记账。

根据记账凭证登记入账，小规模公司必备的账本：现金日记账；银行日记账；总账；三栏明细账。

（5）编制会计报表。

①根据总账科目余额填列。可直接根据有关总账科目的期末余额填列。有些则需根

据几个总账科目的期末余额计算填列，如“货币资金”，需根据“库存现金”“银行存款”“其他货币资金”三个科目的期末余额合计数填列。

②根据明细账科目余额计算填列。如“应付账款”，需根据“应付账款”和“预付账款”相关明细科目的期末贷方余额计算填列。

③根据总科目和明细科目余额分析计算填列。如“长期借款”，需根据“长期借款”总账科目余额扣除“长期借款”明细科目中将在一年内到期的长期借款部分分析计算填列。

④备查登记簿记录。会计报表附注中的某些资料，需要根据备查登记簿中的记录编制。

（6）纳税申报。

①增值税：销售或购进货物、提供加工或修理修配劳务是要缴纳增值税的。

②所得税：不论是工业还是服务业，都要按利润缴纳企业所得税。

3. 各国会计服务相关法规

下面以美国、英国和日本为例，简要介绍各国在会计服务行业所制定的法律法规和实施的约束行为。

就美国而言，美国政府于 1896 年通过了《管制公共会计师执业法案》，开始对注册会计师行业进行依法管理，规定只有符合相应条件的会计师才能获得“注册会计师”称号，注册会计师由注册会计师协会进行自我管理。对于会计服务的开放限制，主要集中在针对外国会计公司在美国境内提供服务的限制措施、针对外国自然人的限制措施、针对外国会计公司和外国人的限制措施这三种针对方式上。

就英国而言，英国是世界注册会计师职业的萌芽，在提高注册会计师的地位上，英国先后颁布了《破产法》《合股公司法》和由英国女王颁发的“特许会计师”证书。英国对特许会计师也实行自我管理制度。对于会计服务的开放限制，英国对会计服务贸易的管制十分宽松，几乎实现了完全自由化。但由于英国会计服务业发展历史久远，至今已近 300 年，英国企业对本国的特许会计师有着难以撼动的信任和依赖，因此，外国会计师事务所想在英国发展业务很容易受到这种信赖关系的制约。

就日本而言，日本于 1948 年颁布了《计理师法案》，确立了日本的注册会计师职业，在提高注册会计师地位上，日本先后颁布了《修订证券交易法的法律草案》和《注册会计师法》，完全参照美国的注册会计师管理体系进行管理。对于会计服务的开放限制，与英国类似，日本在会计服务贸易的开放程度上与其他发达国家相同，但日本企业更偏好于本国的会计师事务所，这一点使得其他国家的律师事务所想在日本开拓市场变得困难。

（三）国际咨询服务贸易实务

1. 国际咨询服务分类

咨询服务大致分为三类：信息技术咨询服务、商务咨询服务、科学研究与技术咨询服务。这三大类具体包括：

信息技术咨询服务包括信息资源开发、信息工程建设、信息技术支撑、人员培训。

商务咨询服务包括企业管理服务、法律服务、咨询与调查服务（会计、审计及税务服务，市场调查，社会经济咨询，其他专业咨询）、知识产权服务、人力资源服务、旅行社及相关服务、其他商务服务。

科学研究与技术咨询服务包括工程技术服务、环境与生态监测、其他专业咨询服务。其中，其他专业咨询属于企业管理咨询相关服务，具体细分为：企业文化建设咨询、企业战略咨询、组织结构设计咨询、人力资源规划咨询、供应链管理咨询、营销策划咨询、其他管理咨询服务。

2. 国际咨询服务业务流程①

为了保证咨询服务的科学性，提高咨询服务效率，咨询服务都按一定程序进行。但是，由于咨询服务的业务范围十分广泛，不同类型的咨询服务，其工作程序也各有特点，即使是同类型的咨询业务，也因其项目复杂程度不同导致其程序不同。一项咨询业务从开始到结束一般经过下列阶段：

（1）从委托方和被委托方相互接触到签订合同阶段（也称前期阶段）。

这一阶段的任务是委托方确定自己需要咨询的课题。委托任务书包括课题的内容、要求、环境、期限等。咨询单位收到委托任务书后，需要认真研究课题的难易程度、所需知识结构和知识水平、工作量大小，并确定自己是否有能力承担这项任务。如果能力不足，就不能接受；如果认为自己能胜任，可以与委托方进一步接触（如果是招标就主动投标）。委托方在众多争取该项目的咨询单位中根据其信誉（权威性、可靠性）、期限、费用等多种因素，择优选择并签订合同。一些重要项目的合同经双方同意，取得法律公正。

（2）组织咨询小组或专题委员会。

咨询单位接受委托后，根据项目所涉及的知识范围和难易程度，组织专家小组；在小组内合理匹配专业结构；同委托方协商落实接待专家的方式、工作条件。

（3）深入调查研究，广泛收集资料。

委托方有责任向咨询小组提供所需要的全部资料。资料要客观、真实、准确无误。在委托方提供资料的基础上，咨询小组围绕课题进行深入广泛的调查研究，多方搜集资料。特别要收集委托方未能提供的社会环境资料。

（4）在研究评价和选择过程中撰写咨询报告。

在广泛搜集资料的基础上，根据咨询目标，采用多学科知识，运用现代科学手段，进行研究、评价、选择。研究过程是信息加工和升华的过程。在研究过程中，采取多方位、多角度的方式，避免结论的片面性。得出初步研究结果，又经过几次反馈和修正之后，写成咨询报告。咨询报告应提出集中解决问题的方案，并说明每种方案的利弊，供委托方选择。

（5）咨询报告实施阶段。

一般来说，咨询服务的成果是咨询结论，而不是这一结论的实施结果。所以，向委托方交出咨询报告后，咨询任务就算完成了。但是有些委托方不仅采用了咨询方案，还

---

① 冯宗宪，郭根龙. 国际服务贸易. 西安：西安交通大学出版社，2008.

要进一步委托咨询单位帮助实施。这时就要另签委托实施合同（如同原委托合同中包括实施就不必另签）。

咨询服务在现实生活中往往是与信息服务、策划服务、设计服务等交叉在一起的。现代咨询服务应是知识密集型的服务，咨询服务业国际竞争大都集中在知识密集行业。世界各国的发展经验表明，随着经济发展水平的提高，咨询服务业的供给将不能满足需求。

三、国际商业性服务贸易经验

（一）国际法律服务贸易经验

1. 律师事务所要向规模化、专业化、品牌化发展

随着国际贸易的繁荣，其所涉及的法律条文、法律文化背景也日益复杂，一家律师事务所想进入国际法律服务市场必然要扩大其规模，拥有更多的律师。律师事务所之间的合并也屡见不鲜，律师事务所规模的扩大对其收入增长有着明显的推动作用。安睿和顺德伦合并后的安睿顺德伦，其收入增幅曾高达69%。此外，伴随着规模的扩大，律师事务所内部的律师数量也在增多，分工更加细化，这就要求这些律师要更专精于某一至两个领域，更加具备专业性。一个良好的品牌将会在国际法律服务市场竞争中增添助力，全球排名靠前的律师事务所大多都有着很长的发展历史，培育出了自己的品牌，借助品牌的力量继续壮大规模。

2. 重视法律服务贸易壁垒

世界贸易组织成员就法律服务部门在《具体承诺减让表》里作出承诺，承诺的内容包含是否开放“法律服务”市场以及开放“法律服务”的范围。据统计，世界贸易组织中的164个成员有91个对法律服务部门做出了具体承诺。

根据法律服务贸易提供的四种方式表示，“商业存在”和“自然人流动”这两种方式是涉及外国律师的市场准入的，因为这两种方式需要律师进入他国境内提供法律服务。而从91个成员给出的具体承诺内容来看，在市场准入方面都从法律服务领域和形式上进行限制。这就需要律师事务所在进入他国市场时进行足够的前期考察和市场判断。此外，“跨境交付”和“境外消费”这两种方式不涉及市场准入这一问题，因此在律师事务所前期进行国际法律服务发展时，可从这两方面先开始。

（二）国际会计服务贸易经验

1. 培养和引进国际化会计服务人才

各国在会计服务方面的教育、考试、经验要求等方面存在差异，这种差异会对国际会计服务业的发展造成阻碍，使得多边基础上的相互承认难以实现。虽然国际贸易组织的服务贸易理事会分别颁布了《服务贸易总协定》框架下的两个重要文件《会计服务业相互承认协定或安排指南》和《关于会计服务业规章方面的守则》，以期能冲破这种障碍，但全球注册会计师资格认证仍不统一，包括英国特许公认会计师（ACCA）、澳大利亚注册会计师（CPA Australia）、加拿大注册会计师（CGA）、特许金融分析师（CFA）、国际会计师（AIA）、国际信息系统审计师（CISA）等多种境外注册会计师职业资格。

在这种情况下，各国会计师事务所想要扩展国际市场，就必须提升内部注册会计师的国际化水平，要求内部注册会计师拥有一项以上的境外注册会计师职业资格。培养和引进具备国际化水平的注册会计师是实现会计师事务所国际化的必要条件。会计师事务所可以与各大院校合作，定向培养所需的国际化人才，也可以通过吸引海外优秀学子或注册会计师回国发展来获取一批具备国际水平的注册会计师队伍。

2. 提高会计师事务所规模化水平

现今，国际会计服务市场份额多集中于四大会计师事务所之中，各国会计师事务所若想提高在国际会计服务业的市场份额，国内会计师事务所必须实施规模化经营。各会计师事务所应有步骤、有层次地推动会计师事务所跨地区、跨部门、跨行业的并购和联合，建立起能够与四大会计师事务所抗衡的大型会计服务公司，利用已形成的规模优势、人才优势和技术优势积极参与国际竞争，为本国会计师事务所的国际化发展打下坚实基础。

3. 重视会计服务贸易壁垒

在拓展境外会计服务市场时，要对各国显性和隐形的贸易壁垒具有一定认识，有效避免发展过程可能存在的经营风险和贸易风险。常见的国际会计贸易壁垒主要有：（1）许多国家会限制外国资本对本地会计师事务所拥有所有权和控制权，这就使想以商业存在方式从事会计服务贸易的可能性有所减弱；（2）对企业形式进行法律限制，如限制合伙人数量、在特定情况下承担无限责任等；（3）限制从业人员国籍，这就使以自然人流动方式进行会计服务的可能性相对减弱；（4）要求外国注册会计师必须获得本国注册会计师资格认证；（5）限制会计服务范围，这一点会影响到大型会计师事务所进入本地市场的信心，因为这种要求会限制其规模的发展；（6）一些国家会对会计服务的收费制定指导性标准。只有充分了解到可能存在的障碍与壁垒，各会计师事务所在向国际化、规模化发展的同时才能尽可能作出合适的选择。

（三）国际咨询服务贸易经验

1. 树立品牌意识

一个有着品牌优势的大型咨询服务公司能在市场竞争中占有较为明显的优势。因此，为了扩张公司的市场份额，必须要培养公司的品牌价值，打造全球知名企业，只有这样才能与位居全球前列的咨询公司进行实力抗衡。

2. 重视品质打造

当咨询公司培养出自身品牌价值时，就开始重视咨询服务提供质量。质量的提高与咨询公司技术的发展、内部拥有的人才数量和涉及领域的广泛程度有关。因此，咨询公司应在创新咨询服务提供技术、培养国际化的专业人才和拓宽咨询服务涉及领域这三方面加大投入，使顾客得到更好的服务，进而增加顾客对本公司的信赖，打造良好服务品质，扩大国际咨询服务市场份额。

第三节　我国商业性服务贸易发展

一、我国商业性服务贸易发展状况

据统计，在商业服务出口方面，自改革开放以来，中国的商业服务出口就开始在全球商业服务出口中占据一定份额。到 1997 年之后，中国商业服务出口额有了大幅度的提升，近几年，中国的商业服务出口额一度跃升到全球第五位，仅次于英、美、德、法四国；在商业服务进口方面，从 1993 年开始，中国商业服务进口额跻身全球前 12 位，自 2013 年起，中国商业服务进口额跃居全球第二位，仅次于美国。

（一）法律服务贸易

自 2001 年我国入世以来，我国法律服务市场作为服务市场的一部分开始了比以往更大的开放。随着我国经济进一步融入世界经济中，很多新型的贸易、投资、金融手段进入我国市场，这对我国法律服务水平提出了严苛的挑战。

伴随着我国经济的稳定增长，我国律师事务所也迎来了自己的发展机遇，一线城市的一大批知名律师事务所开始在其他城市设立分支机构，扩大律所规模。从 2008 年起，我国律师人数增长率保持在 10%左右，律师事务所增长率维持在 6%～10%之间。截至 2018 年底，我国律师事务所行业收入规模 720 亿元，全国共有律师事务所 3 万多家，同比增长 8%。2019 年，我国律师事务所中，合伙所、国资所、个人所、其他分别占律师事务所的 59.55%、2.98%、28.47%、9%。从规模来看，10 人以下规模的律师事务所占比为 65.57%，11～20 人规模的律师事务所占比为 21.06%；21～51 人规模的律师事务所占比为 10.48%；50～100 人规模的律师事务所占比为 1.9%；100 人以上规模的律师事务所占比为 0.99%。

由此表明，我国仍以中小型律师事务所为主，与国际法律服务业中逐渐趋于规模化的趋势相比，我国法律服务业的发展与国际水平仍有差距。同时，随着我国在法律服务领域开放程度的加大，越来越多的世界知名律师事务所进入我国，增大了我国法律服务业的市场竞争强度。

从区域来看，我国律师事务所主要集中在北上广等一线城市。其中北京市律师事务所数量约占全国的 6.1%，上海市律师事务所数量约占全国的 5.6%，广东省律师事务所数量约占全国的 10.5%，江苏省律师事务所数量约占全国的 6.1%。律师事务所的分布集中主要跟委托人的需求有关，但这也意味着在我国大部分地区，特别是农村地区法律服务的需求还未得到有效释放，随着我国法治建设的推进，我国的法律服务需要仍有巨大的挖掘潜力。

随着国际贸易涉及领域的复杂化，很多新兴领域如知识产权等才刚刚起步，在国际法律服务市场中竞争力明显不足。但随着我国经济的强势崛起，大量外国企业和资本开始涌入，与其他国家不同的社会文化背景、法律环境会使外资企业对我国的相关法律服务需求成为我国法律服务业新的强势增长点。截至2020年我国有11家律师事务所进入全球律师事务所总营收200强，其中，盈科律师事务所是我国第一家拥有10 000名律师的律师事务所，总营收61.59亿元人民币，同比增长24.8%。

（二）会计服务贸易

2017年，我国会计师事务所实现业务收入711.35亿元，包括会计师事务所统一经营的其他专业机构在内，会计服务业整体收入918.41亿元。我国注册会计师协会累计已选拔、培养注册会计师领军后备人才439人，其中172人次考取了境外注册会计师职业资格，对提高我国会计人才的国际影响力起到了促进作用。

截至2020年，我国拥有注册会计师111 113人，为全国4 000多家上市公司、8 000多家新三板企业、420多万家企事业单位和我国企业境外投融资提供审计鉴证、管理咨询等专业服务。我国共有会计师事务所8 628家（不含分所），比2017年底的统计数据增加了1 000多家。由商务部联同国家发改委等13个部门印发的《服务贸易发展“十三五”规划》，将会计服务列入商业服务的重要领域之一，明确提出要健全行业法规制度体系、有序扩大会计服务市场开放、鼓励国内会计师事务所拓展业务范围、完善会计服务信息系统等，最终实现行业法规和管理体系逐步完善，会计师事务所规模结构更加合理，注册会计师专业性显著提高，行业信息化、国际化水平大幅提升。

如今我国注册会计师行业已基本形成了健全的行业制度体系、组织平台体系和业务目录体系，同时经济由高速增长阶段转向高质量发展阶段，催生出了大量会计服务需求，这对我国会计服务贸易的高质量发展奠定了坚实的基础。

（三）咨询服务贸易

我国的咨询服务业起步较晚，改革开放初期才开始发展，最初是由政府创办咨询公司，服务范围集中在投资、财务和科技，服务于当时国家的经济发展现状。到20世纪90年代，咨询公司逐渐与政府脱钩，非国有咨询公司有了自己的发展空间。我国咨询服务业近几年发展迅速，已成为促进服务贸易高质量发展的中坚力量。

我国咨询服务的贸易规模不断扩大。2004—2016年，我国咨询服务贸易进出口总额一直呈现稳定的增长态势。2004年，我国咨询服务贸易进出口总额为79亿美元，在服务贸易总额中占5.8%；2012年，咨询服务贸易进出口总额突破500亿美元，达到534亿美元；2015年，咨询服务贸易进出口总额突破700亿美元，达到731亿美元；到2016年，咨询服务贸易进出口总额为767以美元，占服务贸易总额的11.67%。不论是在咨询服务贸易进出口总额上，还是在服务贸易总额的占比上，我国咨询服务贸易的规模不断扩大，与2004年相比，2016年的咨询服务贸易进出口总额增长了871%。

我国咨询服务贸易开始出现顺差。在2007年以前，我国咨询服务贸易一直处于逆差地位，但至2007年，我国咨询服务进出口总额首次突破100亿美元，这一年也是我国咨询服务贸易首次实现贸易顺差7.24亿美元，我国咨询服务贸易开始了顺差时代。同时，贸易的顺差也间接体现了我国咨询服务业国际竞争力的提升。

我国咨询服务业所占比重仍然较小。以运输和旅游为代表的传统服务贸易一直占据着服务贸易的半壁江山。虽然近些年咨询服务贸易一直在不断发展，但从贸易额上看，2016 年运输服务是咨询服务的 1.5 倍、旅游服务是咨询服务的 3.9 倍。2017 年，咨询服务仅统计专业和管理咨询服务的进出口总额，为 473 亿美元，在服务贸易中的比重不足 10%，咨询服务的贸易规模仍有较大的提升空间。

二、我国商业性服务贸易实践创新

（一）我国法律服务贸易实践创新

一线城市的法律服务贸易实践创新具有代表性。以北京为例，北京市政府推进北京国际仲裁中心建设，利用其自身具备的市场基础和智力资源将北京建设成面向全球的国际仲裁新目的地。同时，北京市司法局和北京市发改委联合颁布了《北京市关于改革优化法律服务业发展环境若干措施》（以下简称《若干措施》），以期进一步推动法律服务领域体制机制创新。《若干措施》提出，为降低制度性交易成本，北京市将提供更加便利的工作居留和出入境服务，进一步优化律师行业审批服务，促进法律业务跨境收支便利化，支持涉外法律服务机构开拓市场，加大涉外法律服务人才培养力度。在这一形势的推动下，北京已有 32 家律所在境外设立分支机构 134 家，遍布美、英、法、俄、日等 30 多个国家。在培养涉外法律服务人才方面，已累计培训律师 2 110 人次，初步构建起具有国际视野和通晓国际规则的国际化律师队伍。

此外，上海“虹桥国际中央法务区”、成都“天府中央法务区”、广州“南沙新区法律服务集聚区”等越来越多中央法务区和法律服务集聚区的形成，汇聚了一批知名度高、专业性强、有影响力的法律服务机构，搭建了综合性法律服务平台，将法律与互联网、资本、数字化相融合，突破传统的法律服务边界，法律服务已经不仅仅是解决诉讼纠纷，还参与到了商业模式的构造和具体运作中，扩大了对法律服务的需求范围。

在创新法律服务机制方面，粤港澳地区创新提出“三地联营”，整合内地资源与港澳律师资源，三地律师紧密合作，充分发挥各自的法律服务优势，提升三地法律服务专业化、国际化水平。2021 年 7 月，我国首次举办了粤港澳大湾区律师执业考试，为港澳律师进入内地、从事内地法律服务提供了新路径。此外，为了适应海南自由贸易港建设对法律服务的需求，海南省允许外国律师事务所驻海南代表机构依照有关规定从事部分涉海南的商事非诉讼法律事务，这是中央赋予海南律师行业独有的政策。

（二）我国会计服务贸易实践创新

服务模式创新体现在会计服务不仅仅局限在鉴证服务、增信服务这一领域，开始扮演“管理顾问”这类角色，为顾客提供增值服务，全方位满足和适应高质量发展阶段顾客对会计服务业的新需求。管理会计在我国的出现，为我国企业的创新改革之路提供了帮助。2015 年上海市财政局印发《推进本市管理会计体系建设 2015 年工作计划》，推动本地会计服务转型升级，同年，我国注册会计师协会开始启动“注册会计师领军（后备）人才（管理会计咨询方向）”的选拔培养工作。管理会计的重要性在我国企业的创新实践上也得到了体现，例如，京东通过提高价值链效率和降低价值链各环节成本富有成效地将成本管理切入价值链的各个环节，全方位降低成本，成功实现了企业的战略目标。宝钢集团以全面预算管理、成本管理、现金流量控制、信息技术作为“四位一体”管理会计框架，成功推进了成本领先战略的实施，提升了企业成本竞争力，为企业在世界钢铁企业中崭露头角提供了助力。

服务结构创新体现在突破现有资源限制，建立互利共生模式。随着国家加快推进粤港澳大湾区建设，粤港澳大湾区的会计服务业也开始了联合发展。2021 年，广东省注册会计师协会、香港上市公司审核师协会和澳门会计专业联会联合三地行业 151 家会计师事务所共同签署了粤港澳会计师行业发展战略协议。这一战略协议的签署，促进了三地会计师事务所的人才交流和协同合作，共同提升了三地会计服务国际化和数字化水平。

关于会计师事务所组织结构方面，在改革开放的浪潮下，我国于 1992 年起批准外国会计师事务所与我国会计师事务所根据《中外合作经营企业法》设立中外合作会计师事务所，当时的六大会计师事务所，即安永、德勤、毕马威、普华、永道、安达信，成为第一批准入者，合作期限 20 年。这种中外合作会计师事务所是我国改革开放初期特定的时代产物，在全球是从未有过的会计师事务所组织形式。此后，随着我国经济的发展、现实的实践经验和 20 年期限的结束，我国决定结束中外合作会计师事务所这一组织结构，开始了中外合作会计师事务所本土化转制工作，成功解决了在我国会计服务业中首次出现的历史性难题。

（三）我国咨询服务贸易实践创新

2020 年 12 月 11 日，我国科技咨询协会公布了咨询创新奖获奖名单，获奖名单显示，涉及多个领域的咨询服务在提供创新服务方面都有了较大的发展，在科技咨询、管理咨询、全过程咨询等方向的咨询服务都出现了有实践价值和借鉴意义的项目方案。

为了繁荣造价咨询服务市场，商务部印发了《关于在自由贸易试验区开展“证照分离”改革全覆盖试点的通知》，其中提出在试点区域直接取消工程造价咨询企业甲级、乙级资质认定。资质认定的取消使工程造价咨询服务业进入“拼人才、拼品牌、拼服务”的新阶段，极大促进了我国造价咨询服务业的竞争力提升。

在企业自身创新发展上，部分企业开始在服务模式上进行创新，结合大数据、云计算、人工智能等先进科技技术，实现向数智化服务模式蜕变。例如，我国本土战略咨询机构——君智战略咨询——通过与其他科技公司结合，实现了自身数智化转型，帮助团队内部成员从繁重的基础性工作中脱离出来，专注于更具价值创造的工作，更好地帮助客户实现战略落地，改变从前传统的提交纸质报告的服务模式，实现了君智战略咨询和顾客企业的双赢。

在政府支持方面，广东自贸试验区内设立了“一带一路”投资咨询服务专窗，通过这扇“窗口”，有跨境业务需求的企业可以通过这里连接到商务局、税务局、行政审批局等职能部门和律师事务所、会计师事务所、咨询公司等专业服务机构，从这扇“窗口”获取企业需要的信息和数据分析，有效助力当地企业“走出去”。

本章小结

在国际服务贸易各行业中，商业性服务具有独特的地位。商业性服务对于社会经济发展以及国际服务贸易的展开发挥着重要作用。伴随着服务贸易结构的优化，商业性服务的规模、从业人员也在不断扩大。我国商业性服务贸易与发达国家相比还有差距。然而在经济全球化、区域经济一体化、自由贸易协定实施以及我国新发展格局构建等背景下，我国对外商业性服务贸易面临新的发展机遇。要在创新实践中探索我国对外商业性服务贸易发展的新模式、新路径，持续提升其国际竞争力。

概念和术语

商业性服务；国际商业性服务贸易

复习思考题

1. 什么是商业性服务？什么是国际商业性服务贸易？
2. 查阅资料，谈谈当前国际商业性服务贸易状况和发展。
3. 试述国际商业性服务贸易政策。
4. 谈谈国际商业性服务贸易实践以及其中的成功经验。
5. 谈谈你对我国商业性服务贸易实践创新的认识。

延伸阅读

云端商业服务
发展及趋势

第十三章 国际文化服务贸易

学习目标

1. 掌握国际文化服务贸易相关概念。
2. 了解国际文化服务市场状况以及国际文化服务贸易发展。
3. 了解国际文化服务贸易政策、实务和经验。
4. 了解我国文化服务贸易发展状况和实践创新。

素养目标

1. 通过国际文化服务贸易相关概念、市场状况以及发展的学习，培养读者的文化情怀和包容理念。

2. 通过国际文化服务贸易政策、实务和经验的学习，以多元化学习方式，培养读者团结协作、互助友爱的品格，加强社会主义核心价值观教育。

3. 通过我国文化服务贸易发展状况和实践创新的学习，提升繁荣我国文化服务贸易、建设社会主义文化强国的信心，增强文化自觉，坚定文化自信。

案例导引

国产影视剧加快“走出去”

近年来，国产影视剧的海外表现亮眼。在内容题材上，由古装剧独大转变为形式更加多元，尤其是现实题材作品表现突出；在销售渠道上，由以海外电视台为主转变为以海外流媒体为主。未来，国产影视剧“出海”还需要各方面共同努力，实现从“走出去”

到“走进去”。

近期，国产影视剧“出海”捷报频传。2022年开年爆款剧集《人世间》早在拍摄阶段就被迪士尼看中，并预购了其海外独家发行权；聚焦脱贫攻坚的《山海情》在全球50多个国家和地区播出……国产影视剧“出海”焕发出新的面貌，驶向更广阔的蓝海，中国文化在海外的影响力也得到进一步提升。

一、题材多样化、类型多元化

长期以来，国产影视剧“出海”的主角一直是古装剧，从《甄嬛传》《琅琊榜》到《长安十二时辰》，海外市场上中国古装剧的热度不减。但这一局面正在被一系列优秀现实题材剧作的海外表现打破，现实题材剧分量逐年增加，呈现出题材多样化、类型多元化的趋势。

二、从销售播映权到多样化合作方式

过去，销售播映权是国产影视剧“走出去”最主要的方式，而最近几年，国产影视剧和海外市场机构合作的方式也在悄然发生变化。

《三十而已》相继登陆全球百余国家和地区，上线20多个海外播出平台，成为马来西亚2020年新媒体点播率最高的中国电视剧。与此同时，该剧还向海外实现了模式输出，韩国、越南等国的影视机构纷纷购买了翻拍权。

一系列政策出台也进一步推动了国产影视剧“走出去”。据了解，国家广电总局近年来鼓励国产剧集翻译配音工作，实施了一系列配套工程予以支持，如“丝绸之路视听工程”“中国当代作品翻译工程”“中非影视合作创新提升工程”等，积极开展海外本土化译配推广。

同时，国产影视剧海外销售渠道日益拓宽。国家广电总局牵头的“中国联合展台”在线平台推出近两年来，助推不少热播国产剧在海外亮相，如《在一起》《光荣与梦想》等在第十七届东京国际影视节展上重点推介，《山海情》参与2021年春季戛纳电视节的在线推广活动。影视机构积极拓展海外传播渠道，为国产影视剧搭建更多海外传播平台。一些发展较为成熟的企业也搭建了较为成熟的销售路径，有的还成立了专门的国际业务部门。

资料来源：刘阳. 国产影视剧加快走出去. 人民日报，2022-04-13（012）.

第一节 国际文化服务贸易概述

一、国际文化服务贸易的相关概念和分类

（一）国际文化服务贸易的相关概念

1. 国际文化贸易的概念

关于文化贸易的概念，国内外学者、官员及业内人士众说纷纭，至今还未有完全统一的认识。这一方面表明国际文化贸易正处于活跃期，概念的内涵和外延并不稳定，人们对文化贸易本身需要进一步深化认识；另一方面则反映出文化贸易统计落后于实践的原因。

国外学者指出，“从概念上讲，可交易的文化实体可被定义为能生产或分配物质资源的产品和服务，这些产品和服务能通过音乐、文学、戏剧、喜剧、文档、舞蹈、绘画、摄像和雕塑等艺术形式娱乐大众或激发人们思考。这些艺术形式，有的能以现场表演的方式（如音乐厅和舞台剧）展示给大众，有的却是先被存储记录下来（如在压缩光盘里）再卖给大众。这里面同样还包括储存和分配文化产品的机构。它们有的以公共服务的形式存在（如图书馆和博物馆），有的以商业的形式存在（如电视台和美术馆），有的则两者兼而有之。”①

目前国内外较为一致认同的文化贸易概念，是指国家间文化产品与服务的输入和输出的贸易方式，是国际贸易的重要组成部分。贸易一方向另一方提供文化产品和服务并获得收入的过程称为文化产品和服务出口或文化产品和服务输出，购买外方文化产品和服务的过程称为文化产品和服务进口或文化产品和服务输入。国际文化产品和服务是跨境产物，是文化产业国际化经营的必然。“文化产品”属于产品范畴，“文化服务”属于服务范畴。

联合国教科文组织对这两个概念作了如下定义：

文化产品一般是指传播思想、符号和生活方式的消费品。它能够提供信息和娱乐，进而形成群体认同并影响文化行为。基于个人和集体创作成果的文化商品在产业化和在世界范围内销售的过程中，被不断复制并附加了新的价值。图书、杂志、多媒体产品、软件、录音带、电影、录像带、视听节目、手工艺品和时装设计组成了多种多样的文化产品。

文化服务是指满足人们文化兴趣和需要的行为。这种行为通常不以货物的形式出现，它是指政府、私人机构和半公共机构为社会文化实践提供的各种各样的文化支持。这种文化支持包括举行各种演出，组织文化活动，推广文化信息以及收藏文化产品（如图书馆、文献资料中心和博物馆）等。

2. 国际文化服务贸易的概念

依据《关税与贸易总协定》对服务贸易的定义，国际文化服务贸易指不同国家或地区之间的文化服务的交换活动。学术界关于国际文化服务贸易的狭义定义是：一国或地区的劳动力向另一国或地区的消费者（法人或自然人）提供文化服务并相应获得外汇收入的全过程便构成文化服务的出口；相对于文化服务的出口，一国或地区消费者购买他国或地区劳动力提供文化服务的过程，则形成文化服务的进口。而依据《服务贸易总协定》对服务贸易的定义，国际文化服务贸易指涉及跨境交付、境外消费、商业存在及自然人流动四种方式的文化服务贸易模式。

（二）国际文化服务贸易分类

1. 以文化产品和文化服务为划分标准

联合国教科文组织通常把文化贸易按交易对象性质划分为文化产品贸易和文化服务贸易，这是目前广泛应用的分类方法，并且不同的组织对文化产品贸易和文化服务贸易

---

① Van Grasstek. Treatment of Cultural Goods and Services in International Trade Agreements，2005.

都提出了不同的分类（见表 13－1）：

表 13－1　文化贸易以文化产品和文化服务为划分标准的分类

分类标准	内容
《服务贸易总协定》	文化服务包括：1. 商业服务：法律服务、软件服务、数据处理和数据库服务、广告服务、摄影服务、包装服务、印刷和出版服务；2. 视听服务：电影和录像的制作和分销服务、电影放映服务、广播和电视服务、广播和电视传输服务、录音服务；3. 娱乐、文化和体育服务（除视听服务外）：文娱服务，新闻社服务，图书馆、档案馆和其他文化服务，体育和娱乐服务；4. 文化会展服务、文化中介服务、文化咨询服务等新型服务以及相关的文化产品。
国际货币基金组织的《国际收支手册》	1. 声像和有关服务：（影片或录像带形式的）电影，收音机，（实况或提前录制的）电视节目和音乐录制品，租用费用的支出和收入，演员、导演、制片人等（或编表经济体中非居民）从作品在国外播放而得到的报酬，卖给传播媒介、在指定地点上映次数有限的播映权费，有关戏剧、音乐作品、体育活动、马戏等活动的演员、制片人收到的费用，以及这些活动（电视、收音机等）的放映权费用；2. 其他个人、文化和娱乐活动：同博物馆、图书馆、档案馆其他文化、体育和娱乐有关的活动，还包括国外教师或医生提供的函授课程的费用。
HS（the Harmonized System）协调制度	主要是依据商品的物理性质和被加工的程度，而不是依据商品的用途进行分类，因此在 HS 的分类系统中没有一个分类叫作“文化产品”，属于这一分类的产品只是散落在这个拥有 99 个分类的分类系统的其中几类。而其中有关文化软件的最重要的分类包括 49 类（书籍、报纸、图画以及其他印刷业产品）和 97 类（艺术品、收藏品和古董）。文化硬件则能见于 HS 分类系统的各个角落，从 37 类（摄影和录像产品）到 92 类（乐器）。
联合国临时主要产品分类 CPC（Provisional Central Product Classification）	1. 作为信息服务的一个分支的视听服务被分为几个小分类，现场表演被包含在“文化、娱乐和体育服务”分类里；2. 文化服务包括图书馆、文档和博物馆等，新闻服务等则没有包含在内，体育服务等还有待商榷。

2. 以核心层和相关层为划分标准

2005 年，联合国教科文组织在文化贸易的分类和统计描述上做出了创新，依据贸易对象反映文化内容的程度差异将文化产品和服务划分为核心层和相关层。二者的区别主要体现在以下两方面：第一，文化产品大都拥有无形元素（文化内容）和有形元素（物质支持）。核心文化产品是指能够反映和传达文化创作内容的产品；相关文化产品指支撑、生产、配送核心文化产品的活动和支持要素，是有益于核心文化元素创作、生产和销售的服务、设备和材料，它们是为创作、生产和传播文化内容服务的，而其本身并不一定能够反映文化内容。比如，CD 与版权相联系时就被定位为核心产品，但一张空白的 CD 和 CD 播放设备则被划分到“相关层”。第二，新的分类在有关文化产业和创意产业的划分区别中产生，创意产业比传统产业更多地关注创意的过程，包括类似软件、广告、建筑和商业服务。这些活动和产业中产生的产品被定位为相关产品，更传统的文化产品被定位为核心文化产品。

3. 以文化硬件和文化软件为划分标准

国际上一些贸易研究机构和专家把文化贸易分为硬件贸易和软件贸易。这种分类方法最初是由范·克拉斯特（Van Grasstek）在“Treatment of Cultural Goods and Services in International Trade Agreements”一文中提出的。范·克拉斯特根据交易对象的属性将文化贸易对象分为文化硬件和文化软件，具体划分如表 13－2 所示：

表 13－2　文化贸易的硬件—软件分类

	硬件	软件
文化产品	为了创造、复制和传播文化软件贸易的工具；包括那些大量广泛应用在文化产业的装置及被生产者和消费者应用的其他物品（比如录制媒体、纸张、计算机、电视机和打印机等）；虽然许多国家仍然在这些商品上征收进口关税，但这是文化贸易中争议最少的领域。	反映艺术家创意的商品。这部分商品的定义和一些传统的媒体信息息息相关，比如图书、绘画和雕刻；也有一些与新的媒体形式相联系；音频视频装置以及有些许服务特征的那一部分；软件商品贸易相对自由，在许多国家的关税都为零甚至为负。这一贸易相关问题更多地和知识产权保护相联系。
文化服务	与文化软件传播相关的服务是最重要的一部分，包括书店、图书馆、博物馆、电影、电台和电视转播等，这是文化贸易领域最敏感的部分，很多国家都对上述这些设施的外国人经营所有权和经营权施加了限制。	文化表演、音乐、舞蹈和戏剧等。可以被分为两类：一种是稍纵即逝的现场表演，只有当观众或者演员跨越国境时才可以实现；另一种是通过录制和广播形式表现的：这种方式下的贸易更容易实现。总的规律是：可以复制的表演占据了贸易的绝大部分，也是文化贸易争议的主要来源。

资料来源：Van Grasstek. Treatment of Cultural Goods and Services in International Trade Agreements，2005.

从文化产品和文化服务概念上看，二者有着明显的区别，但在实际情况中，文化贸易中的文化商品同时具有产品和服务的特性，二者很难截然分开。以上三种分类标准，根据实际情况的不同，在文化贸易中有不同的应用，对文化贸易进行更加准确和详细的分类仅仅靠参考数据和相关的事实是无法得到解决的，文化贸易分类在文化和商业层面很大程度上来自社会目标、哲学和审美观念的不同，而不是生硬的数据。

二、国际文化服务贸易的特点和作用

（一）国际文化服务贸易的特点

作为一个特殊的行业，国际文化服务贸易兼具了服务贸易及除有形文化产品以外的无形文化贸易的特性，主要表现在以下几个方面：

1. 文化服务的差别性和多样性

拥有不同文化资源的国家，它们在文化服务贸易上也会存在一定差别。这种差别性一方面表现在一国文化资源禀赋的不同，即具有一定文化特征、人文和历史价值的资源，包括历史遗迹、民俗文化、地域文化、乡土风情、文学艺术、宗教文化、自然风光等各有差异；另一方面表现在一国创新能力的不同。文化服务主要满足人们的精神需求，直接影响的是人的精神意识、思想感情、情绪意志、审美心理等，而人与人之间精神需求的差异性要远远大于物质需求的差异性。为满足消费者对文化服务差异性的需求，就需要不断创新，以提供多种多样的文化服务。

2. 文化服务贸易市场的高度垄断性

文化服务贸易在发达国家和发展中国家表现出明显的不平衡性，这与各国在文化生产和文化服务方面的能力、技术和资源禀赋差异以及文化市场中文化商品受各国历史特点、区域位置及文化背景等多种因素的影响相关。这种不平衡性进而表现为发达国家在文化服务的生产及贸易上具有突出的垄断优势，并由此获得更多的经济利益。相反，发展中国家处于相对劣势，面对较高的文化服务贸易进入壁垒，并且有着严重的文化服务贸易逆差。贸易市场的垄断性成为文化服务贸易发展中必须考虑的影响因素。

3. 贸易保护方式的强隐蔽性

文化具有独特的渗透力。文化服务传达着观念、价值和生活方式，是极具个性化的产品和服务。文化服务贸易的价值超过了其商业价值，与其他贸易相比，它会在意识形态等方面对输入国消费者产生潜移默化的影响。因此，文化服务贸易是各国服务贸易政策关注的重点领域。由于文化服务贸易标的物的特点，各国无法通过统一的国际标准或关税进行限制，而更多地采用国内政策、法令的修改进行限制，如市场准入制度、非国民待遇等非关税壁垒形式，其保护方式具有很大程度的隐蔽性。

4. 贸易自由化的例外性

由于演出服务、广播影视、网络服务及教育等文化产业直接关系到国家主权、国家安全和意识形态等敏感领域，因此，各国在文化服务贸易的开放程度上都十分谨慎。文化例外就是出于国家文化安全的考虑而提出的。各国政府对文化服务贸易的各种限制和保护远远超过货物贸易，这在很大程度上阻碍了国际文化贸易的自由化进程。

（二）国际文化服务贸易的作用

1. 经济效益巨大

麦肯锡的分析显示，文化贸易发展的主要推动力和国家经济发展水平的相关度超过90%。而全球范围内的经验也表明，文化贸易的发展将带来包括经济增长、产业结构及贸易结构优化、升级等诸多经济效益和社会效益。例如视听产品已经成为美国仅次于航空航天的主要换汇产品，居于出口贸易的第二位。英国早在2002年文化产业出口就已达到175亿美元，2003年成为仅次于金融业的全国第二大产业。

2. 产业链带动明显

美国好莱坞有所谓的“火车头理论”：影片作为火车头，它本身可能不赚钱，但它可以带动整个电影产业的发展。文化服务出口在一国对外贸易过程中也扮演着“火车头”的角色，不仅能带动相关产业的发展，而且通过把创意融合到其他产业产品的方式有效延长了这些产品的生命周期，相应地改变了相关产业的生命周期。文化创意经济能带动一系列相关产业的发展，它不仅对原有的产业结构有着巨大的提升和催化作用，还促使传统的产业迅速裂变出新的产业群，它所引发的新机遇会吸引越来越多的投资者，加快了人流、资金流、物流和信息的流动速度，大大提升了经济的集聚和扩散功能，表现出巨大的产业关联效应。这种关联效应通过文化服务贸易在全世界范围内扩大，从而将相关行业卷入文化经济的大潮中。

3. 贸易出口附加值高

文化服务出口很难体现在对外贸易的统计数字中。联合国教科文组织的统计数据是以海关数据为基础，而影视、版权、演出等文化服务出口利润很难纳入。由此可见，文化服务出口所产生的利润具有极大的隐蔽性，不会面临反倾销制裁和国别敌视等方面的问题。

4. 增加文化亲近感和认同感

文化产业"走出去"还能增加进口国对出口国文化的亲近感和认同感，提升出口国的文化形象。早在20世纪70年代，日本学者日下公人就指出，"有无文化亲近感、文化尊敬感"是"直接关系到确保资源供应的大问题"。因此，日下公人极力主张日本在推行经济立国的时候，应该同时考虑文化立国战略，因为只有"创造文化、输出文化并使世界文明喜爱它"，"才能轻而易举地得到文化鼻祖的利益，确保资源供应和祖国安全。"

5. 提供精神动力和智力支持

文化服务既具有商品属性、经济属性，又具有精神属性、意识形态属性。文化服务贸易的发展，既是对文化的经济彰显，又是经济的文化回归。它是以区域的空间、开放的视野、国际化的平台传播文化，用经济的手段、文化的力量经营城市，从而在增强居民心灵归属感、生活幸福感，提升其整体素质和创造力的条件下重塑国家形象。因此，文化服务贸易为国家的发展提供了重要的精神动力和智力支持，是国家发展的重要力量。

三、国际文化服务市场状况

（一）市场更加活跃

一方面，在社会分工不断深化的背景下，文化贸易的行业部门逐步兴起壮大，市场规模日益扩大，供求、竞争、价格形成、风险分担补偿等机制在日趋完善成熟的市场、产业、法制、政策等基础上拥有了良好的发挥平台和环境；另一方面，文化产品与服务既作为贸易标的，又以不可或缺的要素身份参与到经济生产过程中，形成了要素和产品共存共生的双通道格局，拓宽了机制发挥的路径。此外，世界文化服务贸易种类将更加丰富，游戏、动漫、影视等软性的文化创意和设计服务的出口比重会更大，文化用品、文化专用设备等硬件产品的种类会更加多样，由此使世界文化市场更加活跃。

（二）开放程度不一

在全球化不断深化、经济结构持续升级的推动下，世界文化服务贸易快速发展，市场日趋活跃。特别是多边贸易体制为世界各国加大文化服务贸易领域的广泛交流与合作创造了良好的机制和渠道。然而，不同国家和地区文化服务市场的开放程度各不相同。

其原因不仅在于因经济发展程度存在差异，发展中国家和欠发达国家文化服务发展落后，市场规模小，竞争力弱，难以应对外部风险和参与国际竞争，同时还需顾及像图书出版、演艺娱乐、广播影视等领域和部门直接关系到国家主权、国家安全和意识形态，因而这些国家往往对开放采取限制的措施和审慎的态度。相对而言，发达国家在文化服务领域具有很强的国际竞争力，它们更希望在广阔的国际市场中谋取更多的利益，因此市场开放程度通常较高，并且在谈判中要求发展中国家和地区降低壁垒和限制，进一步开放其国内文化市场。

（三）跨国公司成为主体

据统计，全球大型文化跨国公司贸易额占全球文化贸易的 2/3 以上，95%以上的国际文化贸易市场被不到 50 家文化娱乐公司霸占。[①] 进入《财富》世界 500 强的文化传媒公司从 2001 年的 8 家增加至 2017 年的 33 家，增长速度惊人，这些公司在各自的行业占据垄断，影响力十分巨大。例如，迪士尼公司是全球最大的传媒娱乐企业之一，2020 财年，迪士尼四大产业板块（影视娱乐、酒店及度假村、传媒网络、消费产品及互动媒体）总收入为 653.88 亿美元，传媒网络和酒店及度假村这两个板块占据的收入比最大，迪士尼授权经营了巴黎、东京、香港、上海四个迪士尼乐园度假区，带来收入 165.02 亿美元，这是受新冠疫情影响下的收入。2019 财年，迪士尼酒店及度假村收入 262.25 亿美元。新闻集团作为国际化程度最高的媒体集团之一，涉及几乎所有的传媒娱乐领域，其在我国市场也先后出资持有了卫星电视台 STARTV 和凤凰卫视中文台 38%的股份。

（四）跨界融合明显

文化服务业是具有“火车头”这一角色特点的，文化服务能够带动一系列产业的发展，这种发展趋势会为原有的产业结构带来巨大的提升，帮助一系列产业实现优化升级，同时，还可能促使传统产业裂变出新的产业群，带来新的发展机遇。新的发展机遇能够吸引更多的投资者，实现物流、资金流、信息流的快速运转，在所能达到的最大程度上发挥经济的集聚和扩散效应，无论是对文化服务业、文化市场，还是其他产业、其他市场，都能明显促进其发展。在这种促进作用的加持下，文化服务业、文化市场更加愿意跨界融合，再结合市场需求、顾客需求、文化需求之后，不断挖掘新的文化元素，提高产品附加值，培养自身产业新的经济增长点，为文化产业的提质增效发展新动能，由此形成不同产业、不同市场的深度跨界融合。

四、国际文化服务贸易发展

（一）规模不断增大

依据 2016 年 3 月联合国教科文组织发布的《文化贸易全球化：文化消费的转变——2004—2013 年文化产品与服务的国际流动》报告，从 2003 年到 2012 年，全球文化服务

---

① 范周. 中国文化产业 40 年回顾与展望：1978—2018. 北京：商务印书馆，2019.

出口平均每年增长 10%，2013 年估计总数达到 1 500 亿美元；进口额增长了 11%，即 1 331 亿美元。相关统计还显示，2005—2015 年间，世界文化服务贸易总额年均增长率约 10.97%，与之相对的是，货物贸易年均增长率约 5.50%，文化服务贸易的增长速度比货物贸易的增长速度超一倍左右。特别是在 2008 年全球金融危机爆发后，基于文化服务消费替代弹性小的特征，当年文化服务贸易额仅减少了 3.74%，而同期货物贸易总额减少了 22.59%。文化服务业用实践证明了其受周期影响较小，这也使得各国政府更加关注文化服务贸易，促进了文化服务市场的繁荣和文化服务贸易规模的不断扩大。

（二）结构呈现多元化

随着文化服务业态创新和发展，世界文化服务贸易结构呈现多元化发展态势。从 2004 年到 2013 年，视觉艺术和手工艺领域的商品主导了文化产品的出口和进口。在视听和互动媒体领域，表演和庆典以及视觉艺术和手工艺交易最多，其次是书籍和新闻。从 2003 年到 2012 年，视听和互动媒体平均占文化服务出口的至少 25%。表演和庆祝活动以及视觉艺术和手工艺品平均占文化服务出口的 25%以上。

高收入经济体进口的几乎全是视听和互动媒体、表演和节庆、视觉艺术和工艺品领域的服务。视听和互动媒体文化服务进口最突出。占多数的视听和互动媒体成为主要文化服务领域。文化服务进口国比出口国更加多元化。

（三）数字化态势突出

伴随着信息技术的发展，文化服务贸易在数字化的进程中蓬勃发展，数字化增强了文化服务的可贸易性，使原先不可贸易的文化服务变成可贸易服务，其突出特征是贸易对象和贸易方式的数字化。一方面是文化产业链的数字化，大数据、云计算等技术在文化产业中的广泛应用改变了文化产业上下游产业链格局，文化产业的各环节都在被科技赋能。在国际贸易数字化的发展中，文化服务业已经能够成为独立的服务价值链体系，并通过科技赋能扩大其价值链范围。另一方面是数字化便利了文化服务贸易流程，大大降低了交易成本、提升了交易效率。数字技术的发展使得文化贸易的前期工作，如市场调研、营销策划、商务谈判、交易支付等环节都可以在线上进行，特别是在后疫情时代，国际人员流动易受限制，进行线上工作能够大大节约成本，提升贸易效率。

（四）发展不平衡依然突出

世界文化服务贸易虽然发展迅速，然而不平衡状况依然突出。发达国家服务贸易占世界服务贸易的三分之二，高收入经济体仍在文化服务贸易中占主要地位。从 2003 年到 2012 年，高收入经济体占全球文化服务出口的 90%以上，这一数据在此期间保持相当稳定。然而，经济动荡对文化服务的进口影响大于出口。

文化服务的最大出口国都是经合组织国家。2012 年，美国是文化服务出口的最大领导者，达到了 686 亿美元，这个数字几乎是第二大出口国英国（出口 138 亿美元）的五倍。对文化服务贸易平衡的分析表明，2012 年，众多国家文化服务贸易处于逆差状态，而美国是文化服务的最大净出口国，贸易顺差达到 450 亿美元。

全球文化服务贸易市场具有不平衡性，国际文化贸易竞争格局也呈现多元化，主要包括发达国家之间、发达国家与发展中国家之间以及跨国集团与中小企业之间三方面的竞争。这种竞争态势有可能加剧世界文化服务贸易不平衡的态势。

（五）知识产权保护需要加强

知识产权保护在文化服务贸易领域具有特殊重要的意义，不仅因为文化服务的生产和供给属于知识密集型劳动，与知识产权密切相关，而且由于文化具有独特的渗透力以及文化服务的无形性，因而在保护上也具有相当的复杂性和难度。为了相关方利益要采取严格而高水平的知识产权保护，才能维护创新与激励，确保效率与公平，更好地推动文化服务的繁荣发展。而在国际环境中，知识产权保护的国际合作就显得更加重要。然而由于各国在知识产权保护的法律法规建设方面存在参差不齐、不对称、不健全等状况，对各国乃至世界文化服务贸易会产生不利的影响。因此，不仅需要加大国内知识产权保护的力度，同时还要加强各国在知识产权领域的国际合作。

第二节　国际文化服务贸易实践

一、国际文化服务贸易政策

（一）相关概念

国际文化贸易政策是对文化贸易领域交易行为和经营实践等活动进行指导、规范和管理的各种法规、制度、措施等的总称。由于文化贸易所涉行业领域众多复杂、差异较大，特别是作为贸易标的的文化产品和文化服务具有审美属性和商业属性的双重属性，与意识形态和国家安全紧密相关，因此国际文化贸易政策影响因素更多、更为复杂。国际文化服务贸易政策是国际文化贸易政策在文化服务领域的实践。政策制定、实施等是国际文化服务贸易实践的重要内容。由于各国在文化贸易领域政策差异性大，下面重点介绍有关协定和规则。

（二）有关协定和规则

1.《关税与贸易总协定》中的电影配额条款

《关税与贸易总协定（1994）》中的第 4 条允许通过配额方式对电影放映数量进行限制，其具体内容是：缔约国在建立或维持有关电影片的国内数量限制条例时，应采取符合以下要求的放映限额办法：

（a）放映限额可以规定，在不短于 1 年的指定时间内，国产电影片的放映应在各国电影片商业性放映所实际使用的总时间内占一定最低比例；放映限额应以每年或其相当期内每一电影院的放映时间作为计算基础。

（b）除根据放映限额为国产电影片保留的放映时间以外，其他放映时间，包括原有国产电影片保留后经管理当局开放的时间在内，不得正式或实际上依照电影片的不同来源进行分配。

（c）虽有本条（b）项的规定，任一缔约国可以维持本条（a）项要求的放映限额办法，在实施这项办法的国家以外，对某一国家的电影片保留一最低比例的放映时间。

（d）放映限额的限制、放宽或取消，须通过谈判确定。

该条款是 WTO 规则中仅有的直接针对文化产品待遇的条款，WTO 成员试图通过电影配额的方式来保护本土电影产业，但由于文化产业的快速发展、新兴产业的出现，使这一条款的保护力度逐渐减弱。

2. GATS 承诺表中与文化服务贸易有关的规则

《服务贸易总协定》（GATS）的宗旨是实现全球服务贸易自由化，它不仅要求各缔约方对外国的服务和服务提供者给予最惠国待遇和国民待遇，还要求它们具体承诺开放服务业市场的义务。《服务贸易总协定》将服务业划分为 12 个大类，其中三个大类与文化产业有关，基本涵盖了文化产业的大部分领域。第一大类“商业性服务”中的“其他服务”包括出版、印刷服务和广告、咨询服务；第二大类“通信服务”中的“视听服务”包括电视、广播、电影服务；第十大类“文化娱乐及体育服务”包括除视听服务外的一切文化、娱乐、新闻、图书馆、博物馆、档案馆、体育服务等。

在 WTO 贸易规则体系下，《服务贸易总协定》中的关于最惠国待遇和国民待遇的条款对国际文化贸易保护产生了冲击，但出于保护在国际文化贸易中处于劣势的国家，对于最惠国待遇的义务，仍给予各成员一定的缓冲空间。

根据《服务贸易总协定》第 2 条关于最惠国待遇的条款和第 16 条关于市场准入的规定，在服务贸易中，成员可以通过其在“具体承诺减让表中同意和列明的条款、限制和条件”以及最惠国原则的例外来减缓本国的服务贸易自由化的过程，承诺表中没有作出承诺的包括文化产业在内的项目，本国可以对其实施保护。

此外，《服务贸易总协定》第 14 条规定，各成员在特定情况下可采取与 GATS 不一致的措施，特定情况是指“出于维护公共卫生、环境、文化资源等”和“为了维护国内法律和制止欺诈行为等”。因为服务业往往涉及国家安全、意识形态等敏感问题，所以本条款意义重大。此外，《服务贸易总协定》中允许成员在服务的大量进口对国内产业形成严重威胁时，可采取紧急保障措施，限制服务的大量进口。

3. TRIPS 中与文化贸易相关的规则

《与贸易有关的知识产权协定》（TRIPS）对于保护知识产权做出了明确规定，文化产业的大量产品包括报纸刊物、出版物、广播电视节目、音像制品、计算机软件、光盘、广告设计等都属于知识产权领域。TRIPS 在国际贸易中，对各类版权、商标、专利、工业设计、外观设计等知识产权实行充分有效的保护；对于侵犯知识产权的行为包括盗版、伪造、侵权、假冒等采取了极为严厉的措施，要求各缔约方的国内立法与行政程序同协定保持一致，规定司法当局有权命令当事方停止对知识产权的侵犯行为，特别是禁止那些对知识产权构成侵权行为的进口产品进入商业渠道。规定司法当局有权采取及时、有效的临时措施，以使知识产权得到充分的保护。

4. 其他相关协定

《伯尔尼公约》全称为《保护文学和艺术作品伯尔尼公约》，是世界上第一个保护文学、艺术和科学作品的国际公约，所有缔约国组成伯尔尼联盟。《伯尔尼公约》是生产进步和经济发展的产物。这个公约的签订对于促进各国之间的文化交流，统一各国不同的版权制度，从而避免因各国在处理国际文化交流中产生纠纷的不同做法而带来的诸多困难，具有十分现实的意义。不仅如此，它还确立了版权保护的各种原则和一些重要规则，这些原则和规则正在被越来越多的国家所认可，并在国内法中予以体现。

《世界版权公约》是关于作品保护的国际性公约，于 1952 年 9 月在联合国教科文组织的主持下在日内瓦签订，1955 年 9 月 16 日生效。1971 年 7 月修订，修订后的公约于 1974 年 7 月 10 日生效。公约不允许缔约国对某些条款予以保留。该公约由联合国教科文组织管理，成员国不必交纳会费。1992 年 10 月 30 日我国成为该公约成员国，1995 年加入该公约的政府间委员会。该公约保护的作品版权主要包括文学、艺术和学术三个方面。公约的目的在于给予文学、科学和艺术作品以版权保护，保证对个人权利的尊重，并鼓励文学、艺术和科学的发展，促进人类精神产品更加广泛的传播和增进国际了解。

《保护工业产权巴黎公约》（简称《巴黎公约》）于 1883 年 3 月 20 日在巴黎签订，1884 年 7 月 7 日生效。《巴黎公约》的调整对象即保护范围是工业产权，包括发明专利权、实用新型、工业品外观设计、商标权、服务标记、厂商名称、产地标志或原产地名称以及制止不正当竞争等。《巴黎公约》的基本目的是保证一成员国的工业产权在所有其他成员国都得到保护。由于各成员国间的利益矛盾和立法差别，《巴黎公约》没能制定统一的工业产权法，而是以各成员国内立法为基础进行保护，因此它没有排除专利权效力的地域性。

《保护表演者、音像制品制作者和广播组织罗马公约》（简称《罗马公约》）于 1961 年由国际劳工组织与世界知识产权组织及联合国教科文组织共同发起，在罗马缔结了该公约，并于 1964 年生效。此外，联合国教科文组织倡议通过了《佛罗伦萨协议》。这是一个关于教育、科学和文化物资进口的法律文件，本着自由流通的原则，旨在促进国际的相互理解及国际文化对话。《佛罗伦萨协议》最初于 1950 年订立，1976 年采纳《内罗毕草案》加以修订。《内罗毕草案》把自由流通的原则扩展到了其他类别的文化产品，特别是当时采用新技术开发出来的产品，如视听材料。

二、国际文化服务贸易实务

文化服务所涉行业领域众多，各不相同，实际业务也存在很大差异。在商务部的推动下编写的《对外文化贸易实务指南》中，主要涉及文化服务出口业务流程，文化产品出口业务流程，文化企业对外投资流程，财税、金融及海关便利化措施等。除文化产品出口业务流程外，其他均与国际文化服务贸易实务直接相关。然而形势日新月异，有关实务操作也在不断变化，需要在实践中密切关注相关规定的修改和调整。

以电影类为例，主要涉及以下方面：

1. 企业设立程序

（1）设立依据的法规、规章、规范性文件。

国务院《电影管理条例》。

(2) 设立条件。

根据《电影管理条例》，设立电影发行单位、电影放映单位，应当具备下列条件：有电影发行单位、电影放映单位的名称、章程；有确定的业务范围；有适应业务范围需要的组织机构和专业人员，有适应业务范围需要的资金、场所和设备；法律、行政法规规定的其他条件。

(3) 申请程序。

主要包括申请设立电影发行单位和申请设立电影放映单位的具体程序。

2. 出口环节业务流程

从事电影制作、发行、放映业务的企业在完成国内报批程序的基础上可从事出口业务。下面主要介绍应具备的有关条件。

(1) 中外合作摄制电影片。

中外合作摄制电影片包括下列形式：联合摄制，即由中外双方共同投资（含资金、劳务或实物）、共同摄制、共同分享利益及共同承担风险的摄制形式；协作摄制，即外方出资，在我国境内拍摄，中方有偿提供设备、器材、场地、劳务等予以协助的摄制形式；委托摄制，即外方委托中方在我国境内代为摄制的摄制形式。

申请中外合作摄制电影片应当具备下列条件：持有《摄制电影许可证》或《摄制电影片许可证（单片）》的中方制片单位（含在境内批准注册的中外合资电影制片公司，下同）；中外合作双方均不在因违反《电影管理条例》而停止摄制电影片的处罚期内。

(2) 电影片进出境洗印、后期制作审批。

电影片进出境洗印、后期制作应经国家电影局审批。未经批准，不得擅自到境外进行国产电影片的洗印、后期制作，或承接洗印加工境外电影片。

申请到境外进行国产电影片的洗印、后期制作应当具备下列条件：申请单位具有《摄制电影许可证》或《摄制电影片许可证（单片）》且所申请影片已立项，因特殊技术要求确需在境外完成洗印、后期制作。

三、国际文化服务贸易经验

（一）大力夯实文化服务贸易产业基础

文化服务贸易的繁荣发展离不开坚实的产业基础支撑。文化经济强国不仅拥有有国际竞争力的文化产业，而且拥有大量世界知名的跨国文化企业。此外，文化产业内部行业以及文化产业与其他产业的融合对于文化产品和服务供给能力的提升和高水平发展具有重要意义。有研究报告披露了这样的事实：1999—2003 年，欧洲文化创意产业增长 12%，超过了其经济增长的普遍水平，产业增加值增长了 19%，就业则从 2002 年到 2004 年增长了 1.8%。与汽车业、化工业以及煤气、电力业相比，欧洲文化创意产业比这些行业雇佣人数的总和还要多。《创意经济展望：创意产业国际贸易趋势 2019》显示，全球创意产品市场从 2002 年的 2 080 亿美元扩大到 2015 年的 5 090 亿美元，规模扩大超过一倍，年均增长率达到 7%。可见，大力夯实文化服务贸易产业基础，可以使之具有强劲的发展动力和广阔的发展潜力。

（二）积极促进科技应用于文化服务贸易

在以知识密集和创新创意为特征的文化经济浪潮中，文化产业以其多面性和多样性呈现于世界产业体系中。知识和科技发展日新月异，为文化产业的创意以及文化服务贸易的繁荣带来了前所未有的想象空间。从传统文化行业部门因先进科技的应用而焕发生机，到如动漫、网游等新兴行业部门在科技的助力下蓬勃发展，积极促进科技应用于文化服务贸易无疑是重要的战略选择。

（三）高度重视文化服务知识产权保护

知识产权的保护影响着国际文化服务贸易的发展。随着国际文化消费市场的不断扩张，各国都在努力开拓国外市场来提升本国文化产品和服务的利润率。在参与市场竞争的过程中，知识产权对提升文化产品和服务的附加值具有重要作用，具有知识产权的产品和服务的出口会在国际文化贸易中更加具有竞争力。知识产权保护对于促进创新具有极为重要的意义。对知识产权保护不力，既有可能侵害了他人的知识产权，又可能会损害企业本身拥有的原创性知识产权相关利益，其所造成的国际文化服务贸易纠纷与损失会影响一国开拓国际文化服务市场的效率，因此要采取严格的措施保护知识产权。

（四）不断提升文化安全和创新意识

文化所具有的独特渗透力使文化服务贸易真正具有的价值远超其商业价值。文化服务传达着观念、价值和生活方式，与其他服务贸易相比，它会在意识形态等方面对文化服务进口国产生潜移默化的影响，严重的甚至会威胁到国家主权安全，因此，文化服务贸易一直是各国关注的重点服务贸易领域。在有关文化服务贸易的限制上，各国更多采用国内法规的制定与修改进行限制，通常是通过市场准入和非国民待遇等非关税壁垒形式进行限制和保护，而且各国在文化服务贸易领域的限制和保护已经远远超过货物贸易，这对国际文化服务贸易的自由化和创新造成了阻碍，因此，既要重视国际文化服务贸易领域中的文化安全问题，又要促进创新，以高水平的创新意识促进国际文化服务贸易的发展。

（五）持续推动国际协调和多边合作

在多边贸易体制下，各国需要加强协调合作，以便更好推动世界文化服务贸易的发展。然而，一方面，由于文化服务本身的特殊性，谈判议题敏感复杂，往往难以达成一致意见；另一方面，多边贸易谈判也因贸易保护和单边主义而困难重重。因此，要推动世界文化服务贸易更快更好的发展，相比货物贸易和一般服务贸易，任重道远。

第三节　我国文化服务贸易发展

一、我国文化服务贸易发展状况

（一）对外文化贸易相关政策密集出台

为了推进对外文化贸易的快速、健康发展，2014 年国务院及各部委密集出台与文化发展相关的政策，为对外文化贸易提供全方位的支持，力度可谓空前。在这些政策意见中，首推国务院印发的《关于加快发展对外文化贸易的意见》，该意见明确了推动对外文化贸易工作的指导思想，强调了坚持“统筹发展、政策引导、企业主体、市场运作”的基本原则，优化了审批流程，加大了财税支持力度。此后，与国际文化贸易相关的政策及指导意见陆续发布，各部门合力推动我国对外文化贸易繁荣发展。2022 年 7 月 20 日，商务部等 27 部门印发《关于推进对外文化贸易高质量发展的意见》，这是继 2014 年国务院印发《关于加快发展对外文化贸易的意见》后，对外文化贸易领域又一份重要指导性文件。

（二）对外文化贸易结构不断优化

对外文化贸易虽然在我国对外贸易中占比尚小，却在不断壮大。到 2019 年，我国文化贸易进出口总额达 1 114.5 亿美元，是 2008 年进出口总额的 2.6 倍。其中，出口额从 2008 年的 390.5 亿美元增长到 2019 年的 998.9 亿美元。进口额从 2008 年的 42.5 亿美元增长到 2019 年的 115.7 亿美元。我国文化贸易整体增速态势趋稳，2008—2019 年我国文化贸易出口额和进口额的平均增速分别为 22%和 43%，均高于世界平均水平。就文化服务来看，2019 年我国个人文化娱乐服务进出口总额为 52.8 亿美元，同比增长 14.5%。受新冠疫情等多种因素的影响，2020 年知识产权使用费出口 79.4 亿元，同比增长 76.6%；个人文化娱乐服务出口 13.5 亿元，同比增长 46.5%。由以上数据可见，我国对外文化贸易增长强劲。与文化服务贸易相比，文化产品贸易在对外文化贸易中所占比重更高。

（三）对外文化服务贸易产业基础进一步夯实

文化产业对于对外文化贸易发展而言具有重要意义。我国文化产业继续保持快速发展的良好势头，整体规模实力特别是文化核心领域的竞争力、影响力进一步提升。数据显示，2019 年，我国文化产业增加值为 41 449 亿元，占 GDP 的比重为 4.18%，相比 2013 年增加 0.55 个百分点。文化产业增加值仍然保持两位数增长，继续向国民经济支柱性产业迈进。文化产业的快速发展为我国对外文化贸易的繁荣奠定了坚实的基础。从行业发展角度看，各文化行业对外贸易均有不同程度的改善和进步，新兴业态如动漫、游戏等表现更为不俗。此外，在国家大力推行三网融合的背景下，依托互联网的快速、便捷等特点，文化行业获得了跨界融合发展的能力。2014 年，以阿里巴巴、腾讯、百度三巨头为代表的大型互联网企业频频将触角伸到文化产业领域。以阿里巴巴为例，收购文化中国、注资恒大、入股优酷土豆及光线传媒等，极大地增强了文化市场活力。

（四）文化体制改革和一些民营文化企业“走出去”成绩喜人

2014 年 2 月 28 日，中央全面深化改革领导小组第二次会议召开，会议审议通过了《深化文化体制改革实施方案》，新一轮文化体制改革开始进入全面实施阶段。此后，相关政策文件密集发布，文化体制改革全力推进。文化体制改革的深化，进一步激发了市场活力。同时为了推进文化贸易对外出口，发布了国家文化出口重点企业和国家文化出口重点项目，对于文化企业“走出去”发挥了积极的助推作用。近年来，我国对外文化直接投资快速发展，层次稳步提高。而海外并购数量呈上升趋势，金额不断扩大。在影视、动漫游戏等文化细分行业里，我国国有企业和民营企业舞动资本之手更加引人注目。

（五）文化保税区及国家文化出口基地建设成为重要促进举措

文化保税区是我国对外文化贸易领域的一大创举，以其业务拓展创新功能、服务平台支持功能和试验引导示范等功能为文化企业开展海外贸易搭建了重要的平台。2014 年我国文化保税实践呈现欣欣向荣之势。除此之外，为贯彻落实党中央、国务院决策部署，推动对外文化贸易高质量发展，2017 年，商务部会同中央宣传部、文化部、新闻出版广电总局等部门启动了国家文化出口基地建设，第一批共有 13 家国家文化出口基地。2021 年 9 月 4 日，又向 16 家第二批国家文化出口基地授牌。国家文化出口基地旨在创新文化贸易发展的体制机制和政策措施，发挥基地的集聚、引领和辐射作用，培育一批具有较强国际竞争力的文化企业，形成一批具有较强辐射力的国际文化交易平台，摸索一批适应文化贸易创新发展的模式和经验，带动文化贸易高质量发展，为提升中华文化软实力提供支撑。

（六）“一带一路”倡议为对外文化服务贸易提供了新的发展机遇

“一带一路”在提升我国对外开放水平、促进对外贸易方面正在发挥巨大作用。而对外文化服务贸易无疑是贸易结构优化的重要推动力。随着丝路贸易规模的扩大和结构的优化升级，对外文化贸易必定拥有更坚实的发展基础。更为重要的是，在“一带一路”倡议推进过程中，文化当先行。提升中华文化在丝路沿线国家和地区的影响力、辐射力，对外文化贸易承担着重要的使命，是推动“一带一路”倡议实施的重要路径。因此，“一带一路”倡议在“五通三同”① 中为我国对外文化贸易的发展创造了良好的环境，开辟了广阔的空间；而对外文化贸易则为“一带一路”倡议的成功实施注入了持续动力。

二、我国文化服务贸易实践创新

（一）推动文化服务贸易主体持续壮大

随着我国社会主义文化强国建设的不断推进和对外文化贸易的繁荣发展，更多的相

---

① “五通”就是政策沟通、设施联通、贸易畅通、资金融通、民心相通。“三同”就是利益共同体、命运共同体和责任共同体。

关主体将加入对外文化贸易的行列中，包括文化企业、文化类社会组织、文化中介机构以及个人。适应对外文化贸易特点，不同规模、不同所有制文化企业，包括大中型、中小微文化企业将在市场竞争中找到合适的位置，特别是中小微文化企业、民营文化企业在我国对外文化贸易中发挥着独特而极为重要的作用；因对外文化贸易渠道和平台建设，文化类社会组织、文化中介机构将迎来发展新机遇；而个人因文化生产方式的变革同样可以找到用武之地，在对外文化服务贸易模式的发展中成为积极的推动力量。

（二）促进科技助力文化服务贸易发展

大数据、互联网、5G、人工智能等代表了时代发展的趋势和要求，是科技推动生产力发展的重要明证。在这种趋势下，国际文化贸易迎来了重要的战略机遇。当前在我国深入推动科技创新的背景下，大数据及“互联网＋”已经成为国家战略，并且对人们的生产方式和生活方式产生了重大影响。随着相关战略的深入推进，对外文化贸易与大数据、互联网的结合将更加紧密，影响更加深远，不仅文化贸易领域的大数据、互联网思维将逐步建立，而且可以利用大数据的消费主导效应以获取对外文化贸易的价值认可，从而规避因文化差异、产品同质化等供需错节因素所造成的贸易损失，同时贸易模式将发生变革，对其相关的整个产业链条、价值链条将发挥重要影响。由此对外文化贸易的实体空间和虚拟空间将得到空前拓展，线上、线下贸易将进一步整合、融合。例如我国自主研发的电影放映技术成功进入海外市场，标志着我国对外文化贸易从单纯的出口产品和服务开始走向出口核心技术和标准。抖音、快手等短视频平台助力我国在世界短视频领域的领先发展，我国的网络文学也成为文化“走出去”的主力军，覆盖海外40多个国家和地区，我国网络文学英文翻译网站纷纷上线。

（三）提质增效助推文化服务贸易升级

在推动供给侧改革的过程中，提升文化产品与服务品质以及供给效率成为重要的目标和选择。而要增强我国对外文化贸易的国际竞争力，就必须提升文化产品和服务的供给能力，特别要重视内容、质量和品牌，以满足不同国际市场民众的需求。近年来在高质量发展的指引下，我国文化服务从市场供给、需求、开拓等方面正在迈上新的台阶。特别是在平台经济和共享经济的支持下，文化服务贸易提质增效不断加快。

（四）加速构建文化服务贸易开放新格局

在全面构建双循环新格局的背景下，对外文化贸易开放格局也在加速构建。我国贸易伙伴格局基本保持稳定，美国、德国和中国香港稳居我国内地文化服务贸易伙伴前三名。我国对三大贸易伙伴的文化服务进出口额占我国进出口总额的六成。文化服务贸易市场集中度较高，可开发市场空间很大，不仅包括实体市场空间，还要拓展虚拟市场空间；不仅有传统贸易伙伴，更要开拓新兴国家市场。

本章小结

文化是一个国家、一个民族的灵魂。文化兴国运兴，文化强民族强。没有高度的文化自信，没有文化的繁荣兴盛，就没有中华民族的伟大复兴。发展文化服务以及国际文化服务贸易，是建成社会主义文化强国的必然之举，是推动我国文化产业和对外文化贸易繁荣发展的必然之路。然而与世界文化强国相比，我国对外文化服务贸易无论在规模、结构还是竞争力等方面都还有差距。我们需要正视差距，但是更要坚定信念，立足国情和中国特色社会主义伟大实践不断创新，下大力气推动文化服务贸易的繁荣发展；要善于统筹文化市场开放和文化安全，采取海纳百川、有容乃大的开放姿态主动参与世界文化交流和融合，促进我国对外文化服务贸易迈上更高的台阶。

概念和术语

文化服务；国际文化服务贸易；国际文化服务贸易政策

复习思考题

1. 什么是文化服务？什么是国际文化服务贸易？
2. 查阅资料，谈谈当前国际文化服务贸易状况和发展。
3. 试述国际文化服务贸易政策。
4. 谈谈国际文化服务贸易实践以及其中的成功经验。
5. 谈谈你对我国文化服务贸易实践创新的认识。

延伸阅读

数字技术全面
全链赋能文化产业

第十四章
国际环境服务贸易

学习目标

1. 掌握国际环境服务贸易相关概念。
2. 了解国际环境服务市场状况以及国际环境服务贸易发展。
3. 了解国际环境服务贸易政策、实务和经验。
4. 了解我国环境服务贸易发展状况和实践创新。

素养目标

1. 通过国际环境服务贸易相关概念、市场状况以及发展的学习，加强读者对新发展理念的认识。

2. 通过国际环境服务贸易政策、实务和经验的学习，以多元化学习方式，强化读者的问题意识以及对环境服务的关注。

3. 通过我国环境服务贸易发展状况和实践创新的学习，深化读者对习近平生态文明思想的认识，培养忧国忧民的意识，增强发展我国环境服务贸易的信心。

案例导引

“双碳”目标将引领我国有步骤、及时地实施低碳转型

碳达峰是经济发展和碳增长脱钩的一个拐点。美、加、欧、日等典型发达国家的经验表明，经济和碳排放脱钩的拐点是达峰，达峰是进步的标志。另外，高碳并非现代化的必由之路，欧、日现代化水平与美国相当，但前者的人均碳排放始终保持在美国的二

分之一左右。

我国提出“30·60”目标既体现了应对气候变化的“共同但有区别的原则”和基于发展阶段的原则，又彰显了一个负责任大国应对气候变化的积极态度。我国根据自身发展情况提出2060年前碳中和，只比发达国家晚10年，这很不容易。因为人口密度高、单位GDP能耗高、一次能源结构中煤炭比例高、非发电燃煤比例高等原因，导致我国的碳数据较高。降低能源强度和碳强度是我们自己发展的需要，是进步的需要。

实现“双碳”目标需要重新认识我国的能源资源禀赋。“富煤、缺油、少气”并不能准确描述我国能源资源禀赋。我国除了化石能源，还有丰富的非化石能源，特别是可再生资源，包括生物质能、水能、地热、余热废热供暖等。在发展高比例可再生能源的同时，要做好多能互补、源网荷储相结合，逐步构建新型电力系统，使能源体系安全、高效、经济、低碳。

实现“双碳”目标既面临困难，也具有重大机遇。从碳达峰到碳中和，发达国家短则45年，长则70年，我们国家只有30年，在碳达峰之后，只有采取更有力度的减排才能实现碳中和。我国面临产业偏重、能源偏煤、效率偏低以及几十年来经济发展对高碳发展路径依赖惯性大等困难。实现碳中和呼唤高质量的技术创新，其中，受控核聚变一旦成功，将对国家乃至全球能源转型的战略和路径带来颠覆性、创新性的推动。

实现“双碳”目标是一个复杂的系统工程、是一个科学的转型过程。实现“双碳”目标政策性很强，需要把握好节奏，积极稳妥，既要防止“一刀切”、简单化，又要防止转型不力带来落后和无效投资。碳达峰是高质量经济发展同时的达峰，是产业结构优化和技术进步导致碳强度逐步降低实现的达峰，不是攀高峰、更不是冲高峰，是瞄准碳中和的达峰。碳中和是我国经济社会发展新的引擎，是要开创一条兼具成本效益、经济效益和社会效益的路径，是与实现第二个百年奋斗目标同步的、经济社会低碳转型、深刻进步的里程碑。“双碳”目标是完整准确全面贯彻新发展理念的体现，是基于我国国情和对人类文明进程新的觉醒的目标，事关中华民族永续发展和构建人类命运共同体，需要深度的管理创新、科技创新、金融支持和企业参与。

资料来源：碳达峰碳中和的中国战略与全球展望．中国经济时报，2022-01-06（A03）.

第一节　国际环境服务贸易概述

一、国际环境服务贸易的相关概念和分类

（一）国际环境服务贸易的相关概念

国际环境服务贸易是指以环境服务为贸易对象的贸易活动。环境服务则是指与环境相关的服务贸易活动，涉及与环保相关的技术与服务和与卫生相关的服务。环境服务业是随着逐渐提高的国际环境要求而兴起的现代服务业的重要内容，也是环保产业的重要组成部分。为了应对气候变化、资源耗竭和废物产生等全球挑战以及日益严格的环境标准和条例，

各国对环境服务的需求显著增加。根据世界贸易组织的界定，环境服务是服务贸易的十二大领域之一，具体包括基础设施服务，例如污水处理、垃圾处置和卫生服务，和“非基础设施”服务，例如与空气污染预防和减轻、噪音减轻和污染场地修复有关的服务。

（二）国际环境服务贸易分类

环境服务业的核心是污染治理和环境质量改善，发展环境服务业对污染治理的专业化和环境质量的长期稳定有着十分重要的积极影响。但就各国目前的统计数据来看，每个国家对环境服务业的统计定义与分类多不相同，环境服务还没有统一的定义与分类。当前，比较有影响的环境服务分类有以下四种：联合国中心产品分类（Central Product Classification，CPC）；《服务贸易总协定》（W/120，1991）中所使用的服务部门分类目录（Services Sectoral Classification List，SSCL）；经济合作与发展组织和欧盟统计局（OECD/EUROSTAT）关于环境服务的分类；欧盟在WTO新一轮谈判中提出的新的环境服务分类。

1. CPC 环境服务的定义与分类

根据联合国中心产品分类编码，将环境服务业定义为污水处理服务（CPC9401）、废物处置服务（CPC9402）、卫生和类似服务（CPC9403）、废气消除服务（CPC9404）、噪声消除服务（CPC9405）、自然与景观维护服务（CPC9406）及其他环境保护服务（CPC9409）。表 14－1 是具体涉及的内容。

表 14－1　CPC 环境服务贸易的内容

	内容
污水处理服务	污水的清除、处理和处置服务。使用的设备是废水管、下水道或者排水系统、污水池或者化粪池；采用的工艺可以是稀释、筛分和过滤、沉淀、化学沉降等。 排除：水的采取、净化和分送服务，被列入 18000 号分类（即自然水）。下水道的建设、修理和改造工程，被列入 51330 号分类（即水道、港口、堤坝和其他水利设施的建设工程）。
废物处置服务	废物的收集和处置服务。废料、污物、垃圾和废物的收集服务，不论是从住家或者从工业性、商业性设施；收集、运输，通过焚烧或者其他方法的处置服务。废物的减量服务也被包括在内。 排除：废物或者碎料的交易服务被列入 62118 号分类（即基于收费或合同约定的货物销售服务）和 62 号分类（即为了回收的废碎料批发贸易服务）。关于环境问题的研究和实验服务被列入第 85 类。 有关环境问题的政府行政管理服务被列入 91123 号分类（即住房和社区环境管理性服务）、91131 号分类（即有关农业、林业、渔业和狩猎的管理性服务）和 91132 号分类（即有关燃料和能源的管理性服务）。
卫生和类似服务	其他卫生和类似服务，包括户外清扫服务及雪和冰的清除服务。 排除：为建筑物和其他农业结构的消毒和杀虫服务，被列入 87401 号分类；与农业有关的虫害控制服务，被列入 88110 号分类（即农业附带服务）。

续表

	内容
废气消除服务	空气污染物的排放监测和控制服务，不论来自移动源还是固定源，大多数产生于化石燃料的燃烧；环境空气污染物的浓度监测、控制和削减服务，特别是在城市区域。
噪声消除服务	噪声污染的监测、控制和削减服务，如城市区域内与交通有关的噪声削减的服务。
自然与景观维护服务	生态系统保护服务，如湖泊、海岸线和沿海水域、旱地等，包括各自的动物、植物和栖息地。 关于环境与气候相互关系（如温室效应）的研究服务，包括自然灾害评估和减灾服务。未被列入其他分类的风景保护服务。 排除：森林损害的评估与消除服务，被列入 881 组之下（即农业、狩猎和林业附带的服务）。
其他环境保护服务	未被列入其他分类的其他环境保护服务，如酸沉降的监测、控制和损害评估服务。

CPC 有临时 CPC（CPC，1991）和修订 CPC 两个版本（CPC1.0，1998），两个版本对环境服务的定义一样，不同的是，CPC1.0 在临时 CPC 基础上进行了二级分类，例如，CPC1.0 将废物处置服务又细分为非危险废物收集、非危险废物处理和处置、危险废物收集、危险废物处理和处置四种，其差别将在表 14－2 中作出说明。

2.《服务贸易总协定》中的环境服务定义与分类（SSCL）

《服务贸易总协定》W/120 分类目录主要依据临时 CPC 分类，其环境服务的定义和分类为污水处理服务、废物处置服务、卫生和类似服务、其他环境服务四类。与 CPC1.0 相比，《服务贸易总协定》环境服务分类没有对污水处理服务、废物处置服务等进行次级分类。《服务贸易总协定》W/120 服务部门分类名录是关税与贸易总协定秘书处与各成员磋商的结果，因此，它应被看成是一个谈判目录，而不是一个统计分类。

表 14－2 《服务贸易总协定》、临时 CPC 与 CPC1.0 环境服务分类

《服务贸易总协定》部门分类	临时 CPC 第 94 章	修订后的 CPC1.0 第 94 章
环境服务	污水处理、废物处置、卫生和类似服务、其他环境保护服务	污水处理、废物处置、卫生和类似服务、其他环境保护服务
A. 污水处理服务	9401 污水处理服务	94110 污水处理服务 94120 池净和清洁服务
B. 废物处置服务	9402 废物处置服务	942 废物处置服务 94211 非危险废物收集服务 94212 非危险废物处理和处置服务 94221 危险废物收集服务 94222 危险废物处理和处置服务

续表

《服务贸易总协定》部门分类	临时 CPC 第 94 章	修订后的 CPC1.0 第 94 章
C. 卫生和类似服务	9403 卫生和类似服务	943 卫生和类似服务 94310 清扫及铲雪服务 94390 其他卫生服务
D. 其他环境服务	9404 废气清除服务 9405 噪声消除服务 9406 自然与景观维护服务 9409 其他环境保护服务	949 其他环境保护服务

资料来源：OECD，Environmental Goods and Services，the Benefits of Further Global Trade Liberalization. 2001，p. 17.

3. OECD/EUROSTAT 的环境服务分类

经济合作与发展组织和欧盟统计局（OECD/EUROSTAT）认为 CPC1.0 及 W/120 中的环境服务定义都过于泛化，经过研究，它们提出了自己的环境服务定义和分类。① 它们认为环境服务具体指提供度量、预防、限制，与水、空气、土壤、废物、噪声、生态系统等相关的环境破坏的服务，以及将这些环境破坏程度降到最低的服务。该分类包括两部分：一是为一次或多次环境保护、污染控制、补救和预防活动提供的服务，具体包括提供设计咨询和工程服务，选址准备、建筑、安装和装配、修理和维护服务，环境研发服务，分析、数据收集、检验、分析和评估服务，土壤、表面水、地下水的补救与清除服务，生态系统与景观保护服务，环境教育培训与信息服务；二是指具体环境媒介所提供的服务，具体包括水和废水管理，固体和危险废物管理，大气污染控制，噪声控制等方面的服务。

4. 欧盟的环境服务分类

在 WTO 服务贸易委员会的谈判中，欧盟提出了一种新的环境服务分类。它将环境服务分为核心环境服务及与环境相关的分部门。核心环境服务分类包括：人类用水和废水管理，固体/危险废物管理，大气和气候保护，土壤和水的恢复及清洁，噪声和振动消除，生物多样性保护和景观，其他环境和附属服务；与环境相关的分部门分类包括：有环境内容的商业服务，有环境内容的研发，有环境内容的咨询、合同和工程，一体化的工程服务，有环境内容的建筑服务，有环境内容的分销服务，有环境内容的运输服务，有环境内容的其他服务。

5. 美国的环境服务分类

美国的环境服务分类是将环境服务分为六大类，分别是：污水处置服务、固体废物治理服务、环境分析及测试服务、危险废物管理服务、清洁及环境修复服务、工程设计与环境咨询服务。②

① OECD. The Environmental Goods and Services Industry，manual for data collection and analysis，1999.

② Environment Business International，Inc.，San Diego，California.

6. 我国对环境服务的定义和分类

在我国环境保护总局印发的《2000 年全国环境保护相关产业状况公报》中，首次将环境服务业定义为与环境相关的服务贸易活动，具体分为环境技术服务、环境咨询服务、污染治理设施运营管理、废旧资源回收处置、环境贸易与金融服务、环境功能及其他环境服务六类（如表 14－3 所示）。

表 14－3 我国对环境服务的定义与分类

类别	具体描述
环境技术服务	包括环境技术与产品的开发、环境工程设计与施工、环境监测与分析服务等。
环境咨询服务	包括环境影响评价、环境工程咨询、环境监理、环境管理体系与环境标志产品认证、有机食品认证、环境技术评估、产品生命周期评价、清洁生产审计与培训、环境信息服务等。
污染治理设施运营管理	包括水污染治理设施、空气污染治理设施、固体废物处理设施、噪音控制设施等的管理、运营和维护服务。
废旧资源回收处置	包括废旧金属及制品、废旧造纸原料、废塑料、废旧化工制品、废木材、废包装物等废旧资源的回收处置。
环境贸易与金融服务	包括环境相关产品的专业营销、进出口贸易、环境金融服务等。
环境功能及其他环境服务	包括生态旅游、人工生态环境设计等。

资料来源：国家环境保护总局科技标准司，环境保护产业协会．我国环境产业市场供求指南．北京：环境科学出版社，2002.

与上述其他环境服务分类相比，我国环境服务分类没有根据环境要素明确各种服务，而是把所有服务活动涵盖于较宽的交叉于所有环境要素、环境部门的分类之下。这就使得我国环境服务分类在具体服务领域和内容上比较粗放，界定不够清晰，重叠部分比较多。

二、国际环境服务贸易的特点和作用

（一）国际环境服务贸易的特点

1. 显著共同和共享利益

人类生活在地球村这个共同的家园，环境保护不仅仅是一国或一地区自身的事情，它关乎区域乃至全球共同的环境利益。而国际环境服务贸易虽涉及环境服务的市场交易，却是运用市场机制和手段更好促进共同利益和共享利益的实现，这成为国际环境服务贸易的重要特点。

2. 外部性和公共产品特征明显

环境服务具有明显的外部性，其改善或恶化影响的不仅仅是当事主体。因此，国际环境服务贸易作为重要的国际服务贸易形式，其服务的交易同样会对其他利益主体产生或正或负的外部性，这是国际环境服务贸易区别于其他形式服务贸易的显著特点。不仅如此，环境服务具有公共产品的特点，由此使服务的权利责任关系较为复杂。主要服务的消费者（受益者）为社会公众，而非特定的自然人或法人，服务的购买者（排污企业或政府）并非服务的直接受益人。而其他服务的消费者和购买者一般为同一主体。

3. 规制标准技术复杂

环境服务规则多且复杂，技术性强，标准不一，这是进行国际环境服务实践中的难点，也是国际环境服务贸易的特点。由此使国际环境服务贸易以及国际环境服务合作、交流等方面面临诸多难题。

4. 内容宽泛且壁垒多样

多数环境服务产品与其他服务业重叠，如环境咨询、环境认证、环境金融、环境保险等。此外，属于环境服务业的城市生活污水处理、城市生活垃圾处理又同时具有城市管理服务的性质。不仅如此，因环境标准技术复杂，因此其贸易壁垒同样多样且可能隐蔽，这成为国际环境服务贸易开展过程中面临的又一重要问题。

（二）国际环境服务贸易的作用

1. 推动环境保护的深入有效开展

环境保护理念的发展、意识的加强、方式的变革、手段的创新等均面临诸多挑战。加强国际合作，特别是发挥市场机制，运用贸易的手段推动环境保护和相关服务产品的国际交易成为重要的路径。在全球气候变化的背景下，欧、美、日等主要发达国家纷纷制定以应对气候变化向低碳经济转型为核心的绿色发展规划，实施绿色经济和绿色新政。发展以低能耗、低污染、低排放为标志的低碳经济，成为世界各国的共同选择。面对当今世界经济发展的新趋势、新潮流、新变化，国际环境服务贸易无疑是当下时代有效破解环境保护问题、促进国际交流合作的途径。

2. 促进经济发展方式加快转变

随着世界人口的不断增加，世界经济对能源、化工原料以及其他原材料的需求与日俱增。目前，发达国家早已淘汰高耗能生产，转而以富含高科技和高收益的各种服务产品为竞争优势参与国际竞争，而发展中国家则为了保持本国在世界经济中的一席之地或者为了在这种竞争环境下谋求生存，只能以自然资源的消耗为竞争优势参与国际竞争，因此影响人类生存的环境状况日趋严重。为此，需要创新发展理念，促进产业转型，把加强环境保护作为提高地区及国家竞争力的重要手段，把发展环境服务业作为培育新兴产业、加快经济发展方式转变的重要抓手。国际服务贸易无疑在更开阔的视野、更广阔的层面为发展环境服务业、促进经济发展方式转变、推动社会经济可持续发展提供了条件。

3. 加快环保产业实现成功转型

环保产业作为战略性新兴产业的重要内容，将成为新的增长点。环境服务业是环保产业的核心，其发展水平是反映环保产业成熟的重要标志。随着污染治理设施的大规模建成和环境污染治理工作的深入与领域的拓宽，环境服务业将成为环保产业中最具发展潜力的领域，其产值在环保产业中的比重也将随之提高。国际环境服务贸易有利于推进环境服务业的成长壮大，从而将成为促进环保产业向更高层次发展的突破口和推动环保产业转型的重要推动力。

4. 实现社会和经济双重效益

伴随环保意识和环境服务国际合作的加强，人类对环境需求的增加和支付意愿（包括主动型和被动型）的加强，环境服务业的产值空间将非常大。总的来看，环境服务业的比重是一个国家环境产业成熟的标志。越是高的产业形态，越能让产业直面环境效果，提升人的生存和生活质量，提升经济发展质量、水平和竞争力，由此在社会效益和经济效益上均取得巨大收获。

三、国际环境服务市场状况

（一）国际环境服务市场发展迅速

随着环境保护和可持续发展理念被各国逐渐接受和普及，国际环境服务市场也呈现出蓬勃发展的势头。作为环境产业化的高级阶段，环境服务业的发展规模扩张迅速。早在 2001 年全球环境服务业已占环境产业超一半份额，比重达到 52%，这表明环境产业已步入成熟期。随着发展中国家环境治理基础设施的健全和完善，国际环境服务贸易的产业基础也在环境产业成熟壮大的过程中更加坚实。同时，全球环境服务市场的发展与整体世界经济发展水平也紧密相关，大体上呈正比例关系，年均增长速度略高于经济增长速度。1997 年环境服务业产值为 2 501 亿美元，随着 2010 年全球经济复苏，环境服务业产值实现了 1.7% 的增长，2010 年环境服务业产值增长到 3 694 亿美元。此外，从 1997—2012 年环境服务业产业和全球 GDP 年均增速的具体走势来看，两者的发展都表现出了较高的同步性。例如，2008 年下半年蔓延到实体经济全面爆发的金融危机，导致 2009 年全球 GDP 出现了 1997 年以来的最大下滑，负增长 2.1%。同年环境服务业出现了 1997 年以来的首次负增长，增速下滑 1%。

如今世界各国特别是发达国家纷纷出台相关环境政策并加大资金投入，加大对环保市场的扶持力度。2019 年全球环境服务业市场规模达到 12 649.70 亿美元，同比增长 3.20%。随着全球经济的稳步回升和国际社会对环境问题以及环境经济的日益关注，国际环境服务市场规模将继续维持稳步增长态势。

（二）国际环境服务市场地区分布集中

当今世界环境服务业以美国、西欧和日本的发展最具代表性，全球环境服务业市场也主要集中在这三个国家和地区。从地区分布情况来看，北美地区环境服务业产业规模占全球整体的 37.56%，其中，美国作为当今环保市场的最大国家占比 35%，占全球环境服务业市场规模的 1/3 以上，位列全球第一；西欧地区占比 25%，位列全球第二，在环保领域处于世界次席地位。美国和西欧在全球环境服务业的领先地位主要源于其自身的产业基础和技术创新能力。日本作为亚太地区环保产业发展的代表国家，2019 年环境服务业产业规模达到 1 289 亿美元，占世界环境服务业总规模的 10.19%，占亚太地区环境服务业总规模的 60%以上，位居世界第三位。

然而，发达经济体环境服务市场占全球市场的比例在逐渐下降。这主要是由于这些发达经济体的工业生产已经高度符合相关的法律规定，即使再进一步提高环境要求，也不会产生明显的份额增加。与此相对照的是非洲、亚洲和拉丁美洲这些发展中和最不发达经济体的环境服务市场开始不断壮大。1996 年只占全球市场份额的 7%，到 2010 年这一比例已达 11%，亚洲和非洲环境服务市场保持了年均 10%左右的增长率。亚洲（除日本外）环境服务业市场占全球的比例从 6%上升到 16.98%，但非洲、拉丁美洲以及其他地区的环境服务业全球总占比为 3.45%，仍然具有相当大的发展空间。

随着我国经济发展水平的提升、城市化进程的加快和城市人口的膨胀，各种环境问题日益突出，这就给予国际环境服务贸易更大的发展空间。基于美国、西欧和日本等发达经济体的环境产品和服务在国内市场日趋饱和，以及总体上发展中国家的环境服务市场占比较低，国际环境服务贸易开始蓬勃发展，特别是东亚等发展中地区已经成为国际环境服务贸易增长最快的地区之一。美国、西欧和日本作为主要的环境服务出口国希望不断开拓新的国际市场，同时东亚、东南亚、中东欧、拉丁美洲地区的环境服务需求增长迅速，需要大量进口环境服务以满足国内需求，二者相互促进，昭示着当今发达国家与发展中国家仍然有着广阔的贸易合作空间，国际环境服务贸易的发展前景良好。

（三）国际环境服务部门发展失衡

虽然全球环境服务业市场发展迅速，但各细分项目的发展水平极不平均。在国际环境服务中，废物处置服务和污水处理服务占环境服务市场的主要份额，这两个项目的产值合计占到全球环境服务市场的 75%，其中废物处置服务占 45%，污水处理服务占 30%。

但在不同国家，各细分项目的发展情况也不尽相同。比如法国和英国在污水处理方面更具优势，而美国占比最大的项目是废物处置。具体来说，以美国为例，美国环境服务业的产业结构规模已趋于稳定，大体分为三个梯队。第一梯队是固体废物管理和废水处理工程，分别占美国环境服务市场的 40%和 30%；第二梯队是咨询与设计，占比达 14%；第三梯队是环境测试与分析服务、危险废物管理和修复服务，分别占 2%、6%和 8%。由此可以看到，第一梯队占据了美国环境服务业相当大的份额，环境服务部门发展失衡情况严重。

从总的趋势来看，废物处置仍然是环境服务项目的主要部分。但随着近年来环境服务项目格局的去集中化趋势，相关数据表明，废物处置服务在环境服务市场中的份额占比自 2000 年开始逐渐下降。污水处理服务的市场份额基本保持稳定，从 2008 年后开始有缓慢上升趋势。随之产生变化的是以废气处理服务为主的其他环境服务项目市场份额开始逐渐上升。

四、国际环境服务贸易发展

（一）国际环境服务贸易投资主体趋于多元化

目前，发展中国家是环境服务贸易的净进口国。20 世纪，环境服务大多是由地方政府提供。这是因为大部分环境服务都具有公共事务的特点，比如说公共垃圾处理厂、污水处理厂等，传统上这些服务都应由政府提供。因此，环境服务的投资也主要由政府承担。而私人部门或因地方政策条件制约不许进入，或因难以获利不愿进入相关领域。

但近年来，私有化和自由化的趋势不断刺激增加了“私人”对环境服务的需求，国际环境服务贸易开始不断发展。随之带来的是一些发展中国家开始对相关公共事务部门进行改革，同时一些发达经济体则已经在公共事务私有化方面作出了很大改变。例如美国虽然在污水处理方面的绝大部分收益仍是由公共事业获得，由政府主导，但美国的私有化步伐一直在加快，特别是在垃圾收集服务领域私有化水平不断提高，在环境服务方面美国已是一个具有相当程度民营化的国家。又如英国早在1989年就进行了一项最彻底的改变，即将十个废水处理公共事业全数民营化。进行同样操作的还有法国，其2/3的污水处理服务由民营公司经营。如今，法国和英国的污水处理和废物处置服务私有化水平已达到很高的程度。再比如说我国、泰国、马来西亚等国开始在相关公共事务部门进行改革，在这些部门实施建设—运行—转让即BOT等运行模式。总体来看，虽然环境服务的大多细分项目仍由政府为主导，但是长期发展的趋势却是以民营化为主。在这样的大形势下，环境服务投资的主体日趋多元化。

（二）企业并购逐渐成为发展主流

随着新兴国家环保市场的迅速发展壮大，全球环保产业的布局开始重塑，环保全球化进程推动环保产业的发展趋势朝向大型环保企业的积极并购整合。例如大型环境综合治理提供商苏伊士联合大型化工企业艺康化工收购Nalco和GE水处理业务，增强其水处理市场竞争力；陶氏化学和杜邦完成1 300亿美元合并组建陶氏杜邦公司，使陶氏化学的水处理及过程解决方案业务与杜邦公司的高性能材料业务进行有效对接；威立雅环境通过其在发展过程中的积极并购整合成为世界上最大的水务公司之一，并将业务范围拓展至环境服务业全领域且具备一站式服务供给能力。

一项研究美国环保产业并购情况的报告显示，企业的规模优势和消费者喜好会对大型企业的形成和收益增加有明显的促进作用，同时在环境服务业中更具竞争力，特别是在与小型环保企业的竞争过程中。造成大型企业更具竞争优势的原因大致有以下几点：(1) 更加复杂和更具整合性的环境技术发展加重了小型企业的财务负担；(2) 相关环境法规政策更趋严格；(3) 消费者更加重视企业的监测要求和责任处理。据统计，美国民营市场的半数是由前十大企业所囊括的，法国民营市场的半数由前两大企业掌控，英国民营市场的半数由前六大企业掌握。而环境服务业中的环境顾问、管理服务等也大多由大型公司掌控，中小型企业则成为大型计划的次要受委托执行者，转型为提供特定的专业性服务。随着环保全球化进程的提速，环境服务业的资本集中度也在提升。

（三）技术升级趋势愈加显著

当今，技术已成为环保产业最为主要的竞争工具，环保产业也已开始向技术导向型转变。相关研究表明，环境服务业的一些细分项目所运用的技术已多年未有重大改变。例如，污水处理及固体废弃物管理通常使用的是成熟且不具有专利性的技术，而空气污染控制技术历经多年发展也多已成熟。随着以市场导向为原则的新法案的制定和实施，上述情况开始发生改变。一些大型环保公司开始将收益的8%～10%作为研发费用，以此来引导各项环境服务业的新技术发展，并且投入的研发费用也有日益升高的趋势。

与研发费用一起不断提升的还有消费者对更精细高端的环保技术的需求。在目前广泛使用的水处理、固废处理和大气治理的基础上，环保技术不断创新聚焦与新兴科技的交叉领域，不断延展环保技术的应用场景。在与现代生物技术、信息技术和新材料等领域渗透融合的基础上，进一步突破环保技术的创新瓶颈，加速环保产业的转型升级。现今，环境服务业的发展已由传统的管末处理转变为运用更先进的环保技术在发生源即在源头减少污染物排放。可以预见，随着全球环境保护的日益严格和环境服务供需双方要求的提高，未来环境服务业的技术升级趋势会更加显著。

第二节　国际环境服务贸易实践

一、国际环境服务贸易政策

国际环境服务贸易政策是对环境服务贸易领域涉及与环保相关的技术与服务和与卫生相关的服务进行规范、管理的各种法规、制度和措施的总称。国际环境服务贸易政策因自身特点而呈现出复杂、多样的特征。

（一）国际环境服务贸易政策趋向自由化

全球气候治理、环境合作、可持续发展以及日益严格的国内环境规章政策和国际环境标准等重大问题和利益关切推动了国际环境服务贸易的迅速发展。与环境相关的立法和标准的制定、实施与执行是环境服务业和国际环境服务贸易发展的重要推动力量。虽然国际环境服务贸易壁垒复杂，主要包括当地环境法规是否健全以及执行成效、政府采购偏好国内供应商、外商投资限制、移民政策、签证政策等，然而伴随环保全球化的进程加快，国际环境服务贸易政策自由化成为一大趋势。

从全球多边谈判的情况来看，1971 年 11 月“环境措施和国际贸易工作组”的设置标志着 GATT 成员方开始重视环境服务贸易；此后的东京谈判达成了《技术性贸易壁垒谈判》，这一结果解释了究竟何种程度的环境措施会造成贸易壁垒的结果；乌拉圭回合多边贸易谈判于 1994 年 4 月 15 日签订《关于贸易与环境的决定》；《服务贸易总协定》则为环境服务贸易自由化创造了良好的环境。之后的多哈回合谈判也在为争取环境服务贸易自由化做出努力，提出了削减或取消环境服务贸易中的关税和其他贸易比例，将环境服务贸易自由化作为环境政策的重要目标。

从区域谈判的情况来看，亚太经济合作组织（简称“亚太经合组织”，APEC）也一直致力于推动环境服务贸易自由化。1995 年亚太经合组织成员方在大阪会议上议定了《执行茂物宣言的大阪行动议程》，对环境服务的市场准入做了规划，这也是初次明确提出环境服务合作。随后，从 2007 年开始，亚太经合组织陆续发布了《环境产品与服务领域的贸易和投资》和《亚太经合组织环境产品与服务工作计划》，继续促进了环境服务贸易自由化。2012 年 APEC 峰会上达成了包含 54 个 6 位海关税号的环境产品名单，各方承诺将这些产品的关税降到5%或以下。此次各方的承诺为将来实现为安装、维护和修理这些设备的服务提供关税减免奠定了良好基础，为推动环境服务贸易的自由化发挥了积极作用。

（二）各国国内环境规制政策日益严格

随着各国对国内环境重视程度的提升，特别是发达国家在经历了高污染、高排放的工业发展后，纷纷制定了一系列与环境保护有关的规章制度，这就使得各国国内的环境规章政策愈加严格，这既为各国发展环境服务业提供了强劲的驱动力，也为拓展环境服务贸易市场增加了阻碍。

以美国为例，美国选择的是“先污染后治理”的发展道路，也因此付出了高昂的环境代价。在20世纪40年代的美国洛杉矶曾发生过的著名“光化学烟雾”事件使美国之后一直致力于空气污染治理。1955年，美国国会出台了《1955年联邦空气污染控制法》，这是美国第一部关于空气污染防治的法律，为之后空气污染的治理奠定了法律基础。此后美国又出台了《国家环境政策法》，首创了环境影响评价制度。继美国之后，法国、英国等发达国家也陆续规定了环境影响评价制度。我国也在1973年首次引入环境评价概念，并于1979年制定了环境评价制度。除此以外，美国为严格控制污染、保护环境，从20世纪70年代以来陆续通过了26部环保法律法规，涉及有关环保的各个方面，比如上述提到的水污染、固体废物管理、大气污染、污染清除等。出台的法律法规有《清洁水法》(1972)、《资源保护与恢复法》(1976)、《综合环境补偿和责任法》(1980)、《美国清洁能源安全法案》(2009) 等。

欧盟各国的工业化发展选择了与美国相同的道路即“先污染后治理”，因此在20世纪70年代欧盟的环境规制开始明显趋严。例如，当时的环境行动计划规定了水污染和空气污染控制以及废物处理的最低标准。《单一欧洲法案》以及此后的一系列条约进一步强调了环境保护的重要意义，欧盟各国开始催生出了一系列关于环境的法律法规。例如，德国与环境有关的法律法规多达上千条，已基本形成了完整的法律体系，相关法律有《垃圾处理法》《联邦控制大气排放法》《废弃物处理法》《可再生能源法》等。

日本作为亚洲环境服务业最具发展代表性的国家，其基础环保法律法规有242项，包括《环境基本法》《环境法配套实施的相关法律》。此外还有《大气污染防治法》《水质污染防治法》等相关法律法规。

从上述论述可知，环境服务业发展具有代表性的三个国家和地区——美国、西欧和日本——其国内或区域内与环境相关的法律法规更为完善和严格。完善的法律法规推动了环保产业的发展，为发展中国家发展环保产业提供了模板。严格的环境标准体系的制定与实施虽然最大限度地激发了环保产业的市场需求，推动了环境服务业的发展，但也使环境服务贸易市场的拓展变得更加谨慎与困难。

二、国际环境服务贸易实务

（一）国际环境服务贸易模式

依据《服务贸易总协定》的四种贸易模式，国际环境服务贸易实践中具体涉及以下活动和内容：

1. 跨境交付

如国际环境服务贸易中在一国的环境咨询人员通过传真、电话、电子邮件等为在他国的客户提供环境评价咨询服务。

2. 境外消费

如一国游客到他国进行跨国生态旅游和环境旅游。

3. 商业存在

如一国的污水处理公司或者危险废物焚烧厂通过到他国投资办厂，进而在他国提供污水处理或者废物焚烧服务。

4. 自然人流动

如一国的注册环境认证人员到他国后，并未设立机构而直接提供企业环境认证服务。

环境服务贸易与一般服务贸易一致，最主要的供应方式是商业存在和自然人流动，这种方式的选择可能是与外国投资规则、卫生和环境要求、竞争政策、移民限制，特别是有关公用事业垄断、公司法和知识产权制度的规章等有关。跨境交付和境外消费这两种方式的选择相对有限，这两种方式对大多数相关环境服务来说技术不可行，仅可能为一些分部门环境服务提供一种考虑途径。

（二）合同环境服务贸易

合同环境服务和合同减排管理是更为新颖的治污减排商业模式。合同环境服务具体分为两种形式：一是污染企业通过合同服务，将节省的减排费用与治污企业共享；二是政府采购由环境服务商所提供的环境服务。合同环境服务的需求决定了其责任主体包括两类：第一类为排污企业，即“谁污染谁负责”；第二类为政府部门，以收费的方式将环境责任集中起来，进而由政府集中采购服务。这两类责任主体以合同或契约的方式，向专门提供环境服务的责任主体采购明确的环境服务并依据环境效果支付相应的费用。这种形式决定了合同环境服务的特点，即选择第三方提供外部服务并且以服务前后的环境效果差来计费。

（三）BOT 模式

BOT 是英文 Build-Operate-Transfer 的首字母缩写，通常直译为“建设—经营—转让”。BOT 实质上是基础设施投资、建设和经营的一种方式，以政府和私人机构之间达成协议为前提，由政府向私人机构颁布特许，允许其在一定时期内筹集资金建设某一基础设施并管理和经营该设施及其相应的产品与服务。BOT 模式在国际环境服务贸易中可以发挥积极作用。

（四）碳交易和碳汇交易

环境交易是指涉及环境类一切权益交易的活动。包括：碳交易、碳源碳汇交易、排污权交易、垃圾排放权交易、污染许可证交易、环境使用权交易、低碳技术、环保技术、环保产品设备交易等，旨在通过利用经济手段来解决环境问题，繁荣环境金融衍生品市场，并通过广泛的国际环境合作和环境交易促进全球环境可持续发展。

碳交易是为促进全球温室气体减排、减少全球二氧化碳排放所采用的市场机制。联合国政府间气候变化专门委员会通过艰难谈判，于 1992 年 5 月 9 日通过了《联合国气候变化框架公约》。1997 年 12 月于日本京都通过了《联合国气候变化框架公约》的第一个附加协议，即《京都议定书》。《京都议定书》把市场机制作为解决以二氧化碳为代表的温室气体减排问题的新路径，即把二氧化碳排放权作为一种商品，从而形成了二氧化碳排放权的交易，简称碳交易。

碳汇交易是基于《联合国气候变化框架公约》及《京都议定书》对各国分配二氧化碳排放指标的规定创设出来的一种虚拟交易。即因为发展工业而制造了大量的温室气体的发达国家，在无法通过技术革新降低温室气体排放量达到《联合国气候变化框架公约》及《京都议定书》对该国家规定的碳排放标准的时候，可以采用在发展中国家投资造林，以增加碳汇，抵消碳排放，从而降低发达国家本身总的碳排量的目标，这就是所谓的“碳汇交易”。简单地说，所谓碳汇交易，就是发达国家出钱向发展中国家购买碳排放指标，这是通过市场机制实现森林生态价值补偿的一种有效途径。这种交易是一些国家通过减少排放或者吸收二氧化碳，将多余的碳排放指标转卖给需要的国家，以抵消这些国家的减排任务，并非真正把空气打包运到国外。

三、国际环境服务贸易经验

（一）重视环境保护与经济发展同步共进

发展经济与保护环境不应顾此失彼，更不应相互对立。无论是发达国家还是发展中国家都应该高度重视环境保护，特别是对于经济落后、处于追赶阶段的国家，应该探索实现环境保护与经济发展同步共进的新路，将环境保护切实纳入社会经济发展的规划中。国际环境服务贸易的发展，在推动环境服务产业的兴起和发展，创新环境保护的途径，促进经济发展等方面无疑具有重要的地位和作用。

（二）重视环境服务领域的立法和规制建设

在推进环境保护和服务的实践以及相关产业和贸易的过程中，要自觉运用法治思维，重视环境服务领域的立法和规制建设，重视运用法治手段促进环境保护和相关服务的开展，使环境服务领域有法可依、有法必依、执法必严、违法必究，为环境保护和环境服务贸易的进行提供强有力的法治保障。

（三）重视利用市场化和科技手段推进环境服务发展

环境服务产业作为新兴产业具有强劲的发展动力和广阔的发展空间，环境服务贸易发达国家在推动环境服务产业以及环境服务贸易发展的过程中，凭借成熟的市场经济、较为完善的市场机制以及相关平台和渠道构建环境服务产业及贸易市场促进机制和体系，运用市场化手段解决环境保护和环境服务产业及贸易中的问题，积累了较好的经验。在数字科技风起潮涌的背景下，一方面发挥市场机制，另一方面推动科技的应用和创新，从而更快更好地促进国际环境服务贸易的繁荣发展。

（四）加强环境服务贸易国际合作

环境保护具有共同利益和共享利益的特征，加强环境服务贸易国际合作势在必行。虽然环境服务议题谈判仍面临诸多问题、困难重重，但是无论发达国家还是发展中国家，都需要积极主动推动环境服务贸易的谈判，为全球环境保护做出贡献。

第三节　我国环境服务贸易发展

一、我国环境服务贸易发展状况

（一）环境服务政策体系建设明显进步

习近平生态文明思想是习近平新时代中国特色社会主义思想的重要组成部分，为推进美丽中国建设、实现人与自然和谐共生的现代化提供了方向指引和根本遵循。我国环境服务贸易的发展要以习近平生态文明思想为指引，始终把人民对美好生活的向往作为奋斗目标，持续改善生态环境质量，把解决突出生态环境问题作为民生优先领域，用心服务人民，紧紧依靠人民，推动全民行动，让群众有更多、更直接、更实在的获得感、幸福感、安全感。在习近平生态文明思想的指引下以及坚持以人民为中心的发展思想，我国环境服务政策体系建设取得了明显进步。

近年来，为了推动环境服务贸易以及环境服务业发展，我国密集出台了相关政策和措施，主要包括推动产业发展、促进环境服务贸易以及推动数字贸易等方面的政策和措施。在推动产业发展方面，2020 年 9 月，国家发改委等 4 部门联合印发《关于扩大战略性新兴产业投资培育壮大新增长点增长极的指导意见》，将节能环保产业作为重点产业，提出探索开展环境综合治理托管、生态环境导向的开发模式（EOD）等环境治理模式创新，提升环境治理服务水平，推动环保产业持续发展等相关内容。“十四五”规划提出，支持绿色技术创新，推进清洁生产，发展环保产业，推进重点行业和重要领域绿色化改造。2021 年全国生态环境保护工作会议强调，在不断满足人民群众日益增长的优美生态环境需要的同时，要不断催生新产业新业态新技术，壮大绿色环保产业。在促进环境服务贸易方面，2020 年 11 月，国务院发布《关于推进对外贸易创新发展的实施意见》，提出提高生物技术、节能环保等新兴产业的国际竞争力。2020 年 12 月，国家发改委、商务部发布《鼓励外商投资产业目录（2020 年版）》，进一步扩大了鼓励外商投资范围，并进一步鼓励外资投向生产性服务业。在研发设计领域，新增或修改污水处理设施设计等条目。在推动数字贸易方面，2019 年 11 月 19 日，党中央、国务院发布《关于推进贸易高质量发展的指导意见》，提出加快数字贸易发展，提升贸易数字化水平，形成以数据驱动为核心、以平台为支撑、以商产融合为主线的数字化、网络化、智能化发展模式。

此外，我国先后出台《数据安全法》《国务院关于同意深化服务贸易创新发展试点的批复》等一系列重要法规和政策文件，为支持和推动数字贸易发展搭建了初步法律政策体系框架。[①]

（二）环境服务贸易产业基础持续夯实

我国环保产业从 20 世纪 70 年代才开始起步，在最初的发展中，环保产业更多发展的是环保产品，重视环保产品的生产数量和生产能力，忽略了环境服务这块巨大市场。直到 20 世纪 90 年代中期之前，我国环境服务业的相关从业单位主要是各种科研设计单位，这也使得我国环境服务业最初以设计和开发等技术性服务为主。此后，随着国家经济建设的不断发展，环境工程项目不断增加，以此类工程为基础的环境工程公司大量进入环境服务业，我国的环境服务业也从单一以技术性服务为主转向包含金融、决策、管理等全方位的智力型服务，结构性调整明显加快。特别是近年来随着我国生态文明建设进入新阶段，各项法规、政策的出台为我国环境服务业的发展营造了良好氛围，在环境服务领域涌现出一批综合实力强、具有国际竞争力的骨干企业。2019 年，我国环境服务收入总额约为 1.12 万亿元，占环保产业收入总额比重超过 60%，成为拉动环保产业发展的中坚力量。依据《我国环保产业发展状况报告（2021）》，2020 年，环境服务营业收入约 1.2 万亿元，同比增长约 9.7%。如今我国的环境服务业主要在环保产业的上游和下游发挥作用。环境服务业的细分项目，如研发、设计、咨询、检测，其发展和贸易水平的增强将有效促进我国环保产业及其贸易成为新的经济增长点，提升我国环保产业产品和服务的高质量供给能力，增强我国环保产业的国际竞争力。相比国外，我国环境服务业规模在环保产业所占比例偏小，滞后于环境保护工作对环境服务业的需求，未来还有很大提升空间。在减排压力越发增大的情况下，环境污染治理设施运营服务将成为环境服务业未来发展的主要方向之一。环境服务贸易的产业基础也在持续夯实。

（三）环境服务贸易数字化取得进展

数字中国的建设以及数字贸易的发展为环境服务贸易数字化创造了有利的环境和条件。当前我国在加大数字基础设施和技术投入的情况下，也在加强环境服务领域基础互联网平台建设，突破生态环境领域大数据采集、存储、管理等关键技术，加强信息组织和数据仓库研究，推动数字环保的建设，进而向智能环保迈进。此外，环境服务贸易数字化过程中需要构建和完善环境服务数字贸易规则，加强环境服务数字贸易统计核算体系，这些构成了我国环境服务贸易数字化的重要任务。

二、我国环境服务贸易实践创新

（一）环境服务模式创新

原环境保护部（现生态环境部）于 2011 年首次启动了环境服务业试点工作，在开展

① 张彬，李丽平. 推动环境服务贸易数字化促进环保产业发展. 中国环境报，2021-09-10（003）.

的第五批试点项目中，具体探索了环境公共服务领域政府和社会资本合作（PPP）政策与模式、工业污染领域第三方治理模式、环境绩效合同服务模式、环境金融服务、环保“互联网＋”。通过开展环境服务业试点工作，在试点的推进过程中形成新的政策文件、管理办法和相关标准规范，建立和完善促进环保产业发展的服务平台，规范环境服务合同范本。这些在试点探索中出现的成功实践，对我国环境服务业模式创新起到了良好的推动作用。2019 年生态环境部围绕中央关于积极探索区域环境托管服务新模式的要求，开展了环境综合治理托管服务模式试点工作，继续创新治理模式和政策引导，进一步推进环境服务业发展，提升环境服务发展水平。如今众多商业新模式在环境治理领域得到创新运用。比如说工业污染领域第三方治理模式、“环保管家”服务模式、环境金融服务模式、资源组合开发模式、生态导向开发模式（EOD 模式）等。随着未来环境服务业的进一步发展，针对特定的环境问题会有更多具有创新和针对性的“保姆式”环境服务，环境服务在向精细化、多元化方向发展。

（二）环境服务科技应用创新

我国围绕水、大气、土壤、生态和环境健康等领域开展应用基础研究和技术创新，产生了一批有代表性的环保科技成果。目前我国在统筹科技资源，深化生态环保科技体制改革；加强重点实验室、工程技术中心、科学观测研究站、环保智库等科技创新平台建设，加强技术研发推广，提高管理科学化水平；积极引导企业与科研机构加强合作，强化企业创新主体作用，推动环保技术研发、科技成果转移转化和推广应用；推动建立环保装备与服务需求信息平台、技术创新转化交易平台；依托有条件的科技产业园区，集中打造环保科技创新试验区、环保高新技术产业区、环保综合治理技术服务区、国际环保技术合作区、环保高水平人才培养教育区，建立一批国家级环保高新技术产业开发区。

（三）环境服务平台建设创新

我国在大力推动环境服务平台建设。加强重点实验室、工程技术中心、科学观测研究站、环保智库等科技创新平台建设，加强技术研发推广，提高管理科学化水平。积极引导企业与科研机构加强合作，强化企业创新主体作用，推动环保技术研发、科技成果转移转化和推广应用。推动建立环保装备与服务需求信息平台、技术创新转化交易平台。特别是在国际服务贸易交易会（简称服贸会）上，环境服务贸易作为服务贸易的重要分支，也一直备受关注。服贸会上所汇集的大量环境服务贸易洽谈信息，使之成为推动我国环境服务贸易发展的重要平台。利用服贸会平台可为我国环境服务贸易激活创新引领的合作动能。此外，数字科技对交易平台建设的支持也为我国环境服务平台建设创新提供了强有力的支持。

（四）环境服务投融资创新

2018 年我国成立环境保护产业协会投融资专业委员会（简称中环协投融资专委会），金融机构、环保企业、研究机构等都加入进来，携手推进环保产业投融资实践落地。中环协投融资专委会作为平台和媒介，服务于环保企业和金融机构的有效对接。通过组织我国环保产业投融资大型论坛等活动，减少环保企业与金融机构的信息不对称情况，明确双方诉求，有效解决中小微环保企业的融资困难。此外，合同环境服务模式，即用户只有获得了既定的环境效果，才付费给治理企业，以及中国人民银行积极推动的环境权益抵质押融资、华夏银行在“五水共治”领域的融资模式创新等都是环境服务业投融资的创新发展。随着金融机构和环保企业投融资方式的创新发展，环保企业的资金缺口开始得到有效的缓解。除此之外，各地方政府设立的环保产业基金也是环境服务业融资的又一有效途径。随着绿色项目界定标准的统一、信息披露的完善，社会资本将更好地与环境服务业融合，实现经济效益与社会效益的共赢。

本章小结

在地球村里，人类共享一个地球，共存在地球生态家园里。在全球化形势下，世界各国各地区利益彼此交织，相互联系、互相依赖。保护环境、维护地球生态家园不仅仅是一国或地区自身的事情，也与其他共存国家或地区以及各种各样的利益相关者息息相关。环境服务业和环境服务贸易日益成为受到社会各界高度关注的行业和贸易领域。在我国明确提出 2030 年“碳达峰”与 2060 年“碳中和”目标和高质量发展背景下，贯彻新发展理念，促进我国环境服务业和环境服务贸易的意义显得更为重大。要依据我国具体国情，积极学习国外有益经验，更要立足我国国情，全力推动我国国际环境服务贸易的繁荣发展。

概念和术语

环境服务；国际环境服务贸易；碳汇交易

复习思考题

1. 什么是环境服务？什么是国际环境服务贸易？
2. 查阅资料，谈谈当前国际环境服务贸易状况和发展。
3. 试述国际环境服务贸易政策。
4. 谈谈国际环境服务贸易实践以及其中的成功经验。
5. 谈谈你对我国环境服务贸易实践创新的认识。

延伸阅读

习近平生态文明思想经济价值的理论呈现

第十五章 国际健康服务贸易

学习目标

1. 掌握国际健康服务贸易相关概念。
2. 了解国际健康服务市场状况以及国际健康服务贸易发展。
3. 了解国际健康服务贸易政策、实务和经验。
4. 了解我国健康服务贸易发展状况和实践创新。

素养目标

1. 通过国际健康服务贸易相关概念、市场状况以及发展的学习，加强读者的健康认识、健康生活方式和理念，增强读者对幸福生活的认识。

2. 通过国际健康服务贸易政策、实务和经验的学习，以多元化学习方式，激发读者对中医药和中华传统文化的自豪感。

3. 通过我国健康服务贸易发展状况和实践创新的学习，强化读者对我国国际健康服务贸易发展的信心，培养历史、比较的观点，增强终身学习、报效国家的意识和理念。

案例导引

智慧健康管理的未来展望

未来十年是智慧健康管理的十年。预计到 2030 年，智慧健康管理将有长足进展。智慧化将覆盖健康管理全流程：（1）通过机器人问诊、信息采集实现个体化体检方案的制定。(2) 定制的个体化体检方案通过互联网工具（微信、相关应用程序等）传输到健康管理中心，健康管理中心收到体检预约申请和体检项目后，对接到内部管理系统和信息化平台，并进行智能排期。(3) 健康体检服务过程中，在内联网的互联互通下，根据日期、受检者数量、检查项目等需求变动，对医护人员、体检设备、体检布局、体检流程等进行相应调配，实现健康管理中心内部资源的动态平衡。(4) 健康管理中心智能出具主检报告、健康风险评估结果、重要异常结果干预方案和健康管理方案后，通过外联网和智能硬件的应用，与服务对象进行互动，监督服务对象执行指定的健康管理方案，并进行效果评价。这样才算完成一个全流程的智慧健康管理服务。

这个全流程服务的核心，即服务的提供者，正是智慧健康管理中心。未来智慧健康管理中心的智慧化将体现在以下四个主要模块上：(1) 业务流程的智慧化，通过体检软件、智能导诊、VR等来实现；(2) 诊间的智慧化和资源的智能调配；(3) 各种人工智能机器人设备；(4) 在测量、分析、评价上智能实现健康的多维度交互。当然，这一切的实现需要5G、区块链、云计算、人工智能、生物信息学等核心技术作支撑。通过这个智慧健康管理的服务体系，健康管理机构将提供更便捷、更高效、更精准、更智能的健康管理服务。

随着智慧健康管理的发展，健康管理服务将具备明显的“五全”特征：服务内容从检测、评估到干预，即全流程；服务周期从孕期、婴幼儿期一直到老年阶段，即全周期；服务线上线下、院内院外一体化，健康监测实时化，即全时空；服务垂直化、网点去中心化，即全方位；服务对象健康画像多维度、个性化，即全要素。

资料来源：曾强，高向阳，白书忠. 智慧健康管理的理论与实践. 中华健康管理学杂志，2022 (1)：3-6.

第一节　国际健康服务贸易概述

一、国际健康服务贸易的相关概念和分类

（一）国际健康服务贸易的相关概念

1. 健康服务

健康服务是随着全社会生产力发展到一定阶段，人们对自身健康问题关注度不断提高而蓬勃发展的服务。健康服务以维护和促进人民群众身心健康为目标，主要包括医疗服务、健康管理与促进、健康保险以及相关服务，涉及药品、医疗器械、保健用品、保健食品、健身产品等支撑产业，覆盖面广，产业链长。

2. 国际健康服务贸易

国际健康服务贸易是指不同国家或地区之间的健康服务的交换活动。当一国或地区的劳动力向另一国或地区的消费者（法人或自然人）提供健康服务并相应获得外汇

收入的全过程便构成健康服务的出口；相对于健康服务的出口，一国或地区消费者购买他国或地区劳动力提供健康服务的过程，则构成健康服务的进口。而依据《服务贸易总协定》（GATS）对服务贸易的定义，国际健康服务贸易涉及跨境交付、境外消费、商业存在及自然人流动四种健康服务贸易模式。服务贸易的四种类型体现到健康服务贸易中，即：

(1) 跨境交付。即一成员方的健康服务商在其境内向另一成员方境内消费者提供健康类服务。随着数字技术和电子通信技术的进步，医生无须面对面就可为远在千里之外的患者提供诊疗、咨询等健康服务，这类可跨境交付的健康服务通常被服务贸易称为远程诊断、远程咨询等。这方面最典型的例子就是远程放射医学，一旦传统的放射胶片变成数字影像后，影像分析就可通过互联网由世界上任何一位具有专业资格的放射医生提供。

(2) 境外消费。包括患者境外就医，或以健康保健等为目的进行健康旅游，患者跨越国境到国外就医被称为健康旅游，这是一项正在飞速发展的健康服务贸易类型。

(3) 商业存在。即一成员方的健康服务商在另一成员方境内设立健康服务公司或分支机构向该成员方或其他成员方的境内消费者提供健康类服务。商业存在的主要形式包括成立海外办事处、结盟、海外投资、多边战略投资者等。

(4) 健康服务人员流动。即一成员健康服务公司的工作人员去另一成员方境内提供健康服务（无论是专业人员，还是一般的工作人员）。自然人流动的障碍涉及关键人员签证和工作许可的迅速有效办理。本国医护人员到国外提供短期的健康服务，亦即健康服务贸易中的自然人流动。

（二）国际健康服务贸易分类

世界贸易组织在服务贸易分类中有关于健康服务相关的分类，成为国际健康服务贸易分类和统计的依据。

为了加快推动健康产业发展，科学界定健康产业的统计范围，准确反映健康产业发展状况，依据《“健康中国 2030”规划纲要》等有关健康产业发展要求，以《国民经济行业分类》(GB/T 4754—2017) 为基础，我国也制定了《健康产业统计分类（2019）》，成为健康服务贸易分类的重要参考和依据。

在《健康产业统计分类（2019）》中，健康产业是指以医疗卫生和生物技术、生命科学为基础，以维护、改善和促进人民群众健康为目的，为社会公众提供与健康直接或密切相关的产品（货物和服务）的生产活动集合。

该分类将健康产业范围确定为医疗卫生服务，健康事务、健康环境管理与科研技术服务，健康人才教育与健康知识普及，健康促进服务，健康保障与金融服务，智慧健康技术服务，药品及其他健康产品流通服务，其他与健康相关服务，医药制造，医疗仪器设备及器械制造，健康用品、器材与智能设备制造，医疗卫生机构设施建设，中药材种植、养殖和采集等 13 个大类。该分类既包括制造业，也包含服务业。其中关于健康服务的分类可作为统计分类的基础和参考。

二、国际健康服务贸易的特点和作用

（一）国际健康服务贸易的特点

1. 消费性服务特征突出

健康服务与人的健康直接相关，其消费性特征突出，属于消费性服务。特别是在消费结构升级，人口老龄化不断加深的背景下，健康服务消费支出不断增大，健康产业发展前景广阔，健康服务的国际合作和交易成为必然选择，由此推进健康服务向产业化、国际化方向发展。在国际健康服务贸易发展过程中，要深入把握健康服务作为消费性服务，健康服务贸易作为消费性服务贸易的特征和规律，更加关注健康服务生产与消费的同时性和互动性，促进健康服务贸易的繁荣发展。

2. 专业性和技术性强

健康服务较一般服务具有很强的专业性，就医学、医疗设备而言，其需要专门长期学习和培训，积累丰富的从业和实践经验，有高水平的专业技能，才可能提供高品质的健康服务。由此在健康服务领域中，不仅仅需要医学专业的高素质人才，心理、管理、经济等各种交叉复合型人才同样重要。专业性和技术性强成为国际健康服务贸易的重要特征。

3. 差异化和不对称性特征明显

健康服务消费性特征突出，而不同的消费者对于健康服务的体验、感受和评价差异性更大，影响因素更多，不确定性更强。如果从健康资源、健康服务的特色化来看，健康服务提供的差异性同样很大。不仅如此，健康服务相对于其他服务而言，因其专业性、技术性强特征，其信息不对称性更为突出，因此在健康服务贸易过程中面临着更多的风险。

4. 内容宽泛且关联性强

健康服务所涉及的领域多、范围广、产业链长，同时与其他产业之间有着广泛的关联，且融合性强，由此需要众多相关部门开展协同合作，推动广泛的国际合作和交流。此外，因内容宽泛，关联性、专业性、技术性强，因此在国际贸易中就面临更多、更复杂的影响因素和环节，成为开展国际健康服务贸易的难点。

（二）国际健康服务贸易的作用

1. 促进社会政治经济和人的全面发展

人民健康既是重大的民生问题，也是关系到社会长治久安的政治问题。强化提高人民健康水平的制度保障，是顺应人民对美好生活新期待，满足人民群众日益增长的对美好生活的向往的必然要求。人民对美好生活的新期待，包括对更高水平的医疗卫生服务的需求。健康也是促进人的全面发展的必然要求。没有健康保障和不断提升的高水平健康服务，人的全面发展就不可能实现，因此，国际健康服务贸易的发展能够为人民健康提供更多的保障、更多的选择、更好的期待，对于社会经济的可持续和高质量发展，对于社会政治的稳定，对于人的全面发展具有重要的意义和作用。

2. 促进消费、产业和贸易结构优化

国际健康服务贸易的发展显然能够带来更加多样、更高品质的健康产品和服务，能够引入更多健康服务提供企业，带来更多的行业竞争，由此使消费支出有条件向健康服务消费发展，从而优化消费结构。此外，健康产业和健康服务贸易的兴起和繁荣，不仅带来新的经济增长点，而且对产业和贸易结构优化产生了积极影响。

3. 促进健康服务新模式、新业态的创新发展

国际健康服务贸易的繁荣推动健康服务经济的发展，有利于创造健康服务发展的良好的营商环境、竞争环境和创新环境，有利于新理念、新科技、先进管理经营理念的交流和引入，也有利于健康服务新模式、新业态的创新发展，从而能够持续拓展健康服务产业链、价值链和创新链。

4. 促进中华传统医学和健康理念的传承和光大

世界各国健康服务资源各不相同，形成了独具特色的健康文化。对于我国而言，推动国际健康服务贸易的发展，对于促进中华传统医学的发展，传承和弘扬中华传统优秀健康文化理念，推动健康中国的建设具有重要意义。

5. 促进健康服务领域国际合作的深入开展

国际健康服务贸易有利于促进我国与其他国家和地区深入开展健康服务领域的国际合作，对于推动国际服务贸易的发展，建立更加合理的国际经济贸易秩序同样有着重要作用。

三、国际健康服务市场状况

（一）健康服务市场规模持续扩大

全球老龄化、环境污染、收入水平提升和人均预期寿命延长等都是健康服务市场持续扩大以及健康服务业繁荣发展的重要支撑因素。而在互联网经济与创新型经济持续升温的背景下，以互联网、大数据与人工智能为代表的一系列创新技术，通过与健康需求的结合即赋能，为健康服务业的发展提供了持续动力。近年来，世界健康服务市场和健康产业处在全面发展的崭新阶段，无论是各国政府的政策规划，还是资本市场的投资趋势，都在持续地关注和重视健康产业。健康产业不仅是全球资本竞相追逐的对象，更是已经成为众多发达国家的支柱产业与经济发展的重要动力。而作为其重要组成部分，健康服务业同样获得了普遍看好的市场预期与诸多利好的发展前景。当前世界各国都在积极发展健康服务业，它已经成为全球最大的产业之一，并有望成为主导全球经济的支柱产业。全球健康经济产业规模从2017年的4.3万亿美元增长到2019年的4.9万亿美元，年均增速6.6%，显著高于全球GDP增速（4.0%）。即使在新冠疫情的影响下，2021年全球健康服务业的总产值仍突破20万亿美元。

（二）健康服务需求多样化明显

健康服务需求涉及面非常广，而健康服务业产业链长，且在产业融合、业态模式创新中不断延伸。随着社会的发展、生活方式的改变，传统的医疗模式也需要改变，逐渐向防、治、养模式转变，而大健康产业恰恰是“防、治、养”模式的产业体现。所谓大健康，就是围绕人的衣食住行、生老病死，对生命实施全程、全面、全要素的呵护，是既追求个体生理、身体健康，也追求心理、精神等各方面的健康的过程。它涉及养老产业、健康管理、商业医保、医疗美容、在线医疗、养生旅游、智慧医疗、康复医疗、医药电商、基因测序。实现大健康，需要树立大健康理念、进行大健康教育、创新大健康技术、发展大健康产业、完善大健康服务。可见健康服务需求不仅多样，而且强劲，成为国际健康服务市场广阔前景的需求基础。

（三）健康服务市场机制作用加强

健康是人类的基本权利之一，医疗卫生服务具有公共产品的特征。然而，健康服务需求的多样化、个性化、规模化若想得到满足，需要充分调动社会力量，加快发展内容丰富、层次多样的健康服务业，实现基本和非基本健康服务协调发展。在推动健康服务产业和贸易发展过程中，不仅要发挥政府的支持引导作用，也要重视市场机制作用的发挥。发达国家发挥市场成熟、机制完善的优势推动着健康服务业和健康服务贸易的发展。我国则需要立足自身国情和发展目标，积极借鉴发达国家的有益经验，加强健康服务市场机制的作用。早在 2013 年我国发布的《关于促进健康服务业发展的若干意见》中，就明确提出要“全面发展中医药医疗保健服务”。中医药健康服务业既包括公共服务，也包括私人产品，既有政府责任，又要发挥市场作用，既是普惠性福利，又是个性化需求。而在经济全球化背景下，越来越多的国家和地区推动国际健康服务贸易发展，市场机制成为重要的促进机制和手段。

（四）健康服务市场发展不平衡

在世界一些发达国家和地区，健康服务业不仅是其现代服务业的重要组成部分，还在其国民经济体系中发挥着日益增长的重要作用。例如，美国健康服务业的规模占其国内生产总值的比重已经超过 17%，加拿大、日本等国家的健康服务业增加值占 GDP 的比重也超过 10%。相比而言，发展中国家健康服务市场大多处于发展起步阶段，呈现出产业规模较小、服务供给不足、服务体系不够完善、监管机制不够健全、开放程度偏低等问题。就大健康产业而言，在发达国家，健康产业增加值占 GDP 比重超过 15%，而在我国，健康产业增加值仅占国民生产总值的 4%～5%，低于许多发展中国家。目前中国健康产业的年收益约为 900 亿美元，而美国健康产业产值已经超过了 1 万亿美元。可见，从国际视角看，健康服务市场存在发展不平衡问题。

四、国际健康服务贸易发展

（一）健康服务外包发展迅速

由于电子信息技术、互联网，特别是数字科技的进步，远程健康服务贸易发展非常迅速。以远程放射医学为例，虽然解读医学放射影像需要非常专业的知识，但放射医学却与对技能水平要求较低的呼叫中心业务一样，可以发包到发展中国家。因此，放射医学服务更容易成为可从医院外部市场上购买的标准化商品。电子通信对健康服务的影像不仅限于远程放射医学，还使得印度、菲律宾、古巴等发展中国家成为远程病理、远程诊断、远程咨询、医疗抄写等健康服务的出口国，充分发挥了发展中国家人力资源所具有的成本优势。当然健康服务外包也面临信息隐私、服务质量监控、健康服务事故责任、患者的知情权、费用支付方式等各种问题，而这就需要进一步探索创新，推动国际健康服务贸易的健康可持续发展。

（二）跨行业融合持续深化

健康服务业覆盖面广、产业链长、融合性强。尤其是伴随着传统产业向健康服务产业延伸拓展，产业融合、行业多元化发展成为趋势。同时，健康服务业通过与其他相关行业交叉渗透，以点带面地带动其他产业联动融合发展。健康服务业与信息科技业、旅游业、建筑业、制造业、美容业等传统产业融合发展，催生出“医疗＋大数据”“医疗＋人工智能”等新业态，并成为大健康产业的新增长点。健康服务业与旅游建筑业等传统产业融合发展加剧，“康养旅游”“医疗养老地产”等模式成为大健康行业的新兴增长点。健康制造业向健康服务业领域拓展，形成“工业＋医疗＋旅游”模式。还有健康制造业向上下游产业链延伸形成的全产业链发展模式。跨行业融合持续深化成为国际健康服务贸易发展的重要特点。

（三）科技应用力度不断加大

科技在医学及其他健康领域的创新和应用力度不断加大。近年来，生物技术和生命科学的不断创新，推动健康服务产业创新力不断提高。加之基于互联网信息技术，智能穿戴、医疗仪器、医疗软件、医疗大数据等创新产品不断问世，医学理论和方法不断迭代创新，以生命科学为主的多学科理论和方法融合进步，健康科学的深度和广度不断拓展，催生了以免疫细胞疗法、基因治疗为代表的新兴疗法，以化学仿制药为代表的医药产业，以智慧医疗、移动医疗、合成生物学、脑科学等为代表的新的生物技术疗法和药物。医疗科技逐步成为生物、材料、信息、工程等多学科多门类融合应用的重要引擎，以此促进了健康服务业和健康服务贸易的不断发展。

（四）健康服务涉外投资扩大

外国投资者在某一国家境内出资建立健康机构，通常被称为健康服务 FDI。健康服务 FDI 既可以采取股权出资方式，也可以采用非股权的方式。在 FDI 中贸易双方中的出资方获得了一定的控制权与收益权。虽然各国政府对健康服务行业有着较为严格的管制，但是健康服务 FDI 带来的资金、健康技术对发展中国家仍然有益。早在 2014 年全球风投在医疗健康领域的投资数量就达 70 起，交易额超过万亿元，受到投资者的青睐。依据普华永道的相关报告，中国大健康产业投资热情显著提升，各赛道资本运作活跃。医院投资表现出营利性医院控股型收购增加和“集团化”“连锁化”趋势加速的特点。长远来看，面对医院纾困类投资和债务重组的解构，以及跨境投资者和新兴赛道的转型重塑，中国大健康产业将实现行业与资本的共荣。该报告称，中国医疗大健康市场规模已达到13万亿元，跃居为全球第二大市场。从2020年7月至2021年6月，已披露的中国大健康产业总交易金额为861亿元，其中境内外医院交易金额达174亿元（约占20%），数字医疗交易金额达581亿元（约占68%），院外健康管理交易金额达106亿元（约占12%）。

（五）就业带动作用更强

即使在2008年金融危机期间，健康产业年均增长速度仍保持在4%，高出全球经济增长速度近2个百分点，成为能够对抗经济风险的绿色产业。随着发展中国家经济发展以及人们生活质量的提高，全球健康需求进一步释放，并且随着世界许多国家人口老龄化的趋势深化，庞大的养生养老需求可吸纳大量的就业人数。据《日本统计年鉴》，2016年日本医疗福祉就业人数达742万人，比2012年的618万人增长20.1%，占就业总人数（5 744万人）的12.9%，是就业人数增长最快的产业。据美国劳工部统计，2012年美国从事健康管理服务业的人数为660万人，占全国就业总人数（14 504万人）的4.55%，其中家庭护理87.5万人、个人护理助理53.8万人、医务秘书52.5万人、健康管理师31.6万人，健康服务业中的非医疗就业人数成为增长最快的领域。国际健康服务贸易对就业的带动作用不断增强。

第二节　国际健康服务贸易实践

一、国际健康服务贸易政策

国际健康服务贸易政策是健康服务贸易领域规范、管理与健康服务相关活动和行为的各种法规、制度和措施的总称。

健康服务在人的基本需求排序中具有优先性，基本健康服务的种类、质量与数量因国家经济发展水平的不同而有很大差异。鉴于健康服务具有一定公共产品的特征，因此需要依据自身国情和发展实际不断出台对健康服务类型实施差异化的政策。通常情况下，政府通过公立健康部门来保证健康服务的供给与平等的可获得性，出台对健康服务市场进行管制的政策。在国民收入水平越低、健康资源越稀缺的国家，公立健康部门在健康服务市场的比例越高，私立健康部门所受的管制也越严格。在国际健康服务贸易中，如何在贸易利益与国民健康福利之间进行权衡是各国政府的政策制定者面临的难题。一方面，要考虑如何降低健康服务贸易的政策壁垒，以实现潜在的贸易收益；另一方面，要调整公共健康政策，以化解健康服务贸易可能导致的不平等。

（一）健康服务贸易模式及贸易壁垒

健康服务贸易能否发生，首先取决于一国政府是否对外开放其健康服务市场，因此政府在《服务贸易总协定》中的承诺对健康服务贸易具有举足轻重的影响。在《服务贸易总协定》四种服务贸易模式中，跨境交付所涉及的健康服务通过电子信息网络传输；境外消费是本国公民到国外求医，接受健康服务；商业存在是在另一成员方境内设立健康服务公司或分支机构提供健康服务；自然人流动是个人或健康服务公司的工作人员去另一成员方境内提供健康服务。上述四种模式都可能面临贸易壁垒的限制。

针对跨境交付，病人隐私、数据安全、技术限制等方面都可能对国际服务贸易跨境交付模式产生影响。如病人的隐私是通过发包医院与接包医院间的服务合约加以保护的。但发包国都有严格保护病人隐私的专业法律，发包国的管制者就可能以承接国对隐私的法律保护较弱为由而禁止将数据传送出去。

针对境外消费，涉及人员移动壁垒和费用支付等问题。健康保险是否支付国外的健康服务是一个重要的贸易障碍。即使国外的健康服务能帮助患者节省费用，但出于对外国健康服务质量的担忧以及可能由此产生更昂贵的继续治疗费用，保险公司会不愿意支付国外的健康费用。

针对商业存在，许多国家允许投资，但对外资健康机构所拥有的股权份额与人员配置都有限制。有些国家不允许外资股份超过 50%，有些国家虽然允许外资股份占多数但不允许达到 100%；有的国家要求外资健康机构的工作人员大多数应当是当地人，有的国家只要求员工中有本地人即可。此外，外资健康机构与本地健康机构一般在选址、床位规模、健康设备标准、医护人员资格等方面都要满足相同的规定与要求，这些管制措施并不会影响外资健康机构的竞争力，东道国健康服务市场的市场化程度对外资健康机构的竞争力会产生重要影响。

针对自然人流动，有的国家只允许外籍医生在得到批准的情况下提供一年以内的短期健康服务。有的国家只允许某些特定专业的医生进入，其他专业医生则完全禁止进入。有的国家对外籍医生的进入实施数量配额或视本国的需要而决定是否批准。国内管制措施对试图进入该国的健康人员影响很大。每个国家都要求外来的医护人员至少具有与本国医生同样的专业技能水平，因此会对外来的医生制定某些特别的标准，这对健康服务贸易造成了一定障碍。如有些国家要求申请者参加它们本国的执业资格考试，有些国家则要求申请人员具有数年以上的工作经验，申请的审批权在该国卫生部。

健康服务贸易会对一国政府的公共健康政策产生影响。政府在开放健康服务市场时，需要重新定位公立健康部门与私立健康部门在健康体系中的角色与运营方式，重视在一个公立与私立健康部门并存的健康体系中如何保证健康服务的可获得性，调整公共健康政策，平衡源自市场力量与健康水平之间的冲突等等。

（二）国际健康服务贸易政策国别概况

“健康公民计划”（Healthy People）是一项由美国卫生和公众服务部主导，与各地方政府、社区和民间专业组织合作开展的全国性健康促进计划，旨在不断提高居民的健康水平。美国于 1979 年首次发布的《健康公民报告》被认为是健康公民计划的开端。1990 年，美国颁布并实施了《健康公民 2000》，且每十年更新一次，构建了健康公民 2020 执行框架，又称为“MAP-IT”框架，涵盖了动员、评估、计划、实施和追踪五个步骤。该框架为从地方社区到联邦政府的各级政府以及健康领域的从业者提供了协同实施路径，保障了健康促进政策的连续性。与此同时，美国官方倡议推动健康文化运动。通过各种媒体传播相关内容来提升民众的健康意识和疾病的预防能力，从而达到提升民众健康水平的目的。

美国重视健康科技与产业创新政策，在健康科技领域形成了以国家创新战略为引领、各主体高效参与的科技创新体系。在区域层面，创新生态系统的良好运转以点带面，拉动了整个国家创新体系的健康发展，更加重视创新主体如供应商、企业、合作伙伴、高校与科研机构、竞争企业，创新支持机构如金融机构、政府、风险投资机构、中介机构、行业协会，以及创新环境如政策创新、社会文化、资源等要素之间相互促进与共荣的合作关系。在健康服务领域，美国长期保持在全球的领先地位，为推动医疗健康产业创新力的发展，美国提出了“精准医疗”和“大脑计划”两项倡议作为国家创新战略以及“医疗保健”等医疗卫生领域的创新性举措。此外，美国积极推动健康服务业集聚、集群发展政策的实施，在全美范围较早建立起了多层次、多样化的健康服务业人才培养培训制度体系，为国际健康服务贸易的发展提供了人才保障。

英国是税收型卫生服务体系的代表，国民健康服务体系（National Health Service，NHS）自 1948 年成立以来，已发展成世界上最大的由公共资金支持的卫生服务体系，并以其高效、公平和全面著称。2013 年 4 月 1 日英国保守党通过了《健康和社会保健法案》，NHS 的组织架构和服务提供方式发生了变化。从服务内容上，初级卫生保健逐步整合了公共卫生和社会服务，公共卫生服务主要针对高危人群开展针对性健康教育，社会服务重点对象是老年人、精神病患者和残障人士。《健康和社会保健法案》放权探索适宜的服务体系和机制，建立初级卫生保健信托机构。2011 年，英国开始探索将 NHS 与大数据技术结合，试图将 NHS 累积的医疗健康大数据运用于研究，并通过与产业、研究机构共享 NHS 的医疗健康大数据，进一步巩固英国医疗行业在全世界的领先地位，成为引领全球医疗创新的典范。2013 年英国政府启动了“云优先”政策，正式制定了将云计算技术引入公共部门的计划，以利用效率和降低成本等收益。对于英国国民健康服务体系而言，数字化转型已经成为“2020 个性化医疗保健”政策的目标。这是一个旨在在整个医疗保健系统中部署创新技术的框架，以更好地改善患者护理和结果。

德国是世界上最早开始建立社会医疗保障制度的国家。早在 1883 年，德国就颁布了世界上第一部《疾病保险法》，建立了法定医疗保险制度。德国作为欧洲医疗创新产业的中心，多年前，德国联邦教育及研究部就发起了德国生物医疗计划，在全德国范围内建立了以医疗创新为国家战略重点的网络式布局。

日本政府在老年健康服务方面积累了丰富的政策经验。针对人口老龄化，日本政府高度重视老年健康服务，其老年健康服务业在亚洲是最先进的，其中《护理保险法》的通过和实施是一个主要标志。在老年人福利和老年人医疗制度所采取的应对措施已不能满足实际需求的情况下，日本在 1997 年创立了社会共同支撑老年人护理体制——《护理保险法》，并从 2000 年起开始实施。《护理保险法》的实施，不仅仅局限于照顾需要护理的老年人的生活起居，也支援老年人把实现自立作为理念；同时利用者自主选择，可以综合享受多个主体提供的保健医疗服务和福利服务；其费用的承担实行政府补助和个人承担关系明确的社会保险形式，也相对减轻了社会和个人的负担，实现了费用承担的公平化，因而受到群众的拥护。日本将老年健康服务纳入法制管理，为开展健康服务提供了可靠的法律保障。

二、国际健康服务贸易实务

国际健康服务贸易涉及面广、环节多。下面重点介绍远程医疗、健康保险以及健康管理。

（一）远程医疗

依据世界卫生组织的定义，远程医疗是一种医疗卫生服务，其中距离是关键因素，所有的医疗诊断、治疗、咨询、评估等医疗行为都是通过信息和通信技术实现的，也叫作电子医疗、电子保健等。

依据国家卫生计生委以国卫医发〔2014〕51号印发的《关于推进医疗机构远程医疗服务的意见》，远程医疗服务是一方医疗机构邀请其他医疗机构，运用通信、计算机及网络技术，为本医疗机构诊疗患者提供技术支持的医疗活动。医疗机构运用信息化技术向医疗机构外的患者直接提供的诊疗服务属于远程医疗服务。远程医疗服务项目包括：远程病理诊断、远程医学影像（含影像、超声、核医学、心电图、肌电图、脑电图等）诊断、远程监护、远程会诊、远程门诊、远程病例讨论及省级以上卫生计生行政部门规定的其他项目。

医疗机构具备与所开展远程医疗服务相适应的诊疗科目及相应的人员、技术、设备、设施条件，可以开展远程医疗服务，并指定专门部门或者人员负责远程医疗服务仪器、设备、设施、信息系统的定期检测、登记、维护、改造、升级，确保远程医疗服务系统（硬件和软件）处于正常运行状态，符合远程医疗相关卫生信息标准和信息安全的规定，满足医疗机构开展远程医疗服务的需要。

相关方签订合作协议，约定合作目的、合作条件、合作内容、远程医疗流程、双方权利义务、医疗损害风险和责任分担等事项。此外，应注意患者要知情同意，并认真组织实施，妥善保存资料，简化服务流程，规范人员管理等。

为了进一步推动远程医疗服务持续健康发展，优化医疗资源配置，促进优质医疗资源下沉，推进区域医疗资源整合共享，提高医疗服务能力和水平，2018年国家卫健委发布了《远程医疗服务管理规范（试行）》，对远程医疗做了进一步规范。

（二）健康保险

健康保险是指在被保险人身体出现疾病时，由保险人向其支付保险金的人身保险，主要包括医疗保险、疾病保险、失能收入损失保险、护理保险以及医疗意外保险等。健康保险是健康服务业和健康服务贸易中的重要内容。

从国际比较看，西方发达国家商业健康保险经营的专业化程度较高，保险公司与医疗服务提供者形成了风险共担、利益共享的合作机制，商业健康保险在这个社会保障体系中占据十分重要的地位。健康保险在欧美发达国家的健康管理价值链中处于核心地位，是英、美健康服务业成功的关键。健康医疗保险能够实现前向医疗服务供给和后向付费的整合，使消费者能够获得医疗机构提供的医疗服务，并且通过管理式医保等方式承担第三方管理、支付、成本控制功能，成为控制医疗费用支出、撬动健康产业价值的杠杆。

以美国为例，健康保险业占 GDP 的 14%以上，投保商业健康保险的人数占总人口的 63%，而在我国这一比例只有 3%左右，商业健康保险还远没有发挥应有的作用。商业健康保险应成为推动建立多层次医疗保障体系的重要增长动力。从需求层次来看，商业健康保险的保障层次体现了多元化特征，但均涵盖了补充型的功能，包括自付补充，即对医保内的服务或产品自付部分的报销；医保外补充，即医保不覆盖的产品或服务补充；互补型商业健康保险，即在医保覆盖范围内，但患者可能选择非医保定点的医疗服务机构就医。其中，医保外的补充需求是现阶段人民未被满足的医疗基本需求，也是商业保险短期需要重点建设和覆盖的一个层次。

（三）健康管理

健康管理的概念源于美国。20 世纪 60 年代，美国保险业最先提出健康管理的概念，医生通过健康评价指导病人自我保健，力求降低医疗费用，控制保险公司风险，奠定健康管理服务的发展基础。1969 年，美国联邦政府就出台了将健康管理纳入国家医疗保健计划的政策，当时医疗系统没有能力等到人们病了再去恢复健康，因此，为了保证人人享有健康，当务之急不是构建主要为不健康人群服务的昂贵的诊断和治疗系统，而是建立同时能为健康和不健康的人群服务的健康维护和管理系统，由此健康管理越来越受到重视。

国际健康管理模式涉及建立三级健康管理体系：（1）一级健康管理。它是面对大众的平民健康消费，主要在社区卫生服务机构及体检站完成，服务内容包括建立健康档案、进行健康评估、识别和控制健康危险因素、进行慢性疾病管理、加强个性化健康教育、督促和指导健康计划的实施、履行三级健康管理师的职责，其服务是基础层面上的。（2）二级健康管理。它的服务对象是中高端消费水平的人群、中大型企业、健康保险业。主要由符合国家标准的健康管理中心承担。服务内容包括健康检测监测、健康评估与指导、健康干预与维护、健康计划的制定和实施、履行 1～3 级健康管理家的职责。二级健康管理在健康检测、评估、干预手段方面均优于一级健康服务，是更高层面上的服务。（3）三级健康管理。主要由有能力承担高端消费人群的大型健康管理中心来完成。

健康管理有三个环节，即三个基本步骤：健康信息采集、健康评估、健康干预。这三个环节是通过不断的跟踪服务形成的一个健康管理服务的封闭循环，各个环节必须连贯完成并不断循环，缺一不可，否则就达不到健康管理的目的。此外，还有专项健康管理，是针对身体的某一个脏器或系统的健康管理服务。健康管理的适用人群包括健康人群、亚健康人群、慢性病高危人群或亚临床人群，以及早期或恢复期人群。

相比于国外的健康管理理念，我国“治未病”思想是中医药文化的精髓，展现出中华传统优秀文化的思想魅力和先进理念。“上医治未病”最早源自《黄帝内经》所说：“圣人不治已病治未病”。“治”，为治理管理的意思。“治未病”即采取相应的措施，防止疾病的发生发展，其在中医中的主要思想是：未病先防和既病防变，成为我国健康服务事业、产业发展的重要指导思想。

三、国际健康服务贸易经验

（一）加强健康服务的制度保障

国外健康服务业的发展离不开政府的大力支持、引导和合理规划。美国、英国等国家的健康服务业得益于政府通过宏观计划、财政税收等手段以及法律法规建设的引导、支持、规范和干预，保持自身在全球健康服务领域和市场上的领先地位。各国健康服务业发展的事实表明，健康服务业以及健康服务贸易的发展和创新需要政府合理引导和政策科学规划。加强健康服务的制度保障成为促进其健康可持续发展的重要因素。

（二）加强健康服务体系建设

当下健康影响因素的广泛性、社会性、整体性日益突出，保障健康越来越成为一个系统工程。不仅如此，人们的健康意识快速提升，多层次、多样化健康需求持续增长，对健康服务的公平性、便捷性、连续性、精准性要求越来越高。同时卫生健康的供给侧问题，如优质资源供给、结构优化、布局均衡、配置效率等也很突出。加强健康服务体系建设，持续完善产业链，提升健康服务供给能力和水平是推动国际健康服务贸易的重要经验。

（三）加强高素质复合型人才培养

健康服务业涉及诸多学科交叉，属于知识与技术密集型产业，对于创新人才需求强烈。与传统产业集聚区主要依赖自然资源禀赋不同，健康产业集聚区更加注重人才支撑、知识溢出效益和创新驱动。健康服务发达国家拥有先进的医学教育教学体系，培养出大量高素质复合型健康服务人才，成为保障其国际竞争力的重要原因。

（四）加强预防性健康管理工具应用

欧美等发达国家在预防性健康管理工具上进行了很多应用和创新，包括疾病管理、质量控制工具、激励措施等，这些管理工具的发展在全球范围内具有巨大的市场潜力。预防性健康管理工具强调预防和健康教育，如疾病早期筛查、牙齿日常护理等，接受这些服务的消费者可以得到一定程度的医疗费用减免；监控和协调整个医疗服务体系，利用技术手段为病人提供最合适的医疗计划和最合适的就诊机构；设立激励机制，限制不必要、不合理的医疗需求，如通过共同支付等方式让病人与保险公司共同承担医疗费用，采用预付费制度激励医院自我控制成本，建立排队名单限制医疗供应；基于大数据和数理模型，根据参保人员不同的个体情况，个性化预测其健康发展趋势和患病风险，并据此调整保费费率等。

（五）加强国际合作和信息共享交流

在全球化背景下，健康服务贸易的发展离不开国际合作的深化。特别是面对全球公共卫生问题和风险，提升自身健康服务能力，挖掘健康特色资源，增强健康服务竞争力等，均离不开国际合作和交流。此外，在健康服务风险防控、利益共享、信息互通等方面同样需要加大国际合作力度，拓展合作渠道，为国际健康服务贸易的发展开辟道路。

第三节 我国健康服务贸易发展

一、我国健康服务贸易发展状况

（一）健康中国战略引领健康服务贸易发展

推进健康中国建设，是全面建成小康社会、基本实现社会主义现代化的重要基础，是全面提升中华民族健康素质、实现人民健康与经济社会协调发展的国家战略，是积极参与全球健康治理、履行 2030 年可持续发展议程国际承诺的重大举措。未来 15 年，是推进健康中国建设的重要战略机遇期。在健康中国战略的引领下，我国健康服务贸易迎来前所未有的发展契机。

首先，相关政策规划密集出台。《中华人民共和国国民经济和社会发展第十四个五年规划和 2035 年远景目标纲要》《中共中央 国务院关于加强新时代老龄工作的意见》《国家积极应对人口老龄化中长期规划》《“健康中国 2030”规划纲要》《健康中国行动（2019—2030 年）》等成为推动我国健康服务贸易发展的重要政策基础。

其次，宽松的健康服务业和服务贸易发展环境正在培育。受政策鼓励和资本推动的影响，2021 年，大健康产业在患者服务类领域、医疗服务类领域、医药服务类领域、医疗美容类领域和医疗保健类领域等细分场景快速发展。中小企业涉足健康咨询、体育健身、中药养生、医疗服务等健康服务相关领域。健康服务消费和供给能力也持续提升。

（二）健康服务贸易产业基础持续夯实

近年来健康服务业的快速发展为健康服务贸易的开展奠定了坚实的产业基础。健康服务基础设施和基础服务水平进一步提升。健康教育、预防保健、疾病诊治、康复护理、长期照护、安宁疗护六个环节的老年健康服务体系初步建立，医养结合稳步发展。老年健康与医养结合服务纳入国家基本公共卫生服务，老年人基本医疗保障进一步加强，长期护理保险制度试点顺利推进，老龄健康产业规模不断扩大，科技助推老龄健康事业发展的动力强劲。截至 2020 年底，全国设有 1 个国家老年医学中心和 6 个国家老年疾病临床医学研究中心，2 642 个二级及以上综合性医院设有老年医学科，设有安宁疗护科的医院有 510 个，全国安宁疗护试点扩大到 91 个市（区），两证齐全（具备医疗卫生机构资质，并进行养老机构备案）的医养结合机构达到 5 857 家，床位数达 158 万张。2020 年，我国人均预期寿命提高至 77.9 岁。老年人新冠疫情防控工作成效明显，充分体现了中国特色社会主义制度的优越性。

此外，健康服务信息化水平持续提升。国家制定了相关信息数据标准，加强医院、医疗保障等信息管理系统建设，充分利用现有信息和网络设施，尽快实现医疗保障、医疗服务、健康管理等信息的共享。积极推动网上预约挂号、在线咨询、交流互动等健康服务。以面向基层、偏远和欠发达地区的远程影像诊断、远程会诊、远程监护指导、远程手术指导、远程教育等为主要内容，发展远程医疗。探索发展公开透明、规范运作、平等竞争的药品和医疗器械电子商务平台。支持研制、推广适应广大乡镇和农村地区需求的低成本数字化健康设备与信息系统。逐步扩大数字化医疗设备配备，探索发展便携式健康数据采集设备，与物联网、移动互联网融合，不断提升自动化、智能化健康信息服务水平。

（三）健康服务贸易消费潜力巨大

随着人均收入和医疗保健消费支出增长，中老年人主动追求和促进身体健康的意愿无疑更强。而老龄化下消费型医疗服务保持快速增长，必然带动健康消费领域的快速拓展。国家统计局数据显示，2021 年，我国人均医疗保健消费支出 2 115 元，增长 14.8%，全国居民人均可支配收入则实际增长 8.1%。根据我国保健协会相关预测，到 2030 年，我国大健康产业总规模有望达到 16 万亿元。“健康消费”已经成为人们追逐的新热点。依据相关研究，目前我国休闲保健服务行业企业已经达到 60 多万家，相关链条产业 300 多万家，从业人员 3 000 万人，年产值 2 000 亿元人民币。此外，新兴休闲保健产业民营资本投资比例高达 95%以上。可见，消费潜力巨大成为我国健康服务贸易蓬勃发展的重要动力。

（四）健康服务贸易新模式、新业态不断涌现

健康服务产业链的拓展、多样化需求的推动以及新科技的促进等使《服务贸易总协定》所提及的健康服务贸易四种模式的内涵不断丰富。特别是随着互联网、物联网、人工智能、大数据技术的成熟和发展，“互联网+大健康产业”焕发出勃勃生机。而产业融合同样为新模式、新业态的涌现提供了动力、创造了条件。如智慧健康养老、中医药养生养老、森林康养等新模式、新业态不断涌现。

（五）中医药健康服务传承发展优势显现

近年来，我国大力发展中医药医疗保健服务，提升中医健康服务能力。充分发挥中医医疗预防保健特色优势，提升基层中医药服务能力，推广科学规范的中医保健知识及产品。鼓励和扶持优秀的中医药机构到境外开办中医医院、连锁诊所等，培育国际知名的中医药品牌和服务机构，开发中医诊疗、中医药养生保健仪器设备。不仅如此，加强药食同用中药材的种植及产品研发与应用，开发适合当地环境和生活习惯的保健养生产品。宣传普及中医药养生保健知识，推广科学有效的中医药养生、保健服务，鼓励有资质的中医师在养生保健机构提供保健咨询和调理等服务。这些举措使中医药健康服务传承发展优势愈加明显。

二、我国健康服务贸易实践创新

（一）不断做优做强健康服务业

第一，促进社会办医持续规范发展。鼓励社会力量在医疗资源薄弱区域和康复、护

理、精神卫生等短缺领域举办非营利性医疗机构。引导促进医学检验中心、医学影像中心等独立设置机构规范发展，鼓励有经验的执业医师开办诊所。增加规范化健康管理服务供给，发展高危人群健康体检、健康风险评估、健康咨询和健康干预等服务。

第二，增加商业健康保险供给。鼓励围绕特需医疗、前沿医疗技术、创新药、高端医疗器械应用以及疾病风险评估、疾病预防、中医治未病、运动健身等服务，增加新型健康保险产品供给。鼓励保险机构开展管理式医疗试点，建立健康管理组织，提供健康保险、健康管理、医疗服务、长期照护等服务。在基本签约服务包的基础上，鼓励社会力量提供差异化、定制化的健康管理服务包，探索将商业健康保险作为筹资或合作渠道。进一步完善商业长期护理保险支持政策。搭建高水平公立医院及其特需医疗部分与保险机构的对接平台，促进医、险定点合作。加快发展医疗责任险、医疗意外保险，鼓励保险机构开发托育机构责任险和运营相关保险。

第三，推进健康相关业态融合发展。促进健康与养老、旅游、互联网、健身休闲、食品等产业融合发展，壮大健康新业态、新模式。支持面向老年人的健康管理、预防干预、养生保健、健身休闲、文化娱乐、旅居养老等业态深度融合，创新发展健康咨询、紧急救护、慢性病管理、生活照护等智慧健康养老服务。强化国有经济在健康养老领域的有效供给。推动健康旅游发展，加快健康旅游基地建设。选择教学科研资源丰富、医疗服务能力强、产业实力雄厚的城市或区域，以高水平医院为基础，完善综合协同政策，打造健康产业集群。

（二）大力推动中医药传承创新发展

第一，充分发挥中医药在健康服务中的作用。实施中医药振兴发展重大工程。实施中医药健康促进行动，推进中医治未病健康工程升级。提升地市级以上中医医院优势专科和县级中医医院特色专科服务能力，力争全部县级中医医院达到医疗服务能力基本标准。丰富中医馆服务内涵，促进中医适宜技术的推广应用。探索有利于发挥中医药优势的康复服务模式。建立和完善国家重大疑难疾病中西医协作工作机制与模式。推进中医药博物馆事业发展，实施中医药文化传播行动，推动中医药文化进校园。发展中医药健康旅游。

第二，夯实中医药高质量发展基础。开展中医药活态传承、古籍文献资源保护与利用。提升中医循证能力。促进中医药科技创新。加快古代经典名方制剂研发。加强中药质量保障，建设药材质量标准体系、监测体系、可追溯体系。推动教育教学改革，构建符合中医药特点的人才培养模式。健全中医医师规范化培训制度和全科医生、乡村医生中医药知识培训机制。

（三）持续促进全民健康信息联通应用

落实医疗卫生机构信息化建设标准与规范。依托实体医疗机构建设互联网医院，为签约服务重点人群和重点随访患者提供远程监测和远程治疗，推动构建覆盖诊前、诊中、诊后的线上线下一体化医疗服务模式。支持医疗联合体运用互联网技术便捷开展预约诊疗、双向转诊、远程医疗等服务。优化“互联网＋”签约服务，全面对接居民电子健康档案、电子病历，逐步接入更广泛的健康数据，为签约居民在线提供健康咨询、预约转诊、慢性病随访、健康管理、延伸处方等服务。推动“互联网＋慢性病（糖尿病、高血压）管理”，实现慢性病在线复诊、处方流转、医保结算和药品配送。推广应用人工智能、大数据、5G、区块链、物联网等新兴信息技术，实现智能医疗服务、个人健康实时监测与评估、疾病预警、慢病筛查等。指导医疗机构合理保留传统服务方式，着力解决老年人等群体运用智能技术困难的问题。构建权威统一、互联互通的全民健康信息平台，完善全民健康信息核心数据库，推进各级各类医疗卫生机构统一接入和数据共享。探索建立卫生健康、医疗保障、药监等部门信息共享机制，通过全国一体化政务服务平台，实现跨地区、跨部门数据共享。研究制定数据开放清单，开展政府医疗健康数据授权运营试点。严格规范公民健康信息管理使用，强化数据资源全生命周期安全保护。①

（四）全面加强健康服务领域实践创新

1. 定制化深度健康管理

健康体检市场是健康服务领域最成熟的市场，也是受众最广的健康服务品种。除了包括基本体检和预防等常规服务，还包括不同人群在不同条件下的健康管理需求，如重大疾病风险评估、功能医学检测等更深层次的健康体检。目前国内深度健康体检服务发展还处于早期，但有部分服务高端人群的健康服务企业开始发展该领域，比如第一健康这家企业就通过采用会员制的健康管家服务模式，以体检为入口，聚合了肿瘤早筛、慢病管理、名医诊疗等服务。

2. 老年介护服务

“介护”这一概念最早起源于日本，包括日常、专科以及精神生活护理服务，从这三个维度提供连续性、持续性的关怀与照顾，辅助性介入老年人生活。目前我国提供老年服务的机构普遍配有专业的介护人员和配套养老服务设备设施，主要有以下三类：

（1）托老所。以短时性和通勤性为特点，“养老不离家”，即为生活能够自理或半自理的老人提供日托服务，还有不少托老所甚至与幼儿园一起运营，有异曲同工之妙。

（2）老者服务中心。以上门服务和就近服务的形式将专业介护服务引入社区，主要由地产商与介护机构进行合作，构建饭堂、老年学校等养老配套型服务。

（3）高端颐养院。由养老机构提供从饮食起居、健康护理、清洁卫生、生活照料到文娱活动等的全方位综合性养老服务。

3. 母婴护理

母婴护理服务的提供主体主要包括两类。一类是公立医院及其附属的护理机构，公立医院通过与母婴护理专业技术团队合作建设医疗级月子中心，构建一站式的服务链条，例如附设于汉中华西妇产医院内的华西医疗级月子中心依托强大的妇产科、儿科专家团队以及专业护理团队，提供 24 小时的母婴护理服务。另一类是品牌护理机构，主要是会所式或酒店式的月子中心，这也是目前市场上最为主要的模式。

---

① 参见国务院办公厅关于印发“十四五”国民健康规划的通知．中国政府网，2022－05－20．

4. 运动康复服务

运动康复是医学、体育、健康等多领域交叉复合领域，通过器械、徒手手法、患者主动运动等方式有针对性地对运动损伤、术后恢复、亚健康身体机能改善、慢病调理等需求提供科学的运动方案及指导。目前我国开设的各类运动康复机构主要有如下几类：其一，拥有医疗资质，并布局线下运动康复的诊所。这类实体为资本入局的主流方向。其二，提供线上、线下运动指导和康复相结合的企业，线上数据整合，线下提供品牌服务。其三，开发运动康复应用程序和软件的企业，通过“互联网＋医疗”，利用人工智能等技术线上提供康复指导。

5. 社区健康管理服务

作为社区公立医院的市场补充，线下在社区内建设健康管理中心，提供常规体检、慢病管理、健康评估、运动指导等健康管理服务；并利用互联网线上整合医生、健康管理师、护理团队等医疗资源，为社区居民提供远程医患交流、诊间预约、转诊绿色通道等服务。目前，我国社区健康管理中心建设依托两大驱动主体。一类是地产商通过收购、兼并、战略合作等方式，与健康类企业建立联系，依托地产优势，以健康管理中心或健康小屋等形式迅速在社区中铺开，从而提高社区健康服务水平社区、提升物业品牌价值。另一类是致力全面健康管理闭环的健康服务商。通过品牌授权、运营托管、战略合作等多种合作方式，最大化实现社区健康管理中心的品牌效益。如公立医疗背景的北大医疗，通过与地产商战略合作在全国各地开设分支机构，提供社区医疗健康管理服务；基于健康信息化的互联网企业东软熙康，形成了融合健康小屋、慢病管理、家庭 E 伴侣、互联网诊疗、上门护理等服务的智慧医养网络。

6. 健康教育服务

健康教育可分为针对专业人才（健康管理师、营养师、介护人员等）的健康职业培训和对社会大众的健康知识普及两个层面。形式上主要由专业培训机构以行业委托培训和个人技能提升开展，多数能够颁发国家认可的相关资质证书，具备教学资质，既有综合培训机构，也有专门化的职业教育机构。这些专业机构往往也具备一定的公益属性，会不定期针对企业员工、社会公众、相关健康服务类企业开展以健康为主题的教育活动，通过讲座、指导、倡议等形式实现健康知识普及，同时实现自身品牌的推广及其他盈利收入。

7. 医旅融合的国际医疗旅游

世界旅游组织从医疗旅游服务主题的角度出发，将医疗旅游定义为以医疗护理、疾病与健康、康复与休养为主题的旅游服务，我国当下最常见的医疗旅游服务主要由三类构成，包括度假康养式旅游、特色专科类（修复和重塑为目的身体优化型治疗）旅游、疾病治疗类旅游。

随着医疗旅游服务的个性化需求逐年上升，医疗旅游产品细分化明显，市场上涌现出两类服务机构激活医疗旅游市场。一类是以国际旅行社为代表的国际旅游机构，在传统旅游业的基础上衍生出新兴业务，即通过优质的线路设计和丰富的医疗合作资源，为中高端客户打造海外健康医疗。如韩国首尔江南区医疗旅游，这些机构提供从交通接送、服务介绍、医疗旅游产品咨询到住宿餐饮、周边旅游景点介绍等一站式服务，并针对性地提供诊疗咨询预约、翻译连接、诊疗信息对接等个性化服务。另一类是专业的医疗旅游中介，为有医疗需求的患者提供全球范围专业医疗资源和平台的优选，综合型机构如盛诺一家，服务内容包括去欧、美、日、新加坡等国看病、远程会诊、出国体检等，专科类机构如医诺达，为肿瘤患者对接欧美权威医院和专家，提供全程化、定制化的医疗服务和安排。

8. 互联网医院

互联网平台和医疗服务企业利用互联网技术提供更智慧的医疗服务。随着互联网医疗企业、政府、公立医院、协会等多方协作的合作模式的建立，互联网医院已经从前期在经济发达、互联网企业集中、数字化意识强、医疗资源相对较丰富的地区（如江浙、广东、福建、上海等地）的布局，逐步转向中西部等医疗资源欠发达地区应用，能够有效提高医疗资源的服务效率，在业务范畴上覆盖医疗服务、医疗云服务、互联网医疗、互联网医药、医药电商、健康管理等多个领域。

9. 中医药健康服务贸易

中医药健康服务是以倡导天人相应、形神统一、阴阳平和等为理念，以中医药理论为指导，综合运用中医药知识、技术、方法和手段，从而满足人民群众多样化、多层次健康需求，以提高人民整体健康水平为目的，主要涵盖预防保健、中医健康养生、中医医疗、中医药养生产品等多种形式。

本章小结

伴随着消费结构的升级以及老龄社会的发展，健康服务消费越来越受到大众的青睐，不仅需求强劲，而且推动着健康服务业和国际健康服务贸易的快速发展。就国际范围看，无论发达国家，还是发展中国家或欠发达国家，国民的健康以及相关服务的提供都是国家社会经济发展的重要题中之义，促进健康服务业以及国际健康服务贸易都具有广泛的社会经济意义。就我国而言，围绕医药健康有着丰富特色的资源、深厚的理论基础、独特的思维理念和悠久的健康服务实践历史，由此为发展健康服务业和对外健康服务贸易提供了有利的条件。在我国社会经济实践新发展理念、进入新发展阶段、开拓新发展格局的背景下，健康服务业和对外健康服务贸易无疑具有广阔的发展前景。要坚持自身的发展道路，坚定发展自信，彰显发展特色，为我国国际健康服务贸易的发展做出更大的贡献。

概念和术语

健康服务；国际健康服务贸易；大健康；远程医疗

复习思考题

1. 什么是健康服务？什么是国际健康服务贸易？

2. 查阅资料，谈谈当前国际健康服务贸易状况和发展。
3. 试述国际健康服务贸易政策。
4. 谈谈国际健康服务贸易实践以及其中的成功经验。
5. 谈谈你对我国健康服务贸易实践创新的认识。

延伸阅读

共建共享健康中国

参考文献

[1] 阿迪特亚·马图，等. 国际服务贸易手册. 上海：格致出版社，上海人民出版社，2012.

[2] 曾倩. 比较优势理论在国际服务贸易中的适用性研究. 现代经济信息，2010 (12).

[3] 查志强. 以融合创新降低对外贸易的“文化折扣”. 中国社会科学报，2013-07-01 (B06).

[4] 陈宽. 区域经济一体化下的中国服务贸易自由化研究. 苏州：苏州大学，2013.

[5] 陈宪，程大中. 国际服务贸易. 上海：立信会计出版社，2008.

[6] 程大中，陈宪. 服务贸易理论研究：现实基础、总体状况及初步设想. 上海经济研究，2000 (12).

[7] 程大中. 服务贸易是经济全球化的催化剂. 国际金融报，2014-04-21 (18).

[8] 迟福林. 推进以服务贸易为重点的开放转型. 经济日报，2017-02-18 (08).

[9] 戴翔，张二震. 全球服务贸易新趋势与我国的机遇. 中国国情国力，2017 (5).

[10] 邓尚杰. 北美产业分类体系. 中国统计，1999 (12).

[11] 缑先锋. 国际服务贸易. 上海：立信会计出版社，2012.

[12] 胡艺. 世界贸易组织达成“巴厘一揽子协定”是起点，非终点. 经济日报，2013-12-09 (13).

[13] 户艳辉. 国际服务贸易统计的新进展. 统计与决策，2014 (7).

[14] 黄少军. 服务业与经济增长. 北京：经济科学出版社，2000.

[15] 黄薇. 北美自由贸易区服务贸易制度研究——兼比较我国区域贸易协定中的服务贸易制度. 南宁：广西师范大学，2008.

[16] 贾怀勤. 国际服务贸易统计的发展背景. 国际商务（对外经济贸易大学学报），2003（3）.

[17] 江小涓，杨圣明，冯雷. 中国对外经贸理论前沿Ⅱ. 北京：社会科学文献出版社，2001.

[18] 靳娟娟. 信息产业结构研究. 北京：警官教育出版社，1997.

[19] 来有为. 推动服务贸易加快发展. 人民日报，2017-05-10（07）.

[20] 李慧中. 国际服务贸易. 2 版. 北京：高等教育出版社，2012.

[21] 李江帆. 第三产业经济学. 广州：广东人民出版社，1990.

[22] 李江帆. 服务产品的概念. 新经济，2005（4）.

[23] 李庭辉. 全球服务外包市场发展概览. 全球化，2017（4）.

[24] 李伍荣，冯源.《国际服务贸易协定》与《服务贸易总协定》的比较分析. 财贸经济. 2013（12）.

[25] 李小牧，王海文. 国际服务贸易. 2 版. 北京：电子工业出版社，2012.

[26] 卢锋. 我国承接国际服务外包问题研究. 经济研究，2007（9）.

[27] 卢进勇，等. 国际服务贸易与跨国公司. 北京：对外经济贸易大学出版社，2002.

[28] 罗平，袁洪生. 国际服务贸易理论分析——从接触成本的视角. 昆明：云南人民出版社，2010.

[29] 饶友玲. 国际服务贸易：理论、产业特征与贸易政策. 北京：对外经济贸易大学出版社，2005.

[30] 陶明，吴申元. 服务贸易学. 太原：山西经济出版社，2001.

[31] 陶永宽，葛伟民，陈家海，等. 服务经济学. 上海：上海社会科学院出版社，1988.

[32] 汪素芹. 国际服务贸易. 北京：对外经济贸易大学出版社，2011.

[33] 王玲. 国际文化商品和服务流动趋势及中国文化贸易崛起——解读联合国教科文组织《文化贸易的全球化：消费的转变》. 思想战线，2017（4）.

[34] 王勤. 当代国际竞争力理论与评价体系综述. 国外社会科学，2006（6）.

[35] 王海文. 国际服务贸易. 北京：清华大学出版社，北京交通大学出版社，2019.

[36] 中国国际经济交流中心. 国际经济分析与展望（2015—2016）. 北京：社会科学文献出版社，2016.

[37] 王晓鲁. 第三产业与生产劳动. 成都：四川人民出版社，1986.

[38] 维克托·R. 富克斯. 服务经济学. 北京：商务印书馆，1987.

[39] 熊爱宗. 国际服务贸易发展趋势与经验. 中国财经报，2014-09-11（008）.

[40] 徐建平. 论区域经济一体化与多边贸易体制的关系. 西安政治学院学报，2006（5）.

[41] 杨来运. 东盟自贸区原产地规则. 工业技术经济，2008（9）.

[42] 杨圣明. 服务贸易：中国与世界. 北京：民主与建设出版社，1999.

[43] 薛荣久，张汉林. 国际服务贸易. 北京：中国大百科全书出版社，1995.

[44] 张林，王海文. 国际服务贸易. 2版. 北京：北京师范大学出版社，2013.
[45] 张祥. 服务经济的发展规律和特征. 江南论坛，2011（3）.
[46] 赵瑾. 全球服务贸易发展未来走势明朗. 经济日报，2017-02-18（08）.
[47] 赵亚平. 国际服务贸易——理论、政策与实践. 北京：清华大学出版社，北京交通大学出版社，2011.
[48] 周少芳. 世界服务贸易的发展特征及中国的对策. 国际经贸探索，2014（4）.
[49] 庄丽娟. 国际服务贸易理论的研究进展及其特征. 华南农业大学学报（社会科学版），2004（1）.
[50] 朱玉嬴. 我国数字服务贸易发展对策. 商业经济研究，2021（11）.
[51] 张春飞. 数字贸易的主要特征、发展趋势和对策研究. 新经济导刊，2021（3）.
[52] 王盛晓，李燕婷，焦晓松. 中国数字服务贸易的国际对比：基本格局及对策建议. 商业经济，2021（12）.
[53] 徐德顺. 全球数字贸易主要特征与中国发展策略. 海外投资与出口信贷，2021（4）.
[54] 谢兰兰. 欧盟数字贸易发展的新动向及展望. 全球化，2020（6）.
[55] 夏杰长. 数字贸易的缘起、国际经验与发展策略. 北京工商大学学报（社会科学版），2018（5）.
[56] 李猛，史小今. 海南自由贸易港数字经济创新发展的国际经验借鉴与路径探索. 国际贸易，2020（12）.
[57] 汪晓文，宫文昌. 国外数字贸易发展经验及其启示. 贵州社会科学，2020（3）.
[58] 邓宇. 中国服务贸易现状和未来展望. 金融博览，2022（3）.
[59] 曹诗茵，高扬，石荣. 中国数字服务贸易现状研究. 中国外资，2022（1）.
[60] 谢谦，姚博，刘洪愧. 数字贸易政策国际比较、发展趋势及启示. 技术经济，2020（7）.

图书在版编目（CIP）数据

国际服务贸易：数字教材版 / 王海文主编. --北京：中国人民大学出版社，2023.1
普通高等学校应用型教材. 国际贸易
ISBN 978-7-300-31065-7

Ⅰ.①国… Ⅱ.①王… Ⅲ.①国际贸易-服务贸易-高等学校-教材 Ⅳ.①F746.18

中国版本图书馆 CIP 数据核字（2022）第 183131 号

中国服务贸易协会专家委员会推荐用书
北京高校优质本科课程
普通高等学校应用型教材·国际贸易
国际服务贸易（数字教材版）
王海文 主编
Guoji Fuwu Maoyi

出版发行	中国人民大学出版社		
社　　址	北京中关村大街 31 号	**邮政编码**	100080
电　　话	010－62511242（总编室）		010－62511770（质管部）
	010－82501766（邮购部）		010－62514148（门市部）
	010－62511173（发行公司）		010－62515275（盗版举报）
网　　址	http://www.crup.com.cn		
经　　销	新华书店		
印　　刷	北京密兴印刷有限公司		
开　　本	787 mm×1092 mm　1/16	**版　　次**	2023 年 1 月第 1 版
印　　张	20 插页 1	**印　　次**	2025 年 7 月第 5 次印刷
字　　数	456 000	**定　　价**	49.00 元

教学支持说明

1. 教辅资源获取方式

为秉承中国人民大学出版社对教材类产品一贯的教学支持，我们将向采纳本书作为教材的教师免费提供丰富的教辅资源。您可直接到中国人民大学出版社官网的教师服务中心注册下载——http://www.crup.com.cn/Teacher。

如遇到注册、搜索等技术问题，可咨询网页右下角在线 QQ 客服，周一到周五工作时间有专人负责处理。

注册成为我社教师会员后，您可长期根据您所属的课程类别申请纸质样书、电子样书和教辅资源，自行完成免费下载。您也可登录我社官网的“教师服务中心”，我们经常举办赠送纸质样书、赠送电子样书、线上直播、资源下载、全国各专业培训及会议信息共享等网上教材进校园活动，期待您的积极参与！

2. 高校教师可加入下述学科教师 QQ 交流群，获取更多教学服务

经济类教师交流群：809471792

财政金融教师交流群：766895628

国际贸易教师交流群：162921240

税收教师交流群：119667851

3. 购书联系方式

网上书店咨询电话：010－82501766

邮购咨询电话：010－62515351

团购咨询电话：010－62513136

中国人民大学出版社经济分社

地址：北京市海淀区中关村大街甲 59 号文化大厦 1506 室　100872

电话：010－62515803　010－62516948

传真：010－62514775

E-mail：jjfs@crup.com.cn